普通高等教育"十二五"规划教材

北京高等教育精品教材

北京大学立项教材

孙尚扬 著

宗教社会学

The Sociology of Religion

（第四版）

北京大学出版社
PEKING UNIVERSITY PRESS

图书在版编目 (CIP) 数据

宗教社会学 / 孙尚扬著 .—4 版 .—北京：北京大学出版社，2015.9
（博雅大学堂·哲学）
ISBN 978-7-301-26278-8

Ⅰ.①宗… Ⅱ.①孙… Ⅲ.①宗教社会学 Ⅳ.① B920

中国版本图书馆 CIP 数据核字 (2015) 第 199736 号

书　　名	宗教社会学（第四版）
著作责任者	孙尚扬　著
责任编辑	田　炜
标准书号	ISBN 978-7-301-26278-8
出版发行	北京大学出版社
地　　址	北京市海淀区成府路 205 号　100871
网　　址	http://www.pup.cn　新浪微博：@ 北京大学出版社
电子邮箱	编辑室 wsz@pup.cn　总编室 zpup@pup.cn
电　　话	邮购部 62752015　发行部 62750672　编辑部 62750577
印 刷 者	北京虎彩文化传播有限公司
经 销 者	新华书店
	650 毫米 ×980 毫米　16 开本　21.75 印张　335 千字
	2001 年 8 月第 1 版
	2015 年 9 月第 4 版　2024 年 12 月第 5 次印刷
定　　价	65.00 元

未经许可，不得以任何方式复制或抄袭本书之部分或全部内容。
版权所有，侵权必究
举报电话：010-62752024　电子邮箱：fd@pup.cn
图书如有印装质量问题，请与出版部联系，电话：010-62756370

目录

第一章 绪论/1
一、宗教社会学的性质与特点/2
  1. 社会学/2
  2. 宗教社会学的性质与特点/3
二、宗教社会学的研究对象与范围/9
三、宗教社会学简史/10
  1. 宗教社会学的形成与发展/10
  2. 宗教社会学的复苏与发展/12
  3. 宗教社会学的主要理论范式/14

第二章 宗教社会学研究方法撮要/30
一、研究类别的划分与若干重要概念简介/30
二、抽样/37
三、几种基本的研究方式/42

第三章 社会学视野中的宗教定义与本质/59
一、定义问题/59
  1. 定义问题的重要性/59
  2. 实质性定义/62
  3. 功能性定义/64
  4. 新的尝试/66
二、本质问题再探/67
三、宗教的构成要素/71
  1. 宗教信仰/71
  2. 宗教仪式/73
  3. 宗教经验/75
  4. 宗教群体与组织/77
四、宗教类型/78

第四章 宗教性的意义系统/82
一、宗教与意义系统/83

1. 对意义的界定/83
　　　2. 宗教与群体意义系统的建构和维持/87
　　　3. 宗教与个体的意义系统的获得/90
　　　4. 现代社会中的意义共契与公民宗教问题/93
　　二、神义论问题/106
　　　1. 神义论概念的产生与发展/106
　　　2. 神义论与意义危机/109
　　　3. 神义论的类型/110
　　三、宗教意义的社会实在基础/114
　　　1. 作为社会基础的看似有理结构/114
　　　2. 多元社会中宗教意义系统的看似有理结构/116

第五章　宗教与社会秩序/119
　　一、宗教与秩序的维系/120
　　　1. 宗教与社会整合/120
　　　2. 宗教与社会控制/123
　　　3. 宗教与个体的社会化/126
　　　4. 宗教与心理调适/130
　　二、宗教的社会功能的复杂性/131
　　三、宗教与社会冲突/135
　　　1. 冲突论与整合论的对垒/135
　　　2. 马克思主义的论断/137
　　　3. 当代冲突论对冲突类型的分析/140
　　　4. 当代冲突论对冲突根源的分析/141
　　四、宗教与社会变迁/149
　　　1. 社会变迁释义/149
　　　2. 宗教阻碍社会变迁/151
　　　3. 宗教推助社会变迁/154

第六章　**世俗化与神圣化：两股奔涌不息的浪潮**/158
　　一、世俗化释义与世俗化理论简史/159
　　二、世俗化探源/163
　　三、世俗化的类型与表现形式/169
　　四、世界的去世俗化/175

五、世俗化与去世俗化的对立与共存/180

第七章　现代社会中的新兴宗教运动/185

　　一、新兴宗教的界定/186

　　二、新兴宗教的特征与类型/189

　　三、新兴宗教的类型/194

　　四、新兴宗教的形成模式/199

　　五、新兴宗教探源/205

　　六、邪教与新兴宗教/211

　　七、公众反应与政府控制/217

第八章　宗教与传统中国社会/227

　　一、中国社会、文化的宗教性问题/227

　　二、中国宗教的功能分析/237

　　　　1. 中国宗教在维系宗法性社会结构及其秩序方面的功能/237

　　　　2. 中国宗教的文化功能/241

　　三、国家对宗教的控制/247

　　四、宗教之间的关系/253

　　五、中国宗教的一般特征/259

附录一　定量研究案例:北京市大学生对基督教的态度的调查报告/264

　　一、引言/264

　　二、样本基本情况/266

　　三、北京市大学生的精神生活状况/269

　　　　1. 生活满意度与命运控制度/269

　　　　2. 压力感与人际支持/270

　　　　3. 抗压支持的精神来源/271

　　　　4. 周边的宗教氛围与宗教供给/272

　　　　5. 对超自然现象的相信与认同/274

　　　　6. 敬拜神灵与供奉宗教物品/275

　　四、北京市大学生的基督信仰与实践/277

　　　　1. 对宗教的多元认同与兴趣/277

　　　　2. 对基督宗教的了解程度/282

　　　　3. 了解基督宗教的主要途径/285

4. 基督宗教聚会活动的参与/286

五、基督徒的信仰实践/288
    1. 教龄与入教/288
    2. 教会的选择/289
    3. 宗教活动参与/290
    4. 宗教虔诚/293

六、北京市大学生对基督宗教的态度/294
    1. 对基督宗教的总体看法/294
    2. 基督宗教与中国的关系/296
    3. 希望基督徒占中国总人口的比例/301
    4. 基督宗教发展的原因/302

七、宗教发展政策建议/303

八、基本发现/305

九、结语/307

附录二 定性研究案例：论赵紫宸在秩序与意义之间的选择及其得失/308

一、功能取向：基督教社会哲学视野中的社会重建论/309
    1. 基督教社会哲学释义/309
    2. 温和的重建论/313

二、意义取向：论恶的问题/322

三、反思赵紫宸的选择之得失/328

附录三 随机数表/332

参考文献/336

第四版后记/341

第一章
绪　论

美国皮尤研究中心是世界著名的独立民调机构，该中心于2012年12月18日发布了《2010年全球宗教景观》，该报告称，在全球69亿人口中，有84％的人(58亿人)有宗教信仰，其中基督徒占32％，有22亿信徒，这些基督徒中半数为天主教徒，37％为基督新教教徒(包含圣公会、独立教会及未属主流宗派的基督教会组织)，约12％为东正教信徒(包含希腊正教与俄罗斯正教)，至于山达基、摩门教与耶和华见证人等教派，仅占1％；穆斯林占23％，有16亿信徒；印度教徒占15％，有10亿信徒；佛教徒占7％，有近5亿信徒；信奉传统宗教与民俗信仰的有4亿人，其他类宗教(包括耆那教、锡克教、神道教、道教与巫术等)有580万名信徒。①

根据以上数据，再辅之以对历史的考察，可以认定，在人类的历史和现实生活中，宗教是一种古老而又普遍和复杂的社会文化现象或社会实在。它曾经是而且仍然是芸芸众生寻找慰藉、寄托希望的终极资源，它曾经而且仍然规范和引导着大多数人的言行并为他们提供世界图景和社会知识体系；它可能是小到社区大到社会、民族、国家赖以维系其整合的凝聚剂，也可能是各种大小规模的冲突之根源；它可能促进社会变迁甚至引发社会革命，也可能阻碍社会变革甚至与某些新生事物为敌；它可能是圣洁的，也可能是污浊的；它曾被人为地无限拔高，也曾经遭到恶毒的诅咒和人为的破坏；……类似的描述可以说具有无限延伸的可能性，而正是这种可能性使得曾经将它视为迷信、愚昧之渊薮并曾试图一劳永逸地剪灭之的激进的无神论者也不能不承认它的长期性、普遍性、复杂性和重要性。这种承认事实上

---

① 2014年3月11日引自http://www.pewforum.org/2012/12/18/global-religious-landscape-exec/。

隐含着对人类历史和现实生活的原生态或本真面貌的正视,而正是对这种原生态的追寻、对具有说服力的解释性理论的探求,一直吸引着人类的知识精英孜孜矻矻地反思和研究在人类生活中亘古常新的宗教现象,并由此而产生了众多研究宗教的人文与社会学科,如宗教史、比较宗教学、宗教哲学、宗教心理学、宗教人类学、宗教现象学,等等。本书要介绍的是结合宗教学与社会学而形成的一门交叉性学科——宗教社会学,它试图以社会科学的方法来研究各种复杂的宗教现象。那么,这门学科具有哪些特点?其研究对象和研究范围应该怎样界定?它在自身的学科发展史上有哪些重要的巨擘?形成了哪些传统或理论范式?这些正是本章要回答的问题。

一、宗教社会学的性质与特点

如上所述,宗教社会学是一门具有交叉性、也非常重要的学科,它对宗教现象的解释也因其交叉性而具有比较令人满意的说服力。因此,在分析宗教社会学的性质和特点之前,我们有必要先简略地介绍一下社会学。

1. 社会学

社会学兴起于19世纪30年代,一个多世纪以来,该学科获得了长足的发展,成为可以在社会科学大花园里争奇斗艳的一朵奇葩。

这里,我们不拟介绍社会学的历史,只想在界定宗教社会学之前,先简单地介绍一下什么是社会学。关于社会学的定义,可谓形形色色,种类繁多。韦伯曾将社会学界定为一门关于有意义的社会行动与互动的解释性科学。我们可以选择另一种较为明确和更为有用的定义:"社会学就是对生活于群体之中的人们的相互作用的研究,以及对这些群体对于一般人类行为和社会其他机构及群体所发生的影响的研究。"

按照这种对社会学的界定,该学科具有两重目的。其一是了解群体生活的动力学,解决如下问题:什么是群体,它如何发生作用,它如何变化,各群体之间有何不同;其二则是了解群体对个人行为和集体行为的影响。对社会学的目的之规定实际上包含一个社会学的基本假设:人类的一切活动都受到群体的影响,在一个人的整个生活过程中,各种群体将冲击个体的生物"原材料"——塑造它,改造它,影响它,这就是社会学家所说的社会化。①社会学的这个假设正应验了马克思关于人的社会性的著名论断——"人的本质不是单个人所固有的抽象物,在其现实性上,它是一切是社会关系的总和。"②我们在以后的介绍里还会看到,谈论社会学与宗教社会学,而不谈到马克思,那是几乎不可能的。试图避开马克思的做法,正如一篇大部头的博士论文在概述其论题的研究历史和现状时,忽略了一种最具参考价值的研究成果一样,至少在学理上是有失偏颇的。

2. 宗教社会学的性质与特点

宗教社会学是宗教学与社会学两者之间的交叉性学科,一方面,它以宗教这样一种在人类生活中具有举足轻重的地位的社会实在与现象作为研究对象,另一方面,它与宗教哲学、宗教人类学等学科又相当不同,它是以社会学的理论与方法为基础来对作为社会现象的宗教展开经验研究的。正如在一般社会学中由于方法论取向的不同而形成了实证主义的社会学传统和人文主义的社会学传统的分野一样,在宗教社会学中也有类似的分野。大体而言,宗教社会学中的实证主义传统在方法论上更属意于实证的定量的研究方式,试图寻求变量之间的因果关系;而人文主义的传统则更青睐于定性的研究方式,强调研究者在理解上的投入,注重解释。具有实证主义取向的研究者一般都认定宗教社会学是一门实证性的社会科学,这种取向是目前宗教社会学中的主流——至少在美国是如此。

宗教社会学作为一门年轻的社会科学,是在关于宗教实践、行为与态度的社会性质与社会作用的这样的社会学问题取代了关于宗教教义的真理性这样的哲学问题之后,才成为可能的。大部分宗教社会学家在其从事宗教社会学的研究时,都不愿意考虑或研究后一问题,而宁愿将其留给宗教哲学家们。宗教社会学中最基本的观点是,宗教是一种社会实在和现象,它与构成社会的其他社会单位处于相互作用的关系之中。宗教社会学由于其研究的问题所具有的经验性、实证性,以及它对宗教的社会性的坚持而具有以下特点:

(1) 宗教社会学自觉地置身于宗教之外来看待和解释宗教现象,这主要表现在,宗教社会学家在坚持宗教的社会性时,一般都不会过于看重宗教信

---

① 以上参见约翰·斯通:《社会中的宗教》,7页。本书所引用的参考书目均在书后所附参考文献中注明了出版社、出版时间,故正文中的脚注一般不再标明。

② 《马克思恩格斯选集》第1卷,第2版,人民出版社,1995年,60页。

徒们对其宗教信仰的看法。例如,有些宗教信徒认为宗教是人与超自然者交往的一种关系,视宗教经验为存在于普通经验之外的东西;或认为宗教是人对宇宙的各种力量做出本能反应的表现;或者认为宗教是来自神灵的启示。而宗教社会学家却宣称,这些观点都是各种宗教信徒从内部对其宗教信仰的看法,它们都忽视了甚或是拒绝承认宗教的社会学方面。宗教社会学家们会坚持说,宗教与其他社会组织和社会力量是相互作用的,并且遵循和表现着社会学的准则和规律。也就是说,不管宗教是其他的什么东西,它都是一种社会现象,它同其他社会现象处于不断地相互作用、相互影响的关系之中。① 宗教社会学的这种研究立场常被称作外部研究法,宗教人士常对这种研究立场的有效性和正当性提出质疑,而宗教社会学家的自我辩护则并非没有说服力。宗教社会学家们常常津津乐道于这样一个比喻:如何才能看清教堂内的彩色玻璃窗?信徒们也许会说,只有在教堂内,才能看清彩色玻璃窗的美丽,理解其寓意或图案,看到穿过窗户的阳光。而宗教社会学家则辩护道,只有在外部观察,才有可能看到窗户的外部结构与轮廓。更何况还有一些问题,如谁建造教堂、谁安装和修理玻璃窗,与从内部或外部观察并没有关系。因此,宗教社会学家都自信地坚持说,宗教社会学对宗教的外部观察和研究是有助于理解宗教的一些重要的方面的,宗教社会学的发展历史也确实证明了这一点。宗教信徒与宗教社会学看待宗教的立场上的内外之别,还会导致这样一种现象:对宗教社会学来说非常重要的东西,在信徒们看来会觉得无足轻重;反之,信徒们视为珍宝的东西,社会学家可能会置若罔闻。贝格尔甚至曾明确地宣称:社会学理论没有与神学进行对话的内在必要。他进一步申论道:"认为社会学家只是提出了某些必须由神学对话伙伴在'对话'中来回答的问题,这种仍然流行于一些神学家之中的看法,必须以很简单的方法论上的理由予以拒绝。"他所说的"方法论上的理由"乃在于,社会学是一种经验科学,它所提出的问题,是不能从非经验和规范学科的意义框架出发来作出回答的。② 当然,学者们的研究表明,源自韦伯并在贝格尔那里得到深入阐发的"无关说",只是有关社会理论与神学关系问题上的一种观点。奥斯丁·哈林顿(Austin Harrington)在《当代欧洲社会理论指南》第四章《社会理论与神学》中对这个问题做了较深入全面的

---

① 以上参见约翰·斯通:《社会中的宗教》,4页。
② 贝格尔:《神圣的帷幕》,206页。

类型学分析,①兹不赘述。

（2）宗教社会学家大多标榜价值中立,坚持以客观的态度来对待其研究的对象。一般都认为,当宗教社会学断言宗教是一种社会现象时,其中并没有评价的意图。宗教社会学不用也不需要谈论宗教是真是假,有些人喜欢用真善美等词汇来谈论宗教,很能刺激人的想象,但很多宗教社会学家认为,这种对宗教进行价值判断的做法与宗教社会学无涉。一般社会学宣称:要准确地描述现实。它要求做社会学研究的人以完全中立和客观的态度来处理其研究对象,对宗教也不例外,甚至要求在研究宗教时有更为中立和客观的态度。至于宗教对于实在的理解和解释是否正确,这样的终极性问题必须被宗教社会学放在括号之内,存而不论。换言之,宗教社会学研究的问题是科学性的,而不是判断性的。例如,宗教社会学最适合回答以下问题:"哪些人相信天堂和地狱是存在的?""社会中哪些人容易笃信宗教?""宗教信仰在现代人的生活中扮演着什么样的角色?"而以下问题,比如"是否应该相信天堂和地狱的存在?""宗教是愚昧的吗?"则属于判断性的问题,超出了科学的范围,②宗教社会学是不会提出并回答这类问题的。

宗教社会学对客观性的诉求还意味着,研究者个人对宗教的好恶必须藏而不露,如果个人的态度表现在研究者的作品中,将会使其工作的可靠性大打折扣。试想,如果一位虔诚排他的基督徒在其对佛教的社会学研究中,常常提醒读者要注意佛教是一种偶像崇拜,或者一位坚定的无神论者在其对基督教的社会学研究中念念不忘地告诫读者要提防基督教"迷信"的诱惑,其研究成果很可能会遭到真正的宗教社会学家的唾弃。

对于宗教社会学中这种主流性的价值中立的标榜,有必要指出两点。第一,并非所有的宗教社会学家都毫不顾及宗教的真假问题,在《宗教生活的基本形式》这部被奉为宗教社会学经典之作的巨著里,涂尔干曾这样写道:"宗教社会学的基本前提就是:人类制度是绝不能建立在谬误和谎言的基础之上的;否则,社会学就不可能存在下去。"基于这一预设,他明确地断言:"任何宗教都不是虚假的。就其自身存在的方式而言,任何宗教都是真实的;任何宗教都是对既存的人类生存条件作出的反应,尽管形式有所不同。"在涂尔干看来,宗教并不是简单的幻觉的产物,因为空泛的幻想是不可

---

① 吉拉德·德朗蒂编:《当代欧洲社会理论指南》,64—65页。
② 参凤笑天:《社会学研究方法》,4页。

能形成如此强烈而又持久的人类意识的;而且,宗教所表达的决不是自然中不存在的东西。① 涂尔干的断言与启蒙思想家们认为宗教是神职人员的骗人勾当完全对立,当然有为宗教存在的合法性进行辩护的意味,或至少是试图确证宗教之永恒性。第二,宗教社会学能否真正做到完全的价值中立?对知识社会学的研究表明,价值中立是社会学的神话。按照知识社会学的基本命题,在人们实际上认为是可信的东西这一意义上,关于实在的观点的看似有理性,取决于这些观点得到的支持。换言之,我们所获得的关于世界的看法最初来源于其他的人,而且,这些看法对我们来说之所以仍然合理,在很大程度上正是因为他人还在继续肯定这些看法。② 由此,我们可以得出一种较强的推论:社会科学领域里的一切关于真理的宣称都是相对的,具有意识形态的性质;我们还可以得出一种较弱的论断,即,价值中立只能是理想的目标。事实上,宗教社会学的许多理论成果往往被视为宗教神学难以逾越的"火溪",著名的宗教社会学家贝格尔也曾因其理论被称作方法论上的无神论而感到困惑,因为他本人是一位虔诚的基督徒。这正如理性时代的科学要给那些信奉某些宗教教义的信徒带来挑战一样,是不可避免的。而福柯则从知识、社会理论与权力的关系这一角度出发,做出过以下论断:"哲学家,甚至知识分子总是努力划一条不可逾越的界线,把象征着真理和自由的知识领域与权力运作的领域分割开来,以此来确立和抬高自己的身份。可是我惊讶地发现,在人文科学里,所有门类的知识的发展都与权力的实施密不可分。当然,你总是能发现独立于权力之外的心理学与社会学理论。但是,总的来说,当社会变成科学研究的对象,人类行为变成供人分析和解决的问题时,我相信这一切都与权力的机制有关。"③不过,尽管有如此不同的立场与观点,宗教社会学家却不能因此而放弃中立客观这一要求或理想,宗教社会学的研究必须自觉地、认真地注意到中立性和客观性的要求,正所谓虽不能至,心向往之。

当然,需要指出的是,不论是从外部研究宗教,还是坚持价值中立的立场,都不应妨碍研究者在具体的研究中对信徒的所思、所言和所行持一种同情理解的态度,这里的同情不是一味赞同,而是设身处地(empathy)地将信

---

① 涂尔干:《宗教生活的基本形式》,2、3、85页。
② 贝格尔:《天使的传言》,46页。
③ 《福柯访谈录》,31页。

徒的所思、所言和所行置于具体的历史或现实的境遇中予以关照和考察,以求获得更准确的描述和理解。关于这一点,著名宗教社会学家斯达克(Rodney Stark)这样写道:"如果没有心感神受(empathy),社会科学家甚至也不太可能把握宗教现象的人的方面。虽然想要理解宗教的社会科学家不一定要有宗教信仰,但他们需要有足够的能力来悬置自己的不信,以便取得对于信仰和崇拜现象的某种感受。"他还非常赞同地征引了涂尔干的一段相关论述:"我要求开放思想家们应该用跟信徒们相同的精神状态来面对宗教……不把某种宗教情怀带入宗教研究的人就不能有发言权!那就如同一个盲人谈论颜色一样。"①如果研究者对自己研究的宗教怀着本能的不信、甚至鄙夷和敌对,那不仅不能获得真知,也远离了价值中立的出发点。

（3）重视经验依据。很多宗教社会学家都坚持宗教社会学只研究能够观察到的宗教现象,拒绝考虑一些玄之又玄的非经验性的问题。例如,如韦伯在其《宗教社会学》(《经济与社会》的一部分)的开篇就明确宣称:当我们把宗教作为社会行为的特殊类型来研究其状态和影响时,甚至宗教的本质也不是我们所关心的了。②宗教社会学的这种以经验为依据的实证特性,意味着它肯定与反驳任何一种理论或假说,都必须以实际观察所得到的或原始的材料(包括可靠的文献和史料)来进行验证,拒绝以任何超自然的或属灵的经验材料作为立论的依据,所谓某一事件或现象是神的事工这样的论断是绝对不能为宗教社会学家所接受的,也不会出现在任何真正的宗教社会学论著里。因为,如果说宗教社会学缺乏什么的话,它所缺乏的正是宗教信徒们所抱持的对属灵存在物的信仰。

那么,我们这里所说的经验究竟何所指呢?如果有位基督徒告诉你,他或她的信仰是建立在丰富的宗教经验的基础之上的,并且告诉你他或她曾亲身经验过耶稣的显灵,这里所说的宗教经验是我们所强调的宗教社会学的经验性中的经验吗?答案是否定的。宗教社会学赖以立基的经验是我们可以看到、听到和接触到的东西,我们观察这些东西可能需要借助于科学的方法甚或科学的仪器。但如果有人说他所经验到的东西需要借助于属灵的眼睛才能观察得到,那么,我们只能将其排除在宗教社会学中的经验范畴之

---

① 罗德尼·斯达克、罗杰尔·芬克:《信仰的法则——解释宗教之人的方面》,27—28页。
② 韦伯:《宗教社会学》,59页。需要请读者注意的是,商务印书馆出版的《经济与社会》将这句话的意思完全译反了。

外。宗教社会学中的经验指的是社会事实,具体而言,"可观察的人的行为、人所创造的东西以及以语言为中介的意见和态度、价值判断、意愿等,都属于经验上可感觉的社会事实"。例如,人们烧香拜佛或参与圣礼的行为,人们以各种正式或非正式的方式发表的对天堂地狱的看法,以及现实社会中存在着的寺庙、教堂、道观等等,都是这种"经验上可以感知的社会事实"。

对于宗教社会学来说,以经验事实为研究的基础不仅是必要的,也是可能的。宗教社会学的研究者们所收集的大量资料,反映了更大规模的社会现象的某些部分,将所有这些资料集合起来,我们就可以"经验地"认识宗教现象的整体。比方说,我们可以去观察人们烧香拜佛或参与圣礼的行为,也可以去询问和了解人们对天堂地狱的看法。通过如此这般的系统的方式去观察这样的行为、去询问这样的看法,并在此基础上对它们之间的关系作出解释,我们就可以从宗教社会学的角度回答"人们为什么会信仰宗教"这样的问题。类似地,我们虽然无法直接观察某种宗教组织的社会结构,但是,通过观察该宗教组织中许多不同的信徒个体的角色、教育水平、收入、影响力等等,我们仍然可以"经验地"看到、描述和解释这种结构。[1] 也正是由于以上的原因,我们完全可以断言宗教社会学是一门经验性的社会科学。

(4) 比较分析是宗教社会学不可避免的特点之一。宗教学的兴起本身就是对任何一种宗教自身的优越感或中心论的突破与摒弃,宗教社会学也具有宗教学的这一特点。它鄙弃任何井底之蛙式的孤陋,而将"只知道一种宗教便意味着一无所知"奉为座右铭。只要注意一下韦伯是如何在广博的宗教知识或史料的基础之上,通过比较分析而就宗教与现代经济和政治制度,或就所谓宗教与现代性之间的关系而得出了一些影响甚巨的结论,我们就可以非常清晰地看到,宗教社会学也是一门比较科学。这一特性要求宗教社会学家必须有较为渊博的学识。当然,正如有些社会学家所指出的那样,如果没有韦伯那样的天分,就不要对自己的宗教社会学研究设定过大的目标,过于雄心勃勃。在浩如烟海的人类宗教史料与现实中丰富复杂的宗教现象面前,宗教社会学家最好保持一种理智上的谦卑。

---

[1] 以上参风笑天:《社会学研究方法》,3—4 页。

二、宗教社会学的研究对象与范围

上节所引韦伯有关宗教社会学的研究对象的论述表明,他是把宗教作为一种社会行为类型来进行研究的。受此论启发,有些西方宗教社会学家便以宗教行为系统作为其研究对象,这种研究重视宗教实践的作用,对宗教仪式、活动非常重视,而且对个体与群体的宗教行为均进行深入的研究。我国宗教社会学尚处于起步阶段,在界定宗教社会学的研究对象时,虽然理所当然地吸收了西方宗教社会学的许多理论成果,却也有自己的特点,论者往往根据其对宗教的构成要素及其与社会的关系的了解来确定自己的研究范围,并据此来建构其研究的框架,展开各自的研究与论述。其中一种典型的论述认为,宗教社会学的研究范围应该包括"宗教信仰者及其行为、宗教组织及其制度、宗教的社会功能、宗教与现代社会发展变迁之间的关系,当今宗教的发展趋势……",还应包括"宗教与社会生活其它领域的关系"。[①]

另有学者还区分了宗教社会学研究对象上的窄论与宽论,认为除了上述问题之外,应该将宗教的起源与本质、宗教的变化与发展规律也囊括在宗教社会学的研究范围之内,这一区分还很精当地概括了窄论与宽论的根本分歧之所在。即,"窄论强调作为具体的社会科学的宗教社会学在研究方法上和特点上的经验性或可实证性……而宽论则认为,宗教社会学既然是以宗教作为其主要对象,就无法避免对究竟什么是宗教以及它是如何产生的这类问题的回答。只有正确地回答这类问题,才能有根据地考察宗教的一切实际的表现形式和现象,并揭示它同社会的相互关系,了解其社会作用"。宽论实际上坚持了涂尔干的路线。[②]

对于以上界定与描述,本书并无异议。它们毕竟是学有专长的学者们在广泛涉猎社会学研究成果的基础上所做的概括,本书也将采取宽论中的某些说法,至少会将宗教的本质问题纳入讨论的范围之内。但是,受特纳的《宗教与社会理论》(Turner, *Religion and Social Theory*)一书的启发,本书将会坚持这样的看法:在探讨上面设定的研究对象时,必须有一以贯之的主题,这个主题就是秩序与意义两大问题。具体而言,本书将在探讨上述问题

---

① 戴康生、彭耀:《宗教社会学》,4—5 页。
② 陈麟书、袁亚愚:《宗教社会学通论》,22—24 页。

时,将注意力集中于以下的主题上:作为社会实在与现象的宗教是如何建构神圣的秩序,如何与社会秩序(如价值、道德规范)以及体现这些秩序的社会实在发生互动关系的,又是如何为宗教行为的主体(群体与个体)提供关于其行为的意义资源的。当然,在此之外,涉及宗教趋势的世俗化和去世俗化这一问题,是目前国际宗教社会学界争议最多、最激烈的课题,我们也会予以足够的关注和讨论。

三、宗教社会学简史

现代社会科学的各个门类都有其兴起和发展的历史,宗教社会学也不例外。简要地介绍其历史有助于我们了解这门学科的特性与研究现状,了解其在历史上的得失,更有助于我们就其研究对象展开更深入的分析与探讨。当然,全面深入地介绍宗教社会学的历史并非本书之任务,这里只是作一简要的历史回顾。

1. 宗教社会学的形成与发展

正如我们难以确定宗教产生的具体年代一样,我们也很难精确地断定宗教社会学产生于哪一年,虽然作为一门年轻的社会科学的宗教社会学的历史要比宗教悠久的历史短暂得多。据学者们考订,"宗教社会学"这个术语最早出现在 1898 年,其炮制者是法国社会学家涂尔干。但我们却不能因此断定这一年就是宗教社会学诞生之年,也不能排他性地将涂尔干称作宗教社会学之父。事实上,在涂尔干首次提出这一学科名称之前,宗教社会学已经经历了一段孕育、产生的时期。提到这一时期,学者们对于究竟有哪些思想家或学者最有功于宗教社会学的产生,并无一致的见解。例如,美国的社会学大师帕森斯在追溯宗教社会学的理论发展历史时,提到了人类学之父泰勒与斯宾塞的贡献,认为正是他们首次在社会学的语境中,对比较宗教真正严肃地给予了研究。[①] 另一位著名的社会学家贝拉则从思想资源和历史背景的角度谈到孔德、斯宾塞和弗雷泽等人在该学科孕育过程中的历史

---

① Talcott Parsons, "The Theoretical Development of Sociology of Religion", in *Essays in Sociological Theory*, pp. 198-199.

地位。① 另外还有各种各样的说法,例如,国内有些学者将圣西门也列为宗教社会学的创始人之一。纵观国内外的众多研究成果,可以得出如下的结论,孔德与斯宾塞在社会学的创立时期对宗教的研究,已经呈现出宗教社会学的特色,大部分学者们都承认其作为宗教社会学的创始人的地位。西方学者如贝拉认为,孔德与斯宾塞在宗教研究中发展出一种与德国非理性主义者如施莱尔马赫相对立的理性主义传统,其主要贡献是将进化论引入对宗教本身以及宗教与社会发展之间的关系的研究。当然,宗教社会学在这一时期还只是处于雏形阶段,而且上面提到的学者还没有创立宗教社会学这样一门社会科学的自觉意识。自觉创立这一学科并且完成了这一任务的当推埃米尔·涂尔干(1858—1917)与马克斯·韦伯(1864—1920),他们是学术界一致公认的宗教社会学之父。他们所提出的宗教社会学理论、所使用的方法,对此后宗教社会学的发展影响极大,我们在后面的介绍与讨论中会经常提到这两位思想家的相关论述。需要指出的是,特洛尔奇(1865—1923)的《基督教社会思想史》在宗教社会学史上的地位具有公认的重要性,美国社会学家莫顿(R. K. Merton,1910—2003)曾评价道:特洛尔奇对欧洲发展出来的三种宗教组织(后文详述)的理解为众所周知,他寻找具有显著区别的宗教团体类型,探索其体现的社会结构,这种努力开启的研究一直持续到今天。西美尔(Simmel,1858—1918)在宗教社会学的创立与发展史上则是一位非常重要却常被人们忽视的人物;而卡尔·马克思(1818—1883)的社会理论及其宗教观在近代与当代社会学思想史上更具有举足轻重的地位(他与涂尔干、韦伯并称宗教社会学的三大奠基人),不仅社会主义国家的宗教社会学受到其深刻影响,而且有不少西方宗教社会学家至今仍以之为重要的思想资源,例如,特纳就极力在历史唯物主义的框架内发展宗教社会学的理论与方法,并且做出了令人瞩目的成果;甚至一代宗师韦伯也从马克思的理论中吸取了相当多的思想资源或受到其思想之激发,虽然他们之间存在着深刻的分歧。这一事实表明,具有生命力的理论并不会因一些人的偏见以及马克思主义内部的一些僵化、庸俗化与教条化的做法而受到丝毫的贬损。

---

① Robert Bellah, *Beyond Belief*, p. 5.

2. 宗教社会学的复苏与发展

　　涂尔干的《宗教生活的基本形式》与韦伯的《宗教社会学》(是其社会学巨著《经济与社会》的一部分)堪称宗教社会学的经典之作,这两部巨著分别出版于1912年和1922年。因此,20世纪初可以说既是宗教社会学的形成时期,也是该学科的一段黄金时期。但是,在韦伯的《宗教社会学》出版后近30年的时间内,尽管宗教史学、宗教人类学和宗教现象学等学科获得了持续的发展,宗教社会学却处于一种"休眠"状态,这种状态一直持续到第二次世界大战结束之后。这一时期,不仅宗教社会学的理论未得到重大推进,成果很少,而且微观宗教社会学的研究也乏善可陈。此外,研究队伍本身也相当萎缩。造成这一"休眠"的原因是相当复杂的,其中两次世界大战给西方社会造成的巨大创伤,使学者与普通信徒对于宗教的本质与社会功能产生了怀疑;在西方社会产生的科学与工业技术的更进一步的发展,以及由此带来的世俗化,这些都是宗教本身以及宗教社会学研究在当时的欧洲呈现衰退之势的重要因素。至于对这一现象作更为深入系统的研究,应该属于学术史的范畴,我们目前还未见到相关的扛鼎之作。

　　二战以后,尤其是在20世纪50年代之后,宗教社会学随着西方社会的重建而开始复苏,但该学科的中心已经不再是作为其诞生地的欧洲,而是转移到了美国。其中主要的原因是欧洲社会在世俗化的浪潮中,宗教日益衰落,参加教会活动的人日益减少,而美国虽然也是一个高度世俗化的社会,其宗教却表现出更强的适应能力,各种宗教尤其是基督教出现了复兴的局面。贝格尔在区分欧美的世俗化时,认为欧洲的世俗化是一种外在的世俗化,而美国的世俗化则表现为内在的世俗化。这一区分说明,美国的传统宗教正是以其宗教生活的实质内容的世俗化换得了外在形式的繁荣。除了传统宗教的复兴以外,在美国这样一个多元化的社会里,新兴宗教运动更是找到了相当肥沃的土壤,发展相当迅猛,呈现出多元竞起的繁荣局面。宗教在社会生活中地位的凸显自然激起了学者们的研究兴趣,社会学界出现了像帕森斯(Talcott Parsons,1902—1979)、莫顿这样的理论大家。帕森斯不仅大有功于韦伯社会学成果的翻译介绍,而且创立了自己的以分析行为系统为主旨的理论体系。在他所关注的行为系统中,他发现,宗教发挥着这样的作用,即为行为主体提供在认知和动机方面富有意义的认同观念或一套认同象征。由于帕森斯的影响,功能论和结构功能论在美国社会学界大行其道,而且为时甚长,在当代社会学的发展过程中,虽然已经有人像当年一些人质疑"现在谁还在读斯宾塞的书"一样,发出了"现在谁还在读帕森斯的书"的疑问,也就是说,虽然帕森斯的时代已经结束了,[①]但是,帕森斯似乎仍然是一道可以超越却难以忽视或绕过的雄关,他的结构功能主义对于美国宗教社会学的影响是不应低估的。此外,需要指出的是,作为韦伯后的社会学理论大师的帕森斯,其伟岸的身影并不足以完全遮蔽以下学者的贡献:莫顿对正功能与负功能、显性功能与隐性功能的阐述,贝格尔对宗教作为神圣的帷幕在人类秩序与意义的建构中的作用的揭示,贝拉对宗教社会学中公民宗教这一课题的阐发及其对宗教进化论的拓展与深化,斯达克和班布里奇(Stark and Banbridge)对世俗化与新兴宗教运动的研究,斯达克对宗教经济模型的建构及对宗教理性选择论的阐释,等等,这些成就共同构成了战后直到当代美国宗教社会学的繁荣。[②] 当然,战后欧洲的宗教社会学也并非毫无进展,只是相对于美国而言,其情形要黯淡一些。但是,在20世纪末,欧洲的宗教社会学也有长足的发展。不过,由于欧洲宗教社会学家很自然地以欧洲宗教实在为其主要的立论依据,他们大多执著于斯达克等人所说的"旧范式",尤其钟爱其世俗化理论传统,并且很具论战性。具体情况这里不拟详细介绍。

在社会主义国家,由于社会学一度被视作资产阶级学科而被取缔或被视作二等学科,宗教社会学的研究当然也有相同的遭遇。在苏联和东欧一些国家,虽然有人从事宗教社会学的研究,但由于僵化的教条的桎梏,也因为对马克思主义宗教观的庸俗化的理解,宗教社会学一直都相当落后。即使一些具体的微观研究是建立在深入细致的调查的基础之上的,因而并非一无是处,但这也改变不了其落后的总体面貌。苏联解体后的情形是否会令人刮目相看,目前作结论还为时过早。在中国,尽管宗教社会学在解放前已经取得一些成就,但其真正的起步阶段则是在改革开放之后。但目前的情势并不令人乐观,一是研究人员寥若晨星,受过正规和系统专业训练的人才队伍或高质量的学术共同体尚在形成过程之中。二是还处于对西方成果介绍、消化与研究阶段,有原创性的研究成果目前还不多见,创建自己的理

---

① 杰弗里·亚历山大:《社会学二十讲》,278页。
② 斯达克更具体地追溯了一些重要的研究学会、学术刊物、大学学术圈子及其领军人物在美国宗教社会学的崛起过程中所发挥的积极作用,参前引《信仰的法则》,20—21页。

论体系的时代更是尚未到来。这里值得一提的是,旅居海外的华人学者杨庆堃对中国宗教的社会学研究成果自其于 60 年代以英文(*Religion in Chinese Society*)出版以来,一直是学术界的重要参考书,著名汉学家欧大年曾称誉该书为研究中国宗教的圣经。但该书的经验材料主要是历史文献,而且该书是帕森斯时代的产物,即受结构功能学派的影响非常之深,因而有一定的局限性。目前,在向中国大陆引介西方研究范式和研究成果方面最有成效的,是美国普渡大学的美籍华人学者杨凤岗教授。

随着社会生态的复苏,随着人们对宗教的复杂性、长期性的认识的增强,我们有理由相信,作为一门社会科学的宗教社会学在中国一定会有较为光明的前途。本书若能对该学科在中国的建设有贡献涓埃之用,笔者必有幸甚之感。

3. 宗教社会学的主要理论范式

尽管社会科学与人文科学都有较强的累积性,因而传统的传承与弘扬常常发挥着强大的作用,但是,每一门近现代社会科学都会在自身的发展过程中发生理论范式的更迭递嬗,宗教社会学也不例外。

以下我们拟对宗教社会学在其形成时期与发展时期的主要理论作一简单的介绍。先谈谈宗教社会学形成时期的主要理论。提到这一时期,我们自然要集中介绍涂尔干和韦伯的贡献,他们是公认的宗教社会学之父。需要指出的是,他们虽然生活在同一时期,但彼此并不深入知晓对方的研究情况,在思想上的直接相互影响可能不太多,也不太深入。

我们曾提到,是涂尔干首先提出了宗教社会学这一概念。那么,他积极自觉地建构的这样一门科学试图解决什么样的问题呢?我们似乎可以将其归纳为以下三点,这三点也正是涂尔干的主要贡献:对宗教的界定,论宗教的起源与本质,论宗教之社会功能。兹列述如下。

甲 对宗教的界定。涂尔干认为,信仰与仪式是宗教最基本的构成要素。而宗教信仰的本质性特点就是把人类所能想到的事物——不管是真实的还是理想的,都划分成两个对立的领域,这就是神圣的与凡俗的领域。这种对世界的二分法表达了神圣事物与凡俗事物之间的关系。所谓神圣事物的范围,非常之广,它既可以是被称作神或精灵的人格存在,也可以是一棵树、一块岩石、一泓泉水、一段木头、一座房子。至于这些崇拜对象的神力之源,下文会详述。这里需要说明的是,从涂尔干认定的宗教的这种根本特征中,可能会推导出一种较为宽泛的判定孰为宗教的标准。因此,在他对宗教的界定中,涂尔干添加了一些限制。"宗教是一种与既与众不同、又不可冒犯的神圣事物有关的信仰与仪轨所组成的统一体系,这些信仰与仪轨将所有信奉它们的人结合在一个被称之为'教会'的道德共同体之内。"在这一定义里,圣俗之分仍是核心,但也强调了宗教的社会性或集体性。①

乙 论宗教的起源与本质。比涂尔干稍早或与其同时的一些人类学家总是在泛灵论、自然崇拜中寻找宗教的源头(前者认为,神性观念是由梦构成的;后者认为,神性观念是由某些宇宙现象构成的),②并以一种纯认知性的方式将巫师视作人类最早也是最粗陋的哲学家或科学家,他们负责为人类提供最早的关于世界的图景和相关的知识。涂尔干惯用的写作方法是,先批驳这些流行的理论(他对斯宾塞、缪勒、泰勒等人的假说都曾做过深入的分析和批评),然后以他对澳洲土著和北美印第安人的宗教的了解为经验依据,提出自己的学说。他发现,在最原始简单的宗教那里,其源头是不能在个体的意识或思想中去探寻的(虽然任何宗教都不能不具有个体的方面),而只能在原始人的集体生活中才能见到真相。在他看来,个体在其内在意识中为自己所组织的膜拜,绝不是集体膜拜的萌芽,而只是后者适应个体私人需要的结果。他认为,澳洲土著对神性的观念与信仰,其崇拜仪式都是集体生活的产物。当人们聚集在一起时,经常会产生情感上的欢腾,而"宗教观念似乎正是诞生于这种欢腾的社会环境,诞生于这种欢腾本身"。在这种集体性的欢腾中,人们会产生与平时完全不同的身不由己的感觉,宗教上的那种人不属于自己,而是归属于更高的力的观念正是在这种欢腾的场景中产生的。③ 那么,这种力的观念究竟何所指?有没有实在基础?正是在回答这一问题时,涂尔干阐述了他对宗教的社会性的看法。通过对最原始的宗教形式图腾的研究,涂尔干得出这样的结论,氏族的神、图腾本原,都只能是氏族本身而不可能是别的什么东西。是氏族被人格化了,并以图腾动植物的可见的形式表现在人们的想象中。在此基础上,涂尔干将这一结论予以理论上的普泛化。他曾经发出这样的疑问:宗教信仰的对象——神与社会莫非是一回事?对这一疑问,他最终给出了肯定性的答案。在他看

---

① 《宗教生活的基本形式》,43、54 页。
② 同上书,113 页。
③ 同上书,237、289 页。

来,宗教崇拜的实际上就是社会本身,神性观念或宗教的那种力的观念的实在基础就是社会。宗教表现是表达集体实在的集体表现。对于这一结论,涂尔干有很深入的论述。他认为:"一般来说,社会只要凭着它凌驾于人们之上的那种权力,就必然会在人们心中激起神圣的感觉,这是不成问题的;因为社会之于社会成员,就如神之于它的崇拜者。实际上,神首先被人们认为是高于人自身的一种存在,是人的依靠。无论它是具有意识的人格,如宙斯和耶和华,还是仅仅像在图腾制度中发挥作用的那种抽象的力,崇拜者都会认为自己不得不遵循由神圣本原的性质强加给他的那种特定的行为方式,他觉得他正在和这种神圣的本原相沟通。而社会也给我们永远的依赖感。既然社会独有一种和我们个体不同的本性,那么,它就会去追求同样也为其所独有的目标。可是,它不以我们为媒介就不能达到目的,所以它就会命令我们去协助它。它将我们本身的兴趣置之不顾,而要求我们自甘做它的仆人。它听任我们蒙受种种烦恼、失落和牺牲,而如果没有这些,社会就不可能有其生命。正因为如此,我们每时每刻都被迫屈从于那些行为和思想准则,而这些准则,既不是我们所制定的,也不是我们所渴望的,有时候甚至违逆了我们最基本的倾向与天性。"在涂尔干的这一论述中,社会似乎完全成了一种异己的、对人实现高压统治的力量。事实如何呢?涂尔干转而论述道:"但是,如果社会唯有通过物质的压制,才能从我们这里获得让步与牺牲,那么它在我们心灵中,就只能形成我们不得不屈服的物质力量的观念,而不是宗教崇拜那样的道德力量的观念。事实上,社会对意识所拥有的绝对权力,主要不是由于它在物质上所特有的无上地位,而是由于它所赋有的道德权威。如果我们服从于社会的指令,那不仅是因为强大的社会足以战胜我们的反抗,而首先是因为社会是受到遵从的对象。"①从以上介绍中,我们还可以发现,涂尔干所说的宗教的社会性实际上包括两层含义:社会生活是宗教观念的终极源头,而宗教信仰对象的实在基础就是社会本身。

涂尔干之所以如此重视宗教本身以及宗教的社会性,可能与他所处的时代有关。他生活于法兰西第三共和国,社会动荡不安。当时,天主教教育与世俗教育的冲突在法国蔓延,人们提出了"要社会还是要天主?"的质疑,

---

① 以上见《宗教生活的基本形式》,276—277页。

似乎二者只能是非此即彼的关系。而涂尔干则认为,在天主与社会之间,他几乎看不出有什么区别。① 他的意思是,他两者都要,因为这两者是不即不离的。

  丙 论宗教的社会功能。涂尔干试图在宗教中寻求社会整合或社会统一性的精神资源,他认为,为了使个体意识到社会自身的存在,为了使它获得的情感维持在必要的强度上,社会必须将自己聚拢和集中起来,不断创造或再创造维持社会的统一性所需要的有一定强度的社会归属感。宗教仪式,尤其是那些集体性的欢腾所发挥的正是这样的功能。涂尔干对宗教的这种功能研究,开了宗教社会学中功能论之先河。需要指出的是,他的这种理论对于分析社会变迁不那么剧烈的简单社会中的宗教的功能也许较为合适,对于较为复杂的现代社会而言,宗教信仰以及世俗价值观的多元化,使得任何一种单一的宗教都不可能承担整个社会整合的功能。当然,也有些学者循着这一路径寻求当代社会中的宗教功能替代品,如以公民宗教作为多元社会中生活方式或精神的统一性资源。本书将在后面对这一问题予以讨论。

  如上所述,涂尔干探讨的基本上是简单的、相对静止的社会中的宗教的本质与功能,然后在此基础上概括出一些普泛化的结论,他的宗教社会学因此被称为社会静力学。由于他关注的主要是宗教与社会的整合或统一性的问题,他有时被人们称作一位凸显了社会秩序问题的宗教社会学家。而社会学历史上的另一巨擘马克斯·韦伯的问题意识则与涂尔干大相径庭,他关注的是,由宗教信仰所造成的观念上的变化是如何引起社会行为(尤其是经济行为)的变化、并导致近代政治经济组织的产生的,具体而言,他关注的是宗教与现代性之间的关系。这是韦伯在开始宗教社会学的研究时,也就是在《新教伦理与资本主义精神》这篇论文中所形成的问题意识。因此,他的宗教社会学被称为社会动力学。

  需要指出的是,尽管在韦伯的问题意识中,宗教与人们的日常生活秩序的形构,尤其是与理性化的生活秩序的形成具有密切的关系。也就是说,尽管韦伯也非常关注宗教与秩序的关系问题,但他更关注宗教如何为人们的行为提供意义这一问题。比如,他认为加尔文宗的天职观使得信徒们相信,尽管上帝的预定或难以预测的拣选是一个奥秘,信徒们却可以在恪守天职

---

① 以上参雷蒙·阿隆:《社会学主要思潮》,270 页。

的资本主义式的劳作中获得得救的确信,劳作本身以及世俗事业的成功具有荣耀上帝的意义,近代资本主义的形成正是在这种意义观或加尔文宗这种伦理宗教中获得其精神动力的。韦伯对宗教社会学中意义问题的凸显,使得他异常关注神义论的问题,我们在本书第四章中会对此予以详细的介绍和讨论。

虽然在论述新教伦理与资本主义精神之间的亲和性时,韦伯对历史唯物主义多有批评,即认为一种新的生活秩序、一种新的制度体系的形成并不像历史唯物主义所设想的那样完全取决于经济因素,而可能取决于宗教观念等精神文化因素,但这并不意味着他没有受到马克思的影响。学者们注意到,正是由于在某些方面接受了马克思的影响,韦伯才非常注重宗教信徒的宗教归属与其在社会分层中的社会地位之间的关系。他对这一问题的关注与论述至今还影响着宗教社会学家们的研究路径。

当然,还应该提到著名的"韦伯问题":资本主义为何在西方产生而没能在其他文明中产生。对这一问题的解决必然要求作比较研究。韦伯以其惊人的天赋和勤奋,完成了一系列相关的著作。在1915年到1917年之间,他先后发表了《儒教与道教》《印度教与佛教》《古代犹太教》三部著作。这些著述基本上仍然是围绕着世界各大宗教与社会行为类型、围绕着这些宗教与理性化或现代性之间的关系而展开论述。韦伯以其广博的学识和深入的分析论证了西方文明的独特性。但从他的论述中,人们也得出了这样的推论,即近代资本主义的产生固然需要新教伦理这样的反传统主义的精神动力,而资本主义的发展(尤其是后发外生的现代化)却可以有多种多样的精神资源。

韦伯的宗教社会学理论范式对涂尔干无疑是一大超越,虽然他们二者之间并没有这种自觉的理论竞争意识,因为如前所述,他们的理论之间并无直接的互动。韦伯的宗教社会学对现当代的影响可以说是难以估量的,受他的问题意识、研究方法和言述方式的影响,还形成了宗教社会学中的所谓韦伯学派。韦伯宗教社会学理论中的一些范畴如克里斯马、理想类型、社会行为等等,仍常见于当代学者的著述中。

以上是宗教社会学在其形成时期最有影响的两大思想家的理论贡献,下面将综合国内外的一些相关著述,介绍一下宗教社会学在其发展时期所形成的几大理论范式。

进化论 宗教社会学中的进化论是达尔文的生物进化论与社会思想结

合的产物,其核心理念是认为宗教与生物有机体和人类社会一样,经历了一系列由低级到高级的发展阶段。这种理论的源头可以追溯到斯宾塞和孔德。在此前后,一些人类学家如泰勒、弗雷泽等人将进化论运用于人类学的研究,前者认为宗教经历了从祖先崇拜到多神教再到一神教阶段的发展过程,后者则以一种泛认知论的方式,断定宗教是人类智力发展的一个阶段,在此之前是巫术阶段,在此之后则是科学阶段。斯宾塞和孔德则将进化论运用于宗教社会学的研究。前者认为宗教起源于祖先崇拜,然后演化为更为复杂的形式;孔德则认为人类社会在其演进过程中经历了神学时代、形而上学时代和实证时代三个发展阶段。不过,他承认这一进程并不是直线前进的,而是有曲折迂回的。早期宗教社会学中的这种进化论逐渐成为一种不绝如缕的理论传统,或隐或显地表现在一些思想大家的著述之中。如涂尔干之所以选取澳洲和北美土著的宗教作为研究对象,是因为他认为,与土著人的简单社会相对应的乃是人类最简单、最原始的宗教,其中包含着人类宗教生活的基本形式。韦伯也以进化论的思想方式来看待人类的社会行为,尤其是经济行为从传统主义到合理性行为的演进或变迁,并认为宗教在这种演进过程中扮演着提供精神动力的角色。

宗教社会学中的进化论在20世纪30年代后,随着前面提到的人们不再阅读斯宾塞的著作,实际上是随着进化论在社会科学界的衰落而失势,但它却在美国著名宗教社会学家罗伯特·贝拉于1970年出版的《超越信仰》一书中产生了巨大的回响。该书第一部分以《宗教的进化》为专题,以30多页的篇幅专门探讨了宗教进化这一传统的论题。贝拉明确地将进化界定为组织结构的分化与复杂性不断增加的过程,这一过程使得有机体、社会制度或任何社会单位越来越有能力适应其环境;贝拉更将宗教界定为一套将人与其生存的终极条件联系起来的象征形式与行为。他认为,所谓宗教的进化既不是指终极条件或神进化了,也不是最宽泛的意义上的宗教信徒中的人进化了,而是宗教象征进化了。这一发展的主线是从简单的象征到分化的象征,也就是从世界、自我和社会在其中被认为与神秘力量的当下的表现直接相关这样一种境遇演进到另一种境遇,即宗教影响的发挥被认为是更为间接和"理性化"的。[①] 贝拉以历时态的方式将宗教的进化划分为如下五种形态,实际上就是宗教进化的五个阶段。(1)原始宗教,其特点是神秘世界与

---

① Bellah, *Beyond Belief*, pp.21,16.

现实世界之间密切相关,没有出现作为独立的社会结构的宗教组织。(2)古代宗教,在其象征系统中,神秘的存在物成为对象化的、控制着自然与人类世界的神,人神之分更为明确。在这一阶段,出现了专职的宗教角色,崇拜与祭祀发挥着沟通人神关系的作用,阶层分化也已经出现。(3)历史宗教,其象征体系都具有超越性的特征,在这种意义上,历史宗教都是二元论的,不仅超自然的王国高于现实世界,而且这两个世界都是按照具有宗教合法性的等级制来建构的。历史宗教中的人不再像原始或古代宗教中那样,是按照其部族或血缘关系来得到界定的,而是按照其得到救赎的能力来被界定的。宗教行为的意义正在于引导人们到达那个高于现实世界的彼岸王国,从而获得救赎。宗教集团在这一阶段更为分化,宗教虽然成为冲突与反叛的根源,却更多地履行着使现存的社会秩序得到合法化和强化的功能。(4)早期现代宗教,其根本特点是历史宗教中的那种既存在于超越世界、也存在于现实世界的等级制结构的彻底崩溃,两个世界的划分虽然仍然存在,但二者之间的沟通更为直接,人们不再退出尘世去寻求救赎,而是在世俗的活动中寻求得到救赎的确证。个体与超验实在之间建立了直接的沟通,充当中介角色的宗教职业人员不再被认为是必不可少的了。(5)现代宗教,其特点是信仰的个体化、多元化和世俗化,个体拥有更多的自由和能力去发现和创造自己的意义系统,在持有自由主义理念的人看来,这无疑是宗教本身以及社会的一大进步或进化。

贝拉对宗教进化问题的思考和研究可谓锲而不舍,念兹在兹。2011年9月,他又出版了厚达746页的鸿篇巨制《人类进化中的宗教——从旧石器时代到轴心时代》(*Religion in Human Evolution: From the Paleolithic to the Axial Age*),这是他30多年孜孜矻矻的研究结晶。在本书中,贝拉将宗教的产生与演化置于生物包括人类的进化这一宏大的叙事框架之内予以考察。贝拉将生物的历史——即进化——视作人类历史的一部分,认为进化的主体是生物有机体,而不是基因。他力图揭示,进化较之于一些生物学家和许多人文主义者所想象的要复杂得多,在进化中,意义和目的拥有一席之地,而且意义与目的也是在进化的。他对进化的兴趣特别集中于能力的进化:创造氧气的能力;在周遭只有单细胞有机体的几十亿年之后,形成体大且复杂的有机体的能力;调节体温的能力——鸟类与哺乳动物保持恒定的体温以便在极端炎热或寒冷的气温中生存的能力;花费数天或者数周,或者数年,或者数十年的时间养育无法凭借其自身之力量生存下去的无助的幼崽和小孩的能力;制造原子弹的能力。当然,进化并未向我们保证,我们会聪明地或很好地运用这些新能力。这些能力能够帮助我们,或许也能毁灭我们,这端赖于我们如何对待这些能力。至于宗教,贝拉同时借鉴了克里佛德·格尔兹与涂尔干的定义,认为象征乃是宗教之根本。同时,他还借鉴了舒茨关于多重实在的理论,认为玩耍是哺乳动物乃至人类暂离日常生活世界,建构并耽溺于另外的实在的特别重要的进化遗产。他认为,在人类出现之前进化时期,可以发现宗教赖以产生的基本能力:此即模仿行为。哺乳动物的玩耍本能即是宗教的源头。而在宗教的历史上,玩耍和模仿之所以如此重要,是因为它们乃是仪式的先驱,它们体现了在这个世界里生存的方式。与此前那些认为宗教起源于万物有灵论、自然崇拜、梦幻、异己的自然力量与社会力量的压迫等各种理论相比,贝拉教授的宗教起源论自然显得卓尔不群,令人耳目一新。贝拉认为,宗教的进化确实增加了新的能力。但他一再强调,宗教进化并不意味着从坏到好的进步。我们并不是从部落民众拥有的"原始宗教"进化到像我们这样的人所拥有的"高级宗教"。他指出有多种形式的宗教,而且这些类型可以置于一个进化的序列之内,但这不是就好坏而言的,而是就它们运用的能力而言的。贝拉认为,梅林·唐纳德(Merlin Donald)关于文化进化的三个阶段——模仿的、神话的和理论的阶段——这一架构令人信服。

贝拉断定,随着社会越来越复杂,诸宗教亦步亦趋。它们以其自身的方式解释社会阶层之间的巨大差异,后者取代了劫掠成性的部落里的基本的平等主义。酋长们及随后的古代君王们需要新型的象征化和规制,以使依据财富和权力而日益增长的社会阶级之间的等级划分获得意义。在公元前的第一个千年,理论性的文化在古代世界的多个地方出现了,它质疑旧的叙事,以重组旧的叙事及其模仿性的基础;它摒弃仪式与神话,以创造新的仪式与神话;并且以伦理的和灵性的普世主义的名义,质疑所有旧的等级制。这一时期的文化沸腾不仅导致了宗教和伦理学中的新发展,而且也导致了对自然界的理解的新发展,后者是科学的源头。由于这些原因,我们称这一时期为轴心时代。

贝拉的这部巨著所探讨的人类进化中宗教止于轴心时代。他对部落宗教、古代宗教以及轴心时代的古以色列、古埃及、公元前一千年的中国与古印度的宗教、文化都做了深入广泛的探究与分析。尽管他在本书中研究的不是现代而是包括轴心时代之前的人类社会演进中的宗教,但是,他对以下现象却深表忧虑:宗教……有时导向伟大的道德进步,有时导向深刻的道德失败。说宗教的进化只是更加富有同情心的、更加公正的和更加开明的宗教向上和向前的崛起,很难说是远离事实的。没有哪位本书的严肃的读者会认为本书是对任何种类的宗教必胜信念或任何其他的必胜信念的赞歌。高速的技术进步与对我们在对世界社会和生物圈做什么的道德盲目相结合,乃是快速灭绝的秘方。① 看来,他是一位对现代性非常关注的悲观的进化论者。

贝拉的巨著自出版以来,即广受好评。芝加哥大学的汉斯·乔阿斯(Hans Joas)教授评论道:"本书是健在的最伟大的宗教社会学家的鸿篇巨制,自马克斯·韦伯以来,还没有人就早期世界宗教历史生产出如此博学而有系统的比较研究。罗伯特·贝拉为跨学科的宗教研究和全球跨宗教的对话开启了新的远景。"著名思想家哈贝马斯评论道:"这部巨著是一位领军性的社会理论家丰富的学术生涯的思想大丰收,他在从事这一令人讶异的项目的过程中,吸收了海量的生物学、人类学和历史学文献。贝拉首先要探寻的乃是在我们人类的自然进化中,仪式与神话的根源,随后则探寻直到轴心时代的宗教的社会演化进程。在该书的第二部分,他成功地对留存下来了的一些世界宗教包括希腊哲学的起源做了独特的比较。在这一领域,我还没有见过与之同样雄心勃勃和包罗万象的研究。"②

进化论在宗教社会学形成与发展的早期阶段发挥过重要的作用,它使人们以一种自觉的历史观点来看待宗教,并且对宗教的起源与发展予以较为深入探讨,这对于揭开原先笼罩在宗教身上的神秘面纱无疑具有积极的意义。但进化论自身也具有一些理论弊端或缺陷,它往往给人以一种过于简单化的印象,似乎宗教是沿着从简单到复杂、从低级到高级的路径直线进化的。而事实上,实际情况要比这复杂得多。而且,进化论总是包含着强烈的价值判断,这在文化多元主义颇为盛行的当代世界无疑会招致更多的理论上的困难。因此,就连贝拉本人也不得不承认,在当今世界,要想建构一种广泛的进化论架构是极其冒险的事业,尽管他对宗教进化的新阐述做出

---

① 以上主要综述主要参考了 Robert N. Bellah, *Religion in Human Evolution* 一书的序言与第一章。
② 以上评语见 Robert N. Bellah, *Religion in Human Evolution* 一书的封底。贝拉于2013年7月31日去世,享年86岁。

了独特的贡献。

功能论 宗教社会学中的功能论乃是一种极其注重宗教的社会功能的理论范式,也是迄今为止宗教社会学中最有影响和持续时间最长的理论范式之一。它在20世纪后半叶发展出来的理论形式则被称作结构—功能论,尽管这一理论范式的两大代表人物帕森斯与莫顿都非常讨厌结构—功能论这一概念。这种理论的基本预设是:社会是由各种社会组织机构及其制度组成的动态平衡系统,在这样一个综合体中,其每一个组成部分或构成要素之间都不可避免地保持着一种互相依赖的关系;而每一部分的变化都会影响其他部分以及系统整体的存在状态,也就是说,各种建制作为社会系统的组成部分,都有自己独特的功能。没有功能就意味着死亡,这是功能论的一个著名的公理。在功能论看来,宗教作为一种社会建制或制度,或作为一种制度化的社会行为,也对社会履行着一些非常重要的功能。①

功能论的特点虽然在斯宾塞和孔德那里已初见端倪,但只有涂尔干才是这一理论范式的真正创始人。正是涂尔干将人们的注意力转向宗教的功能——这里主要指的是作为一种制度化的社会行为的宗教仪式对社会的凝聚和整合所发挥的积极功能。但是,涂尔干的那种将宗教观念的实在基础或宗教崇拜的对象等同于社会本身的论断在当代宗教社会学家尤其是结构功能论者那里,却遭到了普遍的拒斥。有人认为,涂尔干的做法与其说是对宗教的功能地位的凸显或拔高,不如说是对宗教的一种亵渎,因为他简单地在神圣的领域与凡俗的领域之间画上了等号。结构—功能论的主要代表人物帕森斯就认为,涂尔干倾向于视宗教范式为"社会"的象征表现,同时又将社会的最根本的方面界定为一套道德和宗教情操的范式,就此而言,在涂尔干那里存在着一种清晰可辨的循环论证的倾向。因此,他一方面拒斥了涂尔干就宗教的崇拜对象与社会之间的等同关系所作的论断,另一方面则在其关于通过内在化和社会化而实现的社会整合理论中,辨明了宗教的如下两种功能:(1)"使道德的价值、情感和行为体系的规范具有了认识上的意义",(2)"平衡了合理地期待行为后果与实际能看到的后果之间的差异"。②

在所谓对帕森斯的反叛中,美国的另一位社会学大师、与帕森斯并称为功能论两大巨子之一的莫顿发展出一套更为全面而且有说服力的功能分析

---

① 以上概述参见托玛斯·奥戴:《宗教社会学》,6—7页。
② 转引自戴康生、彭耀之:《宗教社会学》,31页。

理论。首先,他区分了显性功能与隐性功能。前者指对于某一特定单位(个人、亚群体、社会或文化体系)的客观后果,这些后果有助于该单位的适应或顺应,而且也是有意如此安排的;后者则是指非意图的而且未被觉察的后果。他认为,将这种区分运用于对宗教的社会学研究,可以使观察者不再只注意某一行为是否达到其所宣称的目的,而是暂时撇开这些表面的目的,而注意另一系列的后果。例如,(未达到预期目的的)祈雨仪式对于参与者之人格以及较大团体的维系后果。① 其次,莫顿又在批评功能论的泛功能主义预设(这种预设认为所有文化要素都具有某种正面的或积极的功能)时,区分了正功能与反功能。所谓正功能即有助于某一体系之顺应或适应的后果,而反功能则是削弱某一体系之顺应或适应的客观后果。莫顿引入反功能的概念使功能分析能够很便捷地在社会结构中发现变迁的根源,这对功能分析的理论无疑是一项意义重大的推展。将这种理论运用于对宗教的社会学研究当然也具有重大的理论意义,可以使人们对宗教所引起的社会变迁乃至革命作理论上的分析与概括。需要说明的是,结构—功能论乃是一般社会学中的一种重要的理论范式,由于它在宗教研究中得到运用,才有宗教社会学中的结构—功能论这一流派。

人们常指责功能论,尤其是早期的功能论过分强调了宗教对社会秩序的稳定或整合的积极功能,帕森斯对这种指责予以拒斥,认为它过于夸张,因为在该理论的发展果过程中,变迁、冲突等问题都被纳入了其分析的框架之中。至于功能论具有维护现状的政治保守主义的意识形态意涵,这一指责与上述指责相关。对此,我们或许可以说,在早期的功能分析中,尤其是在涂尔干那里,这种政治保守主义的意象也许清晰可见,但在其后期发展的理论中,学者们似乎在努力克服这一倾向。他们不仅分析整合与均衡,也分析冲突与解组、失范等现象。当然,任何理论都有自身的缺陷,功能论就有一种从宗教的功能的不可或缺性来证明宗教本身的不可或缺性的倾向。这与宗教哲学中的那种认为宗教性即人性的论调具有异曲同工之妙,不同之处在于其理论的基点一个是功能论,一个是本质论。

冲突论 冲突论是对社会进行结构分析、也就是反叛对社会进行单纯的功能分析的理论结果。莫顿早期所提出的反功能概念里,就已蕴涵着对冲突的重视,诚如莫顿本人所说的那样:"反功能的概念在结构的层次上蕴

---

① 莫顿:《显性功能与隐性功能》,见黄瑞祺编译的《现代社会学结构功能论选读》,80—81页。

涵着张力、压力的概念,可提供一条研究动态与变迁的途径。"①

晚近莫顿大力倡导的结构分析更是完善了对动态与变迁进行探讨的理论与方法,据研究,莫顿的这一理论推展实际上旨在调和涂尔干与马克思的两种社会理论路径。如果说涂尔干和马克思分别是功能论与冲突论的鼻祖,那么,他们的社会理论可以说对社会各有所见,而且所见相当深刻,但会通二者,以发展一套更为全面的社会理论,也有必要。因此,在发展和完善了功能分析的理论与方法之后,莫顿又理所当然而且卓有成效地推展了其结构分析的理论与方法,凸显了冲突、变迁等社会理论中的重要主题。

具体而言,冲突论认为矛盾、冲突和变迁内在于任何社会结构。其原因则在于,社会都是由有各种利益诉求的集团所构成的,每一集团都追求自身的利益,能够促进整个社会团结的单一齐整的价值观和信仰并不存在。因此,任何社会理论都应该正视矛盾、冲突等现象,不能仅视之为"反常现象"或"边缘现象"。功能论的弊端正在于此,因而无法容纳对这类现象的系统分析与解释。② 宗教社会学中的冲突论则将制度化的宗教视作一种具有自身的既得利益与利益诉求的社会结构,认为宗教在社会冲突和变迁中扮演着非常重要的角色。持激进冲突论的宗教社会学家们对功能论者们所珍视的宗教的社会整合和凝聚功能似乎视而不见,他们看到的是历史上几大世界宗教之间及其内部爆发的血与火的争斗,更看到了宗教与世俗世界之间所形成的剧烈的张力与冲突。举凡十字军东征、各种"圣战"、中世纪罗马教廷的宗教裁判所对持异端者施加的残暴的火刑、王权与神权之争、北爱尔兰的天主教与新教之争、美国历史上的各教派之争,这一切均被用来证明以下的结论:宗教乃是社会冲突之渊薮。

当宗教信徒给自己的建立在信仰基础上的宗教组织披上神圣的光环时,冲突论却发现,差异与冲突在宗教组织或共同体中是无所不在的普遍因素,它既存在于不同的宗教共同体之间,也存在于同一共同体的内部;冲突论既看到这种冲突会引起分裂、阻碍变革与进步的一面,也看到冲突会引起积极的社会变迁,更发现不同的共同体之间的冲突有时会增进某一宗教共同体内部的凝聚和整合。冲突论对由差异和冲突所引起的社会变迁给予高度的重视,克服了早期功能论只注意社会之统一、秩序的静态的研究模式所

---

① *Social Theory and Social Structure*, p. 107.
② 黄瑞祺:《现代社会学结构功能论选读》,19页。

造成的各种理论上的弊端。当然，冲突论执于一偏也造成一些片面性，如过分夸大利益动机对宗教行为的影响，忽视宗教观念与情感因素的力量；冲突论似乎还忽视了很多宗教共同体至少在显性的动机方面是追求神圣秩序支配下的社会和谐与整合的。因此，冲突论与功能论在理论上的得失完全是在彼此的相互对照中才能把握的，二者实有会通之必要与可能。实际上，莫顿的理论会通工作之意义正在于此。本书后面还会再介绍冲突论与功能论之间的对垒。

宗教经济模型与理性选择论　为了摒弃宗教研究中将宗教仅仅视为一种心理现象的偏见，凸显宗教的社会性，当代美国宗教社会学巨擘斯达克主张将宗教视为社会这个大系统中的一个子系统，并建构了宗教经济模型。他认为，任何社会里的宗教子系统跟世俗（或商业）经济子系统完全类似：两者都包含着对有价值的产品的供求互动（both involve the interplay of supply and demand for valued products）。宗教经济的构成包括现有的和潜在的信徒市场（需求），试图服务于这个市场的一些组织（供应者），以及由各种组织提供的宗教教义和实践（产品）。他认定：任何社会中的宗教需求都是相对稳定的。一个社会中宗教出现重大变化，不是由于人们宗教需求的改变，而是由于宗教供给的变化。例如，美国历史上的几次宗教大觉醒或大复兴并不是社会的变化造成了人们的精神追求的改变所致，而主要是由于出现了新颖的宗教供给者——新的布道家、新的传教方式、新的教会组织和新的基督教教派。

斯达克建构这一模型的主要目的在于，将经济学的基本原则运用于团体和社会层面的宗教现象上，以求获得巨大和充分的解释力。斯达克将受人追捧的自由经济原则引入宗教经济模型，认为一种宗教唯一最重要的特征就是其不受管制、因而受市场驱动的程度，而这与受赞同垄断的政府之管制是反其道而行之的。由于引入了这一原则，他对宗教竞争的看法就显得卓尔不群。一般学者（如后面会谈到的贝格尔）认为，多元主义和宗教竞争会对宗教的可信性会产生有害的影响，但是，斯达克通过经验研究发现，竞争的结果并非令所有信仰的可信性都受到侵蚀，而是产生了热切而有效的宗教供应商。这正如竞争对于世俗商品的供应商一样，其结果是同样的：即更高水平的整体消费。① 这一模型在解释多元自由社会中的不同宗教和同

---

① 同前引《信仰的法则》，44页，这里的综述参考了斯达克的原著（*Acts of Faith*，p. 36.）。

一种宗教中不同教派之间的竞争及其兴衰沉浮时,显得比较有说服力。

在对宗教研究中的所谓旧范式的反抗中,斯达克还将其对宗教的界定,尤其是对当代宗教现象的系统分析建立在补偿论的基础之上。所谓补偿论,乃是以这样一条他自认为俗不可耐的关于人类行为的公理为起点的,即人类总是趋利避害,总是追求他们认为是报偿的东西,规避他们认为是代价的东西。但是,如果对人类的这一基本倾向予以细究,就会有两点重要的发现。其一,在所有社会中,许多报偿物是既匮乏的,又是分配不均的。许多人所得到的要比他们期待的少得多,并且比另外一些人实际占有的要少得多;绝对匮乏与相对匮乏是一种普遍的社会现象。其二,人们孜孜以求的有些报偿并非唾手可得,例如,没有人能证明有来生,许多人都发现永生是不能在此时此地获得的。然而,人们并未因为永生难得便不再渴求永生,相反,追求永生可能是人类最急迫的渴求。

人类的活动或行为还有另一个特点,这就是创造和交换补偿物。补偿物乃是一种信念,即相信会在遥远的未来或在某种不能立即得到证实的境遇里获得一种报偿。当人们孜孜以求的报偿未能通过直接的方式获得时,他们便会阐发一些解释,说明这些报偿何以能够在别的时候、别的地方获得。补偿实际上是一种借据(IOU)或支票,其实质是向人做出一种承诺:你现在支付的代价,最终一定会得到报偿。通常,人们必须定期支付代价,这便意味着要参与某一组织,而这个组织乃是补偿物的源头之所在。

补偿物可以分为具体的和一般的两类。当一位萨满应许说,如果遵守一定的仪式程序,某人的疾病便会得到治愈时,这便是具体的补偿;而对幸福的生活或永生的应许则是一种一般的补偿。这两种补偿的区分对于辨明巫术与宗教的差异极为重要。

通过考察人们的这种愿望,还可以发现,人们大多认为,只有假定一位活跃的超自然者的存在,才能创造可信可靠的补偿物。例如,要相信生活是有意义的,要想获得生活的意义,往往要相信有一位宇宙人生的设计者。简言之,人类的许多共同的愿望都是超越于直接的、此世的满足的,只有诸神才能够满足这些欲求。尽管补偿物在本质上不绝对地具有宗教性,尽管许多意识形态的话语也会对人们做出关于幸福生活的应许,但它们都难以就永生作出堪与宗教匹比的可靠的补偿应许。

在以上分析的基础上,斯达克和班布里奇将宗教界定为"以超自然的假设为基础、主要致力于提供一般性补偿的人类组织"。①

实际上,将斯达克和班布里奇的一般性补偿理解为终极性补偿也许更为合适,因为像追求永生、忍受困苦以求成义,都包含着对一些终极问题的关切。从以上的介绍可以看出,补偿论实际上是宗教功能论的一种具体形态,其着重点在于宗教的显性动机;而且其关注对象主要是现代社会中的个体,因而具有其自身内在的理论盲点。

斯达克后来将此种补偿论提升为理性选择论,这一提升的主旨在于反抗旧范式中的认为宗教是"非理性的选择",因而把宗教中的一切都追溯为无知和心理疾病,转而认为宗教选择受理性引导,正像世俗选择受理性引导的程度一样。具体而言,宗教行为一般是建立在代价/利益计算的基础上的,因此是理性的行为。当然,斯达克同时并不错误地将理性前提作为个体行为的充分解释,更不用说大的社会过程了。斯达克还坦承:他并不是设定每个行为者的宗教行为都是理性的选择,也不是设定任何宗教行为都明辨其代价。② 这一退却表明,完全摒弃旧范式中的宗教非理性选择论,可能有一定的困难。

斯达克等人的宗教理性选择论与宗教经济学也遭到了不少批评。例如,有人认为对信徒而言,将宗教化约为商品,令其反感。如前所述,宗教社会学对来自信徒的这种感受一般不以为意。但学术性的批评则值得重视,例如,有人认为斯达克等人的经济学和功利主义的语言严重阻碍了我们对宗教复杂性的理解,因为宗教中的主观经验被其忽略了。而布鲁斯(Seteve Bruce)则认为,支撑灵性市场供应商理论的是一种意识形态观念:给自由放任的资本主义做宣传,鼓吹自由竞争的市场不仅能满足人们的物质需要,还能提供精神食粮。斯蒂芬·亨特更指出:宗教的多样性与宗教参与之间没有显著的相关关系,美国若干县的调查数据甚至显示二者之间呈负相关。③

杨凤岗对斯达克等人的理论有所扬弃,既有批评也有发展。他认为,该理论的严重局限是:(1)过分强调对于宗教组织的正式参与,即加入制度化的宗教组织和参加集体礼拜,忽略了非制度化的宗教和非组织化的个体宗教行为,后者在中国很显著。(2)过分强调宗教市场的供给与需求两方,较

---

① *The Future of Religion*, pp.5-8.
② 《信仰的法则》,45—51,69页。
③ 斯蒂芬·亨特:《宗教与日常生活》,70—75页。

少论述影响宗教经济或市场的另一方,即政府的管理或管制,后者普遍存在。他认为,尽管有这些缺点,宗教经济学的基本原则还是具有普适性的。

杨凤岗关注的主要问题是:加强宗教管制的实际效果如何?宗教管制与宗教变化之间有什么内在关系或规律可循?加强管制是否能够减低人们的宗教信仰和行为?在经验研究的基础上,他得出以下论点:加强宗教管制的结果不是宗教信仰和行为的总体减低,而是致使宗教市场复杂化,即出现三个宗教市场:红市,即合法的宗教组织、信众及活动;黑市,亦即政府禁止或取缔的宗教组织、信众及活动;灰市,即既不合法也不非法,既合法又非法的的宗教组织、信众及活动。他还阐发了三个命题。命题1:只要宗教组织在数量和活动上受到政府限制,黑市就必然出现(无论信徒个人付出的代价有多大)。命题2:只要红市受到限制和黑市受到镇压,灰市就必然会出现。灰市包括:(1)合法的宗教组织和人员的非法宗教活动;(2)地方政府非宗教部门出于政治或经济的考虑而主持恢复或新建的宗教场所;(3)不以宗教的名义提供的宗教产品和消费(文化、科学、健身)。命题3:宗教管制越严,宗教灰市越大。他相信,宗教市场发挥自律调节作用,会达到社会的和谐、健康发展。[1]

以上介绍的几种宗教社会学的理论范式在产生发展的过程中,虽然有的彼此之间存在着递嬗的关系,但实质上并不是非此即彼的绝对排斥的关系。它们大多可以互相补充,一种理论范式在视野上的盲点往往正是另一种范式的洞见之所在。因此,在实际研究中,完全可以以有用或有效为标准,在充分了解各种理论范式的优劣长短的基础上,对它们进行综合运用。此外,虽然任何一种理论范式都会因为其内在的局限性而难以永久地独霸学术界,但其在一定境遇中、针对某些对象而具有的理论上生命力还是会通过传承、改进而薪火相传。宗教社会学中的理论范式的反叛与创新并非鲁莽灭裂的革命,自有社会科学的规范体现于其中。因此,创新固然无可厚非,值得提倡,而积累与传承亦不应遭到轻鄙。关于宗教社会学学科史上各种理论范式之间的关系,也许可以套用贝拉的一句话:"没有过去,就没有将来:事情就这么简单。人们也许还会说,也没有现在。"[2]

---

[1] Fenggang Yang, *Religion in China*, Oxford University Press, 2012, pp.85-122.
[2] Robert N. Bellah, *Religion in Human Evolution*, p. x.

第二章
宗教社会学研究方法撮要

如上章所述,宗教社会学是宗教学与社会学之间的一门交叉性学科。严格来说,它并没有自身独特的研究方法,它无可厚非地从宗教学和一般社会学以及其他学科(如人类学)中吸收了一些适合自身的研究方法。只要浏览一下著名社会学家艾尔·巴比的经典性教材《社会研究方法》或该书的简写本《社会研究方法基础》[①],我们就可以知道,全面介绍这些方法需要巨大的篇幅,非本书所能胜任。因此,这里只拟撮要介绍一些在宗教社会学中常用的方法。

一、研究类别的划分与若干重要概念简介

在介绍宗教社会学的研究方法之前,有必要先划分一下宗教社会学的研究类别,并介绍若干在研究方法中常常提及的重要概念。

(一)以研究任务和目的为标准,我们可以将宗教社会学的研究划分为理论研究和应用研究。宗教社会学中的理论研究缘起于学者们对作为社会现象的宗教生活之本质的困惑和试图对其给予清楚的解释的愿望,其目的在于探析宗教在人类文明史与现实社会中的地位、角色和功能,揭示宗教兴衰成败亦即变化发展的规律,研究宗教与社会的其他构成要素之间的内在联系与互动关系,以此丰富、扩展已有的理论知识,开拓出新的理论视野,甚或建立新的更有说服力的理论体系。宗教社会学中的应用研究则是运用该

---

① 译者均为北京大学社会学系教授邱泽奇,华夏出版社,2000年、2002年。本章主要参考了巴比著作的简写本与前引《宗教社会学通论》(陈麟书、袁亚愚)以及风笑天的《社会学研究方法》中的相关章节。下文所引观点和材料除非另有出处,不再注明。

学科中已有的理论、知识和方法,本着学以致用的原则,研究社会生活中与宗教现象相关的具体的现实问题,试图解决一些具有迫切性的具体问题。例如,新兴宗教运动的发展引发了不少社会问题,有的宗教社会学家通过对社会控制模式和公众反应的研究,可以提供有助于对新兴宗教运动实施健康有效的社会控制的方法。大体而言,应用研究大都致力于改善现状。例如,对宗教与偏见之间的关系的研究,有助于促进一个较宽容的社会的形成。这与 SARS 的研究者与这种疾病的斗争,在解决具有迫切性的社会问题方面,有异曲同工之妙。在宗教多元并存的现代社会里,这类应用研究的价值尤其明显。

  宗教社会学中的理论研究和应用研究之间应该是一种辩证的关系,二者并不互相排斥。只要考察一下宗教社会学历史上的那些经典性研究成果,我们就可以看到,理论研究往往都是在应用研究的基础之上发现和阐释一些宗教现象和问题的,应用研究还会生发一些独特的理论问题,为理论研究的深化、丰富和发展做出重要的贡献。而应用研究则需要理论研究成果的指导,缺乏理论素养的应用研究有可能显得肤浅,难以获得具有突破性的进展或创获。当然,在以辩证的眼光看待宗教社会学中的理论研究和应用研究的关系时,学者们尽可以有自己的偏好。或高屋建瓴,实事求是,阐发对宗教现象的深度理解;或学以致用,创造性地解决一些与宗教有关的现实问题。但是,无论如何,都不应厚此薄彼。有些偏好应用研究的学者有可能将理论研究斥为玄虚无用的高头讲章,甚至斥之为玄学鬼的哲学思辨[①]。而有些偏好理论研究的学者则有可能轻视应用研究,斥之为琐屑的雕虫小技。这两种态度都有失偏颇,应该予以戒绝。

  需要指出的是,上述的理论研究和应用研究还可以区分出一些次级类型。比如,以研究目的为标准,我们可以将理论研究划分为探索性研究和验证性研究。探索性研究主要服务于以下三种目的:(1)满足研究者的好奇心及其试图更深入地了解和阐释某种宗教现象并且建构新的理论体系的愿望;(2)探讨对某种议题进行细致研究的可行性;(3)发展后续研究中需要使用的方法。当研究者面对新的问题、开发新的研究领域时,探索性研究便显

[①] 需要指出的是,宗教社会学的研究实际上是拒斥哲学信念的干扰的。当然,理论色彩较为浓厚的研究成果,尤其是欧洲宗教社会学的一些经典性著作,其人文主义色彩和思辨性可能较强,富有理论深度。不过,这并不妨碍其被界定为与宗教哲学迥然不同的宗教社会学的研究成果。

得非常有价值,研究者常常借助于这种研究而获得新的观点,甚至建构新的理论体系。而验证性的研究之目的则在于证实、修正或否定宗教社会学中的已有的理论假设或知识体系。此种研究在社会学的各个分支学科中都得到了广泛的采用,在宗教社会学的研究中,采用此种研究形式也同样具有正当性。这里,不妨举一个例子。艾尔·巴比曾与另外两位宗教社会学家从事过一项旨在检验"慰藉假设"的验证性研究。他们部分地采用了基督教中关于要照顾残疾人以及困乏和有重负之人的教义,也采用了马克思关于宗教是人民的鸦片的著名论断,并将之改造和概述为这样一个假设:教区居民中无法在世俗社会中得到满足和成就的人,会转向教会寻求慰藉和代替物。然后,这个研究小组分辨出在世俗社会中不太容易得到满足的人:在男性占主导地位的社会中的女性、在年轻人占主导地位的社会中的老年人、以教育程度和收入多少为标准而确定的地位较低的社会阶级,等等。最后,对他们的宗教虔诚程度进行测量。测量的标准有三项:仪式(如上教堂)、组织(如归属某个宗教组织)和知识(如阅读教会刊物)。测量的结果是,上述在世俗社会中不太容易得到满足和取得成就的人在宗教上最为虔诚,即上教堂、归属某个宗教组织和阅读教会刊物与圣经最为活跃和积极。这是对已有的理论假设或论断进行验证性研究的一个最为典型的例子。

应用研究则可以划分为现实问题研究、预测性研究和反馈研究。现实问题研究的对象是宗教的现状;预测性研究的对象是宗教发展变化的趋势,对某一宗教未来的前途和命运的预测便可以列入此类研究范围;反馈研究的对象则是宗教组织、社会和政府所采取和实施的措施与政策的执行情况及其后果,如考察某一社会对某种新兴宗教采取的社会控制措施对该新兴宗教以及关注此种新兴宗教的公众所产生的影响,便可以列入这类研究的范围。

(二)依据认识的深浅程度之差异,可以将宗教社会学的研究划分为表象性的描述研究和实质性的解释研究。描述性研究就是精确地测量并报告研究总体或现象的特征,其目的在于回答"是什么"这样的问题。报告一个宗教社区的自杀率或犯罪率的高低,就是一种描述性研究。解释性研究是探讨并报告研究对象各层面之间的关系,试图回答"为什么"这样的问题。探讨一个基督教村庄或佛教社区为什么犯罪率较低,就属于解释性研究。

(三)宗教社会学的研究还可以划分为定性研究与定量研究,这两者的根本区别就在于数据化和非数据化。说一个佛教徒很虔诚,是一种定性的描述;说这个佛教徒的虔诚在 10 分中可以打 9 分,则是试图将定性评估定量化。一般而言,任何定量测量都要比定性描述显得肤浅。但在宗教社会学中,这两种研究都很实用,一个精通这两种研究的学者,会比只通其一者显得高明得多。当然,从一般社会学学科史的角度而言,这两种类型的研究曾呈现出一种此消彼长的关系。20 世纪初盛行逻辑演绎和定性研究,60 年代,在帕森斯的宏观理论受到质疑以后,虽然欧洲社会学仍然沿袭法兰克福学派和法国年鉴学派的传统,但实用主义和实证主义大行其道的美国社会学主流却进入了以实证研究为基础的定量化时代,各种基于数理统计的方法被广泛应用于社会学,学术期刊上的论文大多以此种研究方法为圭臬,一些学术期刊甚至会因为一篇上乘之作没有统计检验而弃绝之。此风甚嚣尘上,到 80 年代则达到了极点。而那些喜欢演绎逻辑或文化解释的学者则对耽溺于定量化研究的学术成果不屑一顾,轻鄙地斥之为"用最复杂的统计方法和最难懂的方程,证明的却是人们日常生活中的常识",并视之为没有思想灵魂、毫无创意的数字游戏。崇尚欧洲传统的社会学家们坚信,只有发人深思的欧洲式的社会学才是社会学的精髓,思辨的、文化的、分析的社会学方法才是社会学方法的结晶之所在。于是,20 世纪 80 年代以后,定性研究的方法再次受到那些厌恶数学的研究者的青睐,并在学术界大行其道。虽然各种定量的研究方法仍然在社会学的主流期刊中占据重要地位,但再也不能定于一尊了。[①]

从上述两种研究类型的此消彼长中可以看出,它们是有很大的差异的。风笑天的《社会学研究方法》对二者的差异作了很精到的概述,兹据风著列述如下:第一,定性研究从属于人文主义的研究范式,强调研究应该在自然的环境和条件下进行,而研究所获得的结果和意义也只适用于这种特定的环境和条件,其核心和精髓在于"整体地"理解和解释自然情景。而定量研究则来源于实证主义,更接近于科学的范式。第二,定性研究以描述性分析为基础,在本质上是一个从特殊情景中归纳出一般结论的归纳过程,而定量研究则更接近于演绎,即将一般原理推广到特殊的情景。第三,定量研究更强调客观事实,注重现象之间的关系,尤其强调变量之间的因果联系。而定性研究则更加重视现象与背景之间的关系,更加注重现象的历时性的变化过程,尤其注重现象与行为对于行为主体的意义,以深入"理解"社会现象为

[①] 以上的概述参邱泽奇:《社会研究方法基础》,译后记。

其研究目标。定性研究者认为事实与价值是无法分离的,而定量研究者则强调在研究中要做到"价值无涉"和"价值中立"。① 第四,在研究与理论的关系方面,定性研究通常以理论的建构为目标,它并不强调在研究伊始时要具备一种明确的理论基础,而是在研究的过程中逐渐形成和发现理论,并在研究的过程中不断选择、修正、充实或放弃某种或某些理论。定量研究则常常是用来进行理论检验的,由于这种研究具有演绎性,所以,它从研究伊始便倾向于以理论为基础。准此,如果一项研究以理论的检验为目标,它通常都会选择定量研究。第五,在研究方式上,定量研究者更加强调研究程序的标准化、系统化和操作化,而定性研究者则青睐于研究程序、研究方式和研究手段的灵活性与特殊性。定量研究常常会采用试验、调查、内容分析等研究方式和量表测量、问卷调查、结构式访谈、结构式观察等资料收集方法。而定性研究则通常会采用实地研究的研究方式和参与式观察、无结构访谈等资料收集方法。定量研究的结果主要以统计分析数据来表达,而定性研究的结果则以文字描述来说明。前者具有明显的精确化特征,后者则以资料的丰富细致和理解的深入为特点。

下表可以更为简明地说明定量研究方式与定性研究方式之间的差异:

	定量研究	定性研究
哲学基础	实证主义	人文主义
研究范式	科学范式	自然范式
逻辑过程	演绎推理	归纳推理
理论模式	理论检验	理论建构
主要目标	确定相关关系和因果联系	深入理解社会现象
分析方法	统计分析	文字描述
主要方式	试验、调查	实地研究
资料收集技术	量表、问卷、结构观察等	参与式观察、深度访谈
研究特征	客观	主观

(该表见风笑天:《社会学研究方法》,13页)

需要说明的是,定性研究与定量研究之间实际上并不存在优劣长短的

---

① 由此可见,我们在上一章中以价值中立为宗教社会学的特点之一,实际上是一种研究范式的特点之一。

问题,只有适用性上的差异。对于某些情景和问题,也许采用定量研究更为合适有效,而对另一些情景和问题,采用定性研究也许更为合适和有效。因此,研究者采用哪种研究类型,既取决于其兴趣,更取决于他要解决的问题。

社会科学之所以能被冠以科学的美誉,其原因固然不少,但原因之一恐怕在于社会科学的研究者(这里主要指具有实证主义取向的研究者)大多相信,他们观察和研究的对象(包括爱、恨、激进、偏见、虔诚等这类在我们看来非常主观化、情感化的现象)是可以测量的,并且努力发展出一系列相关的技术与方法,使得这种测量具有可操作性,从而获得定量化的研究结论。下面,我们将介绍一些相关的概念,这些概念在实证主义的社会学研究中非常实用。

(1) 概念化:指出并且厘清概念的具体含义的过程就是概念化。我们知道,失范在古典社会学家涂尔干那里是一个很重要的概念。在研究宗教对自杀的影响时,涂尔干认为,自杀率反映了社会稳定和谐的状态。社会动荡和剧烈变迁带给人们的是不确定感,而这种不确定感会导致迷惘、焦虑,甚至导致自我毁灭。为了描述这种社会规范的失序,涂尔干选择了失范(anomie)一词作为其核心术语。换言之,失范在涂尔干那里指的是社会规范的失序。后来的社会学家则扩展了涂尔干的用法,例如,我们前面提到的莫顿在其经典著作《社会结构和失范》一书中提出了这样的说法:失范产生于社会所认同的目标和手段之间的脱节。在一个一切向钱看的社会里,不可避免地会有一些人以非法的手段来达到其目标,由此便会产生社会混乱和失范。至此,失范还只是用于描述社会特征。在莫顿之后20年,有位名叫鲍威尔(Elwin Powell)的社会学家开始用它来描述个人,并提出了如下概念化的定义:"当发觉自己行为的结果相互矛盾、无法运用、无足轻重的时候,失范便产生了。因为失去了方向,空虚与冷漠便随之而来,因此,失范可以被简单地理解为'空虚'。"这个例子说明,概念化是开放性的,但这种开放性不会导致混乱和无所适从。这是因为,一个偏离人们对失范的印象或者没用实用性的定义是不会被人们接受的。

(2) 指标:概念化的最终产品就是一组具体的指标(indicators),而指标是用来说明概念的属性的。例如,帮助穷苦人是爱心的一个指标,将落巢的小鸟放回鸟巢则是爱心的另一个指标。这类可以观察到的指标是可以累加起来的,如果我们认为衡量爱心的指标有10(或更多)项,并发现这类指标在张三身上出现过6项,而在李四的身上出现过3项,在某女士身上出现过9

项,我们当然可以因此而得出某种比较性的结论。

（3）变量：变量是由一套有逻辑关系的属性组成的,例如,性别是一个变量,由男性和女性两个属性组成。由农民、工人、教师等属性则可以组成职业这样一个变量,由上流社会、中产阶级和下层社会等属性可以组成社会阶级这样一个变量。变量又可区分为自变量(independent variable)和因变量(dependent variable)。在分析中已被赋值的、影响或决定因变量的变量就是自变量。而被认为依赖于另一个变量,或是由另一个变量而产生的变量,就是因变量。例如,如果我们发现性别影响宗教虔诚度(女性比男性更虔诚),那么,性别就是自变量,宗教虔诚度则是因变量。需要说明的是,一个变量可以在某一情况下是自变量,在另一种情况下则是因变量。如上述例子中的宗教虔诚度是因变量,但是,当我们以宗教虔诚度来解释犯罪时(如发现宗教上越虔诚,犯罪的可能性越小),它就成了自变量。

（4）操作化：是概念化后的一个步骤,是发展操作化定义的过程,更具体地说,就是确定测量的方法。例如,为了测量失范,许多学者都提出了自己的操作化定义,但一位名叫史汝尔(Leo Srole)的学者所做的工作最为出色。他设计了一份被认为可以测量个人失范的问卷,其中有五个叙述性的问题要求受访者回答"同意"或"不同意"。这五个问题是：

① 不论人们怎么说,男人一般都会越变越坏。
② 把新生儿带到这个不断寻找明天的世界,真是一件不公平的事。
③ 现在,人们不得不今朝有酒今朝醉,根本管不了明天。
④ 现在,人们真的不知道还可以信赖谁。
⑤ 向政府官员投诉没什么用,因为他们根本不关心普通老百姓。

在史汝尔的这份问卷发表之后的几十年中,许多当代社会科学家都曾使用他的关于"失范"的操作化定义。这一现象说明,有用的操作化定义才会得到广泛使用。

（5）信度(reliability)：亦即可靠性,指的是采取同样的方法对同一对象重复进行测量时,所获得的结果相一致的程度。换言之,信度指的是测量结果的一致性或稳定性,即测量工具能否稳定地测量所测的事物或变量。一致性与可重复性是这个概念的要义之所在。

（6）效度(validity)：亦称测量的有效度或准确度,指的是测量工具或手段能够准确地测出所要测量的变量的程度,亦即测量的标准或所用的指标能够如实地反映某一概念的真正含义的程度。

在一般社会学中,类似的与研究方法有关的概念还有很多,限于篇幅,这里不作更多的介绍。

二、抽　样

抽样是我们下面要介绍的好几种研究方式都要采用的具体的研究方法,这里,我们只能对抽样做一简单的介绍,读者若有兴趣或需要,可以从一般社会学的论著或教材中获得更详尽的知识。

抽样是在现代统计学和概率论的基础上发展出来的一种理论与方法。当我们希望研究某一宗教现象的总体或某一类人(如某一教派的信徒)的总体时,由于各种限制,我们往往只能选择或抽取能够代表总体的一部分个体,通过对这些具有代表性的个体的研究,来对总体进行描述和研究,达到由部分认识总体的研究目的。这时,便需要采用抽样的方法。抽样可分为概率抽样和非概率抽样两大类型,这两大类型又各有一些次级类型,以下将简单介绍一些在宗教社会学中常用的抽样方法。

(一)非概率抽样,即依据研究者的主观意愿、判断或是否方便等因素来抽取样本作为研究对象之代表,不考虑等概率原则,因此,其样本的代表性较小,误差相当大,而且这种误差无法估计。这种抽样方法一般不会被用于大规模的正式研究中,只会被用于小规模的探索性研究之中。宗教社会学采用较多的非概率抽样方法有以下两种:

1. 偶遇抽样(accidental sampling),又称任意抽样或方便抽样,它不是严格意义上的抽样方法,而是指研究者根据自己的主观愿望,以自己方便的形式抽取偶然遇到的人作为对象,或者仅仅选择那些离研究者最近、最容易找到的人作为对象。例如,为了了解我国大陆各地求神拜佛者的构成情况,研究者就采取了这种抽样方法,即到这些善男信女们常去的地方(如寺庙),从早到晚停留在那里,遇到什么人,就对其进行调查。这样,研究者遇到的那些人便成了调查的样本。而依据对这样的样本的调查得出的结论,当然只能是对假想的总体情况的说明;有的学者干脆断定:不能依赖偶遇抽样得到的样本来推论总体,因为这种抽样方法不能保证总体中的每一个成员都具有同等被抽中的概率。

2. 判断抽样(judgmental sampling),又称立意抽样(purposive

sampling),它是研究者根据研究的目的和自己的主观分析确立选择样本的标准,再依此标准来抽取一定数量的样本的方法。由于这种抽样首先要确定抽样的标准,而标准的确定又带有较大的主观性,因此,运用这种抽样方法的实际结果如何,往往与研究者的理论修养、实际经验以及对对象的熟悉程度有很大的关系。在宗教社会学的实际研究中,当研究者想深入探讨某些宗教现象和问题(如我们后面会谈到的这样一个问题:为什么欧美的新兴宗教运动中,其成员以年轻人为主体?),而调查的规模又不太大,研究者的时间与人力等条件有限时,往往会采用这种抽样方法。在采用这一抽样方法时,应该特别注意这样一个问题,即确立什么样的抽样标准,才能使选定的样本最具代表性。确立的标准应该只有少数几条,这样可以使进入样本的数量得到适当限制,以便最后确定样本。

在非概率抽样中,还有定额抽样和雪球抽样,鉴于它们较少在宗教社会学的实际研究中得到采用,这里不拟介绍。

(二)概率抽样,是依据概率论的原理进行的抽样,其根本特点是,所有被抽的对象被抽中或入选样本的机会完全相等,这样便完全排除了人的主观影响,使抽样结果具有客观性。下面,我们将简单介绍几种常用的概率抽样方法。

1. 简单随机抽样(simple random sampling),是概率抽样的最基本形式。它是按照等概率原则直接从含有 N 个元素的总体中,随机抽取 n 个元素组成样本(N>n)。当总体规模不大,抽样单位较少时,可以采用类似于抽签的方法。具体的做法是,将总体的每一个单位编号,将这些号码写在一张张小纸条上,然后将这些纸条全部放入一个容器中,搅拌均匀后,从中任意抽取,直到抽够预定的样本数目,抽中的号码就组成一个简单随机样本。例如,某教堂登记在册的基督徒共有 300 人,作为研究者,你想采用简单随机抽样的方法从中抽取 60 人进行调查。为了保证每个信徒都有同等机会被抽中,你须先从教堂负责人那里得到允许,获取全部教徒的名单,然后给名单中的每个教徒都编上一个号(从 001 到 300),然后在 300 张小纸条上分别写上 001,002,……,300 的号码。接着,你要将这些纸条放入一个容器(如纸盒)里,搅拌均匀后,随便摸出 60 张小纸条。最后,你要按照这 60 张纸条上的号码找到总体名单上所对应的 60 名教徒,这 60 名教徒便构成你本次抽样的样本。这个过程可以说很简单,操作容易。

当调查范围广、总体规模大、抽样单位很多(比如有上万个)时,便不适合采用类似于抽签的简单随机抽样法,而需采用随机数表来抽样。具体的做法是,先将总体所有元素的名单毫无遗漏地收集齐全(此即抽样框),并将总体中的元素一一按顺序编号,然后根据总体规模是几位数来确定从随机数表中选几位数码,接着是以总体为标准,对随机数表中数码逐一进行衡量并决定取舍,然后根据样本规模的要求选择出足够的数码个数,最后是依据从随机数表中选出的数码,到抽样框中去找出它所对应的元素。这样选择出的元素的集合,就是所需要的样本。比如,某乡镇的佛教徒的总体是3000人(四位数),你所设计的研究项目要求从中抽取100人作为样本进行调查。抽样的具体步骤是,首先获得总体成员的名单,然后对总体中的每一个人从0001到3000进行编号。再根据总体的规模,确定从随机数表中选择四位数。选择的方法是,从随机数表的任意一行和任意一列的某一个四位数开始,按照从左到右或从上到下的顺序,以3000为标准,对随机数表中依次出现的每个四位数进行取舍:凡小于或等于3000的数码就选出来,凡大于3000的数码则不要,直到选够100个数码为止。最后,按照所抽取的数码,从总体名单中找到它们所对应的100个成员。这100个成员就构成一个随机样本。当然,在这种随机抽样中会遇到一个样本被抽中两次以上的情况。处理这种情况的方法有两种:或者把这个样本按照抽中的次数反复使用,或者在第二次抽到这同一个样本后便弃置不用,另外再补抽别的样本。前者谓之回置抽样,后者谓之非回置抽样。采用后面这种方法所获得的资料比较准确,误差要小一些。因此,这种随机抽样方法值得推荐。

2. 系统抽样(systematic sampling),又称等距抽样或机械抽样,是按照相同的间隔去抽取样本的方法。具体步骤是,首先收集总体所有元素的名单,并随机地编上顺序号和排成序列;然后计算出抽样间距,计算的方法是用总体的规模除以样本的规模。假设总体的规模为 N,样本规模为 n,通过以下公式就可以求得抽样间距 K:

$$K(抽样间距) = \frac{N(总体规模)}{n(样本规模)}$$

当 K 不是整数时,应采取截尾法,只取整数,绝对不能使用四舍五入法;在得出抽样间距后,便可以采用简单随机抽样的方法抽取一个个体,以之为随机的起点;在抽样框中,从随机起点开始,每隔 K 个个体抽取一个个体,直到抽够所需的样本数。例如,你获得了一个研究项目资助,该项目的宗旨是调查你所在大学的全体学生的信仰状况。假设学生总数为3000人,而你想从中抽取100人作为样本。你得先将这3000名学生的名单依次编上号码,然后按照上述公式求得抽样间距:K＝3000÷100＝30,这意味着你应该每隔30人抽取一名。接着,你要确定随机的起点,做法是在1到30的数码中,以简单随机的方法抽取一个数字,假如抽到的是14,那么,你就以14为随机起点,每隔30名再抽一个。这样,你就可以得到14,44,74,……,2974总共100个号码。然后,你就可以根据这100个号码,从总体名单中一一对应地找出100名学生,此次等距抽样便大功告成了。由此可见,等距抽样较之于简单随机抽样要简便易行得多,因此,研究者在实际研究中较多地采用这种抽样法,也就毫不奇怪了。

当然,等距抽样也有问题需要正确处理。首先,它要获得总体名单,这并非轻而易举之事,在范围巨大的调查中,获得总体名单尤非易事;其次,如果总体名单不是研究者自己任意排列的,而是已有的资料(如户口簿、单位人员花名册),那么,就会出现这样的情况,或者总体名单中的个体排列具有某种次序上的先后、等级上的高低,或者总体名单中的个体排列有与抽样间距相对应的周期性分布情况。这里仅举一个例子,如果你到军队中调查士兵的信仰状况,并获得了某团士兵的花名册,你会发现,该花名册中每距10人就是一个班长,假如同等距抽样的间距刚好相同(即你的抽样间距是10),那么,你的抽样就会出现严重的偏差。这是因为,如果你的随机起点正好是一位班长,那么,你随后抽取的样本便全是班长。或者,如果你的随机起点不是班长,那就不会有一位班长入选你的样本。为了避免类似的偏差出现,你必须打乱已有资料本来的顺序,重新编制总体名单,或者干脆改用其他的抽样方法。

3. 分层抽样(stratified sampling),又称类型抽样或聚类抽样,它是依据总体中的所有单位的特征或标志(如性别、年龄、文化程度、职业或地域等)将其划分成若干类型或层次(亦即分层),然后再在各个类型或层次中采用简单随机抽样或系统抽样法抽取子样本,最后将这些子样本合起来构成总体的样本。或者简而言之,它是按照总体中所有单位的某种特征进行分类之后再做概率抽样的方法。例如,可以按照总体中的所有单位的年龄、性别、职业或文化程度等特征或标志对其进行分类,然后采用简单随机抽样或等距随机抽样的方法从各个类别中抽取所需样本。在此过程中,抽样者会遇到分层的比例问题,亦即如何将样本数分配给不同的类型或不同的层。

解决这个问题的方法有两种:一种是按照各个具体的类别或层在总体中的比例分配样本数,此即比例分层抽样。比如,某堂区的基督徒有600人,按照性别分层则有女信徒400人,男信徒200人。两类信徒人数与总体人数的比例分别为2∶3和1∶3。如果你要从这个堂区的信徒中抽取60人为样本,那么,按照比例分层抽样法,你就应该按照上述比例,分别从女信徒中抽取40人,从男信徒中抽取20人。这样,样本中男女信徒之比就与总体中的男女信徒的比例完全相同,均为1∶2。换言之,样本中的性别结构反映了总体中的性别结构。因此,比例分层抽样的优点是能充分体现各个类型在总体中的分布状态。但这种抽样法也有缺点,即比例较小的类型抽取的样本会因为样本数过少而不具代表性。处理比例问题的另一种方法是吃大锅饭,将样本数平均分配给各个类型,此即平均分层抽样,例如,在上述例子中,若采用平均分层抽样的方法,就可以从男女信徒中各抽取30个样本。采用这种方法,可以很好地反映出男女两类信徒的一般状况,有利于对男女两类信徒的情况进行比较和分析。但是,采用这种方法所得的抽样结果会增大分布的误差。

4. 多段抽样(multistage sampling),又称多级抽样或分段抽样,它是按照抽样的隶属关系或层次关系而逐步推进的抽样。在宗教社会学的实际研究中,当总体的规模特别大,或者总体的分布范围特别广时,研究者一般都要采用这种多段抽样的方法。例如,如果你要对中国大陆某省内的居民的宗教信仰状况进行调查,你最好先在全省范围内以地区或地级市为抽样单位进行抽样,然后在抽中的地区或地级市中以县或县级市为单位进行抽样,然后以同样的方法推进到乡、村,最后直到家庭或个人。在上述每个阶段的抽样中,都要采用前述的简单随机抽样或等距抽样或分层抽样的方法进行抽样。如上所述,这种抽样方法适用于总体范围特别大、对象层次特别多的社会研究。我们看到,采用这种抽样方法不需要事先掌握总体的全部名单,各阶段的抽样单位一般都比较少,所以操作起来比较容易。但是,这种抽样方法也有缺点,由于每级抽样都会产生误差,在经过多阶段的推进后,最后得出的抽样结果误差较大。尽量避免误差的具体方法是,增加起步阶段的样本数,适当减少最后阶段的样本数。例如,如果上述的那个省有12个地区或地级市,你在抽样的第一阶段应该以12或11或10为样本数。换言之,你要考虑从这12个地区或地级市中抽取12或11或10个样本,以保证初始阶段的样本数足够大,最终避免误差过大。

概率抽样还包括其他一些具体的抽样方法,如整群抽样等,鉴于它们都是以上述几种抽样方法为基础的变化形式,在此不一一介绍。

在概率抽样中,需要注意的一个问题是如何确定样本规模亦即样本的数目,这个问题的实质是需要抽取多少样本才是适当的,才可以将抽样误差控制在最小的范围之内,尽管无论采用什么样的抽样方式,这种误差都是不可避免的。这里的抽样误差指的不是调查中出现的具体失误。在调查过程中,可能会发生被调查者对问题的理解不当、回答不准确以及调查人员的记录和汇总犯错等情况,这些都是具体的失误,是度量误差,与抽样误差关系不大。与抽样误差有直接关系的是样本的规模,而这两者之间的关系基本上可以概括为:样本数越小,抽样误差越大;样本数越大,抽样误差越小。但对这种关系不能无限夸大,从而断定二者之间存在着一种反比例的直线关系。事实上,认为样本越多越好的看法是不正确的。这是因为,统计原理表明,样本规模的不断增加固然可以不断提高样本反映总体的精确程度,亦即能不断减少抽样误差,但是,当样本规模达到某个值之后,往往是增加很多样本数才能换来抽样误差微乎其微的减少。社会研究者依据统计原理,在实际研究的基础上,得出这样的结论:概率抽样的样本不得少于50,这个数字是最低限度的样本规模。在一个涉及范围较大、总体元素较多的调查中,当样本数小于50时,样本增减一个,就会导致抽样误差发生显著的变化。当样本数大于50时,抽样误差会随着样本数的增加而减少。但是,当样本数达到某个值之后,即使增加几百个甚至上千个样本,抽样误差也只有些微的减少,有时甚至不能减少0.1%。在这种情况下,再增加样本数基本上没有什么意义,只是消耗更多的资源而已。

那么,究竟有哪些因素会影响样本规模呢?一般来说,总体的规模、要求结果反映总体的精确程度、总体的构成情况(即总体的异质性程度)以及研究者所拥有的经费、人力和时间等因素会影响样本规模的确定。研究者可以在50至最大值之间来选择样本数。

三、几种基本的研究方式

宗教社会学中的研究方式指的是研究所采取的具体形式,而社会研究的具体形式一般可以划分为以下四种形式:调查研究、实验研究、实地研究和文献研究。这四种研究方式中的每一种都有其基本的要素甚或特定的语言,采用其中的任何一种研究方式都可以独立完成研究者选定的某一具体的研究项目。

(一)调查研究(survey research),是现代宗教社会学最常用的研究方式。它是一种采用自填式问卷或结构访问方法,系统地、直接地从一个取自社会群体的样本那里收集资料,并通过对资料的统计分析来认识宗教现象及其规律的研究方式。在宗教社会学中,这种研究方式比较适合于以下领域和题材:了解某种或某几种宗教在一个国家、地区乃至全世界的教徒总数,了解教徒的年龄、性别、社会阶层、文化、职业构成等情况;了解人们的态度、意见、意识等主观意向,其中包括某种宗教信徒对世俗生活、对世界的态度及其影响,对其他宗教的态度,还有公众对某种宗教(包括新兴宗教)的态度;系统调查、了解由宗教引发的社会问题,等等。

调查研究中重要的具体事项之一是问卷的设计。作为一份精心设计的问题表格,问卷在结构上要求有:(1)封面信,向被调查者介绍和说明调查的目的、调查单位或调查者的身份、调查的内容、调查对象的选取与确定方法以及调查者的伦理(如对调查的内容保密,不泄漏被调查者的隐私);(2)指导语,以解释和说明的方式指导被调查者如何填答问卷,等等;(3)问题及答案,此乃问卷之主体,亦即问卷设计的主要内容。一般有开放式与封闭式两种类型:只提出问题,但不为回答者提供可供选择的答案,由回答者根据自己的情况自由填答的问题,就是开放式问题;而在提出问题的同时,还给出若干个答案,要求回答者根据实际情况进行选择的问题,就是封闭式问题。例如,"如果你是信徒,你信仰哪种宗教?"就是一个开放式的问题。但是,当我们在这个问题下列出若干个答案,要求回答者任选其中一个作为回答时,就变成了封闭式问题。例如:

如果你是信徒,你信仰哪种宗教?
(1)佛教 (2)道教 (3)基督教 (4)伊斯兰教 (5)其他宗教

问卷的设计要遵循一定的原则,首先要紧紧围绕所研究的问题和所要测量的变量来进行设计,既不可漏掉一些必需的资料,也不要包含一些无关的资料。其次,还要充分考虑被调查者的实际情况,如文化水平、对于问卷长度在情绪上的承受能力,等等。问题的数量要视调查的内容、样本的性质、分析的方法、研究者拥有的人力、财力和时间等因素而定,问题不宜太多,问卷不易太长,通常以回答者能在20分钟内完成为宜,最多不要超过半小时。在问题的排序方面,应遵循以下原则:将简单易答的问题放在前面,复杂难答的问题置后;将能引起被调查者兴趣的问题放在前面,将容易引起被调查者紧张或产生顾虑的问题置后;先问行为方面的问题,再问态度、意见或看法方面的问题;开放式问题应该置于问卷最后;关于被调查者个人背景资料方面的问题,一般放在结尾。问题的形式设计有以下几种:

1) 填空式,在问题后画以横线,由回答者在空白处填写。如:

您上个月去教堂几次?_____次

2) 是否式,即问题的答案只有是和不是两种,回答者据自身的情况选择其一。如:

您的母亲是基督徒吗?　是 □　不是 □

您是否赞成由孩子自己在成熟后决定自己的信仰?　赞成 □　不赞成 □

3) 多项选择式,即给出的答案至少在两个以上,回答者据自身的情况选择其一。此种问卷形式在各种调查问卷中采用率最高。如:

您的文化程度是:(请在合适的答案号码上打√)

① 小学以下　② 初中　③ 高中或中专　④ 大专以上

4) 矩阵式,即将同一类型的若干问题集中在一起,构成一个问题的表达方式。如:

针对如下问题,请发表您的意见:(请在每一行适当的方框内打√)

	非常赞成	赞成	不赞成	极端反对
① 政府应该加强对宗教事务的管理	□	□	□	□
② 公众对新兴宗教的反应还可更健康些	□	□	□	□
③ 各级政府对邪教的态度应更严厉一些	□	□	□	□

上面的问题涉及政府对宗教的社会控制和公众对宗教的反应,属于同一类问题。这种矩阵式的优点是可以节省问卷的篇幅,由于它将同类问题集中在一起,回答方式相同,因此,还可以节省阅读和回答的时间。此外,还有一种与矩阵式相似的表格式问卷,兹不详述。

在问卷的设计中,必须保证答案的穷尽性和互斥性。所谓答案的穷尽性指的是答案包括了所有可能的情况,问题的答案中总有一种情况符合被调查者的情况。为了保证这一点,设计问卷时通常会在答案的最后添加"其他"。但是,如果在回收的调查结果中,选择"其他"一栏的回答者人数太多,便说明问卷中所列答案的分类有问题,可能是有些比较重要的答案类别没有在问卷中单独列出。所谓答案的互斥性则指的是答案之间不能交互重叠或相互包含,也就是最多只能有一个答案适合问卷的回答者。

问卷设计好之后,还要考虑如何通过问卷来收集调查资料。一般而言,调查资料的收集方法有两类,其一是自填问卷法,即调查者将调查的问卷发给或邮寄给被调查者,由被调查者自己阅读和填答,然后再由调查者收回;其二是结构访问法,即调查者依据结构式的调查问卷,①向被调查者逐一提出问题,并根据被调查者的回答在问卷上选择合适的答案。根据具体的实施方法之不同,在这两大类收集资料的方法中,还可划分出一些次级类型:自填问卷法中可分为个别发送法、集中填答法和邮寄填答法;结构访问法中可分为当面访问法和电话访问法。关于这些具体方法的得失与实施方法,读者可选择相关专著或教材参考,这里不一一列述。

(二)实验研究,这是一种经过精心设计,在高度控制的条件下,通过操纵某些因素,来研究变量之间的因果关系的研究方式,其根本目的是确定两个变量之间是否具有因果关系。因此,这种研究方式本质上是定量研究的一种类型。但鉴于这种研究方式在宗教社会学中较少被采用,故在此不拟多作介绍。

(三)实地调查或实地研究(field research,亦译为田野调查),亦即在一种自然情景下,通过深入到宗教生活的实景中,直接观察宗教现象的研究方式,它以参与观察和非结构访谈的方式搜集资料,然后通过对这些资料的定性分析来理解和解释宗教现象。这种研究方式可谓其来有自,早期宗教人类学家和宗教学家对原始民族宗教的研究,大多采用的是这种研究方式。因此,可以说,宗教社会学实际上是从其他学科那里吸收了此种研究方式。

---

① 问卷可分为结构式问卷和非结构式问卷,前者是研究者根据研究课题的要求和调查研究的理论假设,将所需提出的问题有规则地、精密地排列起来。其中每个问题的提问方式、措辞乃至许多供被调查者选择的答案,都是严格规定了的,各个问题之间存在着内在的逻辑联系,并且是秩然有序的,其提问方式、措辞和顺序都不得随意变更,整个问卷略加整理就能进行资料分析。非结构式问卷则不具备上述特点,问卷中的各个问题从提问方式、措辞、表达形式到提问顺序都没有硬性规定或预先严格确定,只是根据课题的需要限定了调查方向和询问的内容,调查者可以根据不同的调查对象、不同的环境,按问卷的大致规定灵活提问,这样,问卷本身便没有严格的结构,故称非结构问卷。

实地研究是我们介绍的四种研究方式中唯一具有定性特征的研究方式,它同时也是一种理论建构型的研究方式。其基本特征是强调"实地",也就是研究者一定要深入到研究对象的宗教生活的实际环境中,通过观察、询问、感受和领悟,去理解所研究的对象。

通常可以将实地研究区分为个案研究和参与观察。个案研究是就实地研究的背景与对象范围而言的,而参与观察则是就实地研究的方式与搜集资料的方法而言的。在宗教社会学中,个案研究(case study)就是对一个信徒、一件事件、一个社会集团或一个宗教社区所作的深入全面的研究,其特点是焦点集中,对宗教现象的了解特别深入和详细。这种研究通过对研究对象的深入的洞察,可以获得很丰富、生动、具体和较详尽的研究资料,能够较好地解释宗教现象的发生、发展和变化的过程,并且可以为之后较大的总体研究提供理论假设。

个案研究的方式较适用于对某一特定的单位进行深入的实地研究,而这里所说的单位既可以是一个人、一户家庭、一个小群体,也可以是一个社区、一个社会事件。当研究的个案是一个社区时,可称之为社区研究。而在社区研究中,研究者通常要采用参与观察、访谈以及收集当地已有文献的方法来收集资料。最重要的是,研究者通常要在该社区中生活一段时间,参与当地人的生活。这段时间可能是几个月,也可能是几年。中国社会学家费孝通的"江村研究"是社区研究的一个范例,学术新秀吴飞对河北一个乡村天主教群体的研究则是宗教社会学的社区研究的一个范例。[①]

如前所述,个案研究是就研究对象的范围而言的。在实地研究中,资料的搜集则主要是依靠观察法。在宗教社会学中,所谓观察,就是指研究者带着明确的目的,用自己的感官和辅助工具去直接地、有针对性地了解正在发生、发展和变化着的宗教现象。依据观察者和被观察者之间的关系,我们可以将观察区分为局外观察和参与观察。前者指观察者处在被观察的群体或现象之外,完全不参与其活动,尽可能地不对该群体或环境产生影响。后者指的是研究者深入到所研究的对象的生活背景中,在实际参与研究对象日常生活的过程中所进行的观察。参与观察还可以区分为全参与式观察和半参与式观察。所谓全参与式观察,指的是研究者隐瞒自己的真实身份,以所观察的社区或群体中一员的身份投入到被观察者之中进行观察。在当代宗

---

① 吴飞:《麦芒上的圣言:一个乡村天主教群体中的信仰与生活》,香港道风书社,2001年。

教社会学中,全参与式观察的范例之一是美国人詹尼·米尔斯(Jeannie Mills)对邪教人民圣殿教的观察。她以该教的一名信徒的身份长期与教主吉姆·琼斯及其他信徒生活在一起,参与该邪教组织的一切宗教活动,并且亲历了人民圣殿教在吉姆·琼斯的煽动下进行集体自杀的经过。以此为基础,詹尼·米尔斯后来撰写了《与上帝相处六年:在吉姆·琼斯的人民圣殿教内部的经历》,该书对这个邪教内部的活动、组织结构等方面作了生动而又详细的描述。

全参与式观察的最大优点就是不会将研究者自己的看法和观点强加于他的研究对象,也较少打扰和影响被观察者的正常活动与自然行为。因此,通过这种研究方式所获得的宗教生活图像比较真实。换言之,由此所得的研究资料很逼真可信。此外,采用这种研究方式,不仅可以获得可见的经验资料,还可以直接地、真切地感受被观察者的宗教情感与行为动机,有利于研究者以"同情之理解"的态度设身处地地了解和诠释被观察者。当然,全参与式观察也有其潜在的缺点或"危险"。一个长期并且完全投入到被观察者的生活之中的观察者,有可能在思想情感、认知态度乃至价值观等方面被其研究对象所同化,并有可能因此丧失观察的敏锐性或客观性。为避免这种"危险",最好的办法是,观察者随时随地警醒自己,使自己保持一个客观的观察者应该具备的科学研究的立场和清醒的头脑,而且还要注意不要在被观察者中"出人头地",以免对其活动与行为施加影响。

半参与式观察与全参与式观察的不同之处在于观察者不隐瞒自己的研究者身份,换言之,观察者的研究者身份对他所研究的对象来说是公开的。当然,观察者必须能被其研究对象接受,这样,他才能进入被研究的群体或社区,参与他们的活动,并同时进行观察和研究。这种研究方式的优点是可以使研究者保持其观察的客观性、敏锐性和主动性,缺点是可能会因为观察者被视为"外人",而引起一些于研究不利的反应,如被研究者防范观察者、有意在观察者面前改变自己的言行、掩饰自己的真实动机,等等。有时,观察者还会经常面对一些其他的困难与尴尬。这里,我们不妨以吴飞的田野调查为例,来说明采用这种研究方式时要注意的一些问题。在中国语境中对基督宗教的实地研究经常要面对一些比较难以解决的问题,首先是观察者能否被接受的问题。吴飞1996年七八月第二次到武垣县时,就曾有天主教徒厉声质问他:"你为什么来调查天主教?你知道天主教是干什么的吗?"吴飞只好连忙解释道:"我知道天主教是教人学好的。但现在有很多人不了解,我就是想让更多的人了解它是教人学好的"。① 听了这番解释后,质疑者才稍稍减轻其高度敏感的疑惑。当然,吴飞之进入被研究的群体,还另有路径——他物色到了一位好房东段干良。作为一位天主教徒,这位房东在当地人缘不错,能说会道。在别的场合,即使吴飞百般说明,被调查者总是怀疑他的来意和来历。而干良几句简单的玩笑就可以让质疑者的疑惑涣然冰释:他是"来调查你们的","来抓你们来了"。② 吴飞进入被研究的群体之后,还经常要面对另一尴尬:总有人劝他皈依天主教。这时,也是干良对研究与信仰的差别的解释,才能让吴飞脱离困境。例如,当教徒与吴飞争论信仰的好坏时,干良便解释道:"他研究的不是这个道理对不对,他想问的就是有没有这个事,有没有这个人,你信得对不对他不管。"③经常是干良的这种解释让吴飞立刻得以解围。这一事例说明,研究者进入被研究的群体,如果有一位很好的引入者,那将使其研究大获神益:他或她可以帮助研究者获得被研究群体的信任,与之建立友善的关系。曾有一位名叫韦克斯的西方学者试图对美国籍的日本人进行实地研究,在最初的几个月中,她因为无法获得这种友善的关系而在绝望中拼命地吃东西,在三个月里体重增加了30磅,还经常在令人窒息的闷热中绝望地暗自哭泣。

采用半参与式观察时还要注意的另一问题,就是前述的研究者对其研究对象的影响。这里,不妨仍以吴飞的研究为例加以说明。在吴飞的观察中,他注意到这样一个事实,他所研究的群体本来就具有一种独特的认同,而吴飞作为研究者的到访,则刺激这个群体再一次将自己当作一个宗教群体,也就是增强了其宗教认同。这些教徒也因此尽可能地向吴飞提供与认同问题相关的内容。换言之,学者吴飞所获得的这些材料是他与其研究对象互动的结果,是双方共同制造出来的。④ 创造性虽然充分表现出来了,但是,所得资料的可信性却也因此会受到一定的影响。这也正是半参与式观察的缺点之一。尽量减少这种缺陷的办法是,研究者要避免为其观察对象做任何决定,对敏感的问题力戒仓促地做出是非判断,多听少说,多看少做,尽量深入到背景中去进行观察和倾听。

---

① 吴飞:《麦芒上的圣言:一个乡村天主教群体中的信仰与生活》,28 页。
② 同上书,27 页。
③ 同上书,33 页。
④ 同上书,32 页。

在实地研究中,观察是收集资料的方法之一,访谈则是另一种同样重要的资料收集方法。在社会学中,访谈一般可以区分为结构访谈和无结构访谈。结构访谈是研究者依据事先设计的问卷和固定的程序,对研究对象进行访谈,它要求在访谈过程、访谈内容和访谈方式等方面都尽可能做到统一和标准化,目的是为了增加访谈过程的客观性和所获资料的可信度,以便对访谈资料进行统计处理和定量分析。这种访谈法一般适用于在调查研究中采用。而无结构访谈则与结构访谈相反,它不依据事先设计的问卷和固定的程序,而是只有一个访谈的主题或范围,由访谈员与被访者围绕这个主题或范围进行比较自由的交谈。因此,这种访谈又被称作深度访谈或自由访谈。在宗教社会学的实地研究中,研究者通常采用这种无结构访谈。这主要是因为这种访谈的弹性大、灵活性强,有利于充分发挥访谈双方的主动性和创造性,进行深入细致的交流。采用这种访谈,研究者可以借助于深入细致的访谈获得丰富细致的定性资料,并通过研究者洞察性的分析,从中归纳和概括出某种结论。以上特点可以说是无结构访谈的优点,其缺点则是所得的资料难以进行统计处理和定量分析,而且耗时甚长(吴飞的实地研究就断断续续做了3年),访谈的规模也会因此而受到限制。因此,在采用这种访谈法之前应该对其优缺点有明确的认识。

依据无结构访谈的性质,我们可以将其区分为正式访谈和非正式访谈两种。前者是研究者事先有计划、有准备、有安排和有预约的访谈,后者指的是研究者在实地参与研究对象社会生活的过程中,随时碰上的、无事先准备的、类似于闲聊的交谈。依据被访谈对象的数量,无结构访谈又可以区分为个别访谈和集体访谈。前者指的是研究者不依据问卷表,只围绕访谈的主题,与一个被访者单独交谈。后者指的是将若干研究对象集中在一起,同时进行访谈。这实际上就是我们非常熟悉的座谈会。这种访谈要求更高,难度更大。这是因为,在集体访谈中,不仅存在着访谈员和被访者之间的互动,也存在着被访者或与会者彼此之间的互动,这就要求访谈员不仅要掌握好自身与被访者之间的互动,还要组织和引导好被访者之间的互动。这当然需要一定的经验和技巧,才能较完满地达到目的。在安排和组织集体访谈时,首先要注意的是人数问题。与会的人多了,访谈员难以完全控制场面;人少了,又难以获得集体访谈的效果。根据学者们长期实践的经验,集体访谈参加的人数最好是5到7人,最多也不要超过10人。其次要注意做到:与会者有代表性,十分了解情况,且敢于发言,能较充分地表达自己的意思,相互之间有共同语言。如果与会者没有代表性,不了解情况,一问三不知,或者木讷不言,或因没共同语言而相互抬杠或无法沟通,则其效果必然会很糟糕。

  在实地研究中,不论是在观察时,还是在进行访谈时,都应注意做好记录,因为观察和访谈都是收集资料的方法,不做好记录当然达不到收集资料的目的。这里所说的记录,并不像大学课堂上记笔记那样简单,它需要更多的技巧和经验,更需要持之以恒的毅力。例如,参与观察的记录,通常是在晚上完成的。白天观察时,研究者必须尽量多、尽可能深刻地将观察到的宗教行为、现象、事件、人物尤其是关键人物的关键话语烙刻在脑海中,并且千方百计地寻找机会,在白天就记下能够提示自己回忆的关键词、几句原话或其他记忆线索,这样便有助于在晚上进行回忆,更详细地记录下当天的所见所闻。访谈的记录则依据上述的分类而有两种情况:非正式访谈的记录和正式访谈的记录。在非正式的闲聊式的访谈中,研究者事先没有准备,很难当场做记录。这时,研究者便须对那些有价值的谈话内容予以特别的留意,提醒自己加深对这些内容的印象,比如在脑海中反复记忆几遍,然后在尽可能短的时间内追忆和记录下当天的访谈内容。一般来说,应该在当天晚上独处时尽可能全面详细地记录下当天访谈所得的资料,绝不要拖到第二天,那样必然会有遗忘和遗漏。正式访谈则可以视情况而采取当场记录和事后记录。在当场记录中,可以有重点、有选择地进行记录,不必也不可能记下被访者的每一句话。在有取舍地进行记录时,应该尽量全面地记下被访者讲述的事件和列举的实例,尤其是这些事件与实例的时间、地点、人物、状况和性质,等等;更要准确地记录被访者对某一事件所表达的观点、对某一宗教现象的主要态度和见解,而且要尽量记录原话,不要用自己的话进行概括或归纳。当然,这样的记录要注意依据不同的问题进行划分,做到层次分明,记录时最好留些空隙,有的学者甚至主张记一行空一行。在做当场记录时,如果能得到允许,最好使用录音机。吴飞的实地研究就曾使用录音机,这样既有利于研究者集中精力将访谈引向深入,更有助于对资料的全面收集。事后记录是在访谈结束后,通过追忆而进行记录的方法。事后记录有其优点,即不影响访谈过程中访谈员与被访者之间的互动,但是也有其缺点,即追记的材料很可能不全面、不确切。因此,更多的研究者喜欢采用当场记录。

  在做记录时,应该注意一些很重要的细节性技巧。首先要做到"不引人注目地记录",这就要求访谈员的记录动作要小,速度要快,时间要尽可能短。其次是要同时记录下访谈员本人的思想、情感、评价、认识、猜测和理解与领悟等主观内容(这些记录要与研究对象的内容分开,最好置于空隙或空行之中)。这是实地研究的人文主义特质的要求使然,只有这样才能做到我们在前面所说的同情之理解(但不是赞同),体现出定性研究的优点:深入的理解、深刻的洞察。

总之,为了材料的全面、确切、具体和客观,记录的内容是越详细越好。

在介绍上述具体内容时,我们已经不时谈到实地研究的优缺点,这里,不妨再做点概括。在宗教社会学中,实地研究适合在自然情景下观察和研究人们的宗教态度与行为。诚如佛教史专家汤用彤先生所言:"宗教情绪,深存人心,往往……发挥神妙之作用",[1]这些东西并非像一些实证主义研究者所相信的那样可以轻而易举地得到定量化的研究,而借助于实地研究的观察和访谈,研究者与人之间的互动,在详细寻求和记录那些具有情感性和属于人文主义类型的资料的基础上,却可以对这些东西获得较深入的理解,给予较有说服力的解释。这是实地研究的优点之一。其二,实地研究的方式比较灵活,弹性较大。这种研究的程序不像调查研究那样严格,只需做少许的准备工作。即使进入了研究过程,也可随时随地修正和调整研究的目标和设计。吴飞的实地研究就具有这样的特点。最初,吴飞感兴趣的问题是:他所研究的那个乡村天主教群体"到底对正统神学作了哪些中国式的修改,而天主教的信仰到底在多大程度上改变了他们的日常生活"。通过观察和访谈,吴飞的问题意识发生了变化,研究的目标和设计也随之变更,亦即转向天主教与身份认同这一问题,也就是吴飞所说的"他们究竟与别人有何不同、有何相同,他们如何看待自己,别人又如何看待他们;一句话,他们究竟有怎样的身份认同",并认定这些问题才是最值得问的问题。[2] 由于有了这样的在研究目标和设计上的灵活变通,我们才有可能读到这样一部很有价值的通过实地研究完成的专著。反之,如果吴飞执著于原来的研究目标和设计,我们看到的将是对所谓天主教中国化或本土化问题的一种社会学图解,还有对韦伯问题的检验与延伸,其学术价值可能要小得多。其三,实地研究的效度较高。研究者测量的的确是他试图测量的概念或现象,而且

---

[1] 汤用彤:《汉魏两晋南北朝佛教史》,下册,634 页。
[2] 吴飞:《麦芒上的圣言:一个乡村天主教群体的信仰和生活》,22 页。

可以通过列举生动而又详细的实例来说明某一概念的含义。还是以吴飞的研究为例,在调整研究目标和设计后,吴飞要测量的是一个乡村天主教群体的宗教认同。通过观察和访谈,吴飞发现,这个群体形成了一套技术谱系,如常规性的宗教技术(弥撒、早晚课、主日念经、瞻礼单、各种圣事)、将天主教仪式和民俗礼仪结合起来而形成的一套人生礼俗、特定的叙事技术和集体记忆(传奇、笑话、对教徒和教会苦难的集体回忆),正是这些技术使得他们区别于"大教人"(教外人或非天主教徒)。而对区别的观察与测量正是对认同的测量,吴飞列举的很多实例也非常生动地彰显了认同的含义。其四,宗教社会学中的实地研究极适合于研究宗教现象发展变化的过程,这是因为从事实地研究者不仅要深入实地,还要在实地生活一段时间,这当然非常有助于研究一个时段中宗教现象的变迁。在本书第七章中,我们将会看到,邪教都有从新兴宗教恶变为邪教的过程,这一结论的得出与宗教社会学家们的实地研究大有关联,如米尔斯对人民圣殿教的实地研究就是典型的一例。当然,宗教社会学中的实地研究也有其缺点,主要表现为以下几点:概括性差,信度低,研究者会影响其研究对象,所需时间长,全参与式观察中存在着学术伦理方面的问题(如能否欺骗研究对象等)。了解实地研究的优缺点有助于研究者选择合适的研究方式,并在研究中尽量扬长避短。

(四) 文献研究(document study),宗教社会学中的文献研究是借助于收集和分析现存的以文字、数字、符号和画面等信息形式出现的文献资料,来探究和分析各种宗教行为、宗教组织中的社会关系以及其他各种宗教现象的研究方式。在宗教社会学的历史上,韦伯和涂尔干等人的大部分研究成果都是借助于文献研究获得的,而他们所获得的研究成果的质量之高,则可以说明这种研究方式的重要性和有效性。事实上,即使当研究者采取其他研究方式时,也多少要采用文献研究的方式,这样才能获得更多的信息,并拓展研究者的视野。

文献研究是我们介绍的几种研究方式中,唯一不需要直接与研究对象接触、不需介入研究对象以获取研究资料的研究方式。文献研究中的文献之含义很广,它包含我们希望加以研究的现象的任何信息形式。一般地,我们可以依据文献的具体形式和来源的不同,将其区分为个人文献、官方文献和大众传播媒介三大类型,或将其区分为原始文献和二手文献两大类型,或划分成现时性文献和回顾性文献,或划分为文字文献、画面文献、声音文献。对文献的划分和称呼主要取决于研究者的划分标准和对术语的偏好。这里需要进一步说明的是,个人文献指的是个人日记、自传、回忆录和信札,官方文献指的是政府机关和有关组织的记录、报告、统计、计划、信函和地方志等等,大众传媒指的是报刊、电影、电视、网络等。原始文献指的是由亲身参与或经历了某一事件的人撰写的资料,二手文献指的是那些利用原始文献编写或以别的方式留下的新的文献资料。当然,文献研究还可以从书籍、歌曲、图片、绘画等形式的文献中获得资料来源。

依据研究者所采用的具体方法和所用文献种类的不同,我们可以将文献研究划分为三种类型:内容分析、二次分析和现存统计资料分析。下面,我们只简单介绍一下内容分析和现存统计资料分析这两种类型的文献研究。

1. 内容分析(content analysis),是一种特别适用于考察任何形式的传播媒介的研究方法。在宗教社会学中,内容分析法通过对各种与宗教有关的或者纯粹宗教性的媒介(诸如报纸杂志、书籍、广播、电视等)所承载的信息进行系统的分析,来了解人们宗教行为、态度和特征,进而了解和说明宗教变迁以及宗教与社会的互动关系。在一般社会学里,内容分析法实际上蕴涵着这样的理论预设:在研究者考察的传播材料中所发现的行为模式、价值观和态度,反映出并影响着创造和接受这些材料的人们的行为、态度和价值观。因此,内容分析法除了考察信息本身的内容以外,还可以用来研究信息发出者的动机,以及信息传播的效果或影响。也正因为这样,艾尔·巴比将内容分析法的设问模式归纳为:"谁说了什么、对谁说、为什么说、如何说,以及产生了什么影响?"其中又以"为什么"和"产生了什么样的影响"这样的问题最为重要,研究者需特别强调这样的问题,并应努力予以研究和回答。

内容分析可以划分为两种类型:定性分析与定量分析。一个人文主义取向较强烈的研究者往往乐于采用定性的内容分析,具体的做法是,首先勤奋地阅读、收听或观看,然后借助于主观的感受、敏悟、理解、体会和分析,来解读、判断和挖掘信息中的本质内容。不过,需要说明的是,由于实证主义取向一度大行其道并且仍然是主流,大部分关于社会研究方法的著作往往只将定量取向的内容分析视为内容分析。实证主义的研究者认定:内容分析是一种对传播所显示出来的内容进行客观的、系统的、定量的描述的研究技术。按照这种界定,内容分析看重的当然只是外在的、表面的内容(如传媒的文字、颜色和实物本身等),而不是内容的深层解释,因为只有这些东西才是传播所显示出来的明显的内容;由于这种界定以"进行客观的、系统的描述"相期许,这便意味着内容分析是一种规范的方法,即要求研究者按照预先设定的计划,采取一定的规则,按照一定的步骤,按部就班地进行分析;又由于这种界定以"定量的描述"相标榜,这意味着其分析的主要目标是决定内容中的某一事项的频数,或者确定某一类别在整个内容中所占的比例,如此等等。如果你是人文主义取向的研究者,你很可能会对这种描述嗤之以鼻,难怪连一些著名的有实证主义取向的社会学家也承认,任何定性的分析比定量的描述都深刻得多。不过,定量的内容分析之所以能大行其道,其原因恐怕并不是研究者们厌恶和逃避深刻,或心甘情愿地耽溺于肤浅,而是这种分析法确实能以科学的精神解决一些问题,避免笼统疏阔之说。

定量的内容分析在程序方面与调查研究基本相同,比如,要决定总体的范围、分析单位、样本抽取、编码方法、分析方式。具体而言,内容分析首先要抽取有代表性的样本。有些宗教性的传媒跨越的时段较长,期号总数较多(比如,在中国基督教史上影响甚大的《万国公报》、《真理与生命》、《文社月刊》、*Chinese Recorder*[《教务杂志》]等),你不大可能直接研究全部对象,这就需要借助于抽取有代表性的样本的方法,来达到研究全部对象的目的。内容分析的抽样既可以从杂志、报纸、电视节目、广告或其他类似文献的标题或期号中进行,也可以在作者、书籍、章节、段落、句子、短语、词汇等层次上进行。本章第二节中所介绍的各种抽样方法,都可以在内容分析中予以运用,其中以分层随机抽样、多段随机抽样的方法最值得推荐。一般而言,内容分析中的抽样要分三个阶段进行。这里,我们不妨举例说明一下。假设我们要从某一年(比如 1932 年)中国大陆的基督宗教刊物中抽取某一类(比如谈论基督宗教与中国社会重建之关系)文章的样本,那么,我们可以从那一年大陆所有的基督宗教刊物的名单中,随机抽取 10 种刊物(第一阶段),然后再从刊物的 12 期期号中随机抽取 5 期,比如说第 2、4、5、8、11 期(第二阶段);然后再从抽中的每期刊物中抽取两篇文章,比如说第三篇和五篇文章(第三阶段)。这样,由这 10 种刊物的 2、4、5、8、11 期中所有第三篇和第五篇文章所组成 100 篇文章,就构成我们要进行内容分析的样本。这一抽样中实际上涉及到对样本所取自的总体进行界定的问题,这个总体就是 1932 年在中国大陆印行的基督宗教刊物中谈论基督宗教与中国社会重建之关系的所有文章。

抽样完成之后,接着便要对样本中的信息进行编码,也就是按照某种概念框架对信息一一做分类记录,比如,你可以将上面提到的中国基督宗教刊物的编者语或社论编码为保守的或是自由的。这里的编者语或社论就是编码单位,亦即内容分析中具体的观察和点算单位。在选择编码单位之后,你还要制作编码表。编码表是对文献进行观察和记录的工具,其结构与形成依赖于你选择的编码单位。比如,如果你的编码单位是上述的基督宗教刊物的社论或编者语,你就必须为每一篇社论或编者语制作一份编码表。关于制作编码表的具体要求与步骤及实例,你可以在各种关于社会研究方法的著述中找到,限于篇幅,这里不作详细介绍。

2. 现存统计资料分析(analyzing existing statistics),将各种现存的统计资料用作研究本身的数据和资料的一种来源,而不是将其用作提供历史背景的材料,就是我们现在要介绍的现存统计资料分析。它与我们在此不拟专门介绍的二次分析的差别在于,二次分析使用的是原始数据资料,而现存统计资料分析则使用那种以频数、百分比等统计形式出现的聚集资料。毫无疑问,对宗教社会学的文献研究最有价值的此类统计资料包括各种官方和准官方的人口年鉴、宣教统计资料,等等。

在宗教社会学的历史上,利用现存统计资料进行分析和研究的经典例子莫过于涂尔干的自杀研究,很少有关于社会研究方法的著作会忽视这一实例。下面,我们将根据艾尔·巴比对这一实例的分析,对涂尔干的研究成果作一简单的概述。

涂尔干研究自杀的根本目的是试图发现鼓励或阻止自杀发生的环境条件,尤其是社会条件。通过对多种变量如气温、年龄、性别、社会动荡等多种因素的考察,在分析了欧洲各国的相关统计资料之后,涂尔干建立了这样一个假设:自杀与"社会均衡的破坏"有关。换言之,社会稳定与整合似乎是对抗自杀的保护伞。大量的统计资料使这一假设得到了验证和解释。涂尔干注意到,欧洲各国的自杀率差异巨大,如德国南部的自杀率是意大利的十倍。当涂尔干考察不同国家的许多其他与自杀有关的因素时,他发现了这样一个显著的现象:以新教为主的国家比以天主教为主的国家有更高的自杀率。具体而言,每100万人中,以新教为主的国家有190人自杀,新教与天主教混杂的国家有96人自杀,以天主教为主的国家则只有58人自杀。涂尔干当然不会只以某种单一的因素解释自杀率的高低,事实上,他注意到,经济和文化发展水平等因素也可以用来解释自杀率的差异。但他认为,假如宗教对自杀真的有影响,那么,在既定的国家当中,我们应该可以发现宗教上的差异。为了验证这个假设,涂尔干首先注意到,德国的巴伐利亚天主教徒最多,自杀率也最低,而普鲁士新教徒最多的地区则自杀率最高。但是,涂尔干并不因发现这一事实而感到满足,他还进一步考察了构成这些地区的人口和宗教,下表显示了他的研究结果:

根据宗教分布所呈现的德国各省的自杀率

各省的宗教特征	每百万居民中的自杀者	各省的宗教特征	每百万居民中的自杀者
巴伐利亚诸省(1867—1875)		普鲁士诸省(1883—1890)	
天主教徒少于50%		新教徒超过90%	
莱茵河巴拉丁领地	167	萨克森	309.4
中法兰克尼亚	207	石勒苏益格	312.9
上法兰克尼亚	204	波美拉尼亚	171.5
平均数	192	平均数	264.6
天主教徒超过90%		新教徒占68%—89%	
上巴拉丁领地	64	汉诺威	212.3
上巴伐利亚	114	黑森	200.3
下巴伐利亚	19	勃兰登堡和柏林	290.3
平均数	75	东普鲁士	171.3
		平均数	220
		新教徒占40%—50%	
		西普鲁士	123.0
		西利西亚	260.2
		威斯特伐利亚	107.5
		平均数	163.6
		新教徒占28%—32%	
		波兹南	96.4
		来因地区	100.3
		霍亨索伦	90.1
		平均数	95.6

(该表来源见涂尔干的《自杀论》124—125页和艾尔·巴比的《社会研究方法基础》276页)

如上表所示,在巴伐利亚和普鲁士各省中,新教徒最多的省份自杀率最高。这使得涂尔干信心大增,认定宗教在自杀问题中扮演着一个很重要的角色。在此基础上,涂尔干进行了理论上的升华。他将这一有关宗教在自杀问题中的角色的发现与他早先在政治动荡时期的发现加以综合,指出许多自杀都是失范的结果,或者说是对社会不稳定或不整合的反映。在政治动荡时期,社会旧的方式瓦解了,人们会感到道德沦丧,会抑郁不乐,自杀则是此类极端不适应的最后结果。而从另外一方面来看,社会整合往往表现为个人认为自己是连贯的、持续的社会整体的一部分,它可以提供对抗抑郁和自杀的力量。为什么天主教和新教在宗教上的差异会导致自杀率上的不同呢?这是因为,天主教在组织结构上比较健全,其整合力较强,它给人提供的连贯与稳定感要远远超过结构松散的新教。这里要补充的一句题外话是,涂尔干和韦伯作为宗教社会学的开山之祖,分别以其社会学的研究成果为天主教和新教在某些方面的正功能和生命力提供了证据,而且两人都是以文献研究的方式获得其影响巨大的研究成果的。

在分析上述这个经典事例后,我们有必要简介一下进行现存统计资料分析的主要步骤。在进行此类研究时,首先必须确立分析单位。从上述实例中,我们可以看到,包含在既有统计资料中的分析单位往往都不是个别的。涂尔干在自杀研究中采用的是政治地理单位:国家、地区、省和城市。这是因为他所能得到的资料都是集合性的,它们描述的对象都是团体。其次,要选择合适的资料,即选择最适合你研究的问题、最有代表性和最有说服力的资料。其三是适当地处理既有的统计资料,在你的研究中,可能你能找到的资料并未按照你感兴趣的标准进行分类。比如,有关基督徒、佛教徒的统计资料并没有显示老年、中年和青年信徒所占的比率,如果你想对这种资料按照你感兴趣的标准进行分解,那是完全不可能的。这时,你就只能割舍你自己的标准,换个视角来利用这些资料。比如,你可以比较那些基于较小的单位(比如省市)的合计资料中的信息,看看改革开放后,随着社会生态的复苏,某种宗教的信徒在经济发达的省份和经济较落后的省份在增长趋势方面的差异,等等。在处理现存的统计资料时,诚如艾尔·巴比所说的那样,需要机敏与推理。其四是一定要准确地说明你的资料之来源,只有这样才能既方便你自己高效率地使用这些资料,又消除别人对你使用的证据的可靠性与准确性的疑问。

在简单介绍了内容分析和现存统计资料分析这两种文献研究方法之

后,我们有必要对文献研究的优点和缺点略加分析。文献研究的优点是:不介入研究对象,不会打扰和影响研究对象,这一特点被称作无反应性;与社会调查、实验研究和实地研究相比,文献研究所需费用相对较低,省钱省时;特别适用于研究那些无法接触到的研究对象,也适用于对较长时段中的宗教变迁作纵贯分析;纠错容易,弥补过失较简单,调整研究计划也相对容易。文献研究的缺点是:有的资料不易获得,研究者需"上穷碧落下黄泉,动手动脚找材料";很多文献的质量难以得到保证,这主要是因为文献中往往会隐含着个人的偏见、主观意图,加上一些客观条件的限制所导致的各种偏误,这些都会影响文献的客观性、准确性和全面性;很多文献资料缺乏标准化形式,研究者难以对其进行编码和分析;效度和信度方面不可避免地会存在一些问题。

从本章对几种研究方式的简单介绍中,我们可以看到,每一种研究方式都有其适合的研究范围和对象,有其不易替代的优点,但也有其盲点和缺点。在宗教社会学的实际研究中,我们应当审视不同的情景,选择最适合自己的研究计划的研究方式,采用相应的具体的研究方法与技巧。

第三章
社会学视野中的宗教定义与本质

在对宗教社会学的基本情况(包括它的性质、特点、研究对象与范围、学科简史和研究方法)有了初步的了解之后,我们还应该对宗教本身有一基本的看法。不过,我们在此不是从其他学科(如宗教人类学、宗教心理学、宗教哲学)的角度来界定宗教,而是从社会学的视野出发,对宗教进行界定,反思宗教的本质,同时还要对宗教的构成要素、宗教的类型作些讨论。

一、定义问题

1. 定义问题的重要性

大概很少有哪个学科的研究对象像宗教社会学所研究的宗教那样,会在定义问题上引起如此广泛的争议。人们在对法律、科学、艺术等社会现象进行社会学研究时,如果想在定义方面达成基本共识,似乎不会遇到太多的困难,而宗教方面的情况则迥然不同。

首先,对于定义应该在何时给出,社会学家们就有不同的看法。韦伯在《宗教社会学》一书中曾告诫人们,不要在研究一开始就试图给出一个令人满意的宗教定义,那是不可能的,定义应该成于对宗教进行一番研究之后。但学者们发现,韦伯始终没有给出他自己的宗教定义,难道他是在逃避一个令人烦恼的问题吗?为此,有些学者就此问题对韦伯与涂尔干进行了比较分析。如特纳认为,涂尔干的方法论原则是,概念的准确定义必须永远以社会学的研究为前提。当他为此一原则进行论证时,韦伯却以以下论述开始了他的《宗教社会学》:假定宗教行为是无限多样的,那么,对宗教的一般定义只能是以法令的形式强行颁布的。而且,他无意把握宗教的本质,而只想揭示宗教的"状态与影响"。韦伯因为以一种不明确的宗教定义进行研究而遭到了批评,这种定义使得他可以在宗教社会学的标题下,兴之所至地探讨巫术、佛教、儒教、印度教、伊斯兰教、基督教、禁忌、图腾和神秘主义。韦伯最终并未从社会学的角度提供一种简洁明了的关于宗教现象的定义,但很明显的是,他研究宗教的路径不可避免地是历史的,极富经验性的细节。[①]因此,我们似乎可以认为,与其说韦伯是在逃避定义问题,不如说他是在以一种消极的方式确保他的研究具有足够的灵活性。因为他意识到宗教行为的无限复杂性,要想削足适履地给出一个定义,必然会使自己的研究与论述受到该定义的限制。

其次,在界定宗教时,不可避免地要遇到这样一个问题,即如何在广义与狭义的定义之间掌握一个合适的度,既要将所有的宗教现象都囊括在定义的范围之内,又不至于过于宽泛,将许多世俗的现象都纳入宗教现象的范围。这里以涂尔干的定义为例加以说明。一般来说,人们认为涂尔干的宗教定义是宗教社会学视野中较为简明的定义。我们在第一章里曾引述过他的定义,这里为了方便起见,不妨重复一遍:"宗教是一种与既与众不同、又不可冒犯的神圣事物有关的信仰与仪轨所组成的统一体系,这些信仰与仪轨将所有信奉它们的人结合在一个被称之为'教会'的道德共同体之内。"在这一定义里,圣俗之分乃是核心,但也强调了宗教的社会性或群体性。但是,由于涂尔干对神圣的领域的描述与界定过于宽泛,而且对仪式也没有严格的界定,因此,这个定义就显得过于宽泛。斯达克和班布里奇就认为,涂尔干的宗教定义是宗教社会学历史上第一个过于宽泛的定义。这种过于宽泛所导致的弊端在于使人们甚至可以将高尔夫球、足球等现代体育运动都算作宗教,因为在那些体育迷看来,这些运动无疑具有神圣性,而且有定期的仪式,有其象征系统,更不用说还有其群体性。这样过于宽泛的定义当然令一些学者感到绝望。斯达克和班布里奇就主张,在宗教的定义中一定要加上超自然的预设这一条。其实,涂尔干早就针对这种论调进行过反驳,因为他发现,佛教是一种无神论的宗教,其中并没有所谓对神灵、超自然者的信仰。而斯达克和班布里奇则针锋相对地指出,涂尔干在一定程度上是昧于佛教之真相。这是因为,事实上只有知识精英的佛教信仰才是无神的宗教,普通佛教徒的信仰则大异其趣。关于这一点,我们认为,如果就超自然

---

① Turner, *Religion and Social Theory*, pp.15-16.

的角度而言,而不仅是就神灵信仰的角度而言,佛教信仰中的所谓涅槃境界无疑具有超自然的因素在内。因此,一个以超自然预设为前提的宗教定义是可以将佛教包括在内的。也就是说,涂尔干的担心——即担心由于在定义中引入超自然的预设而将佛教排除在宗教之外——是有点过于多虑了,其定义也确实因为这种多虑而显得过于宽泛。

由以上两点可以看出,不论是延误或拒绝给出宗教定义,还是给出的定义过于宽泛,都会导致研究过程中讨论的对象的随意性。如果一门学科的对象范围不明确,该学科的科学性自然会受到质疑。这是从消极的方面来看宗教定义的重要性,若从积极的方面来说,不同的宗教定义会直接影响研究者对宗教与社会变迁、现代性等问题的看法。因此,一些学者认为,宗教社会学的存在就是为了更为明确地界定其研究对象——宗教本身。

但是,在定义的重要性方面所达成的共识并未促成人们趋向于一致,接受一种共同的定义。相反,我们可以在一两个小时内列举出上百种形形色色的宗教定义。那么,是什么样的对于价值与前提的分歧使得宗教的定义如此复杂呢?著名社会学家英格尔在回答这一问题时,做过如下的描述:某一信仰的信徒可能会相信,一种定义应该描述宗教的真正本质。他对下面的看法是不高兴的:一种定义是一个启发式的手段(策略),对某一目的有用,但对另一目的则没有价值。他知道宗教是什么,比如说,宗教是对超自然者的信仰,是针对超自然者的行动,他对那种似乎是巧妙地规避明显的真理的定义没有耐心。一个相关的困难来自这样一个事实:有些人将世界的现象区分为截然不同的一些范畴,误将他们加给事物和事件的标签当作事物和事件本身。科学家更有可能将世界视为一个流动的连续统一体。他认为他的定义是强加于那些不能截然区分开来的现象之间的区分性的标志。因此,宗教—非宗教是一个连续统一体。我们必须承认,存在着一些按照人们选定的任一标准而言是边缘性的宗教的范式。

基于以上描述,英格尔认为,定义是工具,在某种程度上,定义是武断的;它强调一定范围内的相似性和在此范围之外的差异,因而注重实在的某一方面。它们是抽象的,也可以说是过于简单化的。在研究宗教这样一个如此复杂和涉及到非常广泛的资料、并且是为了许多不同的目的而予以研究的课题时,我们必须放弃如下的想法:有一种"正确的"、令所有人都满意的定义。① 贝格尔更认为,定义乃是趣味问题,而趣味无高低。对此,国内有些学者表示反对。我们则认为,对于宗教的定义问题,也许不应该持一种过于独断的看法,因为从人们对于事物的本质的所见所得出发,都难以得出一劳永逸的绝对真理式的定见,多元的态度也许有助于我们更积极地包容不同的、却是各有其得的宗教定义。

目前,在宗教社会学界,学者们似乎更容易接受这样的观点:将宗教定义作为策略、而不是真理来处理是大有益处的。一种定义策略可以收缩被研究的领域,提出思考它的方法。我们可以依据定义的用处来对它们进行评价,例如,给定的定义对完成分析任务有何帮助?实用地说,有时使用不同的乃至对立的定义策略来研究一种现象是有所裨益的。②

现在,我们可以考察一下宗教定义的类型。大体上,可以说有三种类型的宗教定义,一种定义表达价值判断,它依据的是在某一著述者看来,宗教应该是什么。显然,这样的定义对于宗教社会学来说是不合适的。另外两种定义是实质性的定义和功能性的定义,下面,我们将分别介绍这两种类型的宗教定义。

2. 实质性定义

简言之,这种定义旨在说明宗教是什么,试图把握宗教的本质属性。一方面,实质性的定义倾向于将某些信仰或仪式称作宗教,但不对它们作价值评判;另一方面,实质性的定义并不说明宗教的功能,或者不极力发现其他的信仰与仪式是否履行类似的功能。于是,人们纷纷以对所谓"神灵"、"超自然的存在物"、"绝对的一(或神)"、"无限的存在物"的信仰来界定宗教的本质。例如,泰勒就曾将宗教界定为"对属灵的存在物(或神灵)的信仰"(belief in Spiritual Beings)。这样的定义的优点是明确,而且容易合理地予以运用。在实质性的宗教定义的引导下,人们可以对属灵存在物的种类、对见于不同社会中的宗教仪式与组织的种类进行分类研究。这样的定义很自然地将研究者的注意力吸引到作为不同的历史性实体的宗教之间的差异,其注重点主要放在作为文化体系的宗教之上。各种宗教的教义、仪式、经典和组织结构因此会得到描述、对比和比较。实质性的定义无非就是想告诉

---

① J. Milton Yinger, *The Scientific Study of Religion*, pp. 3-4.
② Meredith B. McGuire, *Religion: The Social Context*, p. 10.

人们,这就是宗教之所是,人们可以由此了解什么是佛教、犹太教和阿润塔(Arunta)部落的宗教(涂尔干的主要研究对象之一)的本质属性。① 这方面还有一个典型的事例,这就是社会人类学家斯皮罗的定义,他说:"宗教是一种由与在文化上得到规定的超人的存在物进行的在文化上得到规定的互动所组成的制度"(an institution consisting of culturally patterned interaction with culturally postulated superhuman beings)。在斯皮罗的定义中,所谓制度(建制,中文版的《文化与人性》则译为习俗)指的是社会上共同的行为与信仰范式。所有的制度都包含信仰、行为范式与价值体系。宗教的一个根本特征是,其信仰、行为范式与价值都与"超人的存在"有关。之所以可以将斯皮罗的定义视为社会学定义策略的一个很好的范例,是因为这个定义中的所有范畴——"制度""在文化上得到范型的""在文化上得到规定的"——在社会学上都是切当的。他对"超人的存在"这一概念的阐述也是很重要的,因为它注重权力感。"超人的存在"被界定为那些拥有比人更大的权能、能够帮助人或伤害人,但也会受到人的活动的影响的存在。权力是宗教社会学中重要的概念之一,一个注重权力概念的定义肯定是有用的。其他的实质性的宗教定义也大多使用类似的概念,包括"超自然的领域""超经验的实在""超越的实在""神圣的宇宙""超人间的力量",等等。②

　　实质性的定义有得也有失。如上所述,其得首先在于,实质性的定义较下面我们要介绍的功能性的定义更为明确、简洁,也更符合关于宗教的常识概念。对于西方人以及受到过西方宗教学影响的人来说,可能尤其如此。因为实质性的定义往往是以基督教关于实在的观念为基础的,比如说,自然与超自然的区分就是西方思想的产物。在实质性的定义里一般都包含着这样的区分。其次,对那些关心作为历史文化事实的宗教的研究者来说,实质性的定义尤其具有价值。它们对研究稳定的社会,比对研究变化中的社会更有价值。这是因为,在稳定的社会里,各种不同的、内在地融贯的宗教系统可能会得到发展。在稳定的社会里,也很少出现剧烈的社会变迁和跨文化的适用性等问题。简言之,实质性的定义对于考察这样的稳定的社会里的宗教无疑更为适用。

　　实质性的定义之得也正是其失之所在。正是因为实质性的定义带有明

---

① J. Milton Yinger, *The Scientific Study of Religion*, p. 4.
② Meredith B. McGuire, *Religion: The Social Context*, p. 10.

显的西方宗教的色彩，因此，它对非西方社会的宗教现象有时便不那么具有适切性。比如说，实质性的定义不一定能将非洲或亚洲的某些宗教现象包括在内。也正是由于实质性的定义更适合于研究稳定的社会里的宗教，因此，它在解释社会以及宗教本身的变迁时，可能会遇到困难。实质性的定义更多地受到作为历史文化事实的宗教的制约，也就是说，它往往会依据一个历史时期的宗教表现形式来辨别宗教。因此，宗教表现形式的任何变化都有可能被视为非宗教。将一种历史类型视为理想类型，必然会导致执著于一种僵化的标准，难以面对由社会变迁所带来的复杂的宗教现象。在变化的社会中，宗教本身也在变化之中，这便使得任何想界定宗教是什么的努力不断地变得更为复杂。这样，研究宗教之所作所为，也就是研究宗教的功能，并将相关的研究成果引入到宗教的定义之中，便成了非常必要的补充。

3. 功能性定义

这种定义更加关注宗教为个体和社会做了些什么，也就是说，在功能性的定义里，宗教主要是通过它所履行的社会功能而得到界定的。因此，在这种定义里，宗教的影响、结果比宗教信仰的内容以及宗教实践更受重视。

这里，我们不妨举一个相关的事例，看看宗教社会学家是如何从功能的角度来界定宗教的。英格尔的做法可能具有典型性。他首先简明地将宗教界定为"为了对人履行某些功能的一种努力"，然后针对可能会遇到的各种问题而对这个定义予以补充。上述这个定义自然会遇到这样的质疑：难道每一种想对人履行某些功能的努力都可以被称作宗教吗？显然不是。而且，即便是同一种功能，人们也会找到不同的替代品来履行它。因此，上述的定义还需要加以限定和补充。蒂利希曾说过，宗教是我们的终极关切；而贝拉也表达过类似的看法："宗教是将人与其终极的生存条件联系起来的一套象征仪式与行为"。英格尔认为这些定义可以成为功能性定义很好的出发点，他从这些观念中吸取了终极性这一非常流行、却也极有价值的概念，提出终极性问题这一在其定义中具有核心意义的概念。对于所谓终极性的问题，人们当然会各有看法，但也许会同意以下问题为人的基本关切：死亡、困难、挫折、悲剧、意义、我们的经验知识不足以对付的力量、敌意，等等。英格尔论述说，这些问题之出现首先是因为它们被感觉到了——所爱之死折磨着我们的情感，未能获得我们所渴望的东西使我们悲伤和迷惑，我们自己与周围的人之间的敌意使我们的社会关系充满了张力，并妨碍我们获得互惠性的价值。宗教可能会阐发一套思想体系来解释和处理这些问题,因此,宗教便可以被界定为一群人借助于它来与人类生活中的这些终极问题进行斗争的信仰与仪式的体系。它表达了他们拒绝向死亡投降,拒绝在挫折面前缴械,拒绝让敌意破坏他们的人际关系。从个体的观点来看,做宗教之士的品质包含着两件事:第一,是一种信仰,即相信恶、痛苦、迷惑和不义是生存的基本事实;第二,是表达了人能够最终从这些事实中得救这一信念的一套仪式与相关的被神圣化了信仰。

当然,英格尔的宗教定义并非毫无漏洞,他自己就承认,这个定义因其强调悲剧与挫折,可能会遗漏宗教的许多重要方面。人们尤其是那些具有宗教经验的人可能会问,在许多宗教里都可以看到的欢乐庆典、美学体验、静穆、积极的肯定、极乐和对生活之美好的感恩,在这个定义里有其一席之地吗?如果不承认宗教是在许多想将欢乐最大化的努力以及对付悲剧的努力中得到表达的,那么,对宗教的理解就是不完全的。最积极的肯定都是在通过信仰战胜悲剧的情况下获得其力量的。欢乐颂都是对最终的胜利的庆祝,荣耀是透过宗教的棱镜而看到的悲剧,它们都是同样的人类生存的基本事实的一部分。当然,也可以说人们与这些终极性的问题斗争的结果包含着这些积极的东西,这样,这个定义就显得不那么过于简单化了。同样,这一事实也说明,功能性的定义似乎总是显得需要补充,因而不够简洁。

类似的功能性定义还有许多。贝格尔的定义可能是其中的另一个典型例子,其典型性在于他的定义究竟属于哪一类,可能会引起争议。他自己曾为实质性的宗教定义进行辩护,并认为自己的宗教定义——宗教是神圣宇宙的建构——是一种实质性的定义。但是,一些学者却认为,当贝格尔将宗教界定为"用神圣的方式来进行秩序化的活动"时,他实际上是在说,宗教的根本功能是建构一种神圣的秩序,也就是建立并维系人类的意义大厦。也就是说,贝格尔的宗教定义在实质上乃是一种功能性的定义。由此,我们可以看到,在所谓实质性的定义与功能性的定义之间,并没有一道不可逾越的鸿沟,完全有可能将二者会通融合。

功能性的宗教定义似乎是以这样一种看法为基础的:宗教的本质可以在其外在的功能表现中得到显现或反映,因此,可以根据宗教的功能来界定其本质属性。如果是不可知论者,他甚至会将所谓宗教的本质视为不可知的物自体,因而拒绝所谓实质性的定义,只承认从功能的角度来界定宗教的可能性。尽管这样的事例尚属少见,却是一种可能的极端。然而,尽管功能性的定义有时表现为一种界定宗教的积极的策略,并且在一度大行其道的结构功能主义那里非常流行,它同样遭到了许多批评。斯皮罗就曾一针见血地指出,功能性定义"实际上都不可能给宗教规定任何实质性的界限,因而也不能把它同其他社会文化现象区别开来"。① 更为严重的是,由于一些学者将宗教的某种功能夸大为宗教的本质性功能或根本功能,一旦发现某些社会文化现象具有或正在履行这样的功能,他们便将这种现象判定为宗教;他们可能忘了,履行同样功能的替代品本身并不一定就是宗教。例如,在某些相信科学万能的科学主义者看来,科学能够帮助他们解决一些终极性的问题,比如能够解决那些由常识经验不能解决的问题,乃至能够解决生死问题。但是,如果我们因此而认为科学也是宗教,那么,这样的宗教定义便毫无意义,因为它根本就没有将宗教与其他文化现象之间的界限清楚地展示出来。

4. 新的尝试

从以上的介绍中,我们可以看到,宗教社会学自其产生以来,就一直为界定自身的研究对象而进行着持续不断的努力。在宗教定义问题上的见仁见智并不表明宗教本身是一种难以捉摸或不可认识的混沌,而只能说明人们在认识上对这样一种纷繁复杂的社会现象有一个不断深化、综合的过程。而任何站在现当代学术基准上的人,都不应绝对否定前人对宗教的界定在一定范围内的合理性和适切性。迄今为止,不论是实质性的定义,还是功能性的定义,都可以说在某些方面丰富了人类对宗教的理解和认识。我们应当辩证地看待这些定义的得失。

就笔者本人的看法而言,实质性的宗教定义尽管具有难以适应不断变迁的社会和宗教的缺点,却更值得称道。这不仅因为实质性的定义具有简明的特点,而主要是因为这样的定义更能把握住宗教的根本属性。也就是说,它能够帮助人们在宗教与非宗教性的社会文化现象之间勾画出一道清晰的界限,而这正应该是定义的主要特点。但是,我们也不应因为功能性定义的缺点而断然否定其价值,如果我们仅了解某一事物是什么,却不了解它能够做什么,那么,我们对该事物可以说还只是一知半解。也许有人会辩解说,当我们将某一事物界定为桌子或椅子时,我们当然知道它的功能是什

---

① 斯皮罗:《文化与人性》,201页。

么。确实,在我们的常识中,对一些简单事物的实质性或描述性定义本身就隐含着对其功能的说明,但是,一旦超出常识的范围,我们便会发现,事情绝非如此简单。更何况还有一些人并不像我们想象的那样具有丰富的常识或那么容易接受健全的常识。

以上叙述的宗旨在于说明,我们也许可以在功能性定义与实质性定义之间进行一番会通工作,在对宗教的界定方面做出新的尝试。在笔者看来,或许可以说,宗教是以对超自然的力量或神灵的信仰、或对超验的人生境界的追求为基础的人类制度,是人类赖以面对和处理各种终极性的问题、建构神圣的秩序和意义系统的组织与行为系统。在这个定义里,我们首先试图凸显的是宗教的本质属性,即对超自然的力量或神灵的信仰。为了避免人们对佛教中是否有对超自然力量或神灵的信仰这一问题的争论,也就是为了将佛教这样一种世界性的宗教包括在我们的定义中,我们还将对超验的人生境界的追求置于定义中。如果有人坚持儒教也是宗教,那么,这个定义或许也可以适用于儒教。其次,我们的定义还凸显了宗教的根本功能,即强调宗教是人们面对和处理终极性问题,建构神圣的秩序与意义系统的资源。当我们说宗教是一种人类制度时,我们是在强调宗教的社会性,强调宗教是一种人类的历史文化事实。一些宗教徒可能会认为这是对宗教的神圣来源的否定,因而会表示他们的厌恶和反对。对此,我们可能不会过多地予以考虑,因为宗教社会学的宗教定义显然不能过多地迁就信徒的感受。而当我们说宗教是一种组织、一种行为系统时,我们是在凸显宗教构成要素,下面,我们将对此作进一步的说明。这里,需要补充说明的是,如果说这一定义有什么特点的话,首先在于它试图综合实质性定义与功能性定义之所得。其次,它没有包含过于鲜明的价值判断,努力遵循宗教社会学关于研究者个人要尽量隐忍其对宗教的感受和态度的"诫命"。

二、本质问题再探

这一节我们将主要介绍马克思主义的经典作家马克思和恩格斯对宗教本质的论述。一度流行的僵化的教条主义可能使一部分青年学生对我们要介绍的观念有一种过敏反应,对此,我们只想简单地指出一个事实。就笔者所见而言,很少有哪一位现当代西方宗教社会学家没有提到马克思和恩格斯对宗教的看法。以平常心而论,在人文、社会科学的领域里,任何一种著述的生命力都是以其被征引的频率为外在标志的。马克思和恩格斯对宗教本质问题的论述的重要性正在于它揭示了宗教的一些重要方面,这也正是它对韦伯、贝格尔、特纳等重要的宗教社会学家产生了深远影响的原因之所在。很难想象一种肤浅、片面的宗教观能对那些优秀的大脑烙刻下如此深刻的印象。因此,我们大可不必因为我们曾接触过的那些教条化的理解而因噎废食。

在简单陈述了马克思和恩格斯的宗教观的重要性之后,我们还必须指出一点:我们同样不应该指望从他们那里得到一种系统的宗教社会学理论,建构一种科学的宗教社会学的理论系统不是他们的主要使命,他们有更为宏大的目标。只有那些懒惰而且缺乏创造性的人才会严苛地要求我们的先辈完美地开创了一切并且完成了一切。

逻辑常识告诉我们,对任何事物的本质的把握与界定必须满足以下条件:在内涵方面必须明确揭示该事物之所以为该事物、使该事物与其他事物区别开来的质的规定性;在外延方面,它又必须能够将所有的同类事物包括在内,既无遗漏,又不至于过于宽泛。以下我们将以这些标准为主,辅之以对历史因素的考虑,来反思马克思和恩格斯的相关论述。

我们先看看马克思的一系列以全称判断形式出现的著名论断:"宗教是那些还没有获得自己或是再度丧失了自己的人的自我意识和自我感觉。但人并不是抽象地栖息在世界以外的东西。人就是人的世界,就是国家、社会。国家、社会产生了宗教即颠倒了的世界观,因为他们本身就是颠倒了的世界。宗教是这个世界总的理论,是它包罗万象的纲领,它的通俗逻辑,它的唯灵论的荣誉问题,它的热情,它的道德上的核准,它的庄严补充,它借以安慰和辩护的普遍根据。"[①]这里,马克思揭示了宗教是一种社会意识现象,并展示了宗教的一些社会功能,其意蕴是丰富的。首先,马克思指出,宗教是那些还没有获得自己或再度丧失了自己的人的自我意识和自我感觉。也就是说,它是那些还没有获得自我或把握自己命运、或者那些曾获得自我但又丧失了自我、丧失了对自己命运的把握的人的自我意识。从这种意义上来说,宗教是一种世界观,也就是一种综合性的知识系统。但是,它是一种颠倒了的世界观,因为它所反映的世界本身就是一个颠倒了的世界。这显

[①] 《马克思恩格斯选集》,第一卷,1页。

然是对宗教的认识论根源的一种社会学的解释。其次,就宗教的功能而言,宗教是对这个颠倒了的世界的神圣化的补充或掩饰,一种道德上的核准,也就是对这个世界的一种道德上的合理化论证,是对丧失了自我的个体或无特权者的一种安慰或心理补偿,又是为那些拥有特权者的地位进行辩护的根据。

接着,马克思写道:"宗教里的苦难是现实的苦难的表现,又是对这种现实的苦难的抗议。宗教是被压迫生灵的叹息,是无情世界的感情……宗教是人民的鸦片。"①这里仍然采用了"宗教是……"的判断句,这些论断集中揭示了宗教的政治心理功能,主旨是说明宗教是对人民的精神麻醉剂。在相当长的一段时期内,这些论断被奉为马克思对宗教本质的经典论述之一。我们的问题是,这些论断果真是对宗教的本质的界定吗?以下我们将对上述论断的作逐一讨论。

当马克思指出宗教是世界观时,他主要将其界定为一种自我意识。这是否能使宗教与其他的自我意识形式区别开来呢?也许不能,因为丧失了自己的人也可以通过世俗的文学艺术或哲学等手段来表达其自我意识或自我感觉。而且,宗教意识决不只是个体性的自我意识,更是一种群体性的意识现象;此外,并不是那些还没有发现自己或再度丧失了自己的人才会有宗教信仰,那些洋洋自得的有特权者为了论证自己对财富与权力的拥有的正当性,也会有较为强烈的宗教意识;而且只有他们才有可能毫不吝惜极大的开销,去追求来世的天堂;正是他们成了专注于来世期望的强大动力。② 至于马克思所提到的那些功能,如提供心理安慰、合理化论证、麻醉精神等等,也不是找不到功能替代品。事实上,人为的意识形态也可以发挥类似的功能。也就是说,衡之以上述的逻辑标准,则马克思的上述论断既不是想揭示宗教的内涵,也不是想划定宗教概念的外延。或者说,马克思的主旨不是想为宗教作出界定,这只是其宗教批判理论中对宗教的一些特点的描述。而且,马克思下手枢机的地方是信仰主体,并未涉及到信仰对象。界定宗教的本质,不论及信仰的对象,是难以完成界定的任务的。这里还需要插入一点题外话:把宗教比喻为鸦片并非马克思的独创。费尔巴哈、海涅等人都曾用

---

① 《马克思恩格斯选集》,第一卷,2页。
② 参韦伯:《宗教社会学》,205页。

过这种比喻。钱钟书在其名著《管锥编》中展示了这一比喻的历史渊源:"浪漫主义诗人(Novales)早言,俗子仰宗教以解忧止痛,不过如收鸦片之效;或言,世人莫不吸食精神鸦片,以谬误信仰自醉;后来小说家有以不信奉基督教比于不求助鸦片;哲学家有以宗教比牙痛时所服之麻醉剂。要推马克思语为最明快矣。"[1]将并非马克思独创的一种比喻性的宗教描述奉为马克思对宗教本质的经典性界定,客观后果很可能会适得其反。当然,我们也不同意一些西方学者的看法,他们认为马克思的上述论断形成于1843年底至1844年1月,是马克思思想发展史上的费尔巴哈式的人道主义时期的产物。因此,当时马克思这些对宗教的评论是片断性的、细微的和无足轻重的。确实,马克思在这一时期受费尔巴哈的异化理论影响颇深,对宗教的论述具有抽象的人类学(人本主义)特征,但还是显示出阶级分析的端倪,揭示了宗教对不同阶级的功能之不同;它对成熟的马克思主义的宗教观的影响决非无足轻重。

现在,我们转向恩格斯的相关论述。在建立马克思主义宗教社会学的现当代努力中,恩格斯的一段话的征引率极高,在很长的一段时期内被奉为马克思主义对宗教的本质界定的另一经典表述。恩格斯在《反杜林论》中这样写道:"一切宗教都不过是支配人们日常生活的外部力量在人们头脑中的幻想的反映,在这种反映中,人间的力量采取了超人间力量的形式。"[2]恩格斯的这一论述显然集中分析了宗教崇拜对象的本质。在恩格斯看来,宗教崇拜的对象不过是支配着人们日常生活的外部力量。在原始人那里,这种外部力量主要是异己性的自然力量;而在阶级社会里,异己性的外部力量则更包括社会力量。值得注意的是,恩格斯的这一论述吸收了当时的宗教人类学、比较宗教学的成果。当时,这些学科的发展揭示了一些事实,即并非所有的宗教都以神灵为崇拜对象。因此,恩格斯的论述只是谈到支配人们日常生活的外部力量,这种处理方法显然增加了其适用的范围。支配人们日常生活的外部力量当然是客观存在的,因此,从恩格斯的这一论断可以推论出这样的结论,即宗教也是对客观存在的反映,宗教不是没有客观实在基础的空穴来风。但是,宗教是通过对这些力量的人格化或神圣化的方式、也就是通过幻想的方式来将其反映在人们的头脑中的。在这种反映中,人间

---

[1] 参施船升:《马克思主义宗教观及其相关动向》,114—115页。
[2] 《马克思恩格斯选集》,第三卷,354页。

的力量采取了超人间力量的形式。对于持科学的唯物主义世界观的人来说,这种分析无疑颇具说服力。但是,诚如一些先前以恩格斯的这一论述为对宗教的本质界定的学者所揭示的那样,恩格斯的这一论述只是对宗教崇拜对象的本质的界定,而不是对宗教本身的界定,因为宗教并不只是纯粹的观念体系,它还包括宗教行为、体验、组织等构成要素。一个以幻想的方式来反映支配着人们日常生活的外部力量的唯心主义者,可能不一定是一位积极参与宗教活动的宗教信徒。[1]

综上所述,马克思和恩格斯并未给出一种完备的宗教定义。但是,他们对宗教社会学的贡献却是不可抹煞的,这正如我们不能因为韦伯没有给出一个完备的宗教定义,就抹煞他对宗教社会学的贡献一样。马克思和恩格斯对宗教社会学的主要贡献在于他们对宗教社会学中的冲突论、补偿论的深远影响,也在于他们对宗教的意识形态性质的揭示和对宗教与阶级的关系的分析。对许多宗教社会学家来说,这些贡献都是宝贵的遗产。

三、宗教的构成要素

关于宗教的构成要素,宗教社会学界也没有完全一致的见解。有时,即使当学者们实际上是在谈论同一种构成要素时,他们也可能因为理解不同而使用不同的概念。有时,学者会将同一种构成要素划入不同的范畴,例如,有的学者可能会将宗教的规范、诫命划入宗教信仰或观念的范围,有的则会将其划入宗教制度之内。这里,我们不拟涉及一些概念上的分歧和争议,只介绍一下那些最容易为学者们共同接受的宗教的构成要素。[2]

1. 宗教信仰

也许会有人很坚定地断言,信仰就是信仰,盲从是宗教信仰的主要特点。在这样的人看来,宗教与知识是完全对立的,或者说,宗教根本就没有认知的方面。这种宗教观可谓其来有自,自康德将宗教逐出纯粹理性的范围始,就已经开启了这种宗教观的先河。19 世纪的宗教审美主义者施莱尔

---

[1] 参吕大吉:《宗教学通论新编》,69—72 页。
[2] 本节的概述主要参考了 Meredith B. McGuire, *Religion: The Social Context*, pp.16-19,以及戴康生、彭耀主编的《宗教社会学》一书中的相关章节。

马赫试图在人类情感(绝对的依存感)的领域里为宗教的正当性奠定基础,新文化运动时期为宗教辩护的中国知识精英继承了施氏的衣钵,试图通过将宗教情感化为其存在的合理性进行辩护。这些宗教哲学中的种种论述实际上都是宗教在近代理性主义和科学主义的进攻面前节节败退的产物,其底蕴之一就是完全让渡了宗教在知识方面的所有权力。实际上,如果我们不执著于一种过于狭隘和僵化的知识概念,我们完全可以说,每种宗教都有其基本的认知的方面,或者可以说,宗教也是一种知识系统,而信仰就是宗教中最典型的认知因素。例如,宗教以信仰的形式来形塑信徒对世界的认知,其中的宇宙论(也就是对宇宙的知识)将个体对世界的感知组织起来,成为其行为的基础。例如,如果某人相信活跃的、强有力的恶精灵包围着他,他就会感受到它们活动的"证据"(当然,这样的证据可能与经验科学极力搜寻的证据有所不同),而且会采取行动来保护他自己。他对恶精灵的相信会帮助他解释其生活的其他方面,例如,帮助他解释为什么他的人生际遇如此坎坷不平,他为什么会感到沮丧和烦躁,等等。同样的信念还会向信仰的主体(即信徒)提出适当的行动建议,如以必要的祈祷来使他自己与善的精灵结合,或使用护身符来阻挡恶精灵的影响。换言之,尽管宗教信仰的表现形式千差万别,却有共同的特点,那就是将日常经验难以驾驭的各种外部力量神圣化为超自然、超人间的力量,以之为信仰和崇拜的对象。不论我们认为这种对象是社会本身或是人间力量的投射,还是信徒们虔诚地相信的那种客观存在的神灵,也不论这种对象是善的,还是恶的,它们都是构成宗教的核心要素之一。

宗教信仰还是一种自成一统的观念体系。各种宗教在其自身的发展进程中,都会经历形式化的阶段。其结果是,除了会形成宗教经典以外,还会形成某一宗教群体的信徒们理应同意的陈述,例如教义手册与信经。而各大宗教的神学事业的发展,更代表了一种高度专门化和思想化的接近或切入宗教的方式。一种宗教中的主流神学会系统地为信徒提供对俗世与人生的指南或世界观,表达他们对政治、经济等各种人间制度的理解与态度,从而影响信徒与社会秩序之间的互动。因此,在宗教性的世界观中,尤其是在由神学家们阐发的观念体系中,往往拥有丰富的社会知识。除此以外,宗教也包括一些不太形式化的信仰,如神话、偶像、规范和价值观。例如,创世与重生的神话,福善祸淫的价值观,这些不太形式化的信仰往往比系统的思想性的信仰对信徒的行为更有影响力。因此,宗教信仰并不是与日常生活没有干系的纯粹的抽象。人们会依据其信仰来做出选择、解释事件和规划行动。个体还会以其信仰为基础来解释行为，并赋予其行为以意义。

在宗教信仰中，还包含着关于善恶的判断标准。换言之，宗教信仰会告知个体什么样的行为是善的和可欲的，什么样的行为是恶的和应该避免的。信仰可能会告诉个体：婚姻是善的和正当的，因为神的神圣婚姻乃是人应该效仿的。宗教信仰可能会告诉个体，吃人是错误的，因为神看重人的价值，因而认为人不是合适的食物。因此，信徒的多数价值、规范和态度都来自宗教信仰。也就是说，宗教性的行为规范、诫命是宗教信仰的重要构成要素，因而也是宗教本身的重要构成要素。

2. 宗教仪式

如果说信仰代表着宗教的认知方面，那么，宗教仪式则是宗教意义的演示或发布，是由象征着宗教意义的象征性行为组成的。也就是说，仪式是宗教的行的方面，是对宗教信仰以及下面要谈到的宗教经验的一种外在的表现或表达。尽管在某些宗教相当成熟之后，人们对信和行在宗教中的意义及其相互之间的关系有了不同的理解，但是，就历史而言，信和行的关系一直都是非常密切的。宗教群体的信仰赋予仪式演示以意义与形态，而仪式演示则强化和重申群体的信仰，它们是象征群体统一或团结的方式，是宗教群体的归属感和认同感赖以形成和得到强化的重要基础之一，同时也是对宗教群体做出贡献的方式。通过仪式活动，群体集体性地记住其共同的意义，并且使群体对自身的意识获得新的活力。这对群体与个体成员都具有重要的影响。群体由此焕发其热情和团结感，而个体成员则逐渐认同于群体及其目标。这也就是自涂尔干以来，宗教社会学家们所谈论的宗教对社会的凝聚功能，这一功能主要是通过仪式活动，也就是通过宗教行为来履行的。

宗教仪式与世俗仪式是相当不同的。首先，宗教仪式的举行并不是随意的，而是往往有特殊的时间和空间要求的。例如，有些仪式是在特定的宗教节庆日在教堂或寺观里举行的。其次，宗教仪式也是以神圣化的方式转化空间与时间的一种有效的方式。仪式的地点（如高山与圣地）能够被转换成权力与敬畏的所在地，时间也能够得到改变，变成关于神圣意义的隐喻和宗教经验的催化剂。例如，朝圣是一种仪式性的旅行，参与者在旅行中演示了从一种境遇和自我向另一种境遇和自我的转化。这种转化对于培养涵化信徒的宗教神圣感是大有裨益的。

宗教仪式不一定在所有宗教群体里都占有同等重要的地位，不同的宗教群体对仪式的注重程度以及对仪式的选择是有所不同的。东正教、罗马天主教、基督教的圣公会比浸信会和循道会更注重公开的仪式。运用列队仪式、圣礼、蜡烛、圣像和歌咏等象征可以帮助信徒对群体的共同意义形成集体性记忆，即使不自觉地使用仪式的群体也会反复地象征它们的那种统一的信仰。"奋兴"大会通常会强调崇拜的自发性，轻视正式的仪式。但是，尽管他们的祷告词不是正式地确定的，成员们对符合熟悉的程式的祷告的反应却异常热烈，而且他们的反应经常是老一套的、也是意料之中的。这些周期性的反复演示因而就都是仪式性的；仪式的周期性之功能也许正在于经常性地向信徒提醒神总是记得而人却容易忘记的那些东西。不同宗教中的神秘主义宗派也都可能具有不看重正式仪式的倾向，例如，中国的禅宗看重的不是佛教传统的修炼仪式与宗教课业，而是极其重视和全心追求明心见性的顿悟。自诩为神秘主义者的当代中国文化基督徒更是完全不在乎基督教的洗礼、祷告等宗教仪式，他们看重的是个体与基督的在体性的相遇。质言之，他们重视的是宗教经验和对这种经验的人文学科式的深度表述。

不过，我们可以看到，在宗教仪式中，活动的内容往往并不是那种使其成为仪式活动的东西。毋宁说，它是参与者加在活动之上的象征意义。例如，晚餐对凡夫俗子来说是平常不过的热量（卡路里）摄取。但是，在基督教中，由耶稣的最后的晚餐发展而来的圣餐却以面包象征耶稣的身体，以酒象征耶稣的血，领圣餐者可以从他的身体获得生命，从他的血获得救赎。因此，在圣餐仪式中，面包和酒成了一种物化的象征。当然，也有一些仪式活动随着时间的流逝而远离其象征意义。例如，罗马天主教的教士们在不同的节日身着不同颜色的制服（祭服）举行弥撒，但许多在聚会中的人可能甚至不知道不同颜色的衣服究竟有什么样的象征意义，因此，制服的仪式意义对他们来说是空洞的。那些为仪式而仪式、对参与者来说空无意义的仪式使一些人得出这样的印象：仪式本身正在失去其光环。确实，在世俗化的浪潮中，宗教仪式中的不少繁文缛节都不断地遭到淘汰。不过，这一现象并不说明仪式本身完全死亡了，或变得毫无意义了，而是象征与群体的共同意义之间的关系在衰退或中断。一种既定的仪式一直以来所象征的事件或信仰可能会随着时间的流逝而变得不那么重要甚或被遗忘，其含义在相当一部分人那里变得模糊不清。这也许是因为群体已经转向象征其自身及其信仰的新的方式,也许是因为空无意义的仪式可能成了群体自身之内的弱化的关系的一种表征,以至于它已经没有基本的统一性引起人们的注意。相反,那种对群体来说是具有重要的意义、富有活力的象征表达的仪式则能够成为持久的、坚固的和有生气的统一经验。例如,在宗教改革运动中,新教只是选择和保留了旧教(天主教)中那些被认为最能表达其宗教共同体之统一体验和认同感的仪式,极大地削减了那些横亘在人神之间的、在宗教改革领袖看来不必要的各种中介,体现了其注重的"平信徒皆为祭司"的宗教精神。

宗教仪式充满活力的潜能表明,它不仅与宗教信仰有关,而且与宗教经验有关。表现在信仰与仪式中的宗教象征具有真实的力量,它可以为个体亲身体验到。仪式讲词与庆典能够唤起敬畏、神秘、困惑和欣喜的体验。各种宗教经常强调仪式讲词的力量,宗教具有为群体及其个体成员创造特殊的宗教经验的潜力。

宗教仪式还会为宗教群体或组织履行经济功能,例如,在中国人的丧礼中,由佛教或道教提供的法事或道场既为死者本人及其家属提供宗教功能,也是僧道用来获得经济资源的重要手段之一,这种现象在商业大潮裹挟着一切的当代语境中尤为明显。

3. 宗教经验

所谓宗教经验指的是信徒个体与神圣者在主观上的所有牵连,是一种主观的感受和在此种感受中达到的与神圣者或超自然者的相遇,而这种所谓相遇的方式则可能是形形色色、千差万别的。许多人认为,这种经验实质上是私人性的。人们的宗教经验的鲜明的个性,是这种私人性的最好说明。但是,在承认这种私人性的同时,我们必须看到,宗教经验的社会性同样是不容忽视的。首先,宗教信徒们会努力通过对信仰的表达和共同参与仪式来互相交流宗教经验。因此,一个在基督教的崇拜仪式中接受圣餐(即一种共同的仪式)的人也可能体验到一种对上帝的强烈的主观意识。此外,在社会上获得的信仰形塑着个体对其宗教经验的解释。不同的宗教传统的象征通过朝圣、完美的爱与婚姻、重生或转世等意象来形塑对高度神秘的经验的解释。因此,从人们对交流宗教经验的要求以及解释宗教经验时所使用的前理解资源来看,宗教经验也是有明显的社会因素包含在内的。

当然,我们不想因为强调宗教经验的社会因素,而完全忽视其个体性。实际上,个体的宗教经验在强度上可能会差异很大。从转瞬即逝的宁静与敬畏感,到非凡的神秘体验,不一而足。宗教经验的差异性正说明其个体性与主观性是不争的事实。

需要说明的是,不同的宗教对宗教经验的重视都会有所不同。中国佛教的禅宗大多鼓励佛教徒在参悟的过程中获得顿悟的经验,大量的禅宗公案、语录对此都有所记载。而大多数基督教宗派并不积极鼓励高度情绪化的宗教经验,但是,在有些五旬节派的组织中,这些经验则非常重要。比如,该派的信徒如饥似渴地寻求这样的经验:在圣灵充满时各自用方言说话,并且能够互相理解。在许多宗教中,非凡的和强烈的经验是具有隔离性的,只适合于某些成员和某些场合。因此,在亚洲北部的极地地区的人民中(如爱斯基摩人),只有某些被称作萨满的成员才有望具备非凡的宗教经验。萨满是宗教专家,经历过与神圣力量的热烈相遇,它出现时是以其群体的其他成员的名义,用特殊的力量来影响善或恶。这些拥有某些宗教经验之专利权和垄断权的人,就是韦伯所说的秉有克里斯马(charisma)的人。

宗教经验的内容范围相当广泛,而且千差万别。它可能包括安宁、和谐、欢乐、富足和安全等快乐的方面,宗教经验也可能会带来恐怖、焦虑和惧怕。宗教经验的内容部分地依赖于群体对所遭遇到的东西的信仰,而快乐和恐惧的经验两者都与对神圣者的权力与力量的感受有关。体验到安全感的个体之所以会有这样的感受,是因为神圣者的权力保护它不受伤害;体验到巨大的恐惧的个体之所以有如此感受,是因为神圣者的权力会引起的严重的伤害或惩罚。因此,神圣者的观念具有有害的和有益的两个方面。个人对这种权能的经验可能会使人不知所措。此外,一些较为狂热的信徒在宗教经验方面可能会有其特殊的诉求,他们可能会追求体验到灵魂出窍或与另外的某物或某人融为一体的意识状态,追求所谓的高峰体验。有些基督徒常常有上帝临在感,这种经验则是一般的宗教经验。

宗教经验的社会性还表现在,在那些欣赏和鼓励特殊的宗教经验的文化里,人们会感受到并且承认这些经验,而在那些贬低或阻拦这些经验的文化里,人们既不寻求也不承认这些经验。相当一部分美国人都有某些特殊的属灵经验,但美国文化一般并不特别尊重这样的经验。这种文化极其注重理性的、理知的和客观的认知方式,相反,宗教经验则要借助于对实在的主观理解的认知方式,因而并不那么广泛地为人们接受或受到鼓励。许多基督徒在早祷会或其他形式的聚会上所做的见证,与其说是在交流其独特的宗教经验,还不如说是在交流他们对日常生活的基督教的理解。其中很少有所谓神秘的高峰体验会成为与会者共同感兴趣的话题——除了五旬节派以外。古代中国知识分子大多是敬鬼神而远之,主流文化很少鼓励人们获得神秘的宗教体验。一些知识精英所追求的与天地合德、天人合一可能也包含着神秘的宗教因素,但更多的则是一种理想的或超验的道德或人生境界。

4. 宗教群体与组织

任何宗教除了以其超验的维度指向神圣者的王国以外,最终都要落实到人和人的世界。换言之,由信徒构成的宗教群体与组织的样态与质素是宗教维系其存在和谋求其发展的结构性的实在要素。毕竟,宗教信仰的表达、宗教经验的形成与表述、宗教行为的演示,最终都必须以信徒为主体。因此,宗教群体与组织是宗教不可或缺的重要构成要素。那么,什么是宗教群体和宗教组织呢?

所谓宗教群体指的是由两个以上分享共同的宗教信仰、认同共同的价值规范和行为模式的信徒,通过共同参与的宗教活动以及彼此之间的互动而形成的信徒共同体。这种共同体的规模可大可小,小至三五成群,大到数百上千人。像所有一般的社会群体一样,宗教群体也可以分为初级群体和高级群体。前者的规模一般较小,成员之间的互动往往是面对面的直接接触,因而彼此之间的关系较为亲密。换言之,维系初级宗教群体的存在与发展的是传统的习俗与人际关系的力量,而不是形式化、制度化的力量。宗教家庭就是典型的初级宗教群体,所谓宗教家庭就是家庭中的每个成员都归宗于某一宗教信仰的家庭。在这样的初级宗教群体里,成员的生活、行为往往受宗教教义与伦理规范的约束,其成员往往是一出生就成为某一宗教的信徒,或由成人为其举行入教仪式。在天主教、伊斯兰教、犹太教等宗教中,宗教家庭较多。宗教家庭无疑是宗教赖以维系其发展、扩展信徒规模的重要方式之一,因此,有些宗教特意鼓励婚姻和自然再生产。

高级宗教群体指的是宗教社区。所谓社区指的是一定的地域内按照一定的社会制度和社会关系模式组织起来的具有共同人口特征和社区意识的地域生活共同体。社区首先是一个人口集团,也就是基于一定的生产关系和社会关系而形成的人群;社区有一定的区域或地域界线;社区有其自身的行为规范和生活方式;社区的成员有共同体感和社区共同意识。社区有各种类型,如工业社区、农业社区、文化社区,等等。宗教社区则指的是一定地域范围内的宗教徒以某种宗教为该社区成员认同的主流宗教文化而形成的地域共同体。宗教社区是初级宗教群体扩展到邻里和一定地域范围内的结果,中国农村的某些基督教村或天主教村就是基督宗教的社区,其他宗教也有类似的社区。

如果说宗教群体(初级群体和高级群体)是由于血亲、地域等自然因素使得一定数量的信徒形成一个互动的集体,宗教组织则是由一些神职人员有意组成的宗教建制(如教会、教堂、堂区、寺观等),也可以是由信徒们创建的宗教团体。因此,我们可以将宗教组织界定为认同共同的宗教信仰目标与行为体系、共同遵照一定的制度规范的宗教信徒组成的宗教群体。宗教组织乃是宗教群体的正式的专门化的产物,在宗教组织中,人们之间在宗教事务上是有明显的和正式的角色分工的,这种分工还受到正式的规章制度的约束。

不论是非正式宗教群体(如宗教家庭和宗教社区),还是正式的宗教群体(宗教组织),它们对于支持个体的信仰与规范来说都是具有根本性的意义的。例如,与团契里的信徒走到一起会提醒成员们什么是他们集体地相信和尊重的。宗教社群的本质显示了宗教意义与经验的社会背景。而宗教社群内部的互动、宗教社群之间的互动以及宗教社群与社会的互动最能展示宗教的社会性。总之,宗教群体和宗教组织乃是宗教作为社会实体最重要的物质基础,其结构性的样态与质素往往会决定某种宗教在社会生活中的功能地位,因而最终会影响甚或决定某种宗教在维系自身的存在和发展的历史进程中的命运。

四、宗教类型

韦伯对社会学的贡献之一是他所提出的理想类型这一概念,它至今仍是相当有价值的方法论原则之一。在宗教的比较研究中,这一方法尤其具有适切性。分类研究在宗教社会学中之所以必不可少,乃是因为它有助于我们在纷繁复杂的宗教现象中寻求同一性;此外,类型学的研究也是一门学科能否成为科学的标志之一,诚如麦克斯·缪勒所说的那样,"一切真正的科学均以分类为基础,只有在我们处于不能成功地对各种信仰予以分类的场合,我们才会承认,宗教的科学实际上是不可能成立的"。① 换言之,如果没有对宗教现象的分类研究,宗教科学包括宗教社会学便难以真正得到确立;这正如若没有对生命现象的分类,生物学便不可能成为科学一样。当然,分类工作的展开,必须采用一定的标准。但是,在对宗教的研究中,至今还没有一种为学者共同采用的普遍标准。学者们通常会根据自己对宗教的不同理解而决定自己对已经流行的分类标准的取舍,或另行提出自己的标准。在这些标准中,有的以区域—地理学的异同为依据,有的以人种—语言为依据,有的则将进化论用于对宗教类型的划分,等等,不一而足。这里,我们不拟详细介绍各种分类学,只介绍一下社会学在对宗教进行类型划分时常常使用的一些概念,并说明这些概念的具体所指。当然,这样的类型学研究成果并非只见于宗教社会学,其他学科也会采用这些分类概念。

一神教、主神教、多神教、二元神教 这是根据各种宗教的崇拜对象——神的数量而对宗教所做的分类。一神教指的是那些只信仰和崇拜一个神的宗教。韦伯曾指出:"原则上,只有犹太教和伊斯兰教是严格的一神教,而且伊斯兰教在后期的圣人崇拜中,甚至也有些背离一神教的现象。"至于基督教,他认为其中的三一论具有一神论的趋势,但实际上,罗马天主教中的民间崇拜以及圣人崇拜,与多神论相当接近。② 我们由此可以看到,上述的一神教并不否认其他超自然的精灵的存在,相反,它们相信天使、魔鬼等属灵存在物的存在。但是,这些一神教要求信徒只以造物主为唯一的神,其他的属灵的存在物都只是被造者。在处理宗教间的关系时,一神教最初往往具有排他性,将自己崇拜的神奉为真神,而将别的宗教所崇拜的神斥为假神或偶像。主神教相信有多个神,但又将其中的某一个神奉为最高的神。主神教又分为两种亚类型,或要求只崇拜最高的神(至上神),或主张在突出崇拜主神以外,还应崇拜其他的神。前者较容易向一神教过渡,以早期的犹太神教为代表;后者以中国的道教以及日本的神道教为主要代表。原始宗教大多为多神教,往往相信万物有灵,因而常被称作拜物教。有进化论者曾勾画过这样一幅宗教演进模式:多神教(拜物教)——主神教——一神教。至于二元神教,则以琐罗亚斯德教(祆教)、诺斯替教为代表,它们相信存在着两个互相对立的神或彼此相关的造物主,祆教只崇拜善神,不崇拜恶神;

---

① 麦克斯·缪勒:《宗教学导论》,68 页。
② 韦伯:《宗教社会学》,203 页。

但有的则对两种神都予以崇拜。

自然宗教与人为宗教 这是从发生学的角度对宗教所做的分类。前者是指出于对自然力量的敬畏而在人们中自发地形成的宗教,一般都难以准确地确定其形成的年代,也无法确定其创始人,因为它是自发的群体性的产物。原始宗教都是这样的自然宗教。人为宗教则是有意识的创建的产物,有具体的创始人——虽然有的人为宗教的创始人还有待确证。人们对那些超人间的自然力量与社会力量的敬畏乃至恐惧在人为宗教里都有所反映,这是它与原始宗教或自然宗教的一个区别。基督教、佛教、伊斯兰教等在文明社会中出现的宗教都是人为宗教。

制度型宗教与弥散型宗教 这是根据宗教的组织结构的程度与特性对宗教所做的分类。杨庆堃受宗教社会学家瓦赫(Wach)的影响,对此作了深入的阐述,并将其运用于对中国宗教的研究。所谓制度型的宗教指的是那些拥有自身的神学、仪式和组织系统,并独立于其他世俗建制的宗教。它本身就是一种社会制度,拥有自己的基本观念和自己的结构体系。而弥散型的宗教则指的是那些拥有与世俗的建制以及社会秩序的其他方面密切结合在一起的神学、礼仪和组织的宗教。弥散型的宗教将其信仰与礼仪作为有组织的社会范式的一个有机部分予以发展,没有独立的存在。制度型的宗教作为一种独立的社会系统发挥功能,而弥散型的宗教则作为世俗社会制度的一个部分发挥功能。就中国而言,弥散型的宗教在中国社会生活的几乎每一主要的方面都履行着一种普遍的功能。这说明,中国宗教在组织方面的弱点并不意味着它缺乏功能意义。在中国,制度型宗教的主要代表包括佛教、道教;弥散型宗教则主要指祖先崇拜、社区神崇拜以及伦理—政治神崇拜。[①]

世界性宗教与非世界性宗教 这是根据宗教的流布范围的大小而对宗教所做的分类。原则上,流布的范围是跨国界的、在多个国家存在的宗教是世界性的宗教。但实际上,只有基督教、佛教和伊斯兰教才是人们公认的世界性宗教,犹太教和道教虽然可能在许多国家都有信徒,却只被视为非世界性的宗教。也就是说,除了三大世界性宗教以外,其他宗教都被看作非世界性宗教。在非世界性宗教里,人们还区分了民族性宗教、全国性宗教和区

---

① C. K. Yang, *Religion in Chinese Society: A Study of Contemporary Social Functions of Religion and some of Their Historical Factors*, pp. 20-21, 294-295.

域或地方性宗教等几种亚类型。

大教会—小派—神秘主义 这是特洛尔奇根据他对基督教社会思想的研究而对同一种宗教也就是基督教内部所做的类型划分。作为一种思想、组织类型的大教会具有极度的保守性和包容性,对世俗体制表现出相当程度的妥协,倾向于接受之,以便利用社会建制来获得领导文化的地位。它往往会忽略对圣洁的主观需要。小派是自愿的组织,是由严格的信仰基督的人组成的,他们一般声称自己是获得重生经验的人。这些信徒脱离俗世,不重恩典,而重律法,在自己的人中间组成以爱为根据的基督教秩序,以此预备上帝国的到来。神秘主义则意味着将既定的崇拜和教义上的观念转化为个体性的和内在的经验,它导致完全以个人为基础的团体的出现,这种团体没有永久形式,而且有削弱礼拜形式、教义和历史因素的重要性的趋势。这三种类型的胚胎在早期基督教那里就已经出现,后来在各宗派中一直存在至今。[①]

除了以上介绍的分类以外,还有很多分类法,此处不拟作更为详细的介绍。面对现代社会中兴起的一些宗教现象,学者们也提出了一些很有针对性的分类法。我们将在后面辟专章讨论。

[①] 特洛尔奇:《基督教社会思想史》,522—523 页。

第四章
宗教性的意义系统

如前所述，本书将努力突出宗教社会学中的意义与秩序这两大主题。如果想探寻这两大主题在宗教社会学史上的理论脉络或渊源，我们也许可以说，是涂尔干以社会静力学的方式凸显了秩序问题在宗教社会学中的核心地位，而马克斯·韦伯则以社会动力学的理论结构凸显了宗教性的意义系统对于社会行为主体的经验和实在的形塑以及对其行为过程的影响。此后的宗教社会学围绕着这两大主题，在理论探讨和实证分析方面都获得了长足的发展。本章要探讨的是意义问题。关于这一论题，宗教社会学界似乎已经达成一种共识，即认为贝格尔是继韦伯之后对意义问题探讨最为深入、也最有影响的理论家。[1] 因此，韦伯和贝格尔的相关论述将成为我们作进一步探究的重要思想资源。如果要对我们就这一主题所作的探究予以定性，当然可以说它是对宗教的一种功能研究，也就是研究宗教如何履行为信徒群体以及个体提供意义系统的功能。关于这一问题，有的论者主张将宗教的意义取向与功能取向区别对待，因为宗教的意义取向是超现世的维度，而它的功能取向则是现世性的社会维度。[2] 对此，我们似乎可以从一种较为宽泛的功能概念来为本书对这一问题的处理进行辩护，而不必过多地考虑上述区分。实际上，帕森斯就曾以美国宗教为例，说明在高度分化的现代社会里，解决意义问题乃是宗教的核心功能[3]。除此以外，我们还要分析宗教赖以发挥提供意义功能的社会实在基础。

---

[1] Malcolm B. Hamilton, *The Sociology of Religion: Theoretical and Comparative Perspective*, p.157.
[2] 刘小枫：《现代性社会理论绪论》，493页。
[3] Susan Budd, *Sociologist and Religion*, p.122.

一、宗教与意义系统

1. 对意义的界定

很多学者都倾向于将意义与价值联系起来,立论以为具有内在的积极的价值的生命或生活就是有意义的。不过,也有学者注意到,对环境或境遇的感知在意义的形成中具有至关重要的意义。① 也许正是对这一点的高度重视,使得人们容易接受以下对意义的界定,即,意义指的是依据某种更为宏大的参照系对一些境遇与事件所作的解释(理解)。"意义问题属于个人生活的基本信仰,涉及对生存的意义(幸福与受苦、善与恶、为什么我在、死的释义、与他人的生存关系)的认识。"②尽管并不是所有的人都在时时刻刻追寻着意义问题,有些人甚至在自觉或不自觉地规避和拒绝对意义问题的探寻,但是,就整个人类来说,试图将自己的生活世界理解成一种富有意义的宇宙,试图确立值得人们追求的生活目标与意义,乃是人性中的一种基本取向;这种对意义的追寻也许正是文明演进的重要动力之一。日常生活中,人们对一些社会事件的议论、对自己或别人的行为与遭遇的解释,往往都包含着对意义问题的态度与见解。有人将自己大学毕业后找不到工作归因于自己运气不好,或归因于走后门等不正常的社会现象,女生则会归因于社会上的性别歧视;一些找到了满意的工作的人可能会认为自己能力强、水平高,是社会所需要的人才。正所谓幸福的人觉得有幸福的权力,不幸的人有其对不幸的解释。这些都是在赋予自己人生经验中的遭遇以意义,说明它是有原因可寻的,不是偶然、不可理喻的事。尽管上述这些解释都产生在常识性的经验水准之上,但个体会从这种解释中得到或多或少的慰藉与心理平衡,不至于因意义的危机而失去心理平衡,甚至因此做出逾越常规的事。如果有人追求更为精致的意义形态,并且得到客观条件的许可,他也许会诉诸文学、艺术、哲学等文明手段。哲学家海德格尔就将其巨著《存在与时间》的目的规定为解决存在的意义问题。也就是说,对意义的追寻并不是

---

① Joseph Runzo and Nancy M. Martin ed., *The Meaning of Life in the World Religions*, pp. 55, 188, 270-271.
② 刘小枫:《现代性社会理论绪论》,471 页。

作为人类活动之一的宗教的专利,人们可以采取其他的形式,以其他的活动达到追寻意义的目的。唯物主义意识形态所灌输的科学的人生观和世界观同样可以发挥类似的功能。但是,我们要讨论的则是这样一种追寻意义的方式:诉诸一种超自然的权威,赋予各种自然和社会现象以意义。也就是说,我们要探讨的是宗教针对个体与社会的关切所提供的意义系统。同样是面对上述的遭遇,一个基督徒可能会相信那是上帝在冥冥之中所做的安排,而一个佛教徒则可能会认为那是业力的结果,如果有当代儒生的话,他也许会以"死生有命,富贵在天"或其他理念来解释自己的遭遇。关于宗教性的意义系统与一般的意义系统之间的关系,瓦德(Ward)曾这样论述道:人们可以在无宗教的情况下过一种有意义的生活,但是,如果一套关于人生的终极意义与目标的宗教信仰是正确的,那么,除非追随这套信仰,人们就可能真的丧失生活的真正意义。① 瓦德此说颇类似于帕斯卡的打赌说。

历史上大多数的宗教都是综合性的意义系统,它们将个体与社会群体的所有经验都置于一个单一的普遍的解释性的设置中。因此,贝格尔和鲁克曼将这样的综合性意义系统称作一种世界观。职是之故,尽管韦伯在谈到知识分子将世界观问题转化为意义问题时,已经暗示了这两者是有区别的,但互用"宗教性的世界观"与"宗教性的意义系统"这两个概念,却是一种常见的现象。因为历史上大多数的宗教意义系统都是综合性、无所不包的,有人甚至称之为意义知识系统。当然,需要说明的是,在现代社会中,宗教性的世界观却要与许多其他的世界观角力竞争。而竞争的结果是,个体不大可能在任何时候、任何地方都只采用某种单一的综合性的意义系统,而只可能将宗教意义运用于其生活的某些片断,或仅用其解决生活中具有终极性的问题。诚如格尔兹(Geertz)所说的那样,"没有人生活在宗教符号建构整体的世界中,哪怕他是圣人,大多数人只是在某些时刻生活在这个世界当中"。② 换言之,宗教信徒面对和运用其宗教性的意义系统的时间不会占据其生活的全部。

如上所述,意义与人类的理解活动有至为密切的关系。换言之,意义并不是事物、事件或境遇本身固有的,而是由人的理解赋予的,是人对自己的经验的理解,是社会行为的主体对其行为情境的界定。因此,断言意义与价

---

① Joseph Runzo and Nancy M. Martin ed., *The Meaning of Life in the World Religions*, p.9.
② 转引自吴飞:《麦芒上的圣言:一个乡村天主教群体中的信仰和生活》,25—26页。

值一样具有(但不是只有)主观性,是无可厚非的,因为意义是对实在的解释。不过,意义也有其客观的一面,或者至少可以说,人们一直在追求意义的客观化。如果说人类建构世界的活动像贝格尔所说的那样,包括外在化、客观化和内在化三个方面的话,那么,在人不断地通过肉体和精神活动将自己的存在倾注到外界(即外在化)之后,其产物就会作为一种外在于其创造者并与之不同的事实性而与人相对立,这是客观化的结果。人通过理解这一精神活动所形成的意义系统在经过秩序化后,也会成为这样一种异于人的具有客观性的规范系统——一种实在。这正是人与社会具有一种互为因果——社会是人的产物,人也是社会的产物——的辩证关系的绝佳例证。因此,断言意义绝对排他地只有主观性就是一种不实的夸大。尤其应该指出的是,按照知识社会学的原则,当一种意义系统取得社会法权或话语霸权时,便会要求向所有个体的生活的各个方面渗透,对某些高扬主体性的个体来说,这种意义系统作为一种异己力量的客观实在性便显得彰明较著了。另外,意义的客观性还在于,意义不仅解释实在,更形塑着实在,许多在人们看来具有坚硬的客观性的实在,正是社会行为主体的意义系统客观化或物化的结果。

需要指出的是,我们在此已经涉及到意义与下章要讨论的秩序的关系问题。就笔者目前有限的见闻所及,对此作系统专门的讨论的人还不多。很多时候,学者们甚至将意义与秩序两个概念并用,不加区分,甚至还曾经出现过意义秩序这样的概念。实际上,诚如上文所指出的那样,意义就其发生学特征而言乃是人对自己的行为、经验的理解和解释,是主观的精神活动的产物。而秩序则是将意义客观化的结果,它不仅会得到制度性的实在的支撑,而且往往就具有制度化的特点,或者本身就是一种制度。换言之,秩序具有更为明显的客观化的特征。另一方面,社会行动是以一套稳定的指导社会行动的假定或规范为前提的。社会秩序,亦即规范与价值的稳定性,对于社会行动和互动的发生是必不可少的。社会行动的特点是它具有自反性,而社会行动者更具有"可知性"。职是之故,社会秩序的实存乃是社会行动者必须经常予以反思和考量的事情,所有的社会行动都必须解释处境、理解其他社会行动者的意图和预测行动未来的结果。社会学因此可以被界定为一门关于有意义的社会行动与互动的解释性科学。[1] 秩序更具有群体性,

---

[1] Turner, *Religion and Social Theory*, p. x.

意义系统可能是一个群体乃至某个社会的价值共识,但也可能是个体性的。因此,有些意义系统可能在秩序之外,或者在秩序的边缘,难以为秩序所囊括。所以,有的意义系统可能会维护秩序,有的则不然,它可能是既定秩序的一种潜在或公开的威胁,它甚至可能试图颠覆旧的秩序,建立新的秩序。

需要说明的是,宗教的意义系统可能是非常精致的理论,也有可能是一些见于日常生活中的观念。尽管正如韦伯所说的那样,正是知识分子将世界观的问题转化为生活的意义问题,[①]但是,对意义的追寻却并不只是知识分子的特权,平民百姓或韦伯所说的无特权者也有自己对意义的追寻与理解。甚至可以说,那些具有前理论特征、也就是不够精致化和体系化的意义系统对社会生活的影响可能并不小于那些具有高度理论化结构的意义系统。毕竟,在实际的宗教生活中,就意义问题展开的理论争论,一般都是在那些有闲暇和能力的人们(比如神学家)中进行的,平民百姓可能总是在那些居主导地位的意义观念的指导下生活的。

同样需要指出的是,尽管宗教信仰(观念和意识)是宗教意义系统的核心,但宗教的其他构成要素也相当重要。著名学者尼连·斯马特指出,宗教领袖和神灵的故事、伦理态度、个人的宗教经验、礼仪和物化的表现形式(如艺术和建筑)可以与信仰一道表达、强化和体现人们对生活的终极价值、目标和意义的宗教性理解。他认为,宗教中那些神秘的、叙事性的方面可以为有意义的生活提供模式和路径,并且以一种不同于教义程式的表现方式表达信仰;宗教体验(或经验)为那些理智化的信仰形式提供权威和活生生的实在性;宗教的伦理方面会将那些杰出的个体用作楷模,范导人们的行为方式,使之迈向更高的目标和对实在的更为全面的理解;宗教礼仪则以各种不同的方式教导人们将世界和人生理解为充满意义的、有目标的;宗教中的那些感性的和物化的方面(如音乐、艺术和建筑)则是宗教性的意义系统和价值观的最佳表现和涵化形式。斯马特认为,宗教的所有这些认知性的和非认知性的方面,都对我们正在讨论的意义问题有所言述。[②]

---

① 韦伯:《宗教社会学》,187页。
② Ninian Smart, The Nature of Religion: Multiple Dimensions of Meaning, in *The Meaning of Life in the World Religions*, pp. 31-46.

2. 宗教与群体意义系统的建构和维持

人的社会性不仅表现在人需要群居、交往，而且还表现在人需要对整个社会或某个亚社会的群体性生存样态与质素做出解释。由于这样的解释，群体的行为方式及其存在本身便获得了意义。而人们所亟需的交往活动，除了物质性的商品交换以外，很多时候都是意义方面的交往或共享。但是，在众多的人为的解释中，没有哪种解释比神圣化或宗教性的解释更有力量。神圣化的解释的根本目的就在于掩盖意义系统是人为的建构。比如说，群体可能将其道德规范解释为上帝制定的，或将其解释为被神化了的圣人的教化；将其家庭生活的形态解释为对诸神家庭的模仿，或者解释为一位得到崇拜的人文始祖创制的不可更改的传统。由于这样的解释，一切都变得富有意义，而且是富有神圣的意义。

意义一旦获得神圣性，便意味着它具有不可冒犯的规范性。正如贝格尔所指出的那样，意义系统既是解释性的，也是规范性的。也就是说，它解释事物为何是其所是，说明其实然状态的由来，同时，还要规定事物应该如何，规划其应然的样式。当然，意义的规范性往往需要以解释的力度为基础，空洞无物、肤浅乏味、苍白无力的解释是很难获得规范性的。群体的意义系统使得其社会秩序——群体当下、现存的和未来、理想的社会安排，诸如其权威与权力的形式、其分层系统与角色分派、其资源与奖赏的分配等等——获得意义，这些特点使得意义系统成为对群体的社会秩序的强有力的合法化。

何谓合法化？所谓合法化就是用来解释和证明社会秩序的合法性的、在社会中客观化了的知识，也就是社会上既定的解释形式，它是用来证明某种行为过程之合理性和解释制度安排的原因的。① 合法化包括对任何社会制度与实践的解释。它常常要对以下问题提供答案：我们为何必须拥戴并遵守这些制度？我们为何以这种方式行事？我们为何拥有这样的社会地位？合法化中最为重要的事项是在群体中建立权威。

合法化的表述形式是非常不同、多种多样的，而且有不同的层次。神话、传说、谚语、民间故事和历史都可以用来证明某些社会安排的合理性。例如，当行为主体对自己所获得的角色分配不够满意，处于所谓怀才不遇的

---

① 以上参见贝格尔：《神圣的帷幕》，37—38页。

境遇之中时，他会以天生我才必有用来解释自己的处境。这不仅只是一种个体性的精神安慰，当这样的解释广为流传并且为人们所接受时，便会成为对社会安排的正当性的一种曲折的论证。当然，对于这一谚语式的解释，要看它出自什么样的人之口。如果它出自一位命定论者之口，那就是在以天命为解释的参照；如果出自一位自然主义者之口，那就是以自然之天或自然法则来作为其解释的参照。前者是一种宗教性的正当性论证，后者则是经验性、常识性水准上的正当性论证。但二者都属于初期理论层次。这样的事例表明，合法化在形式上往往并不必然是理知性或思想性的。那些在哲学、神学和政治经济理论中得到阐发的思想性的合法化乃是合法化中高度专门化的形式，非思想性的合法化形式——也就是贝格尔所说的前理论层次和初期理论层次的合法性论证——远比理论性的和高度理论化的合法性论证普遍得多，而且对群体的日常生活影响更大。

尽管如上所说，合法化的形式多种多样，但宗教却是历史上流传最广、效用最大的合法化手段。由于宗教的合法化论证将经验社会的不稳定的实在结构与一种终极性的实在联系在一起，它便使前者获得了一种神圣的源头与根基。① 比如，在印度，古代印度关于四种姓的神话就发挥了这样一种重要的功能，这就使得印度社会中劳动分工以及随之而来的严格的社会阶级制度得到了合法化。按照这一神话，最高的社会阶层婆罗门是从造物主的口中所生，造物主分配给他们的责任包括各种不同的宗教功能、学习、教导人、祭司、施舍以及传承圣典。下一个阶层是刹帝利（武士或贵族），他们是从造物主的臂膀所生，其特殊的天赋是权能或权力，而其职责包括参战和治国。吠舍（平民）则出自造物主的大腿，其禀赋是力量，其职责则是种田和从事其他生产性的劳动。最低的社会阶层是贱民，他们出自造物主的脚，其职责是服侍其他三个种姓。这一创造神话使用了造物主的肉身的各部分的功能与价值这一在前近代比较有说服力的比喻来解释人类的社会结构，证明较高阶层的特权的合理性，规定了所有社会阶层的合适的行为举止。这一神话本身代表了一种非思想性的合法化形式（神话），但是，由于它将种姓制度这样一种人为的建构与造物主联系起来，便使得前者获得了一种神圣的正当性。当然，在印度，也发展出了复杂的思想性的意识形态和法典，以证明印度种姓制度的合理性。在当代自由主义者或民主主义者看来，这样

---

① 以上参贝格尔：《神圣的帷幕》，40—41页。

的制度当然是非常不合理的,因此,论证其合法性的宗教当然也就是保守不堪的了。但是,如果以历史的眼光来看,这样的正当性论证或合法化对于印度社会的整合与稳定当然曾经发挥过不可低估的作用。如此看来,许多轻而易举的价值判断是宗教社会学应该努力避免的。倒是这种神话对社会制度的合法化之论证的生命力或顽固性值得我们额外关注一下。我们知道,1947 年,印度独立,废除"贱民"入宪,但种姓制事实上仍然根深蒂固。有一位婆罗门作家讲述过这样一个故事:小时他就希望解放贱民。一天放学归来,见一老贱民站在家门口,邀请道:"进来呀,到家里来呀。"老人曰:"小主人,你可以放弃你的宗教,但我们还没有放弃我们的。"部分贱民为了逃避苦难,放弃了印度教,改宗伊斯兰教或基督教,但到头来却发现,他们的不洁追随着他们跟进了清真寺或教堂,他们所受到的排斥和以前一样。印度为数庞大的前贱民仍然生活在印度教种姓制的阴影之下,甚至仍然相信经书上的规定就是他们的宿命。① 由此可见该神话对秩序进行神圣合法化的生命力之一斑。

中国汉代的大儒董仲舒所阐发的国家化的儒教神学对于封建性的三纲五常的合法性的论证,则是具有高度理论化结构的合法化形式。他以阴阳五行学说改造中国传统的天神信仰,以此解释儒教的礼乐制度的来源与本质。当他谈到三纲五常时,他论证道:"君臣父子夫妇之义,皆取诸阴阳之道。君为阳,臣为阴;父为阳,子为阴;夫为阳,妻为阴",阴阳之尊卑主从,决定了人间礼制的等级名分,礼制也就是天神意志的直接体现。② 在此后一千多年的时间里,不仅大多数士大夫,而且绝大多数的中国百姓都以三纲五常为天经地义的制度,历代君王就更不用说了。尽管我们不能将人们对此种制度的合法性的认可完全归因于董氏的合法化论证,而更应该归因于这种制度在社会结构中所获得的实在性的力量,但董氏的合法化论证作为一种以终极实在——天神为参照的传统,其合法化的效用、其对个体的意义系统的形塑作用是不可低估的。董氏的这种合法化论证与欧洲社会曾经流行的"君权神授"观念有异曲同工之妙,后者旨在论证君王不仅是作为政治安排,而且也是作为一种永恒的、由上帝赋予的权力来进行统治的。在当代西方社会,获得宗教性的正当性(合法性)的事例包括婚姻的神圣化、拥有和保护

---

① 哈罗德・伊罗生:《群氓之族:群体认同与政治变迁》,204—205 页。
② 参牟钟鉴、张健:《中国宗教通史》,234—235 页。

私有财产的权力、消除某些战争在道德上的正确性,等等。在某种程度上,西方的人权观念也具有这样的宗教背景,虽然它更多的时候表现为一种自然主义的天赋人权观念。

神圣的合法化形式之所以具有最大的效用,是有其社会心理机制方面的基础的。任何社会安排,如果缺乏超验的维度,只是被人们视为一种人为安排或人间的惯例与习俗,那么,它都容易被人们轻看或遗忘。相反,一旦赋予它以神圣的性质,将其建构为来自超验实在的制度或安排,人们就会因为对神的惩罚、对来世可怕的图景的恐惧,而对这种社会安排产生敬畏感,甚至产生自觉的服从意识。

神圣的合法化还有一种机制来维持其效用,这就是贝格尔所说的"提醒机制"。阿拉伯世界有一句流行的谚语,"人老是忘记,神总是记得"。不仅那些似乎已经将神圣的意义知识内在化了的社会行为主体有可能在世俗的活动中得意忘形,一代一代的新生代更可能会质疑既定的意义系统。因此,对意义知识系统自身以及对社会结构的稳定性的追求便要求这些合法化不断得到重申。宗教活动中有周期性地不断重复的仪式,其目的如果说不完全在于这种对合法化的重申,也可以说是八九不离十。

以上基本上都是说明宗教的合法性通常是用来证明现存的社会安排的合理性的,但它有时也会成为对现存的社会秩序的强有力的批判形式。宗教合法性甚至会被用来证明革命行动的合理性。因此,宗教合法性不只是统治集团的工具,也可能证明被统治和持异议集团的行动的合法性。关于这一点,我们在后文还会予以更为深入的讨论。

3. 宗教与个体的意义系统的获得

自从主体性原则在近代思想中得到确立后,人们在建构世界过程中的创造性便得到更为显著的强调。但是,需要指出的是,就我们正在谈论的主题而言,个体并不是无中生有地建构其个人的意义系统。在大多数情况下,个体的意义系统都是在社会化的过程中通过学习而获得的。对于作为社会行为主体的个体来说,对其经验最合理而且最有说服力的解释可能是他所熟悉的解释,并且是对他来说很重要的人所持有的解释。所以,尽管每一个体都会以一种看似高度个人化的意义系统来行动,但那套意义却受到了家庭、朋友、机构(如学校或工作单位)和更大的社会的影响。个体在意义的获得或建构过程中的主体性主要表现在,个体在社会化的过程中逐渐获得交往的意义时,由此导致的意义系统可能并不是社会化的不可避免的产物,个体能够拒绝或修正由别人传达的意义。在现代社会里,当一些彼此竞争的意义系统同时呈现给个体时,个体的主体性就在于能够选择接受他或她所中意的意义系统。个体可能会接受由社会中的亚群体呈现给他的意义,而不是由更大的社会呈现给他的意义。比如说,个体在解释自己的经验时,可能会接受伊斯兰教社群的意义系统,而不接受基督教的社群的意义系统;也可能选择他在学校获得的科学世界观或自然主义的意义系统,而不接受所处的生活环境中非常流行的民间信仰的意义系统。但是,所有个体的意义系统都是通过个体与某一共同的群体的联系而获得效用的。例如,一个周遭都是基要派基督徒的个体,会发现他对进化论的信念很难说服这些基督徒接受或者理解他对社会所作的进化论解释,因为他们都对创世论深信不疑。由此可见,亚群体对于个体的意义系统的形塑发挥着更为重要的影响。许多美国基督教牧师发现,其教区的年轻的信徒在进入大学深造后,都会在信仰方面发生很大的变化。因为大学是意义系统多元竞争的地方,更是思想者质疑传统的意义系统的地方。

  个体对意义问题的热情可能与人们对其角色的自觉意识有关。人们总是希望自己在社会上承担的各种角色获得社会乃至超自然力量的承认,也就是获得其应有的意义。宗教性的意义系统在被运用于对个体角色的理解时,其最大的效用就在于使得行为主体觉得"现在不仅是人类中的他人承认他一定程度上适合于那个角色,而且那些超人类的他人也承认这一点"。抱持着君权神授观念的君王们大概都会觉得其权柄也得到了神或皇天上帝的承认。在一些宗教性的意义系统中,人们除了将自己的角色的源头理解为来自超自然力量或他者以外,还会将其角色理解为对这个神圣的他者的模仿。例如,男女交欢被理解为对宇宙创造的模仿,父亲的权威被理解为对神的权威的模仿,父亲的关切被理解为对神的关切的模仿。于是,就像通过合法化而得到神圣的合理性的制度一样,角色也因此被赋予了不朽的性质。角色的"客观性也高出并超越了它们暂时的承担者即个人的弱点,得到了极大的加强"。[①] 由此可见,得到运用的意义系统告诉个体他是什么样的人、他所扮演的角色的重要性、他所参与的事件的目的以及做他之所是的那个人的意义。换言之,宗教性的意义系统使得一个人的身份与社会存在获得意

---

① 贝格尔:《神圣帷幕》,46、47页。

义,使得他的那种以承担某些角色为基础的社会行为与社会存在获得人间力量与超人间力量的认可,并由此而获得可理解性。一个行为主体如若经常觉得自己的角色不可理喻,他不陷入巨大的混乱与疯狂中,也会觉得自己像行尸走肉,不知道何所来、何所去,生存毫无意义。而如果我们发现某些人对其角色感到特别自豪,那是因为,这样的人或者有适得其所的愉悦,或者已经将社会对他的角色分配以及更大范围内的社会秩序完全内在化,成了充分社会化的个体。在贝格尔看来,一个高度社会化,也就是将客观化了的社会的意义知识充分内在化了的个体,往往表现出一种受虐狂的心态,这样的论断在中国人听起来可能是逆耳之言,但其中并非毫无真理的成分。不过,如果以分析的眼光来看,这一论断当然包含了这样一个以偏概全的预设,即社会乃是一种可怕的施虐狂。实际上,一个较为健全的社会是很难因为其成员分享一些他们乐于接受的意义知识,而被界定为施虐狂的。

　　社会行为的个体可以通过许多不同的方式将意义赋予某一种境遇或情景,而在此赋予意义的过程中,信仰无疑是很重要的。这是因为,对某些观念的认信有助于将一种经验置于某一意义系统之内。但是,这一意义系统却不能完全被归约为其正式的信仰内容(观念性的宗教意识)。换言之,宗教中的其他构成要素,例如神迹、魔法、礼仪和象征对意义的普遍性含义也有极大的助益。个体能够通过为某一事件演示一种合适的仪式而将意义运用于某一情景。类似地,通过将某一事件解释为具有神迹或巫术性质,个体就将一种特别的意义置于其上。例如,旧中国的一些民间团体——有时是会道门,常常采取歃血为盟这一象征方式赋予其盟友关系以一种危险而又神圣的意义。将意义运用于人类的经验还需要社会过程。例如,通过日常谈话,个体试验着他对经验的解释。个体与他人——尤其是与那些所作出的反应对个体"算数"的人之间——的互动是赋予某一情景以意义这一过程的一个重要环节。这一点进一步说明了宗教意义系统的社会性。

　　与此同时,意义系统还会将更大群体或社会的价值与规范告知或灌输给个体。以下的解释性陈述表明了规范与价值在意义系统中得到体现的各种方式:"洁净便近乎神性""万恶淫为首,奸淫者将受到上帝的惩罚""积善人家有余庆"。有人可能并不同意这些陈述中的一部分甚或全部,尽管如此,我们却可以看到,以上每一陈述是完全有可能被用来解释个体或群体的境遇与经验,并可能被用来评价一般类型的行为的。意义系统代表着或者包含着行为规范以及社会对行为的评价。当一个人将这些规范性的解释运用于其自己的行为时,便意味着意义系统已经将一种评价性的因素带到其身份认同之中。因此,依据意义系统中的解释性的框架,一个人便可以得出这样的自我评判性的结论:"我是一个罪人",或"我是一个有德之人"。刘禹锡的"斯是陋室,唯吾德馨"就体现了他以儒教的意义系统获得的对君子理想人格的身份认同。

在宗教认信和宗教生活中获得的个人的意义系统使得行为主体能够对过往的行为以及将来的行为的动机进行评价。例如,将某些事件以某种方式感受为命定的,就能使人得以谋划和调整其行为。如果事情被感受为只是在混乱中"偶然发生的"、是一系列无意义的事件,那么,人们可能简直就不知道该做什么了。但是,如果这些事件被赋予了意义,对它们的解释就意味着或隐含着一种适当的行为过程。宗教借助于将俗世的社会生活与超验领域联系起来,在激发个体投身于更大的社会群体方面显得尤其有效。这类激发的经典例子就是韦伯进行过深入探讨的"天职"观念,这一观念的实质是认为一个人是被上帝"选召"到一种职业或经济地位上的。这种观念对日常工作赋予一种特别的意义,由于按照"天职"来理解这种工作,个体对其劳作便获得了一种神圣的目的感和价值感,而这种目的感和价值感无疑会激发个体自觉自愿地对社会做出贡献。

近代以前,人类文明史上的大多数个体与社会群体都是从宗教那里获得其生存的意义的。宗教性的意义系统依据更大的框架来为人们的生活与事件定位,从而为其经验提供解释。宗教还可以成为个体与社会秩序的合法化或合理性证明的重要形式。宗教解释和评价社会群体中"做应该做的事情的方式"。这些合法性为群体中那些接受这些解释并将这些解释吸收到其对世界的思维方式之中的个体成员提供了意义。①

4. 现代社会中的意义共契与公民宗教问题

(1) 问题的缘起

很多对现代性的诊断可能都不得不面对以下问题:通过什么样的共同信仰或意义共契将一个个高扬主体性与个性的孤立的单子式的个体纳入或凝聚到一个相对稳定和健全的社会或共同体之中?② 又该如何保卫社会?

---

① 以上参 McGuire, *Religion: The Social Context*, pp. 31-32。
② 参孙向晨:《公民宗教:现代政治的秘密保障》,《复旦学报》,2012 年第 6 期,30 页。

在一些现代西方社会里,尤其是在像美国这样的自由民主的国家里,宗教的自由传播与发展虽然得到了制度性的保障,但是,任何宗教都丧失了以国教的形式为公民提供一种单一的意义系统的社会法权。美国宪法既保障宗教信仰自由,又不允许建立国教。美国宪法第一修正案明言:"国会不得制定关于下列事项的法律:确立国教或禁止信仰自由"(1789年提出,1791年通过)。宪法第六条第三段规定:"上述参议员和众议员、各州议会议员以及合众国政府和各州一切行政、司法官员均应该宣誓或郑重声明拥护本宪法,但合众国政府之任何职位或公职,皆不得以任何宗教标准作为任职的必要条件。"第一修正案实际包含两个条款,即确立条款和自由实践条款。最高法院的解释是:不论州政府还是联邦政府,都不得将一个教会确立为州教或国教,不得通过援助一种宗教或所有宗教,或偏护某一宗教而歧视另一宗教的法律;不得强迫或影响某人违背本人意愿加入或不加入一个教会,或强迫他宣布信奉或不信奉任何一种宗教。宗教信仰的自由是绝对的,政府不得用法律加以限制;给予宗教信仰的宗教活动和行为的自由是相对的、有条件的,宗教"自由实践"的条件是不能违背社会道德准则,为了"保护社会",政府可以采取行动。①

尽管美国人对上述载于宪法的政教分离原则存有争议,解释各异,但由于这一原则的落实,政府确实既没有权力,也没有义务以国教的形式为公民提供或向公民灌输一套关于生活的意义与价值的规定,政教分离成为处理政治与宗教之关系的首要原则。美国社会也确实因此而呈现出一种意义系统多元竞争的局面,除了各大传统宗教(如新教、天主教、东正教、伊斯兰教、佛教、印度教、道教等)在美国都有信徒外,美国还涌现了一千多种新兴宗教。那么,在这样的"多"中,是否有一以贯之的"一"?具体而言,像美国这样的发达国家,其政治制度与权威是否需要或者具备神圣性的合法化论证?是什么样的精神资源为这样的社会提供道德与价值共识或意义共契?是什么样的精神资源在捍卫着其社会的"神圣性"?又是什么样的意义系统在约束着在这样的社会中大行其道且极易走向极端的个人主义?又是什么样的东西使得这个多民族、多宗教的国度能够避免个人主义可能会造成的一盘散沙的局面,甚或发生所谓内部的"文化战争",反而将其凝聚成当今世界上的头号强国?在回答这些问题时,美国的本土宗教社会学家贝拉自20世

---

① 以上参刘澎主编:《国家·宗教·法律》,37—38页。

60年代以来,在多种著述里专门重提和进一步阐发了所谓"公民宗教"(civil religion,亦译国民宗教)的学说,[1]并引发了近20年的学术争论。[2]

之所以说贝拉是在重提公民宗教的说法,是因为古希腊哲学家柏拉图就已经提出了类似的问题,[3]而18世纪的启蒙思想家卢梭则在《社会契约论》一书中明确地提出了公民宗这个概念,并对公民宗教的性质与优劣利弊作过探讨。这位以自由平等为理想社会之原则的启蒙大师并非像一般人想象的那样是坚决反宗教的,尽管他对天主教展开过猛烈的抨击,却也坚定地站在无神论的对立面。作为自然神论者,[4]他曾明确断言:"从没有一个国家是不以宗教为基础便能建立起来的",[5]"一旦人们进入政治社会而生活时,他们就必须有一个宗教,把自己维系在其中。没有一个民族曾经是,或者将会是没有宗教而持续下去的。假如它不曾被赋予一个宗教,它也会为自己制造出一个宗教来,否则它很快就会灭亡。"[6]启蒙运动的先驱培尔(Pierre Bale,1674—1706)曾以中国为例,证明"由清一色的无神论者所组成的社会是可能存在的",[7]即一个健全的社会不一定需要宗教的维系。姑不论这种以中国为例的论说是否准确或正确,可以看到的是,启蒙大师们对宗教的态度是各有特色甚至迥异其趣的。

卢梭将宗教区分为三种:人(或人类)的宗教、公民的宗教和牧师的宗教。所谓人的宗教没有庙宇、没有祭坛、没有仪式,只限于对至高无上的上帝发自纯粹内心的崇拜,以及对于道德的永恒义务;它是纯粹而又朴素的福音书宗教,是真正的有神论,我们可以称之为自然的神圣权利。所谓牧师的宗教则是以罗马天主教为代表的那种宗教,也是卢梭抨击最力的宗教,这种

---

[1] 其中有Civil Religion in America, in *Daedalus*,1967(96),重印于 *American Civil Religion* (ed. by Russell E. Richey and Donald G. Jones, New York: Harper & Row, Publisher, Inc., 1974)以及其他多种论文集中;Religion and the Legitimacy of American Republic, in *Society*, 15, no. 4,重印于 *The Broken Covenant: American Civil Religion in Time of Trid* 的新版跋(1996)。后者的中文版(孙尚扬译)见《道风汉语神学学刊》第七期(1997年秋)。

[2] 徐以骅在《美国的国民宗教及其国民宗教辩论》一文中较全面系统地梳理了这一学术争论的来龙去脉与兴衰过程,见《宗教与美国社会》第一辑,50—79页。

[3] 柏拉图:《法篇》,见《柏拉图全集》第三卷,515—516页。

[4] 参赵林:《卢梭宗教思想初探》,《法国研究》,1997年第1期,119—133页。

[5] 卢梭:《社会契约论》,何兆武译,177页。

[6] 同上书,171页,注①。

[7] 《马克思恩格斯全集》,第2卷,162页。

宗教给人以两套立法、两个首领、两个祖国（国家组织与教会组织），使人屈服于两种相互矛盾的义务。在卢梭看来，这种宗教是毫无价值的，因为它是破坏社会统一、使人们自身陷入自相矛盾的制度。在卢梭那里，公民宗教则是写在某一个国家的典册之内的，它规定了这个国家的神、这个国家特有的守护者。它有自己的教条、自己的教仪、自己法定的崇拜表现。其优点或好处在于它把对神明的崇拜与对法律的热爱结合在一起；而且由于它能使祖国成为公民的崇拜对象，从而就教导他们：效忠于国家也就是效忠于国家的守护神。其弊端在于它是建立在谬误与谎话的基础之上的，因而它欺骗人民，使人民盲从、迷信，并且把对神明的真正崇拜沦为一种空洞的仪式。更为恶劣的是，它可能使一个民族嗜血成性、毫不宽容。① 当然，公民宗教既然是宗教，就应该有其教条，而在卢梭看来，公民宗教的教条应该简单，条款很少：全能的、睿智的、仁慈的、先知而又圣明的神明之存在，未来的生命，正直者的幸福，对坏人的惩罚，社会契约与法律的神圣性，宗教宽容。由于卢梭对天主教之类的建制性宗教极端反感，他对公民宗教的组织或建制形态便语焉不详，他只是强调，公民宗教的条款应该由主权者规定，而且并不是严格的宗教教条，而只是作为社会性的感情，没有这种感情则一个人既不可能是良好的公民，也不可能是忠实的臣民。② 需要强调的是，卢梭极其注重这种社会性的感情或出自自然法则的道德情操对一个主权在民的自由社会的秩序之维系功能：即培育公民对社会之神圣性的认同感。③ 卢梭的对公民宗教的这种设想和论述很可能就是其以公意为政治制度之基础的政治理论在公民的社会－精神生活这一论域中的延展，它深刻地影响了近两百年之后的美国版的公民宗教。

（2）美国版公民宗教的歧义

诚如《美国的公民宗教》(American Civil Religion)这本论文集的编者琼斯和瑞奇(Donald G. Jones and Russell E. Richey)在《公民宗教争论》一文中所指出的那样，在20世纪50—60年代，美国的学者们常常使用民主信仰、社会宗教、美国方式、普泛化的宗教、共同信仰、美国神道教等范畴来讨

---

① 卢梭：《社会契约论》，177—179页。
② 同上书，185—186页。
③ 通过对卢梭的相关论述的深度研究，汲喆认定：在卢梭那里，"如果说公民宗教由主权者制定，并由法律加以维护，那么其前提是主权在民、法为公意。"见汲喆：《论公民宗教》，《社会学研究》，2011年第1期，124页。

论所谓存在于美国社会中的一般宗教(general religion),而贝拉的独特贡献就在于重新开掘了卢梭的公民宗教说。①

1967年,贝拉在 *Daedalus* 这一学术刊物上发表了《美国的公民宗教》(Civil Religion in America)一文,他开宗明义地指出:"在美国存在着一种与各种基督教教会并肩相随而又明显不同的、精心炮制的且充分建制化了的公民宗教。本文要论证的是,美国不仅有这么个东西,而且这种宗教——也许说这种宗教向度(dimension)更好——具有其自身的严肃性和整全性,在理解方面,它需要像任何其他宗教一样得到认真的关注。"②贝拉的这一陈述似乎是对经验事实的描述,但隐含着模棱两可之处,因为他一会儿说美国的公民宗教是充分建制化了的,一会儿又说它是一种宗教向度。这正是他的公民宗教说引起众多争议的要害之处之一。

那么,什么是公民宗教呢?贝拉认为,由于政教分离原则的确立,"尽管个人的宗教信仰、崇拜与结社被认为是严格意义上的私人事务,但与此同时,宗教取向中的某些共同的因素是大多数美国人所共享的。这些共同因素在美国的制度的发展过程中,扮演着至关重要的角色,并且仍然为美国人的生活包括政治领域这一整全的织体提供一种宗教向度。这些公共的宗教向度被表达在一套信仰、象征和仪式之中,我称之为公民宗教"。③ 在同一篇论文中,贝拉还明确指出:美国的公民宗教"是根据终极性的和普世性的实在对美国人的经验的理解","公民宗教在其最好的情况下乃是对普世性的和超验的宗教实在的一种真诚的敬畏(apprehension,亦有理解之意——引者注),而这种敬畏可见于美国人民的经历,或者人们几乎可以说,是通过美国人民的经历而彰显无遗的"。④ 在笔者看来,贝拉本人对公民宗教的这两种界说,前者强调的是公民宗教的政治维度,后者注重的则是公民宗教的社会维度。忽视其中任何一个维度都会导致对贝拉的理解上的偏颇。

然而,贝拉对公民宗教的界说只是影响较大的一家之说,根据琼斯和瑞奇的观察和概述,在美国学者的争辩中,公民宗教被赋予了五种含义。第一种是赫尔贝格(Will Herberg)等人所说的"美国生活方式"或"大众宗教"

---

① Russell E. Richey and Donald G. Jones ed., *American Civil Religion*, p. 3.
② Ibid., p. 21.
③ Ibid., p. 24.
④ Ibid., pp. 40, 33.

(folk religion)。赫尔贝格认为,美国生活方式或公民宗教就是"由一系列观念、价值观和信仰构成的一个有机的结构,它构成了美国人之为美国人所共有的信念,而且真切地运行于他们的生活之中……从社会学和人类学的意义上来说,它是独特的美国宗教(the American religion),它支撑着美国的国家生活(national life),支配着美国社会……它是最严格意义上的公民宗教,因为在公民宗教中,国家生活被神化,国家的价值观被宗教化,国家的英雄被神圣化,国家的历史被体验为救赎史"。这种公民宗教不可避免地要变成对国家的偶像崇拜。

第二种是超验的普世性的关于国家的宗教,其代表人物是米德和贝拉。米德认为"共和国的宗教"乃是一种"普世大同的信念(cosmopolitan faith)",它在本质上是先知性的。它审判民众的习俗,矫正偶像崇拜的倾向。米德着重否定"共和国的宗教"意味着对民族或国家的神化,反对公民宗教即美国的生活方式这一观点。而贝拉则明确断言:"美国的公民宗教并不是对美国的国家崇拜。"

第三种是宗教性的国家主义,在对公民宗教的这种用法中,国家并不是国家性宗教的教会,乃是崇拜和荣耀的对象,国家拥有主权和自我超越的特性。有人称这种公民宗教为爱国主义的宗教。

第四种与第三种略有不同,可称之为民主信仰。无须依赖于一个超越的神明或者一个属灵化了的国家的平等、自由和公正之类的人道的价值观和理想代表了美国经验中最好情况下的公民宗教。其实质是以民主为宗教。

第五种是新教的公民敬虔(Protestant civic piety),它是新教、国家主义和美国人气质中无所不在的新教色彩的融合。那些注重新教的道德主义、个人主义、行动主义("要行动,不要教义")、实用主义、工作伦理和将其作为美国的公民宗教向全世界传教的学者,就是这类公民宗教的代表。①

以上美国版的对公民宗教的界说可谓形形色色,而德国社会学家卢曼则在 20 世纪 70 年代将公共的价值取向现象诠释为公民宗教,②这表明,所谓公民宗教问题并非孤立的现象,尽管对公民宗教的界定是歧义纷纭的。

---

① 以上参 *American Civil Religion*, pp. 15–18。
② 克勒格、米勒:《多数共识即公民宗教?》,李秋零译,《道风汉语神学学刊》第七期(1997 年秋),36—38 页。

摭拾卢梭公民宗教观念的贝拉就非常坚信涂尔干以下观念的真实性:"每个团体(group)都有其宗教的向度",对日本宗教颇有研究并出版过《德川宗教》的贝拉认为,这一点在南亚和东亚是显而易见的。① 换言之,在贝拉看来,公民宗教普遍存在于各种社会之中。这种论调与卢梭的那种认为没有宗教国家就不可能存续的说法可谓一脉相承。

尽管美国学术界对公民宗教的界说见仁见智,但学者们似乎大多认为美国的公民宗教有其独特性。但是,一个明显的问题是,如何勘定这种公民宗教的宗教性呢?它究竟是"神圣的非宗教",②还是真正意义上的宗教?它具有整全意义上的宗教的那些构成要素吗?它与特定的宗教尤其是基督宗教之间是什么关系?鉴于贝拉的论说在美国最具影响,下文将主要围绕他的著述展开讨论。

贝拉是从其以象征化为核心的宗教定义来勘定美国公民宗教的宗教性的。他将这种宗教性界定为"迈向一种生存的终极秩序的象征化……此种象征化也许不过就是崇拜共和国本身,以之为最高的善;或者,以美国为例,它也许就是崇拜一种支撑着共和国力图去体现的价值标准的更高级的实在。"③此外,虽然他一再声称美国的公民宗教并不就是基督教本身,但是,他承认公共神学主要是依据基督教《圣经》的象征系统而得以实现的。而就公民宗教的主题(或许即是卢梭所说的简单教条)而言,贝拉认为,美国建国时公民宗教的主题是秩序、法律、自然权利,内战中又增加了死亡、牺牲和重生这些主题。

在贝拉看来,公民宗教还有其仪式。每次总统就职典礼都是公民宗教的盛典,不仅总统的就职演说会重复阐述在人们的日常生活中难以得到明确阐释的那些价值观,而且典礼本身还会重申最高政治权威的宗教合法性或正当性,而为那些为了捍卫共和理想而捐躯的烈士们修建的公墓更成了公民宗教中的圣地,阵亡将士纪念日(大多数州定为 5 月 30 日)在许多大小城镇则成了大小社区向阵亡的烈士、向牺牲精神、向美国梦致敬的大事。

简言之,用贝拉的话来说:"公民宗教背后的每一点上都有圣经的原型:

---

① *American Civil Religion*, p. 41, note 1.
② 汲喆认定,公民宗教是一种"神圣的非宗教",见氏著《论公民宗教》,《社会学研究》,2011 年第 1 期,120 页。
③ 贝拉:《宗教与美利坚共和国的正当性》,孙尚扬译,见《道风汉语神学学刊》,1997 年第 7 期,21 页。

出埃及、被拣选的子民、应许的土地、新耶路撒冷、献祭性的死和重生。但是，它也真的是美国式的，也真的是新的。它拥有它自己的先知和它自己的殉道者，它自己的神圣的事件与圣地，它自己的庄严的仪式与象征。人们关注的是，美国应该成为一个符合上帝的旨意的、人力所能及的完美的社会，并且成为照耀万邦的光。"① 这段论说既说明了美国的公民宗教与基督教之间的关系，又是对公民宗教乃是整全意义上宗教的论述。换言之，贝拉的公民宗教不是所谓的神圣的非宗教，而是一种既借用了基督教的诸多元素，又与基督教不同且与之并行的真正的新宗教，但它既不是卢梭意义上的公民宗教，也不是古典意义上的公民宗教。②

（3）公民宗教的功能

如上所述，美国学者米德断言美国的公民宗教本质上是先知性的，国内也有学者宣称贝拉所说的公民宗教只具备先知功能，绝不是为了合法化既有的政权。③ 仔细研读贝拉的相关文献后，可以认定后一说法说很是偏颇。事实上，贝拉所说的美国的公民宗教既有先知功能，也有教士功能。这里的先知功能取上述的米德之意，即"审判民众的习俗，矫正偶像崇拜的倾向，"等等；而教士功能则初取韦伯之意，即保守传统，给予公民以法律、技能等方面的训练。④ 当然，我们所说的教士功能还会在韦伯原意的基础上有所拓展。

我们不妨先看看贝拉对美国公民宗教的教士功能之论述。在贝拉那里，公民宗教的教士功能至少表现在以下三个方面。第一，为美国的最高政治权威提供神圣的合法性。贝拉曾明确指出："在这种宗教（即公民宗教——引者按）中，总统的就职典礼是一项重要的仪式性事件。它重申最高政治权威的宗教合法性。"⑤ 贝拉还从文献出发，论证杰斐逊曾将新国家的根本的合法性锚定在"更高的法律"这一概念之中，而"更高的法律"本身又是以古典的自然法与圣经宗教为基础的。⑥ 为国家政权提供合法性乃是公民

---

① *American Civil Religion*, p. 40.
② 贝拉明确宣称："我们也没有严格的卢梭意义上的公民宗教"，"也没有古典的公民宗教"，贝拉：《宗教与美利坚共和国的正当性》，见《道风汉语神学学刊》，1997年第7期，12、14页。
③ 汲喆：《论公民宗教》，《社会学研究》，2011年第1期，125、130页。
④ 参韦伯：《马克斯·韦伯社会学文集》，333—334页。
⑤ *American Civil Religion*, p. 24.
⑥ Ibid., p. 27.

宗教的政治维度。第二,在论及美国的公民宗教与基督宗教之间的融洽关系(这与法国的情形完全相反)时,贝拉明确指出,"美国的公民宗教从未反对教士阶层,也从来不是强硬地世俗化的。相反,它从宗教传统中有选择性地借用了不少东西,以至于普通美国人看不到两者之间的冲突。这样,公民宗教便能够在不与教会发生痛苦的斗争的情况下,建构起强有力的关于国家团结的象征,也能够为达到国家的目标而动员个人深层的动机"。① 换言之,公民宗教乃是美国社会团结与国家动员能力的源泉。不仅如此,它还是美国政治昌明的支撑。贝拉引用华盛顿的话对此进行了论证:"在所有导向政治昌明的气质与习俗中,宗教和道德是不可或缺的支撑。如果有人极力颠覆人类幸福的这些伟大支柱,以及人民与公民的责任这些最坚定的支柱,却想得到爱国主义的美名,那将是徒劳无益的,纯粹的政治家与虔敬之士均应同样尊重和珍视它们。"② 而艾森豪威尔的以下说法同样被贝拉用作文献论据:"我们的政府除非是建立在感同身受的宗教信仰的基础之上的,否则它便是毫无意义的——而我并不在乎这种宗教是什么。"③ 第三,公民宗教的另一重要教士功能是培育公民的共和美德,这是公民宗教的社会维度。这个问题牵涉美国政体中的自由主义与共和主义之争。贝拉注意到,美国从来就既不是纯粹的自由立宪政体,也不是纯粹共和制的政体,而是二者的妥协。在自由主义理念看来,并不需要或许也不应该有公民宗教。国家是一台没有目标和价值的纯粹中性的法律机器,它的唯一功能是保护个人的权利,也就是保护自由。这种政治思想在美国宪法中得到了充分的体现,或者说,美国宪法乃是一部维护自由主义政治理念的宪法,宪法中从未提到过 God。但是,贝拉又告诫人们,美国的开国之父们几乎都是具有古典共和主义情怀的政治家,他们的言行深刻地影响了美国公民宗教的样式与质素。多次诉诸上帝的权威的《独立宣言》集中体现了共和主义的理念。在共和主义者看来,公民宗教是必不可少的。一个共和国作为由踊跃参与的公民组成的积极的政治共同体,必须有一个目标和一套价值理念。一个共和国必须努力在积极的意义上合乎道德,并且诱导出其公民的道德承诺。由于这一原因,它不可避免地要迈向一种生存的终极秩序的象征化,在这种象征化

---

① *American Civil Religion*, pp. 34-35.
② Ibid., pp. 26-27.
③ Ibid., p. 23.

中，共和的价值观和德性才有意义。从华盛顿到艾森豪威尔，许多美国总统都在其演讲或政论文章中表达了他们的这种共和理念。① 通过对众多的出自美国政治精英之手的历史文献的考察，贝拉试图说明，与自由主义之间存在着一定张力的共和主义传统是美国公民宗教的理念基础。贝拉指出，公民宗教意欲培育的共和德性（或美德）的对立面就是腐败，腐败不是今天的流行含义，而是指奢侈、依赖、政治无知这三种相互关联的品性。与此相反，共和美德指的是自制、独立、有公心，即积极参与公益活动和公共生活，并从中得到愉悦。② 托克维尔曾指出，正是宗教作为一种强有力的节制因素将美国人的商业取向中所追求的那种赤裸裸的自我利益转化为一种"得到了正确理解的自我利益"，也就是一种有公心的而且能够做出自我牺牲的自我利益。贝拉认为，托克维尔的上述考察揭示了宗教如何减缓了美国自由主义的那种不折不扣的含义，从而使得共和制度得以存活下来，③ 也使得以共和主义为理念基础的公民宗教得以履行其培育共和美德的教士功能。

公民宗教的先知功能则首先表现为传唤国家接受审判。贝拉指出："如果意识不到我们的国家也要接受更高级的审判，公民宗教的传统将委实是危险的。幸运的是，先知的声音从来就不缺乏。我们目前的形势令人想到林肯以及许多其他人所反对的美国—墨西哥战争。亨利·大卫·索罗（Henry David Thoreau）曾写道：'如果法律具有要求你成为一个对他人行不义的代理人的性质，那么，我会说，去违反法律吧。'此说清晰地勾画出了在当今的民权运动和反越战运动中仍有活力的公民不服从的精神之轮廓。"需要指出的是，贝拉撰写上述文字时，正是越战正酣之际，他坚决反对越战。他对美国公民宗教在国际事务中被扭曲运用，以鼓励所谓牺牲精神的政治操作表达了深刻的忧虑与憎恶之情。为此，他引用索罗的话呼吁道："我愿提醒我的同胞们，他们首先是人，其次在方便的时刻才是美国人。"他还认为索罗的话为美国在第三次考验（前两次考验指的是独立革命和美国内战，第三次考验则指的是经年长久的越战）中采取适当的思想与行动提供了根本性的标准。"作为美国人，我们在世界上一直倍受青睐，但正是作为人，我们

---

① 以上是对前引贝拉《宗教与美利坚共和国的正当性》一文中的相关论述的综述。
② 贝拉：《宗教与美利坚共和国的正当性》，见《道风汉语神学学刊》，1997年第7期，30—31页。
③ 同上书，26页。

将接受审判。"①这是贝拉对公民宗教中可能会出现的国家崇拜,以及作为整体的美国人的那种得意扬扬的优越感的当头棒喝。在此基础上,贝拉甚至提出了建构世界公民宗教的理想。

公民宗教的第二项先知功能是为美国的政治过程提供超验的目标。贝拉醉心于引用美国历代政治精英之演说或著述,以论证美国确实存在着公民宗教。在分析肯尼迪的就职演说时,贝拉指出,肯尼迪所认识到的政治生活中的宗教向度不仅为人的权力提供了基础——这种权力使得任何形式的政治专制主义都成为非法的——它还为政治过程提供了超验的目标。这暗含在肯尼迪就职演说的最后那句话中:"上帝在这地上的事工的确就是我们自己的工作。"具体而言,这些工作就是战胜人类的共同敌人:暴政、贫困、疾病和战争本身。②

在贝拉那里,我们还可以见到公民宗教的第三项先知功能,此即将终极主权归于上帝,不仅审判国家,而且审判民意。贝拉指出,在美国的政治理论中,主权当然在民,但是,终极主权却隐晦地并且经常是公开地被归于上帝。这就是"我们信靠上帝"这一座右铭的意义,也是对国旗宣誓的誓言中"在上帝之下"这句话的内涵。那么,主权属于上帝会造成何种差别呢?尽管表达在大多数选票中的人民意志被精心地体制化为政治权威的运作资源,但是,它却被剥夺掉了终极性的意义。人民的意志本身并不是是非的标准,还有更高的标准,依据这一标准,人民的意志能够得到审判;人民的意志可能是错的。③ 公民宗教的这项先知功能之目的很可能是避免多数人对少数人的暴政。

在参与美国公民宗教问题辩论的学者中,林肯被很多人认定为公民宗教中的先知。贝拉亦复如是,他很赞同性地引用了这样一句话:"林肯屹立于上帝的后期先知之列。"④

不论是先知功能还是教士功能,公民宗教都需要有履行这些功能的社会实在基础。关于公民宗教在美国社会中发挥提供意义共契的社会实在基础这一问题,贝拉从负面指出了美国公民宗教的两大特征,从中可以看出他

---

① 以上参 *American Civil Religion*, pp. 39-40.
② Ibid., p. 25.
③ Ibid., pp. 24-25.
④ Ibid., p. 43, no. 12.

对这一问题的解答。这两大特征就是公民宗教的形式化和边缘性,虽然美国的公民宗教已经相当有保障地得到了建制化。所谓形式化,指的是它的教义相当贫乏,而且相当抽象,虽然美国历史上曾出现过像林肯这样伟大的公民宗教的神学家——贝拉认为他也许是美国历史上唯一真正有价值的公民宗教神学家。所谓公民宗教的边缘性,则指的是它在法律和宪法程序中得不到官方的支持。也就是说,在法律上,信仰公民宗教的教义并不是每个人义不容辞的事。① 正是在这一点上,贝拉的公民宗教概念与卢梭有相当的距离。从形式化与边缘性这两种特性,可以看出,美国的公民宗教实际上受到很大的限制,但是,却不能因此认为它没有坚实的社会基础。贝拉从两个方面来勘定这一实在基础,一是较联邦政府次一级的权力机构,一是教会。前者能够较联邦政府更为自由和普遍地充当价值观领域里的教育者的角色,麦加菲读本(McGuffy readers)在 19 世纪的大部分时间里,都充当了传播一种宗教性的共和主义意识形态的角色,这些意识形态的主要内容包括对公益和参与公共生活的愉悦的强调。至于教会,贝拉认为它是培育共和美德的真正学校,在这一点上,他完全同意托克维尔的说法:宗教乃是美国首要的政治建制(或设施)。②

综上所述,贝拉所说的公民宗教实际上是美国公共生活中主流的被神圣化了的共和主义意识形态,其主要功能是使得美国的政治权威得到宗教上的合法化,同时向公民灌输一种对其民族共同体的自豪感、以及积极参与这个民族共同体的公共生活等所谓共和美德。换言之,美国的公民宗教所提供的主要是关于政治性的公共生活的意义系统,它使得那些政治精英们对自己的角色充满一种神圣感,并为政治威权提供宗教性的合法化,同时也教导普通公民以积极参与公共生活的形式效忠于自己的国家以及支撑这个国家的那个所谓更高级的实在。此外,它还具有传唤国家接受更高级的审判,以保卫社会、使国家不违背公意的先知功能。它与那些人为的意识形态的区别就在于它常常诉诸这个所谓更高级的实在,而由于美国与欧洲宗教的深厚关系,这个更高级的实在常常就是基督宗教的上帝。因此,贝拉所说的美国的公民宗教实际上就是一种对美国公共生活给予神圣化的解释系统

---

① 贝拉:《宗教与美利坚共和国的正当性》,见《道风汉语神学学刊》,1997 年第 7 期,20 页。
② 贝拉:《宗教与美利坚共和国的正当性》,见《道风汉语神学学刊》,1997 年第 7 期,25—26 页。托克维尔的具体论述见其《论美国的民主》,董果良译,339 页。

或意义系统,它虽然不具有要求每一公民都信仰之的社会法权,却因其具有坚实的社会实在基础而发挥着为公民的公共生活经验提供解释性与规范性意义系统的功能。

(4) 儒教能否建构为公民宗教?

在美国,关于公民宗教的争辩早已偃旗息鼓。这场论辩的发起人贝拉本人自 20 世纪 80 年代后就放弃使用公民宗教这个术语,并且在接受记者采访时曾表示,希望自己没有写过《美国的公民宗教》这篇文章。在笔者看来,尽管时过境迁,公民宗教似乎已经成为过气的术语,但美国的那场论辩中所涉及的问题可能以不同的方式渗入到公共神学、公共宗教的论域之中了。①

饶有趣味的是,公民宗教近年来在中国学术界却引起不小的回响。个中原因,或有多种,单一原因可能难以完满解释这一现象。首先,如果真的像有的社会学家所相信的那样,宗教性乃是人性的基本内核之一,则可以推导出,公民宗教的普遍存在是不可避免的。按照卢梭的论断,一个社会、一个国家若没有公民宗教,必定难以维系其长久持存。使用负的方式,可以认为无之必不可,尽管有之不必可,例如,罗马帝国的国教基督教并未保证这个庞大帝国的万世统一与存续。其次,美国学者在就贝拉提出的公民宗教说展开论战时,有人曾明确指出,儒教就是传统中国的公民宗教,其立论当然是为了论证公民宗教的普遍性,但这样的论述迟早会引发国内学者的思考和讨论。其三,当代中国社会中客观存在的、在任何社会中都难以一劳永逸予以彻底消除的不公及各种张力,迫使部分学者不得不思考社会整合的价值观底线问题。其四,客观存在着的价值多样性甚至价值观龃龉乃至冲突,以及学者们对社会价值共识、多样化社会之凝聚与团结的探寻,也不可避免地使得一些学者们会触及公民宗教这个重要问题。对此,有的学者为了建构中华民族意识或当代的中国文化认同,开出了将儒教建构为公民宗教的药方。② 问题是,这个建构公民宗教的方案是否可行?

确实,贝拉在论及宗教与政治的关系时,曾这样写道:"即使是那些似乎在本质上更具有政治性的宗教,诸如伊斯兰教或者儒教,在其大部分的历史中也卷入了与国家权力之间的不安和不幸的联盟中……与古代圣王相比较

---

① Cf. Jose Casanova, *Public Religions in the Modern World*, Chicago and London: The University of Chicago Press, 1994.

② 参陈明:《对话或独白:儒教之为公民宗教说随扎》,《原道》第十四辑,2007 年;《公民宗教与中华民族意识建构》,《文化纵横》,2009 年,第 6 期。

而言,所有中国皇帝在儒家学者看来都缺乏基本的正当性。"①这似乎暗示了儒教具备批判性的先知功能,陈明引用此说论证儒教的象征体系既可维护论证现实权力,也可约束限制之,②因而可以建构为中国的公民宗教。但需要说明的是,贝拉是将儒教视为一种具体的宗教而非公民宗教加以分析的。

将儒教建构为公民宗教的方案值得质疑的地方有以下数端:第一,不论是历史上的儒教,还是现实中的儒教都缺乏"主权在民"这一使它赖以成为公民宗教的语境。第二,儒教缺乏将终极主权归于一个人格至上神,因而能够传唤国家与民意接受更高的超验实在之审判的宗教维度。尽管儒教不乏宗教性,尽管畏天爱人是儒教中可以发掘出来的价值共识,但这个天或为苍苍之天,或为意志之天,或为天理,它是无法使绝大多数的儒教徒"爱信畏惧,发于由衷"的,③而作为社会性情感的爱信畏惧在公民宗教中是很重要的构成要素。第三,现实中的儒教更缺乏学校和儒教信徒会众(或"教会")这样的社会实在基础,使得儒教既能履行教士功能,也能履行先知功能,无结构基础的功能必然会失调乃至委顿。第四,一些美国学者认为美国的"公民宗教是压制性的盎格鲁撒克逊系的白人新教徒的建构,用来将黑人排除在被认可的领域之外",④与此类似,将儒教建构为中国的公民宗教也可能会将汉族以外的大多数少数民族——尤其是那些信奉一神教的少数民族——排除在外。有鉴于此,笔者认为,将儒教建构为公民宗教的方案很难行得通。

二、神义论问题

1. 神义论概念的产生与发展

神义论一词最初是指针对世界上存在着的恶来论证上帝的纯善。基督宗教的许多神学家都坚信:尽管世界上存在着恶,仍可以证明上帝的纯善。就基督教神学而言,神义论的核心问题是,解释全能的上帝何以会同时既是仁爱的、慈悲为怀的,又容许恶的存在? 此外,如果上帝是万能的造物主,人

---

① 贝拉:《宗教与美利坚共和国的正当性》,见《道风汉语神学学刊》,1997年第7期,12页。
② 陈明:《对话或独白:儒教之为公民宗教说随扎》,《原道》第十四辑,2007年,55页。
③ 徐光启:《辨学疏稿》,见《天主教东传文献续编》(一),23页。
④ *American Civil Religion*, p. 143.

类又何以能对他们的行动负责？虽然基督宗教的神学家们对这样的问题的探索其来有自,但神义论这一概念最初却是由莱布尼兹在1710年的一篇论文里予以系统阐释和运用的,其目的在于表明宇宙的合理性与道德性。在莱布尼兹的神义论里,上帝创造了所有可能世界里最好的世界,在这个世界里,恶尽管是实在的丰富性的一种表现,却并未战胜善与公义。此外,恶经常通过凸显或夸大我们对善的东西的享乐而教给我们一些道德上有益的教训。疾病告诉我们,自然的健康乃是莫大之乐事。简言之,上帝将恶转化为获得道德智慧的工具。莱布尼兹的论文是献给普鲁士的索非亚·夏洛特女王的,它一直被看作莱布尼兹所作的一种讽刺性的努力,其目的是为了获得皇室对那种使现状合法化的哲学的支持。由于莱布尼兹的这种努力,不平等、国家权力与寡头的暴富的存在,全都能够通过参照"所有可能世界中最好的世界"这一理论而得到稳妥的论证。诚如哲学家罗素指出的那样,莱布尼兹的神义论抚慰了普鲁士女王;她的农奴仍在继续饱尝困苦,而她本人则因得知这种情况在她的创造计划中是正确的和合宜的,而享受着皇家的特权。罗素还不无轻蔑地将莱布尼兹所阐发的这一观念称为流俗的观念。

但是,在宗教社会学中,尤其是在韦伯的著作中,神义论逐渐用来指称任何对不义与人类苦难提供一种宗教性解释的普泛化的意识形态或意义系统。因此,可以说是韦伯发展了这一概念,从而对宗教对于社会分层与不平等的反应提供了一种比较性的理解。① 帕森斯认为,在韦伯那里,神义论乃是对意义问题的一种激进的解决方式。

在更详尽地追溯神义论这一理论的产生和发展的历史时,特纳认为,康德和黑格尔曾试图建构一种对恶的神学问题的哲学回答。通过尼采对这一尝试的回应,神义论概念成了社会学传统的一部分。尼采逐渐将恶的问题与神义论牢牢地锚定在社会群体的历史中,尤其是锚定在奴隶与主人的冲突之中。例如,基督教的道德是一种弱者的道德,其根源在于犹太人的怨恨、贱民阶层对于统治他们的外邦人的忿怒。因此,道德的善的观念植根于群体冲突,尤其是对贵族统治阶级的怨恨;主人与奴隶的历史性冲突在荣誉道德与谦卑道德的对立中找到了其文化表现形式。贵族依据其自身的力量、财富与声望而发展出关于价值的意识形态性的观念;他们典型地认为他们自己是被特别地选定来享受尘世的荣华富贵的。被统治阶级的道德则与

---

① 以上参 Turner, *Religion and Social Theory*, pp. 80-81.

此相反，因为他们将尘世界定为凡俗的。在贵族社会那里是有"德性的"，在平民那里则是"恶的"。统治阶级的幸福神义论证立了其在尘世的统治的合法性，被统治阶级的苦难神义论则依据将来的补偿而解释眼下的不幸。

尼采将这些二元的神义论锚定在犹太人的流亡与散居经历之中，锚定在那些为赞美诗中的复仇与公义概念染上色彩的（犹太人的）怨恨感之中：犹太人获得了一种颠倒价值的奇迹，由于这一奇迹，几千年来尘世上的生活获得了一种新的、危险的魅力或意义——他们的先知将"富有"、"无神"、"残暴"和"肉欲"熔为一炉，并最早创造了"世界"这个臭名昭著的词儿。犹太人的意义端在于这种价值的颠倒，在这种颠倒中，还包括将"贫困"这个词用作"神圣"与"朋友"的同义词。由于价值的颠倒，便开始了奴隶在道德中的反叛。基督教继承并阐述了这些奴隶性的反价值，其影响所及，以至于基督教对同情、怜悯和慈善的强调也成了懦弱和怨恨的产物。尼采试图说明：在从懦弱的立场中产生的慈善行为中，根本就没有德性。真正的道德之士只是嘲笑"那些因为他们有一双瘸腿而认为他们自己是善的弱者"。

特纳认为，尼采对基督教的苦难神义论的看法并不完全具有原创性。他对说是与说不的哲学以及酒神与太阳神伦理的对照都已由海涅开了先河，海涅也影响了马克思对犹太人问题与政治学的态度。尼采的特殊贡献在于提供了一种关于群体道德的批判性的社会心理学，由此而为知识社会学奠定了基础。①

至于韦伯的神义论，可以说是宗教社会学中对这一论题的集大成。特纳认为，在韦伯的宗教社会学中，可能会发现一种强烈的倾向，即将宗教信仰还原为阶级利益与社会心理学，尽管韦伯曾公开地批判马克思与尼采。他拒斥马克思的社会鸦片理论，以及考茨基在《基督教的基础》一书中认为先知是平民革命之领袖的观点。相反，在《古代犹太教》一书中，韦伯很注重那些藐视民众对巫术性补偿的心理需求的雅维式先知在社会上受到的孤立。韦伯还认为，尼采的怨恨观念在比较宗教研究中只有有限的价值，因为，比如说，佛教就是"任何种类的怨恨伦理的一种极端的对立面"。尽管韦伯公开拒斥了对宗教信仰的还原论解释，而实际上他却采用了这样一种宗教模式，其中宗教的内容可以与社会分层系统直接地联系起来。而他对尼采的怨恨观念的价值的有限性的认定，也并未妨碍他在分析犹太贱民的神

---

① 以上参 Turner, *Religion and Social Theory*, pp. 81-82。

义论时阐发相似的思想。我们在下文分析神义论的类型时,还会回到韦伯的相关论述。

2. 神义论与意义危机

不论是个体性的还是群体性的意义系统,都会本能地追求它自身的普适性和稳定性,这是因为人们畏惧由过多的例外和由动荡引起的混乱。没有哪种意义系统会自愿地让渡其解释的权威,或者自甘解体。对普适性的追求使得个体或群体的意义系统努力将所有日常的事件和经验整合到一种可以理解的范式之中,整合到一个有意义的整体之中。对稳定性的追求则使得社会行为的主体对规范和意义系统表现出一种努力予以捍卫的惯性。然而,有些事件和经验却不容易在现存的意义系统之内得到解释,因此,这些事件既威胁到既存的意义系统的普适性,也威胁到其稳定性。例如,经历了所爱之人的死亡、痛苦的疾病或经济上严重不幸的个体可能发觉,他不能从其已有的个人意义系统那里得到帮助。一个群体也会经历类似的意义受到威胁的经验:受到敌人、饥荒、地震或经济衰退的压迫。这些事件若与现存的意义系统的重要方面发生矛盾的话,便尤其会使意义受到威胁,甚至有可能剥夺个体或群体的生活意义与价值,使得个体或群体产生无意义感。有些宗教群体或个体信仰一位慈爱的人格神,而有的则信仰一种遥不可及而且反复无常的神。一般来说,前者比后者更难使其灾难性的事件与他们的意义系统相协调。换言之,自然力量与社会力量的双重压迫,是带来意义问题的第一个重大的原因。而给意义的普适性和稳定性带来威胁的第二个原因则是,在一个群体所接受和传布的理想与实际的实践之间产生了不一致。用韦伯的话来说,就是信徒们觉得"难以使天佑观念同社会秩序的不公正及不完善统一起来"。① 当不平等和不公义与群体的理想不一致时,便会威胁到该群体所持有的意义系统。由于这类事件的无意义性的威胁非常之大,个体和群体便极力在其意义系统中建立特殊的合法性,以证明这些明显的矛盾或不一致的合理性或可忍受性。也就是说,意义系统本身的一部分解释着那些与意义系统相矛盾的或导致无意义感的事件与经验。在宗教社会学中,诉诸超自然的实在来从理论上回应意义危机,一般都可以被视为神义论的论域。

---

① 韦伯:《宗教社会学》,204 页。

宗教社会学中的神义论就是根据社会中既定的法则,为那些必然会存在的、威胁到意义系统的无秩序现象提供意义的宗教性的解释。① 例如,大多数宗教都提供关于苦难与死亡的神义论。在不同的宗教中,这些解释的内容会有所不同,但是,想为这些经验找到意义的愿望却实际上显得很普遍。灾难与死亡之所以带来神义论的问题,并不是因为它们是令人不愉快的,而是因为它们威胁到构成社会之基础的关于秩序的基本假设。神义论告诉个体与群体,这些经验并不是毫无意义的,而是更大的秩序体系的一部分。有些成功的神义论实际上不过是对秩序的维护。此外,神义论并不一定会使信徒幸福,甚或不一定应许未来的幸福。一个正因贫穷和疾病而饱受困苦的人可能会对以下的解释感到满意:这样的境遇是因其祖先所犯的罪或自己前世造孽而导致的。这样的解释很少会为克服贫穷与疾病提供希望,但它却提供了意义。它回答或解释了这样一个问题:"我为什么要受苦?"② 换言之,很多神义论并不直接为信徒提供幸福,也不帮助信徒逃避不幸与苦难,也就是说不包含"救助"的诺言,而是使一些边缘性的经验变得可以忍受。正是在这种意义上,我们可以说,尽管大多数神义论既服务于有势力、有特权的人,也服务于无势力、被剥夺的人,却可能都是精神安慰剂。其功能在于将无序的事件整合到社会的既定法则中,借助于对社会权力与权益的普遍不平等的解释,帮助个体与群体度过意义危机,而不是以反抗生存境遇的方式向社会挑战。③ 当然,也有的学者认为宗教性的意义系统(包括神义论)能够帮助人克服在意义危机中产生的破坏性的冲动,将人导向更伟大的智慧、镇静和幸福。④

3. 神义论的类型

对神义论的分类研究最为深入的当推韦伯和贝格尔,但是,他们所使用的分类标准却迥异其趣。正如上文指出的那样,韦伯更多地吸收了马克思的阶级分析法,虽然他一再想通过对历史唯物主义的批判而使自己与马克思和恩格斯区别开来。而贝格尔则试图在理性与非理性的两极之间寻找多

---

① 参贝格尔:《神圣的帷幕》,63 页。
② 以上参 Meredith B. McGuire, *Religion: The Social Context*, pp. 32-34。
③ 以上参《神圣的帷幕》,69—71 页。
④ Joseph Runzo and Nancy M. Martin ed., *The Meaning of Life in the World Religions*, p. 19.

种中间形态的神义论,并在此过程中吸收和扬弃韦伯的相关成果。换言之,后者是根据理性化的程度来对神义论进行分类研究的。在列述神义论的各种类型之前,贝格尔指出,有两种非理性的态度是一切神义论的基本前提。其一是个体对社会有序化力量的屈服,其二就是我们前面已经提到的受虐狂的态度。后者的本质可以通过这样一种表白得到揭示:"我等于零——而他就是一切——我最终的巨大幸福就在其中",这个他可能是社会本身,也可能是宗教性的具有超越力量的绝对的他者。如果是后者,受虐狂的态度便具有宗教性的趋向。贝格尔认为,上述这两种态度都是神义论的前理论。以下我们将综合贝格尔与韦伯的成果,①列述神义论的类型。我们还将以对中国宗教史的了解为基础,努力对他们的类型谱系作一点增益。

(1) 绝对同一——自我超越型的神义论,这一概念是笔者根据对贝格尔的论述的理解提出的,贝格尔本人并未做出这样的明确概述。用贝格尔的话来说,这种神义论是由于与集体完全同一或认同而导致的简单的、未在理论上加以阐述的对自我的超越,是非理性的神义论。在这种神义论中,由于个体或个性概念的缺乏,个体会将其自身的存在完全融入像氏族、部落、国家这样的集体之中,个体视自己的存在为集体的一个片断或插曲,由此而将自己的不幸乃至由死亡带来的不幸感予以冲淡。个体若为了克服像外来的征服这样的集体的不幸而献身,也会因为对集体的不朽的相信而得到合理化。这种神义论见于原始的宗教,也见于在中国农民中流行的微观—宏观宇宙体系,这一体系使得中国农民相信:即使自己死去,还会在后代中活下去。这种对若干代人之间本体论上的连续性的相信,使得个体的必死性以及死亡对既定的意义系统的威胁得到相对化。在这种神义论中,不一定包含着对来世的期望或应许。这种神义论的非理性特征在宗教神秘主义那里更是达到极致,所谓神秘主义乃是人们为追求与神圣力量或神圣存在合一时所持有的宗教态度。神秘主义者会因为坚定地执著于这种神秘体验的实在性及其对自我的超越性而将个体的苦难与不幸予以琐屑化,斥之为无意义的、鸡毛蒜皮的小事,从而虚幻地勾销了苦难与不幸的实在性。由于在这样的神秘体验中,每一事物都是神或在神之中,因此,一切都是善的,而神义论的问题也就因此被取消了。在神秘主义的神义论中,包含着强烈的受虐狂

---

① 韦伯和贝格尔对神义论的类型研究分别见《宗教社会学》第七章、第九章和《神圣的帷幕》第三章,本节后面的引文除非特别注明出处,均出自上述文献。

因素。

（2）业报轮回。自韦伯开始，许多宗教社会学家都将印度宗教中的羯磨—轮回体系也就是业报轮回体系视为极端理性的神义论的代表，而它的理性化特征首先表现在试图以伦理原则使整个宇宙理性化。由于这种神义论相信，一个人今世的罪行功德将在灵魂转世的继续生存过程中，不断地通过命运而得到补偿，因此，一个人的荣辱、幸与不幸便都可以通过有关德福关系的伦理准则得到解释。这也许是唯一既能解释无特权者的卑贱与不幸，又能解释有特权阶层的高贵与权力的合法性的神义论，是施虐狂与受虐狂之间愿打愿挨的互动结果。这种神义论的理性化还表现在，以因果业报的机制代替人们思维习惯中的自然主义的"因果性"原则，以此来解释个体与某一阶层在现世的处境，使之获得意义。以业报理念为基础的转世的神义论没有任何一种倡导社会革命的伦理学说，因为前世生活的善恶决定了一个人到底降生在哪一个特定的社会等级中，而且一个人在今世的行为将决定其来生的转世，种姓制度因此就被合法化为永恒和绝对公正的。犹太人的那种基于上帝的应许而提出的社会要求，在印度宗教中是非常罕见的，这也正是其保守性的集中表现。

（3）末世论、弥赛亚主义、千禧年主义，这种神义论指向未来的革命，希望借助于社会变革来实现公正的平等，它也许是我们介绍的几种神义论中唯一以抗议的形式来解决恶与不义等问题的神义论。这种神义论的特征是相信，迟早会出现一位英雄或神，他会将他的追随者安置在他们应该享有的位置上。至于今世这代人所遭受的苦难，则被解释为神对其先辈的罪恶的报应，而只有虔诚的信徒的后代才有希望看到救世主的国度。它追求的是现世补偿，是一种此世的神义论。但是，一旦经验表明了这种希望的虚幻性，比如弥赛亚并未如期降临，这种神义论便会转向对来世的希望。

（4）来世补偿，简言之，这种神义论就是在坟墓中寻求对现世的苦难与不幸的补偿，相信受难者最终会在来世得到安抚，来世成了惩恶扬善的法则化场所。这种神义论虽然包含着尼采所说的怨恨成分，却也包含着尼采所说的那种因为自己有一双瘸腿便认为自己是善的所谓奴隶道德的成分，其社会影响往往是保守的，而不是革命性的。

（5）二元论，这种神义论在伊朗宗教（如琐罗亚斯德教）以及诺斯替教中，都可以找到其表现形式。在前者那里，宇宙被看作善和恶两种强大势力之间斗争的场所，在其更为抽象的理论形态中，一切混乱和无序现象都被归之于恶的或反面的力量,而一切法则化或秩序化都被理解为其善的或正面的对抗者的逐步胜利。人作为这场宇宙之战的参与者,其解脱或拯救端赖于站在正义的一方从事斗争。在诺斯替教那里,二元对立则被理解为精神与物质之间的对立,作为物质总体的世界乃是由反面的力量造成的,善神并未创造这个世界。因此,不能以之解释这个世界的非完善、非完美的方面。甚至可以认为,像"神怎么能允许恶或不义?"这样的神义论的问题在此是不存在的。因为对于这个秩序化正在其中形成而又尚未完成的尘世王国来说,以混乱或无序的面目出现的东西恰恰是非常适当的。秩序或法则要么是尚未获得,要么就应该到那个完全超验的世界去寻求。

（6）命定论,这种神义论在圣经宗教中以最尖锐的形式得到表现。《旧约约伯记》中对个体命运的关注虽然在韦伯看来是为上等阶级(至少是富人)创作的,而且对命运问题并未给出明确的答案,但是,它一味强调绝对服从上帝对其臣民的至高无上的权威,却成了清教命定论的先驱。[①]《约伯记》中隐含着这样的结论:全能的创造者上帝必须被设想为高于其造物的所有伦理要求,他的意图是人所无法推测的。人在质疑上帝的义或纯善之前,倒是应该反省人的罪。这样,神义论问题便被勾销了。在这种神义论中,由于上帝的任意的、前定的拣选是无法猜测的奥秘,人在今生与来世的命运都是神所决定的,伦理行为便永远不可能给人的命运带来改善的机会。但是,伦理行为却可能被认为是人的恩宠状况的外在标志,行被看作信与神恩的果实。这种神义论可能激发个体的一种倾向,即探求和解释普遍存在于世俗进程中的上帝对人的保佑和干涉。

（7）天命论,这种流行于儒教之中的神义论并不认为天意不可猜度,而是将个体暂时的卑贱与遭受的颠连困苦视为他将秉承天命、行使社会秩序化之大任的前兆,或视为磨炼个体之意志、涵养其担当大任之能力的机遇。《孟子·告子下》中的一段话典型地表述了儒教的这种神义论:"天将降大任于斯人也,必先苦其心志,劳其筋骨,饿其体肤,空乏其身,行拂乱其所为,所以动心忍性,曾益其所不能。"如果我们对照一下这段话前面提到的舜、管仲、孙叔敖等圣贤崛起于卑贱之中的事实,我们便可以说这是一种圣贤的神义论,旨在从天命的角度对圣贤出道之前所遭受的无序与困苦提供意义。这种神义论追求的是此世的补偿,而且,尽管它的服务对象是英雄圣贤,却

[①] 韦伯:《宗教社会学》,172 页。

也同样激励了那些仍处于卑微和困苦之中的普通儒生或受其影响的平民百姓。这种神义论或天义论也容易遭受经验的反驳,因为一旦个体所遭受的颠连困苦并未给他带来大任,或者说,如果抱持这种天义论的个体一直未能摆脱卑微与困苦,就有可能会招致个体的怨天尤人,这也是儒生中常见的现象。

通过对以上几种类型的神义论的介绍,我们可以看到,神义论实际上是各种宗教意义系统中最为核心的要素。只要社会中存在着苦难、不公正,只要人不得不面对死亡,渴望对这些现象予以解释,使之获得意义的要求就会一再出现,神义论的问题也就会一再出现,宗教性的意义系统也就因此而获得其存在的生命力与合理性,尽管人们会试图以各种替代品来解决这些问题。

三、宗教意义的社会实在基础

1. 作为社会基础的看似有理结构

在对公民宗教问题的讨论中,当贝拉试图在美国教会和学校中勘定公民宗教赖以培养公民德性的社会实在基础时,他实际上是在探寻公民宗教为公民提供意义系统并维系这一系统的社会实在基础。确实,任何宗教意义系统都会追求持续稳定的存在和发展,但并不是所有的意义系统都能做到经久不衰地发挥其效用。一旦某种意义系统丧失了赖以维系其自身存在的社会基础,这种意义的连续的实在性也就会面临危机。在历史唯物主义看来,当然应该到社会的经济生活结构中寻找这样的社会实在基础。事实上,像贝格尔这样的宗教社会学家并不拒绝这种做法,相反,他综合了马克思、米德和舒茨等人的思想,提出了"看似有理结构"(plausibility structure,亦可译为可信性结构)这一概念,以之为宗教意义系统维系其持续存在的社会基础。在贝格尔那里,所谓看似有理结构指的是在一个由共享一种意义系统的人们组成的社会网络之内的特有的社会过程或互动;而所谓社会过程也就是不断发展的重新建造并维系特定世界的那些过程。正如"看似有理结构"这个词所暗示的那样,意义系统在这些结构性的社会互动或过程中继续保持其看似有理性或可信性。贝格尔断言,所有宗教传统都需要特定的信徒共同体,以保持其持续的看似有理性。一种健全的看似有理结构使得意义系统作为一种共同的、理所当然的实体而被人们持有。① 宗教群体内部的互动还具有强化个体信仰的能力,因为群体在其世界观中为其信仰提供支持与巩固力。这样,在信徒的社群与意义的力量之间,便存在着一种直接的关系。群体的团结因其共同的意义而得到表达与增进,反之,群体的意义系统的持续存在与重要性又依赖于作为其社会基础的群体。"教会"也就是信徒的共同体或社群的观念并不只是各种宗教的组织性特征,也表达了意义系统与持有这种意义的社群之间的基本联系。这样的看法并非贝格尔的创制,我们可以一直追溯到宗教社会学之父涂尔干的《宗教生活的基本形式》那里。在该书中,涂尔干基本上将宗教的共同体或社群特性视为具有决定性的因素。宗教的集体性对于涂尔干的分析来说是其中心,他的结论是:宗教仪式与象征根本上乃是社会群体的表象,这些集体表象乃是群体用来对其自身的成员表达关于自我的某些重要的东西的方式。因此,通过参与群体仪式,个体成员更新了其与群体的联系,学会并且重申该群体共同的意义。总之,宗教既表达社会团结,也对社会团结做出贡献。

  看似有理结构的重要性不仅会以积极的方式得到表现,还会以消极的方式表出来。例如,当一种世界观的信徒与作为其看似有理性的基础的社会群体分离时,看似有理性结构的重要性就会以非常明显的消极方式表现出来。前近代社会中的犹太教徒在没有犹太社团的地方旅行,总有如行黑暗中的感觉。这是因为,在那种地方,犹太教徒既不可能进行崇拜仪式,而且其内心还会产生混乱的感觉。散居在世界各地的犹太人都会为巴比伦之囚时期的那个令人极度痛苦的问题所苦恼:"一个人如何在异邦崇拜雅赫维?"中国人也有类似的谚语:"在家万般好,出门一时难"。因为出门不仅意味着种种生活上的不便,还意味着步入别的社群,他们可能持有相当不同的意义系统。一种意义系统即便只是与少数几位其他对信徒来说很重要人分享,也要强于独自持有之,更强于被不愿分享这种意义的人们所包围。因此,人们逃避孤独,正如他们逃避自由一样。在这种情况下,我们便可以理解,有些社会放逐一名成员就是一种非常严重的惩罚。放逐既割断了与社会其他成员的联系,也割断了与其意义系统的社会支柱之间的联系。在有些宗教传统中,除了火刑架上的死刑以外,放逐可能是最为严厉的惩罚之一。在那些公民身份与教徒身份合一的传统社会里,其情形尤其如此。

---

① 以上参贝格尔:《神圣的帷幕》,55—56 页。

2. 多元社会中宗教意义系统的看似有理结构

现代社会的一个特征是多元化,这种多元化的主要表现形式是,不仅有多种宗教意义系统在都没有社会法权的情况下和平共存,而且还可能存在着许多种不诉诸超自然者的世俗的意义系统。一般而言,现代社会的此种多元化特征使得全社会共享一种单一的、综合性的世界观或意义系统成为不可能之事。常见的情况是,多种不同的意义系统互相争夺信徒。多元主义本身就使得某一宗教性的意义系统之维系大成问题,因为多元主义会在全社会的范围内破坏任何一种意义系统在其信徒共同体中所具有的理所当然的特性。这样,在多元主义境遇里,宗教就必须组织自身,以便为其自身提供和巩固看似有理性的基础,因为这样的社会作为整体可能是不支持其意义系统的。因此,在像美国与加拿大这样的多元社会里,任何一种宗教的信徒群体都会经常强调其社群联系,其注重归属的三种表现形式是宗派主义、部族主义和地方主义,这三点是这些社会里许多宗教与非宗教群体的特点。

宗派主义

宗派主义是一种取向,通过强调与信徒同伙之间基本的面对面的关系以及对群体的高水平的承诺与忠诚,群体借助这种宗派主义来努力维系其特有的世界观。这些密切的关系提供了一种使得群体的世界观在其中具有合理性(可信性)的结构;而一旦步出群体之外,这种世界观就会遭到否认或拒斥。在这一基本群体之内的频繁互动,加之与非信徒的观点保持距离,有助于在面对来自"俗世"的真实的或可以感受得到的对立时,支持成员的世界观;即便是最为世俗的互动也会被转化,以便支持宗派性的世界观。例如,有些基要派的基督徒不仅规避"世俗的"媒体,而且经常沉浸在收听"合适的"宗教性的录音和沉浸于宗教读物之中,甚至到了用基督教的烹调手册做饭的地步。群体特有的世界观与社会中流行的世界观愈是差异巨大,在宗派的飞地里抱成一团就愈是重要。

宗派策略还包括从"俗世"中在肉身和象征上撤出,以限制外界的影响(如电视或未获得准许的书籍)和成员的社会联系。孩子们的社会化尤为重要,群体会保护孩子,使其不受竞争性的世界观的影响,采取的方法也许是开办自己的学校。配偶的选择也很重要,人的意义系统的看似有理性更可能被与一位不信仰的配偶的互动所破坏,而不大可能被与一位同工的互动所破坏。因此,一个努力保护其看似有理性的群体经常会禁止其成员与这个群体之外的成员联姻,而且会安排一些社交活动,鼓励那些可能结婚的成员彼此相识和联姻。即便像罗马天主教、信义宗和浸信会这样大的宗教群体,在面对一般不支持其世界观的社会时,也一直使用着这些宗派策略,来保护其世界观的看似有理性。此外,诚如约翰斯通在《社会中的宗教》一书中所谈到的那样,许多宗教群体为了群体的不断延续,都明确地鼓励最大限度的自然再生产,反对控制生育,强调怀孕是两性关系的唯一正当动机。当这种做法被限制在现代社会中的宗派圈子里的时候,也会以宗派主义的方式起到巩固和壮大其看似有理性基础的作用。

部族主义

保护群体特有的世界观的另一种取向是部族主义,在美国及其他种族多元的社会里,部族主义指的是将某人自己锚定在一个特定的种族社群及其观点之内。一些观察者已经注意到,在一些移民中宗教与种族之间具有特殊的密切关系。宗教群体为新近到达的移民提供重要的资源,在19和20世纪的移民大潮期间,情况尤其如此。这些宗教群体提供一些非正式的交往网系,通过这些网系,移民能得到一份工作、住房问题上的帮助以及其他一些相互帮助。它们还提供针对主流社会的保护,使旧的生活方式得以承袭下来,在较"安全的"环境中教育孩子,并针对那些不接受移民的人的敌意提供保护。当对这些功能的历史性的需要沉默下来或一去不复返时,这些种族宗教社群可能还是相互帮助、友爱与归属感的来源。对这些个体来说,种族宗教社群作为一套关系——而不是种族本身——提供一种稳定的归属感来源。有学者对印度尼西亚华人社会的宗教信仰的研究表明,在印尼,宗教信仰是个人身份认同的至关重要的标志,[①]那里的华人为了明确自己的身份认同,非常热切地希望大陆方面能承认儒教是一种宗教,以便使得当地华人实际参与其中的从儒学发展而来的孔教宗教生活得到更为广泛的认可,从而有利于华人在共同的宗教信仰基础上进一步凝聚在一起,使每个华人都有归属感。关于儒教究竟是不是宗教的问题,我们会在后面讨论。

地方主义

支持信仰的一种类似的但更为广泛的社会联系是地方主义,这是一种以地方性的居民社群为认同与参与的资源的取向。与那些具有都市化取向

---

① 参王爱平:《印度尼西亚孔教的形成与发展》,《暨南学报》,2010年第3期。

的人不同,地方居民注重其眼下的社群及其对家庭的依附、地方性的社会群体和社群交往。地方主义的取向是教区式的、狭隘的;都市人则更为开放,与国内或国际性范围内更为广泛的社群打成一片。流动、高水平的教育、大众传媒的影响与都市生活似乎正在削弱地方主义。

研究资料证实了这种对地方主义与宗教的看似合理性之间的关系的解释。一些地方性的因素,例如一个社区内居民的数量、对社区组织的归属、拥有的挚友大多数在该居民区、拥有参加某人自己的宗教群体的朋友网等等,都有助于这样一种可能性:一个人将属于并且参与一个教会或会堂。

当一个宗教社群持有一种不受更大的社会支持的世界观时,它必须建构自己的看似有理性结构。宗派主义、部族主义和地方主义是用来达到这一目的的三种取向,其他表明宗教归属支持一种意义系统的过程包括社会化、皈依和信奉(commitment)。① 对此,我们不拟作详细介绍。

---

① 以上参 Meredith B. McGuire, *Religion: The Social Context*, pp. 36-49.

第五章
宗教与社会秩序

上一章我们讨论了宗教与群体以及个体的意义系统之间的关系。现在,我们要转向宗教与社会秩序之间的关系问题。社会秩序的含义有狭义与广义之分,狭义的社会秩序指的是某种社会活动或活动场所中的规则与有规则的状态;广义的社会秩序则指的是社会共同体在运动和变化过程中,其内部的各个方面或者社会活动和社会关系的各个方面相对平衡、稳定与和谐的发展状况,也就是社会共同体存在的一般正常状况。社会秩序的具体内容包括两个方面:其一是社会行为秩序,人们在社会互动中要遵从和维护一定的社会规范,保持相对稳定的社会关系,以保证社会生活的正常进行;其二是社会结构秩序,包括经济结构、阶级结构、分层结构、组织结构、人口结构、家庭结构的相对稳定状态,社会子系统内部以及它们相互之间的相对平衡与和谐状态。社会秩序对于社会生活的重要性是不言而喻的,前者是后者的前提与保障。在社会学里,每当谈到社会秩序,我们便会想到稳定、维系、凝聚、团结、整合、和谐、冲突、变迁等常用术语。事实上,在社会这个大系统中,许多子系统都会以不同的方式,对秩序发挥上述一些术语所代表的相应功能。这些子系统包括教育、家庭、宗教等等。宗教作为诸多子系统中的一员,对社会秩序能够履行什么样的特殊功能呢?宗教是只发挥正功能,或只有负功能,还是两者兼而有之?宗教又是以什么样的方式履行不同的功能的呢?宗教与社会冲突以及社会变迁有什么关系?本章的目的就在于回答上述问题。

一、宗教与秩序的维系

1. 宗教与社会整合

　　社会整合是功能主义的社会学理论中的核心论题之一。所谓社会整合是指将社会实在、社会发展中的各要素凝聚在一起,使之一体化,或使之成为一个统一的整体,从而维系社会大系统的团结与稳定。社会整合有三个层面:其一是社会制度层面的整合。在社会学里,社会制度指的是在一定条件下的某种社会活动和社会关系的规范体系,主要表现为社会活动和社会关系的方式、模式、准则的相互关联,并排列组合成某种有规则的系统。社会制度包括模式—规范系统、组织系统和设备系统三个系统。社会制度中,规范和行为准则是重要因素,只有当社会行为的主体按照这些规范行事时,整个社会才能显得结构完整,活动才能有条不紊,各个方面才能配合默契,整个社会机体才能运转灵活。其二是社会组织层面的整合。各种制度的执行与实施都是由一定的社会组织来履行的。在制度的执行过程中,一旦发现有些人有违反制度的越轨行为,或发现制度本身有缺点,社会组织的管理机构就会采取行动,控制越轨行为,或对社会制度本身进行某些调整,以达到社会整合的目的。法院是现代世俗社会中常用的达到整合目的最具典型性的社会组织之一。其三是舆论层面的社会整合。群体或社会组织通过各种大众传媒来宣讲、传播某些价值观,在公民中培育目标共识,也可以达到社会整合的目的。一种以维系社会的平衡与和谐为目的的社会理论当然有维护现存的社会秩序与制度的取向,也就是说具有保守主义的嫌疑。但是,只要我们不是冲突对抗狂,我们就不得不承认,社会行为的主体大多希望在一种相对稳定和谐的情境中与其他个体和群体互动。因此,研究社会整合问题,也就是研究社会是如何可能的问题,它与研究社会如何在冲突中变迁和发展一样具有同等的重要性和意义。对社会整合的研究要回答这样的问题:是什么将分离的个体整合、凝聚到一个更大的整体,也就是我们所说的社会这样具有同一性的实体之中?

　　社会学对上面这个问题的回答当然是多元而又丰富的,而宗教社会学的回答则是这样的:在社会的整合中,宗教是一个大有作为的特殊因素。宗教社会学的创始人之一涂尔干的一个根本性的思想主题就是认为:宗教乃是社会的凝聚剂。

那么宗教究竟是如何履行社会的整合功能的呢？对这一问题的回答不能泛泛而论，必须回到宗教的构成要素上来做具体的分析。我们知道，宗教一般至少包括信仰体系、仪式体系以及组织系统，而宗教的这些构成要素在社会整合中都可以发挥作用。以下试一一列述之。

宗教信仰是宗教履行社会整合功能的基础。作为宗教中认知性最强的要素，信仰乃是一种综合性的世界观，它形塑信徒对世界的理解，并且使信徒容易共同接受某一宗教对社会实在的界定。在分享相同的对社会实在的界定的基础上，信徒们便比较容易形成一个稳定的共同体，并在该共同体内进行组织上的整合。也就是说，宗教信仰有助于个体形成一种对其共同体的认同感和归属感。此外，共同的信仰往往会带来共同的价值观。关于价值一致在社会整合中的极端重要性，是大部分宗教社会学家们公认的。索罗金在《当代社会学理论》一书中写道："价值的协调是社会整合的最重要的基本因素，就是说，某一社会体系的大多数成员所希望、所同意的那些共同的目标，是整个社会结构和文化结构的基础。价值体系是社会—文化体系的最稳固的因素。"[①]分享共同的价值体系的社会成员，既会形成共同的目标，还会将这些价值内化，在外在的行为中体现为对共同的价值规范恪守不渝。宗教由于其披戴的神圣性，更具有将其价值规范予以神圣化的能力，从而激发信徒对群体目标的赞同乃至献身。通过指涉一种超越日常生活的领域，宗教鼓励个体追求群体的利益，而不只是其个人的利益。对于如此行事的信徒，宗教在终极性的奖惩方面所做作的应许，更能产生一般世俗思想与信念难以企及的心理与社会效应。比如说，那些为了获得进入天堂门票的信徒，比那些只是追求世俗目标的行为主体更具有狂热的献身精神。一场被认为对某一社会群体具有生死攸关的决定性意义的战争，如果被神圣化为圣战，则该群体的成员必定会将生死置之度外，赴汤蹈火亦在所不辞。当然，这里已经涉及宗教与冲突的关系，但是，这种冲突无疑极有利于群体内的凝聚与整合。我们在后面还会更深入地谈到这一问题。

涂尔干将上述以"同一社会一般公民共同的信仰与情操的总体"，也就是以所谓共同的"集体意识"或集体良心为基础的社会凝聚称作机械性团结。这种团结的根本特点是，依赖于在信仰、情感和意愿上的高度一致性。

---

① 转引自戴康生、彭耀：《宗教社会学》，169页。

它与那种由现代社会中的分化和分工所造成的以相互依赖为基础的有机团结的重要区别是，个性得不到发展，要求绝对的一致的压力不断压制个性。不过，由于选择性的认识没有得到发展，个体却不一定经验到这种压制性的压力，因而不一定有现代社会中的个体的那种个性追求。① 也就是说，在相对简单的社会里，宗教的社会整合功能是以个体的积极、自觉的对宗教信仰与价值的认同为基础的。即便在现代社会里，宗教对某些群体的这种整合功能也仍然具有这样的特点。

作为一种社会制度的宗教还会以其特有的宗教组织和宗教礼仪发挥社会整合功能。宗教组织不仅承担着教义传播之载体的角色，而且还会通过各种层级的神职人员将其信徒在精神与情感上结合在一起，必要时更能动员其信徒投身于有一致目标的宗教—社会运动。宗教组织内部的教规对信徒的行为具有约束力，使宗教群体成为一种相对稳定的社会实体。宗教仪式则能够演示群体的团结，因为它允许个体象征性地参与它们所代表的更大的团体。基督教的圣餐仪式不仅是对耶稣一生中的历史性事件的纪念，也意味着信徒们参与到彼此的交流和共享之中。涂尔干曾在《宗教生活的基本形式》一书中，描述原始部落的宗教仪式周期性地将其成员聚集在一起，激发他们的集体性的亢奋，使他们意识到群体的存在及其力量，更通过这种仪式提醒成员勿忘集体的理想与目标。因此，宗教仪式对社会整合的重要性也是值得注意的。

综上所述，宗教作为一种特殊的社会制度，既以观念和情感因素、也以其特有的组织与仪式等构成因素对社会整合产生积极的作用。但是，只是在相对简单的、同质的社会里，宗教有助于社会凝聚的功能才会非常明显地表现出来。也就是说，如果宗教与社会共存或范围同样广泛，它对社会凝聚的贡献一般都是显而易见的。然而，许多社会却并不是与一种单一的宗教共存的。在美国这样的社会里，存在着许多互相竞争的宗教，而且相当多的人并不参与任何宗教群体。那么，什么是其社会凝聚的基础呢？在发生冲突的社会拥有同样的宗教的地方，宗教的凝聚功能是什么呢？整合理论又如何能够解释这样的情况，即在一个社会里兴起一种宗教，与那个社会的既定的生活方式发生冲突？对于这些问题，一种可能的答案是：在一个复杂、异质的社会里，尽管宗教确实有助于社会凝聚，其作用却并不非常明确。在

---

① 参约翰逊：《社会学理论》，227—228 页。

这样的社会里,全社会性的整合是成问题的。此外,在一些宗教与主流意识形态不一致甚至有根本性矛盾的社会里,后者往往会对宗教提出适应的要求;如果适应比较顺利,宗教也会成为一种有助于更大社会之整合的特殊力量。当代中国基督教在一些社区的道德重建以及对社会秩序的维护方面,已经做出了令人瞩目的特殊贡献。很多基督教社区的犯罪率相对较低,就是一种值得注意的现象。

2. 宗教与社会控制

社会秩序的稳定还依赖于社会控制的实施。所谓社会控制就是社会对作为社会行为主体的个体或群体的行为的各个方面予以约束。贝格尔指出,社会控制指的是社会迫使桀骜不驯的人回归既定轨道的各种手段。没有社会控制,任何社会都不可能生存。[①] 作为一种以社会秩序的稳定为追求目标的社会过程和手段,社会控制也有广义与狭义的两种含义。狭义的社会控制指的是社会对犯罪行为和越轨行为的预防、阻止和处置的举措和过程;广义的社会控制指的是这样的社会手段和过程,即依据社会力量,以一定的方式对社会生活的各个方面施加影响,协调个人与社会之间、社会各个构成要素与部分之间的关系,以便保持社会的相对稳定与和谐发展。以《社会控制》和《社会学原理》著称的美国社会学家罗斯将社会控制区分为三类:对意志的社会控制、对情感的社会控制、对判断的社会控制。这种分类法主要针对的似乎是行为主体的主观心理、认知活动,而不是外在的行为,因而有其局限性。我们要谈的社会控制则应将主观的心理、认知活动与外在的行为这两者都包括在内。社会控制的手段有多种,法律、行政、习俗、道德、宗教、艺术、舆论都可以用作社会控制的手段,只是在不同的社会里,这些手段所发挥的作用有所不同。

宗教在社会控制方面的功能特殊性在于,通过诉诸超自然的力量,为人类建构的社会秩序涂上神圣化的色彩,达到维系社会稳定的目的。因此,在宗教与主流意识形态没有矛盾、也就是宗教与社会同样广泛的社会里,统治者一般都乐于将宗教用作主要的社会控制手段。因为宗教可以使统治者的权力获得神圣的合法性与权威。权力是以势力为基础的,而权威则需要以服从为基础,获得合法性的权力才会有权威。"君权神授"这一观念就是统

[①] 伯格(即贝格尔):《与社会学同游:人文主义的视角》,何道宽译,82页。

治者经常用来强化其权威的宗教手段,当中国皇帝被奉为天子,当罗马皇帝被奉为神的化身,当日本天皇被奉为天照大神之子时,人间的权力便会获得超人间的神圣权威。对这种神圣权威的敬畏,当然大有裨益于维系统治者与被统治者之间的关系。在现代的一些民主社会里,"君权神授"固然已成笑柄,但统治精英们仍乐于赞同并自觉采用宗教的社会控制功能。一些民选的总统在政治作秀时,经常会以参加黑人的教堂礼拜,或在演讲中煽情地谈论上帝,来强化选民对其权威在意志上的服从、在情感上的喜好和在判断上的认同。

宗教礼仪更以象征化的方式来演示社会中的各种社会关系以及在处理这些关系时所应遵循的规范,从而参与到社会控制的过程中来。例如,儒教的礼教习俗中,丧礼与祭礼是对人们之间的伦常关系以及处理这些关系的准则——三纲五常的演示。在传统中国社会,当一个家族的重要成员的死亡没有引起晚辈在丧礼中哭泣时,后者的行为将被视为对家族的不忠,对长辈的不敬不孝,因而会受到相应的惩罚。比如,儿媳若因为与公婆不和而有类似的举止,甚至有可能招来夫家的一纸休书。① 这种宗教性社会控制手段对于封建纲常这一在古代中国至为重要的社会秩序,无疑具有维系其稳定的功能。当然,若从长远的历史眼光来看,这样的功能究竟是正功能还是负功能,可能是一些宗教社会学家不愿意做出判断的问题。因为有些社会学家对宗教功能的正负性质的判定并不以长时段为依据,而是以其对当时社会的效应而言的。此外,在一些至今仍然实行政教合一、国教制的、民族宗教较为单一的社会里,宗教仪轨往往就相当于法典法规,发挥着一种全社会性的社会控制作用。在这样的社会里,社会生活染上了浓厚的宗教色彩,二者融为一体,很难在圣俗之间做出泾渭分明的区分。

在任何一个社会里,社会行为主体对自己的地位与角色的期待与满足感也是衡量其稳定程度的重要指标。期待值越高,满足感越低,则该社会便越不容易维系其稳定。如果在一个平等观念深入人心的现代社会里实施种姓制度,其引起动荡的可能性是可想而知的。但是,在前近代的印度社会里,种姓制度却被认为是一种天经地义的制度,原因是印度的一些宗教参与到维系这种制度的稳定性的社会控制过程之中了。我们在前面引述的那个印度神话,不仅论证了种姓制度的合法性,解释了这种制度的神圣来源与意

---

① C. K. Yang, *Religion in Chinese Society*, pp. 28-37.

义,同样也以超自然的力量作为参照,规定了人们的地位与角色,使之乐天安命。这样的心理无疑是这种社会秩序求之不得的维系资源。

对于社会行为的主体来说,由宗教实施的社会控制是否完全是一种异己的、不受欢迎的社会过程呢?社会控制的范围过于宽广时,是否会引起更大的反感呢?对此不可作简单的答复。韦伯在分析资本主义的兴起与新教改革之间的关系时,注意到了这样一个事实:宗教改革并不意味着结束教会对日常生活的控制,相反却只是用一种新型的控制取代先前的控制。也就是要废止一种非常松弛、在当时几乎不见实施、流于形式的控制,而倡导一种对于私人生活和公共生活的各个领域的一切行为加以管理的控制方式。这种控制方式是极其难以忍受的,但又得严格地加以执行。在16世纪的日内瓦和苏格兰、在16和17世纪之交的荷兰的大部地区、17世纪的新英格兰以及一段时间内在英格兰本土,加尔文教规都得到了非常严格的执行。韦伯指出,那是一种在现代人看来无法忍受的对个人的宗教控制形式。但是,宗教改革者在这些地区所抱怨的不是教会对社会监督过多,而是过少。当时经济最发达的国家和那些国家中正蒸蒸日上的资产者中产阶级,不仅没有阻挡这种清教专制,反而为保卫这种专制发展出了一种英雄主义精神。[①]这里涉及当代宗教社会学所讨论的宗教所实施的社会控制的形式,韦伯谈到的情况实际上是控制的内在化形式。这种形式指的是被社会化到一种宗教观点中的社会行为主体将其在教养过程中所学得的规范性内容内在化。当一个人做一些有良心的事,或当他克制某些行为以避免一种"歹念"时,那么,信仰体系就是在通过内在化形式施加其控制。一般而言,内在化的社会控制可能会阻止有求变取向的行为,因为个体在打破学习得来的规范时会有犯罪感。但是,韦伯谈到的这种内在化的社会控制却促进了资本主义的产生。在那些体现着新时代精神的社会群体那里,这种控制在当时不仅不是不堪忍受的,反而是颇受欢迎的。因此,当代宗教社会学家威尔逊曾经这样论述道:社会控制是传统宗教的重要功能,"在世俗道德根本上是由宗教支持所支撑的那些社会里,宗教提供了极端重要的进行心态控制的力量。在基督教文化里,宗教日益规定着风俗,在宗教改革之后,宗教在某些方面甚至更为强有力地规定着风俗道德:曾经有一段时间,道德的人就是宗教的

---

① 韦伯:《新教伦理与资本主义精神》,24页。

人。"①当时的信徒们大多数可能是自觉而又积极地接受由宗教实施的这种社会控制的。

谈到由宗教群体实施的社会控制,我们还应指出一些其他的形式。其中包括流放、羞辱或革除越轨者等非正式的制裁;其他一些措施包括忏悔、排斥或开除教籍。有些宗教群体还有高度正式的控制,如法律和宗教法庭,中世纪的宗教裁判所便是典型的一例。由宗教组织实施的社会控制依据其在社会中的势力而有所不同,全社会性的宗教控制(如宗教裁判所和对行巫者的搜捕)在一个多元社会里是不太可能的。但是,即使在美国和加拿大这样相对多元的社会里,宗教也构成了法律与正式的秩序以及非正式的社会控制的重要基础,因而在社会控制中还同样发挥着举足轻重的作用。

3. 宗教与个体的社会化

社会化是众多社会科学都经常使用的一个概念,各学科自然都有自己对这个概念的不同界定。即使在社会学里,这个概念的含义也是形形色色。不过,在社会学中,这个概念也有最常见的用法。《国际社会学百科全书》认为,社会化通常指的是个体用来获得其所属群体的规范、价值观、信仰、态度和语言特征的互动过程。在这个过程中,个体的自我和人格得以形成。因此,社会化提出了社会生活中的两个重要问题:代代相传的社会连续性问题与人的发展或开发问题。国内的社会学家对社会化的理解则更强调个体通过学习而获得与社会的一致性,如程继隆将社会化界定为人自身的一种成长发展过程,即人们通过社会互动,形成人的社会属性,促使人和社会保持一致性。个人在社会生活中,学习和掌握社会生活的知识技能,熟悉社会的风俗习惯、道德、法律,确立生活目标和道德观念,从而达到与社会一致,取得被社会认可的地位,成为一个具有"社会资格"的人。国内社会学家们还非常强调社会化内容的历史性,即认为虽然任何社会、任何时代的社会成员都必须进行社会化,但是,不同的社会、不同的时代,其生活方式、社会规范、社会制度和塑造人的模式各不相同。因此,在不同的社会中,社会化的内容也不尽相同。不论学者们的理解如何不同,他们都承认社会化乃是一种具有核心重要性的社会过程,这个过程的根本目标就是要使个体从生物人(自然人)变为社会人,由于社会是不断发展变化的,社会化就成为一个持续不

---

① Bryan Wilson, *The Social Dimensions of Sectarianism*, p. 221.

断的过程,没有哪个个体会在人生的某一阶段一劳永逸地完成社会化。

社会化过程也要借助于一些社会制度与组织来加以实施。家庭和学校一直都是社会化的重要载体,职业组织、大众传媒在社会化过程中也扮演着重要的角色。历史上,在宗教具有社会法权的社会里,宗教曾经在相当长的时期内充当社会化的关键主体。在社会化方面,宗教的功能可以概述为如下四点。

其一是充当文化代代相传的载体。一些文化激进主义者总是强调以断裂的方式来获得文化的创新与进步,而人类文明史却昭示了文化的连续性是一种基本的事实。不论是文化模式的递嬗,还是文化在物质层面上的突飞猛进,都不是无中生有的创造。即使是那些极端的反传统主义者,有时也会陷入以传统反传统的怪圈。我们在此并不想深入讨论文化传统与创新之间的关系,只想指出一点,文化的守成与传承是社会对其秩序的稳定性的追求所导致的必然结果。

尽管并不是只有宗教才能担当文化代代相传的角色,但宗教在文化的传承方面却有其特殊的作用。这是因为宗教本身就是一种披戴着神圣化色彩的文化系统,它通过其特有的组织对自身的信仰、仪式的传播与传承本身就是文化的传承。而且,在相当长的历史时期内,宗教乃是许多文化系统的核心,人们的社会化因此也就成为宗教化或成为宗教信徒的过程。这在中世纪的欧洲与今天的伊斯兰教国家都是非常突出和明显的事实。此外,在那些宗教具有社会法权的社会里,宗教对文化的传承最为有效。欧洲的中世纪被称为黑暗年代,但晚近的中世纪历史研究表明,在当时正是教会成了文化黑暗中的一盏孤灯,那些黑衣教士们作为当时最有文化特权的一族,不仅将古代希腊罗马的文化遗产传承下来,而且在向人文主义文化的转型中充当着重要的角色。在东方,宗教对文化的传承作用同样不容忽视,只要想想 20 世纪初在中国发现的敦煌莫高窟里的宝藏,人们便不得不惊讶于宗教对于文化的传承功能之至巨至伟。宗教对文化在实物与精神上的传承为代代相传的社会连续性、为个体的社会化提供了坚实的资源和基础。

其次,宗教能以其特有的组织方式向信徒提供良好的学习环境与机会。我们知道,社会化过程的目标之达成,必须通过学习来获得社会中居于主导地位的信仰、规范、价值观乃至语言特性。历史上,在相当长的时期内,宗教组织垄断着教育机会,西方现代的许多大学包括著名的哈佛大学都有其宗教渊源。对教育资源的掌握,使得宗教既成为培养社会文化精英的重要制度或机构,也成为那些与学校无缘的普通民众社会化的重要资源,后者主要是通过社会文化精英的示范作用来达到社会化的目标的。关于宗教在文化知识与精神的传授与承续方面的功能,我们只需列举了两个事例,一是著名哲学家罗素(他不是基督徒)曾经赞扬过的天主教耶稣会所主持的教育。耶稣会士在获得传教资格之前,都要经过严格系统的教育。教育内容包括神学、哲学、修辞学、数学、天文学等,其中既有宗教性的课程,也有世俗文化方面的课程(尽管当时的欧洲尤其是教会内部可能并未作这样的区分),教育的场所往往是罗马学院这样的宗教教育机构或修道院,这种教育被罗素称作16、17世纪无可他求的最好的教育。明末清初来华的耶稣会士一般都显得博学专精,他们在华的传教工作最初之所以比较成功,与他们在欧洲所受的教育不无关系。另外一个事例是中国伊斯兰教的经堂教育,这种教育在内容和形式上都具有很鲜明浓厚的宗教色彩,因为其学习的内容是宗教课程,学习的目的是将来充当神职人员,学习的场所是清真寺。但这种教育与回民的文化生活却有着至为密切的关系,因为其教育对象一般就是未来回民中的社会文化精英。学员最初要学习阿拉伯文和波斯文,后经过改革,也学习汉文,以便使阿訇适应其周围的汉文化环境。伊斯兰教对汉文化的适应还导致了其信仰与汉文化中的主流意识形态儒家文化的融会。为了适应世俗化的需要,一些伊斯兰教领袖更在清末民初创办了回教师范学校、小学堂等教育机构,在方针上推行"经书两通",既要求学生读经,也要求他们学习国文、地理、历史。这些举措无疑有效地发挥了伊斯兰教在回民的社会化方面的正功能。以上两个事例中,前者是宗教与社会共存或同样广泛,即基督宗教在当时是欧洲社会中的主流宗教,后者则是宗教与社会中的主流宗教或意识形态不一致,在这两种情况中,宗教对其成员的社会化都发挥着难以替代的功能。

其三,宗教在社会化方面的另一重要功能是范导人们的行为。在一些社会里,宗教的规范本身就是其社会规范的核心,宗教传播、灌输其自身的规范,本身就是社会化的主体向其受体实施社会化的过程。宗教既通过对教义、教规、戒律的宣讲来范导社会成员的行为,告诉其成员该做什么和不该做什么,同时还将一套评价体系灌输给社会成员,使其在决定行为的取舍方面有标准可以遵循。在一些实行政教合一、国教制和宗教民族化的社会里,宗教规范往往与社会秩序中的各种规范高度重叠,宗教在范导人们行为方面的社会化功能也就相应地更为突出。在一些高度世俗化、多元化的当代社会里,比如在美国,宗教在社会化方面的功能可能有所削弱,但也并未完全被世俗的学校等教育机构所取代。只要考察一下美国人的价值观中那些或多或少的宗教色彩,我们就不得不像贝拉一样,承认教会乃是美国公民获得其公民美德的重要建制之一。

其四,宗教有助于社会成员形成良好的角色意识,并以适当的社会行为扮演相应的社会角色。人的社会性主要表现在,每一社会成员都处于一定的社会关系之中,并在社会群体或组织中处于一定的位置。社会对社会成员在各种关系中所扮演的角色都有一定的规范性的要求和期待,个体能否满足这些要求与期待,既是他们能否成为一个成功者的重要标准,也是社会秩序维系其稳定的重要条件。因此,角色学习就成了人的社会化的重要内容。

各种宗教对于人的角色扮演都有一些具体的规范,由于这些规范较之于世俗的规范具有神圣性,它能更有效地培养成员的角色意识。儒家最重人伦关系,对君臣父子夫妻兄弟朋友都有具体的角色要求,但明末的一些中国天主教徒却认为这些角色要求因为是人法,不像天主教的神法,如十诫中的"当孝敬父母"那样对子女的角色意识的培养更具有耸动人心的心理效应。一些宗教还教导其信徒学会宽容,甚至要求信徒忍字当头,最典型的是经过中国化的佛教,由勇猛精进、拥有我不入地狱谁入地狱的气概的宗教,变为教人"退一步海阔天空"的忍教。其宗旨最初也许在于求得圣俗之间的和睦,而实质上,这是教人以忍让求得人际关系的和睦,避免由于对角色的承担不当引起的冲突。在同一个个体身上,往往还会发生角色冲突的现象,一些宗教对此也有具体的角色要求与规范。儒教常有忠孝不能两全的说法,在价值取向上,它常要求其社会成员取忠舍孝。基督宗教也有类似的要求,如利玛窦在向中国人传教时,曾宣讲这样的道理:人有三父,即生父、君父、天父。天下有道,三父的旨意不相违逆。天下无道,三父之旨会有矛盾,此时应该完全听从天父的旨意。也就是说,人在神人、君臣、父子三种关系中,会扮演教徒、臣民、儿子三种角色。当角色出现冲突时,应当以超人间的神人关系为重,也就是要凸显教徒的角色意识,并采取相应的行动来承担这一角色。利玛窦的这种论调被明末的儒生们斥为灭伦之论。其实,利玛窦的说法在基督教里是有圣经依据的,因为耶稣曾说过,爱父母过于爱我的,不配做我的门徒。至于基督教对王权的态度,既可以从圣经中得出服从王权的论述,也可以从圣经及基督教传统中获得与之保持距离的训言。

在角色意识的培养中,实际上也涉及认同问题。社会成员总是根据自己的身份、地位而趋同于某一具有共同信仰和价值观的群体。社会成员对某一群体的认同感的大小,会直接影响该群体的稳定与平衡程度。宗教在培养社会成员的认同方面的功能特殊性在于,它能够以超经验的超人间的力量为参照点,通过共同的信仰和由这种共同的信仰所带来的趋同情感,将其信徒在精神上凝聚在一起。犹太人对其民族宗教的强烈认同使得这个共同体的任何成员在世界任何地方相遇时,都有一种自然的亲切感,犹太人之间的互助也是举世闻名的。究其原因,就是因为犹太人对犹太教的认同使得他们将犹太人的"我们"与非犹太人的"他们"区别开来。韦伯曾指出,这种基于宗教的认同感甚至使得犹太人在商业中对犹太人与非犹太人采取不同的做法。他们对世界与世人有一种贱民式的怨恨,而对民族—宗教共同体里的成员则可以做到以爱相待和以诚相待。

4. 宗教与心理调适

我们一再重复过这样一种观点,即社会系统对其自身的稳定与平衡的追求乃是一种本能。这里需要补充的是,这样的平衡与稳定还需要心理基础。一个群体的成员如果彼此之间充满怨恨,或者对社会抱持一种不信任乃至仇恨的态度,每个个体内心都焦躁不安,疑虑重重,或者充满莫可名状的恐惧感,那么,这个社会若想获得秩序上的稳定,一定会面临许多困难。宗教在克服这些困难方面,在个体和群体的心理调适方面,一直都履行着重要的功能。

在任何一个社会里,自然与社会的双重压迫一直都威胁着人们的安全感,使人们生活在对那些强大的异己力量的恐惧之中。宗教的一个重要的心理功能就是借助于超人间的力量,为社会成员提供心理上的慰藉和安全感。据研究,原始宗教中葬礼的一个重要功能就是帮助其成员在面对死亡的恐惧时,恢复部落的心理平衡和士气。根据对中国的宗法宗教或祖先崇拜宗教的研究,杨庆堃曾指出,丧礼可以帮助一个家族的成员克服对死者可能会危害活人的心理恐惧;丧礼还有助于活着的家族成员克服由家族的重要成员的死亡带来的对家族前途的忧虑,重振家族的士气。生活在现代的人可能对原始人和古代人的恐惧感到不解,但是,现代人同样有自己的焦虑,同样会对自然灾害与社会灾难产生恐惧,更会因为激烈的社会竞争而产生沉重的心理压力,这些都需要一定手段来予以舒解。尽管会有一些人求助于心理医生,但宗教在一些发达的社会里仍然在社会成员的心理调节方面发挥着重要的作用。为了适应社会的要求,一些宗教组织也适时地将心理治疗引入其宗教信仰与行为的体系之中。这说明,宗教在心理调适方面的功能,不论在内容还是在手段方面都发生了一些变化,而这也正是宗教为什么能够不断履行社会功能的一个重要原因。

生活在现代社会中的人,往往会因为其面对的社会分工、分化所造成人情淡漠,而感到莫名的孤独寂寞,因而更刻骨铭心地感到对关怀与爱的需要。在这方面,宗教尤其可以表现出其功能的特殊性。宗教,尤其是基督宗教以神对人的无条件的爱为参照,要求其信徒在处理与邻里的关系时,以爱为第一原则。这种教义本身就有一定的感化力。当一些教会适应世俗化的境遇,使得教堂不仅成为宣讲教义的布道场所,更成为信徒交流互动的活动场所或所谓爱的俱乐部时,它为信徒提供的心理满足往往是其他社会组织难以企及或取代的。

怨恨是现代社会中常见的社会心理现象,它甚至可能与现代性有着深厚的关联。像尼采、舍勒这样的哲学家曾经从宗教中寻找怨恨的根源,舍勒就曾认为怨恨源于宗教—形而上学的绝望感。在宗教社会学里,功能主义者则认为宗教有助于消除由怨恨带来的对社会秩序的稳定的威胁。这主要是因为一些宗教以爱为第一原则,并且通过或深刻或浅近的神义论来为个体与群体提供心理补偿。当马克思断言宗教是人民的鸦片时,他实际上是有见于宗教的这一心理功能,只不过我们以前过于注重马克思的论述里的宗教批判因素,而忽视了马克思对宗教的心理功能的揭示。不错,如果从政治功能上讲,宗教确实会以其虚幻的应许来麻痹人民的斗争和反抗意志。但是,对那些在生存的边缘苦苦挣扎的人来说,单纯的怨恨对他们同样无济于事。相反,宗教通过心理安慰而帮助他们缓解怨恨,无疑有助于他们以一种较平和的心态来处理人生中更为现实的问题。如果说宗教的应许是虚幻的,那些崇高的社会理想离这些面临急迫的生存问题的人同样也过于遥远。对他们来说,生存乃是第一要务。

二、宗教的社会功能的复杂性

本章的第一部分集中分析了宗教对社会的正功能,而事实证明,对宗教的社会正功能的探析,不论采取什么样的路径,选取什么样的视角,都不可能不受到功能论的影响。但是,功能论自身并不是一种关于宗教社会功能的圆满自足的体系,它本身是有相当大的欠缺的。结构功能学派内部的一些有识之士也对此有所反思,我们不妨先看看莫顿的相关论述。

莫顿对结构功能学派的贡献不仅在于他提出了显性功能与隐性功能、正功能与反功能等概念,从而极大地拓展了该学派的理论视域,也在于他对功能分析的几个预设做了理论上的批评反思,颇有洞察力地揭示了功能分析的弊端之所在。他认为,传统的各类功能论中有三项不当的设定。第一项是"功能一体的设定"(postulate of functional unity of society),其实质就是认为社会文化要素(宗教是其中的一种)对整个社会或所有社会成员都履行某种或某些功能,功能论的先驱雷克夫-布朗和马林洛夫斯基都有类似的论述。前者认为"一特定之社会习俗的功能,即它对于'社会生活整体'的运作所做的贡献";后者则直接就宗教问题做出了类似的论述,认为"功能观点……必须说明信仰与仪式对于社会整合、技术、经济效率与文化整体有何作用"。莫顿一针见血地指出,文化事项是否对整个社会体系以及社会全体成员都履行功能,这是一个经验问题,而不应当成为一项分析的公设。莫顿更指出,在这项设定中,隐含着一种高度整合的社会形象。根据这一形象,社会文化体系都是高度整合的,任何社会文化要素对社会整体或所有成员都履行某种功能。而经验事实却表明,即使是生物有机体也有不同的整合程度。社会整合程度更是一项因时因地而异的经验变项,而不是一个常数。不同的社会以及同一社会在不同的时候,其整合程度都是有所不同的。所有社会都有某种程度的社会整合,但是,并非所有的社会都有高度的整合。因此,功能一体的设定若用于较简单的社会也许较为合适,若用于高度分化的现代社会就会相当地不适切。就宗教而言,对其做功能分析必须具体指出是针对何种单位——如处于不同位置的个人、亚群体或者较大的社会文化体系而言,不论泛泛地一概而论(这些论述也正是莫顿的中程理论的核心之所在)。也就是说,必须说明某一文化要素(如宗教)对不同的单位是有不同的功能的,有时甚至具有完全相反的功能。莫顿此论注意到了宗教与社会冲突之间的密切关系,这无疑是对宗教有助于社会整合这一普遍化结论的批驳。

莫顿批评的第二项设定是泛功能主义的设定。这一设定主张所有标准化的社会或文化形式都具有正面的功能。马林洛夫斯基的相关论述是其典型代表,他说:"文化之功能观因而坚持以下原则,即在任何形态的文明中,任何风俗、物件、观念与信仰都履行某种重要的功能。"而事实却表明,某一社会文化要素对某一社会文化体系却是可能有正功能、反功能和非功能的。正功能是有助于某一体系的适应或调适的客观后果,反功能则是削弱某一体系的适应与调适的客观后果;非功能指的是与此种社会文化体系无关的后果。莫顿还提出了确定某一社会文化要素之功能特性的方法,这就是计算其正反功能抵消之后的净值,如果净值是正功能,则这种社会文化要素的持续存在便不成问题。相反,如果这一净值是负功能,则该社会文化要素就要承受变迁的压力。莫顿的上述论述将社会变迁问题也纳入了功能论的理论论域,无疑是对功能论的一大改进。但如何计算净值却会面对很多技术问题,因为社会现象的量化要比自然现象的量化复杂得多。

莫顿批评的第三项设定是"不可或缺性的设定(postulate of indispensability)"。这种预设具有含混性,它在马林洛夫斯基那里也得到了典型的表述:"在任何形态的文明中,任何风俗、物件、观念与信仰都履行某种重要的功能,必须完成某种任务,因而是一个运作之整体中不可或缺的要素。"这一预设的含混性就在于,这里究竟是指功能的不可或缺,还是指履行功能的社会文化要素的不可或缺,抑或是二者兼而有之,是不太明确的。莫顿认为,马林洛夫斯基等功能论先驱对宗教的不可或缺性的认定是基于对一个事实的假定,这就是,仅凭"崇拜"与"超自然之规约",即能获得最低限度的"控制人类行为"和"情操与信仰之整合"。针对这种假定,莫顿提出了功能分析的一条重要原理:正如同一事项可以有多种功能,因此相同之功能也可以为多种事项以不同的方式来履行。以此为基础,莫顿提出了与不可或缺的文化形式(制度、标准化之行为、信仰体系)相对的几个概念,这就是功能对等项(functional equivalents)、功能选择项(functional alternatives)或者功能替代项(functional substitutes)。莫顿的这一创设无疑是对从功能的角度论证宗教存在的永久的合法性的有力驳斥。对此,笔者认为,从功能的角度,既不能论证宗教的不可或缺性,也不能论证宗教的可缺性。宗教自身的合法性问题,还必须将宗教的本质问题纳入理论的视域。

莫顿从结构功能学派内部对功能分析的得失之反思,提醒我们必须注意到宗教的社会功能的复杂性与双重性。关于这一点,美国宗教社会学家奥戴的分析和总结较为全面。他将宗教的正功能列述为六点,然后针对这六点正功能针锋相对地逐一列述了宗教的六种负功能。

1. 宗教提供支持和慰藉,并因此有助于支撑既定的价值观和目标。

2. 宗教通过其崇拜与仪式提供情感上的安全、认同感,并在诸多观念与意见的冲突中提供一种固定的参照点。这是宗教的教士功能,并包括传授教义与仪式的演示。宗教为社会秩序提供稳定性,并且经常帮助维系现状。

3. 宗教使规范神圣化,并将群体的目标提升到个体的目标之上。宗教使社会秩序合法化。

4. 宗教为对现存的社会模式的批判提供作为其基础的标准。这是宗教的先知功能,并能为社会抗议形成基础。

5. 宗教帮助个体理解其自身,并提供一种认同感。

6. 宗教在人的成熟过程中、在帮助处于生活危机之中和处在从一种地位转向另一种地位的转折点的个体时,是非常重要的,因此,宗教是教育过程的一部分。

奥戴认为,宗教并非总能完成这些功能,功能论的研究方法是片面的、不完善的,因为这种方法不能提出和回答一些很重要的问题,并且过于强调宗教的保守或守成的功能。奥戴认为,宗教实际上还具有负功能,针对以上六种正功能,他列述了相应的六种负功能。

1. 宗教可能会通过使被压迫者屈服而阻挠对不义的抗议。

2. 宗教使规范与价值观神圣化的教士功能可能会阻挠知识的进步。

3. 宗教借助于其守成主义(保守主义)可能会妨碍对变化着的环境的适应。

4. 宗教的先知功能会导向乌托邦主义和对变迁的不切实际的期待,并因此阻挠为达到这一目的的实际行动。

5. 宗教使个体依附于群体,有时这种依附会达到这样的地步,即促进了该群体与其他群体的冲突,并妨碍了相应的调适。

6. 宗教会产生对宗教组织与领袖的依赖,并因此而妨碍人的成熟。

一些学者如汉米尔顿认为,经过对宗教的正功能与负功能的如此分析,似乎可以说功能论对宗教的研究毫无意义。因为,当我们说,对困境的宗教反应有时对个体和社会具有正面的价值,有时却有负面的功能,那就等于什么也没有说,什么也没有解释。功能论告诉我们,宗教会整合社会或者阻挠变迁,宗教会提供慰藉或促进冲突,宗教会提供稳定性或阻挠进步。所有这一切都没能说明为何会出现宗教性的反应、宗教性的情感和行为。对功能论持如此悲观论调的学者认为,功能论晚近在理论上的综合不像我们在上一章所介绍的意义理论那样做出了令人满意的理论综合。① 在笔者看来,功能论确实有其局限性,但功能论对宗教的正功能与负功能的揭示乃是源于宗教本身在功能上的复杂性和两重性。此外,说某一事项既是甲,也是非甲,并不等于对该事项什么也没有说。只要我们了解一下佛教中观学派所说的非有非无的意义,我们对汉米尔顿的偏激论调就不得不表示难以苟同。

三、宗教与社会冲突

我们或许已经注意到,对宗教社会学中功能论的批评都与这样一个事实有关,即越来越多的学者发现宗教与社会冲突有着密切的关系。这一节将集中介绍一下相关的理论,并对宗教与社会冲突的具体关系作一些探讨。

1. 冲突论与整合论的对垒

冲突论被认为是当代社会理论中的第二个主要理论。严格来说,冲突理论在发生学意义上并不是作为功能论中的社会整合论的对立面而出现的,因为19世纪上半叶,马克思就曾对阶级斗争这一社会冲突的重要形式做过深刻的分析,其理论一度成为社会主义国家的法理基础,影响巨大。我们在后面会辟专节介绍马克思对宗教与社会冲突的论述,这里,我们只想介绍一下在现代一般社会学中冲突论与社会整合论的对垒。

现代社会学中的结构功能学派的两大巨擘帕森斯和莫顿都非常注意宗教这一重要的社会文化要素在社会系统的稳定和平衡中的作用,他们对涂尔干的理论遗产的继承和发展是社会学界有目共睹的——当然,他们也综合了韦伯等人的相关理论遗产。尽管这两人都曾告诫人们,不要假定社会系统的完全整合,因为那是不切实际的,但大多数社会学家从功能论观点那里所引发出来的关于社会现实的基本图景却是一幅系统的被整合了的图景。这幅图景是在以下基础上勾画出来的,即社会系统有其共同的价值、社会的各个"部分"——各种制度和子系统之间都会或多或少地表现出一定程度的协调与相互依赖。在这幅图景中,经常还可以发现如下的观念:系统包含有维系系统的平衡和促使系统在其所处的环境中生存能力的增长的各种

---

① Malcolm B. Hamilton, *The Sociology of Religion: Theoretical and Comparative Perspective*, pp. 120-122.

机制。帕森斯的论述更具保守的意识形态色彩,他认为,每个人都能够充分地、很好地整合到系统中去,以致在他们的需求和系统的功能要求之间,可能存在着一种相当紧密的对应关系。这种对应通过社会化和社会控制的各种机制获得保障。这样的图景当然忽视了冲突渗透和冲突之必然性的重要意义,也忽视或降低了产生社会变迁的社会系统内过程的重要性。功能论更将冲突视为不正常的边缘现象,视之为紧张的症候,社会系统必须解决和克服这些紧张,以达到维持自身平衡的目的。为了维护系统的平衡以及社会秩序的稳定性,经受着紧张的那些人的个人需求和利益必须一致地服从整个系统的要求。这样的理论对于在精神上具有集体主义取向的人来说,当然并不陌生;对于强调稳定的优先性的社会系统或制度来说,其受欢迎的程度也是可以想见的。

而各种冲突论的共同特征是,注重社会生活中普遍存在的冲突,乐于分析和探讨冲突产生的原因以及冲突的各种形式,注重分析社会冲突在引发各种社会变迁的进程中的作用。自20世纪50年代起,各种冲突理论对以帕森斯为代表的功能论者片面强调价值一致、整合和团结的做法群起而攻之。冲突论所重视的并不是个人的、人际之间的或文化的层次,而是社会现实的结构层次,尤其注重探寻发生冲突的社会结构根源。冲突论者并非对文化价值和规范不感兴趣,而是更倾向于将文化价值和规范视为反映了占统治地位的集团或群体用来为自己的继续统治进行合法化论证的思想意识。他们极力揭示被表面上的价值和规范一致所掩盖的各种相反的和彼此对立的利益,这无疑是马克思主义的影响使然。冲突论者们怀疑,当价值和规范方面的一致取得优势时,这种情况可能反映了社会中占统治地位的集团对各种交流媒介进行了控制,而人们的觉悟和意识形态性的信仰,尤其是对社会实在的界定就是通过这些媒介的传播和影响而形成的。帕森斯曾认为,规范的一致反映了人们自发的道德义务的见解上的一致,冲突论者认为帕森斯的这种观点乃是出自不可救药的朴素幼稚,或者干脆断定这种论断是在暗中支持现存的社会结构,尤其是政权结构。

如前所述,人们一般将冲突论溯源于马克思。有学者认为,冲突过程也是韦伯社会学的中心论题之一;古典社会学中还有西美尔将冲突视为互动的基本形式之一,在西美尔那里,冲突并不是对统一的否定,而是与社会生活中各种统一过程无法摆脱地结合在一起的,应该将冲突和统一视为两种交替使用的结交形式,它们哪个都不比另一个更为基本或更有意义。它们都是正常的社会互动形式,彼此还会发生交互作用。现代社会学中科塞的冲突功能论就是建立在西美尔的理论基础之上的。

关于冲突论与功能论在理论前提上的尖锐对立,达伦道夫曾作过如下的概述:

功能论的理论预设是:

1) 每个社会都是一个由各种成分构成的相对持久、相对稳定的结构。

2) 每个社会都是一个各种要素协调整合的结构。

3) 社会中的每一要素都有一个功能,即它们对于维持社会作为一个完整的体系有所贡献。

4) 每一正在运行的社会结构都以其成员间的价值观的一致为基础。

冲突论的理论预设是:

1) 每个社会在每一方面都处在变迁过程之中。社会变迁是普遍的。

2) 每个社会都在每一方面表现出争端和冲突。社会冲突是普遍的。

3) 社会的每一要素都有助于社会的瓦解和变迁。

4) 每个社会都是以一部分社会成员对另一部分成员的强制为基础的。[①]

将冲突论运用到对宗教的功能分析,自然会得出与功能论中的整合论完全不同的结论。以下我们将集中分析宗教与社会冲突的关系。

2. 马克思主义的论断

马克思主义的社会理论是以历史唯物主义为哲学基础的,其内容我们大多耳熟能详。这里,我们只选取其中与我们眼下的论题——宗教与社会冲突的关系相关的内容做简单的复述。马克思主义认为,人类社会生活——包括社会秩序(或统治)的维系、社会冲突与社会变迁——中起决定性作用的因素是生产方式,也就是人们谋取物质生活资料的方式。恩格斯就曾说过,"一切社会变迁和政治变革的终极原因,不应当在人们的头脑中……而应当在生产方式和交换方式的变更中去寻找"。[②] 人们在全社会性的生产过程中的地位决定了其阶级地位,而人所属的阶级又形塑其意识。这一形塑过程还包括对意识形态的形塑,所谓意识形态就是对现实或实在

[①] 以上参约翰逊:《社会学理论》,566—571,336,611 页。
[②] 《马恩选集》,第 3 卷,307 页。

的基本假定，人们正是在此基础上来看待选择、评估选择并做出决定的。从"阶级创造意识"这一公式，可以推导出如下的结论，即经济现实形塑人们思考问题的方式。在不同的意识形态里，有不同的对实在的基本假定，而这些假定又驱使人们以不同的方式去行动。马克思将这种行动与那些从中获利最大的集团或群体联系起来，他注意到了意识形态与利益之间不可避免的关系。比如说，那种包括君权神授观念的国家意识形态就是用来为国王和统治阶级的利益服务的。如果这一观念深入人心，那么，人们便会更难以公开质疑君王与统治阶级的判断，而更多的资源就会因此转到君王那里去，而剩余资本的出现便会支持上述观念的存续。因此，在马克思主义看来，宗教乃是一种特殊的意识形态。由于宗教将社会组织的原则锚定在神圣者那里，它便会支配所有的阶级接受现状。就马克思时代的欧洲宗教这个具体例子而言，马克思将基督教的主要形式解释为等级制世界观的支柱，这种世界观支持拥有社会资本的精英集团。富有者从基督教中直接获益，因为这种宗教强调在此世勤奋工作，以换取来世的利益，这样便使得富人从劳作的穷人的劳动那里获得更多的利益。因此，马克思主张，社会学家在分析宗教时，必须确定是谁从宗教那里获得物质利益，并考察宗教在作为保护那些获益者的利益的意识形态发挥作用时的方式。①

简言之，在马克思主义看来，宗教在社会冲突中所扮演的角色有以下几点。第一是与统治阶级的物质、政治利益结合，直接为之服务。马克思主义的经典作家曾这样写道："基督徒生活在政治制度各不相同的国家里：有的在共和政体的国家，有的在君主专制的国家。基督教并不评定国家形式的价值。因为它不懂得它们之间的差别，它像宗教应该教导人们的那样教导说：你们要服从权力，因为任何权力都是上帝赐予的。"②在谈到基督教的社会原则时，经典作家们更指出："基督教的社会原则曾为古代奴隶制进行过辩护，也曾把中世纪的农奴制吹得天花乱坠，必要的时候，虽然装出几分怜悯的表情，也还可以为无产阶级的遭受压迫进行辩解。""基督教的社会原则宣扬阶级（统治阶级和被压迫阶级）存在的必要性，它们对被压迫阶级的只有一个虔诚的愿望，希望他们能得到统治阶级的恩典。""基督教的社会原则认为压迫者对待被压迫者的各种卑鄙龌龊的行为，不是对生就的罪恶的和

---

① 以上参 *International Encyclopedia of Religion*，pp. 1103-1104。
② 《马克思恩格斯全集》，第一卷，127页。

其他罪恶的公正惩罚,就是无限英明的上帝对人们赎罪的考验。"[1]在经典作家们看来,由于处于支配地位的或主流的宗教形式总是和统治阶级的利益结合在一起,一旦当被压迫者觉悟到这一点,宗教便会成为统治阶级与被统治阶级之间发生冲突或阶级斗争的根源之一。

第二,宗教会为被统治阶级的反抗和斗争履行外衣的功能。在经典作家们看来,尽管宗教——尤其是主流宗教是与统治阶级的利益结合在一起的,并且往往会作为精神鸦片麻痹人民的意志,但是,这并不意味着宗教在社会冲突中对被统治阶级的利益毫无帮助。恩格斯曾在《路德维希·费尔巴哈和德国古典哲学的终结》中作过如下的论述:"中世纪把意识形态的其他一切形式……哲学、政治、法学,都合并到神学中,使它们成为神学的科目。因此,当时任何社会运动和政治运动都不得不采取神学的形式;对于完全受宗教影响的群众感情来说,要掀起巨大的风暴,就必须让群众的切身利益披上宗教的外衣出现。"宗教的这种外衣功能在德国的农民战争中、在使荷兰摆脱西班牙和德国统治的斗争中,都曾得到表现,经典作家们对宗教在被统治阶级或民族的反抗斗争中的这种外衣功能无疑是持肯定态度的。

综上所述,马克思和恩格斯在分析宗教与社会冲突的关系时,将宗教视为统治阶级用来谋求其物质利益与权力的意识形态,同时认为宗教也会成为被统治阶级用来掩盖其阶级利益的外衣,成为其唤起在情感上受宗教影响的群众投身于反抗斗争的武器。也就是说,在马克思和恩格斯那里,宗教既可以成为一个社会中居主导地位的意识形态,也可以成为被统治阶级的阶级意识的表达形式。因此,我们可以看到,马克思和恩格斯主要是从政治工具的角度来考察宗教在社会冲突中的功能角色的。至于宗教本身是否会成为冲突之源,除了物质利益以外,是否还会有其他因素在宗教与社会冲突的关系中扮演某种角色,与宗教相关的社会冲突是否只会采取阶级斗争的形式,或者说,与宗教相关的社会冲突还有哪些别的形式,等等,这些问题似乎还没有进入他们的视域。马克思和恩格斯是思想家,更是革命家,为了达到以革命的手段实现其社会理想的目的,他们在其思想发展的特定阶段颇为关注宗教问题。许多论者都认为,他们对宗教功能的分析虽然确有所见,而且见解相当深刻,但他们的所见并不全面。比如说,他们就没有注意到宗教对社会公共生活的正面功能。这与他们作为革命家的批判精神有关,而

---

[1] 《马克思恩格斯全集》,第四卷,218页。

且,一旦当他们觉得已经完成了对宗教的批判任务时,他们便会将注意力转向更为迫切的任务。他们在宗教研究方面所做的深入但有限的工作为后人继承其理论遗产,再做更为详尽全面的探讨开辟了道路。上面提出的那些问题,是由当代宗教社会学中的冲突论来予以回答的。

3. 当代冲突论对冲突类型的分析

在回答上述问题时,麦规利(Meredith McGuire)的《宗教的社会背景》(Religion: The Social Context)一书中的相关章节被《国际宗教百科全书》誉为一个出色的范本。以下我们将对她的研究作一综述,在此过程中,我们会努力表达自己对一些问题的理解。不过,在综述其研究成果之前,我们有必要对社会冲突与社会整合的关系作点简单的说明。一个明显的事实是,宗教既会推助社会冲突,也有助于社会整合。在许多时候,冲突只是社会整合的一种形式;有些冲突形式会使某个群体的成员更为紧密地团结在一起。宗教是群体的团结的重要表现形式,这也使得宗教在表达一个群体与另一个群体之间的冲突时,显得非常重要。因此,对于冲突与整合,我们必须抱持一种中性的概念。不能抽象地将整合判定为好的,将冲突判定为坏的。事实上,当我们考察整合与冲突的一些具体事例时,我们会发现,所谓好坏针对的并不是整合和冲突的过程,而是其具体的内容。

现在,我们将转向当代冲突论对冲突类型的分析。当代冲突论在这方面所做的工作是以人类交往或互动的层面为分类依据的。首先,当代冲突论划分出宗教群体与外部大社会系统之间的冲突。这样的冲突往往导致更大的社会报复,比如某些西方国家的法庭会宣布摩门教对家庭与教育的安排无效,或将贵格会中那些有意的反对者予以拘捕。有时,宗派分子只是通过谴责"俗世的生活方式"或从中退隐来表达冲突,这是此类冲突中最温和的方式。麦规利曾以加拿大的一个宗教宗派斗克侯波(Doukhobors)为例说明宗教与外部社会的关系。这个宗派的价值观与生活方式经常与主流社会发生巨大的冲突,其成员经常与教育、社会福利以及警察当局发生冲突。例如,在1953年,加拿大的斗克侯波们焚烧学校、举行裸体游行,以抗议教育当局在就读公立学校方面对其孩子们越来越强硬的立场。他们作为一个群体的强大凝聚力使得他们与非斗克侯波分离开来,与此同时,他们与社会其他部分的对立的经验又增进了其群体的凝聚与支持。麦规利由此得出以下结论:在一种交往水平上的凝聚会在另一种水平上产生冲突,而与外界的冲突又有助于内部的凝聚。其次是宗教群体之间的冲突,这种冲突往往发生在宗教边界与政治边界共存的情形里。典型的例子是15世纪末"基督教君主"对西班牙的再征服,在此冲突中,宗教发挥了重要的作用。这一事件伴随着一种强烈的"我们反对他们"的情感,这种情感既来自对摩尔人(即穆斯林)的驱逐,也来自对本地犹太人的压迫。在现代国家内部的宗教群体之间的冲突可能会显得更为精致(如美洲反闪米特主义中的大多数事例就是这样);但是,当宗教边界与其他边界(例如社会阶级、种族或族群)是共存(coextensive,同样广阔)的时候,就会爆发公开的冲突。第三种类型的与宗教有关的社会冲突是宗教群体内部的冲突,早期新教改革运动时期的冲突就代表了这种类型。那时,抗罗宗的群体被界定为罗马天主教内部的分裂性群体。类似地,大多数已经建立起来的宗派和小群最初也始于其母群内部的冲突。

以上几种冲突形式很难完全归结为阶级斗争,因此,在对与宗教有关的社会冲突作类型学研究时,马克思主义的经典作家们并未穷尽所有的工作,后人还有做出新贡献的余地。

4. 当代冲突论对冲突根源的分析

当代冲突论对于与宗教有关的冲突的根源的探讨在理论视野上有所拓展,冲突论者并不否认以宗教形式表现出来的冲突是对利益的表达。但是,除此以外,当代冲突论者还试图挖掘其他根源。例如,当代冲突论会认为宗教在本质上就是一种具有天生的斗争性的社会制度和信仰体系,许多宗教都会为其所信仰的终极真理进行斗争。一旦遭到挑战,宗教信徒、神学家和宗教组织都有可能起而捍卫其真理,典型的一例是伊斯兰教世界对《撒旦诗篇》的作者的态度。为了捍卫被认为是遭到了亵渎的伊斯兰教的真理和信徒的情感,一些伊斯兰教组织和领袖不惜以性命相威胁。此外,像基督教和伊斯兰教这样的世界性宗教还有一种执著的宗教扩张精神,其信徒与宗教组织会以传教至万邦相号召,极力将其信仰传播到其他文化背景之中,这不可避免地会引起群体之间的冲突。在探讨由宗教的本性所引起的冲突时,麦规利将其划分为如下四种类型,并一一深入地探析了其更为具体的根源。

第一类是由界线引起的宗教群体与外界的冲突。这种界线就是群体内与群体外的区分,它意味着与外界保持距离。我们知道,许多宗教仪式都赞美群体的认同与团结,与此同时,仪式也象征着另一种动机结构,即保持该群体与外界的界线。宗教群体不仅保护着其外在的界线,而且还非常关注其内在的纯洁性,而这正是冲突的另一个可能的根源。"我们"与"他们"的二分法既是一种包含着人们如何看待他们自己以及其他人的结构性架构——这种架构有群体性的组织与生活作为其社会实在的基础,它也是一种认知性的架构。这种认知性的界线的基础是:"我们"分享着"他们"所没有的核心体验。"重生派"的基督徒认为他们的宗教体验是他们自己与其他人之间的重要区分,而他们见证其重生的特殊经验的方式——如宗教生活中的证道会则象征着这种区分。由此可见,植根于宗教本性之中的由宗教群体内部的那种"自我"与"他者"的二分法所划定的界线,是极易引起内外冲突的具体根源之一。

麦规利还采用了瓦赫在社会化问题上所取得的研究成果,对由宗教的本性引起的冲突进行更深入的分析。她指出,在大多数社会里,宗教在儿童的社会化中所发挥的作用相当重要,并因此从幼年开始就成为"我们—他们"式的认知结构的部分。由于发展了一种宗教归属感,儿童逐渐认为他们自己就是群体内的一部分,并分享着他们的群体感受社会其他部分的方式。这种认知性的架构可能也包含着一种感受,即他人是敌人,或者他人在价值上劣于群体内的成员。在一个宗教群体内学得的价值观与态度经常会与在另一个群体内受教育的儿童迥然不同。因此,宗教在社会化中的作用增加了分裂的可能性。这也是宗教在履行同一种功能时,会产生正负两种效应的一个绝佳事例。

第二类是由殊别主义引起的宗教群体与外界的冲突。殊别主义乃是社会群体对自身以及自身与其他群体的一种看法。殊别主义世界观会鼓励对群体外的不宽容和偏见。宗教的殊别主义就是视某人自己群体的宗教为唯一正当的宗教,这样的宗教观点无疑会推助冲突。在复杂的社会里,世界观的冲突是以许多困难的态度来解决的。例如说:"我们的宗教是完全正确的,他们的是完全错误的","他们的宗教不错,我们的更好","我们的宗教既是正确的,也适合不同的人","他们和我们的宗教基本上是一样的,表面上的不同只是偶然的现象"。后面的这种态度在中国的一些思想家那里常会得到表述,如认为儒释道同样都有见于根本之道,因而主张三教合流,这是一种较为宽容的态度。但是,某些宗教的信仰体系包含着对非信徒的殊别主义的判断。例如,一项对加拿大的极端种族主义者的研究表明,社会阶级与教育水平与对极端种族主义活动的参与并没有密切的关系。相反,最令人惊异的关系是一些基要派的基督宗教积极参与到其中。一项美国的研究则发现,在基要派与歧视他者的一般倾向之间以及对一些特定的目标如妇女、黑人和同性恋的歧视之间存在着一种牢固的联系。

宗教殊别主义的前提是一种对立感,这种对立感使得教内群体需要能够与之进行比较的教外群体。与那些较少包含得意扬扬成分的世界观相比,对人类的其他部分持殊别主义态度的宗教世界观更有可能会推助冲突。具有殊别主义世界观的群体正是由于这种对立感,而能够动员其成员的努力。殊别主义会提高人们对其信仰的战斗精神。伊斯兰教中的强烈的宗教殊别主义成分推助了其早期在整个中东的传教扩张,这种扩张向西到达北非与西班牙,向东到达印度与东南亚,向北到达欧亚大陆。这种与在宗教上得到了合法化的战斗性相结合的殊别主义也体现在圣战中,圣战乃是伊斯兰教冲突中的一个经常性的特征。当今在黎巴嫩、伊朗和印度尼西亚的冲突也一直被看作圣战。麦规利认为,对于大多数非西方的宗教来说,传教扩张的观念是陌生的,因为相对来说,较少有宗教将拥有"真理"的殊别主义与归化整个教外群体的命令结合在一起。但是,麦规利以上对伊斯兰教的看法,在萨伊德看来一定是西方人试图理解和征服东方人的那种理论即所谓东方主义的产物。实际上,基督教历史上也有类似的对应物,十字军东征就是一例。

第三类是由越轨与控制引起的宗教群体内部的冲突。教内群体与教外群体的二分法有时实际上就是正确与谬误、正常与反常的二分法,有时甚至被认为是天使与魔鬼的二分法,它同样适用于群体与其内部那些被界定为越轨或异端的成员之间的关系。但是,这里需要重申的是,冲突乃是整合的另一面。越轨本身以及群体对付越轨成员的方法往往就是一种冲突,只不过其中包含着群体用来实施其控制的某种形式。越轨是与某一社会群体的行为规范和期待相反的行为。一个群体确立了一项规范,如反对赌博,并判定某一成员违反了这一规范,那么,该群体就既是在惩罚赌博的越轨者,也是在宣布其对一个不赌博的人群的认同。

在较小的、紧密地联系在一起的社会里或宗教群体里,群体对越轨成员的社会控制可能会非常有力。门诺教(Mennonites)有时会开除越轨成员,家庭和邻居有时会在几年之内拒绝与这类成员进行任何交往,直到越轨成员悔"罪"或宣布放弃"异端"。由于宗教经常是社会群体的规范与价值的根源,在社会对越轨的反应中,宗教经常会非常重要。越轨者的行为不仅会被认为有害于群体,而且会被看作对群体认为是神圣的东西的冒犯。

涂尔干强调"赎罪仪式"(如抵赎过失和清除不洁)与"实证(积极)的仪式"(如圣餐)一样,都是对群体的核心团结与力量的一种表现。通过对悔罪的越轨成员的再吸收,个体与群体都在其围绕着规范的团结中得到了强化。对很多宗教来说,从内部产生的越轨的威胁比教外人的反对更具破坏性,其原因也许在于它们都知道"堡垒最容易从内部攻破"。大多数宗教群体都会认为,教内人"应该了解得更好",也应该做得更好;教外人可以因其对真理的不了解或无知而不予考虑。教内人则应该作为"我们中的一员"自觉地遵守群体的规范。一个违反了群体的一项重要规范的同类就会成为对整个群体的基本团结的有意冒犯。

有时,越轨者可能会由于各种原因而拒不悔罪。但是,即便越轨者没有悔罪,越轨也可能有助于群体的团结。在团结起来对付越轨者时,群体得到了强化。与越轨者的内部冲突即便多于外来的对抗,也会强化群体的界线与规范感。对一个被控犯有奸淫罪的人的集体性的拒斥便会提醒整个群体应该如何憎恶奸淫。有时,各种规范可能会不太清楚或处于变化之中,而对越轨者的集体性的处理实际上会清晰地表述规范。例如,近年来,许多社群或宗教群体一直想禁止或惩罚同性恋的做法。有些走得很远,以至诬蔑艾滋病患者患病的原因是由于与同性恋者有交往。一项研究发现,对艾滋病患者的不宽容(例如禁止患艾滋病的孩子上学)与教育水平较低、自尊、政治保守主义和宗教基要派等因素有关。这些行为不仅是对仇视同性恋的反映,更是群体在社会规范不清楚或正在变化的情况下试图维护其规范的努力。通过团结起来反对他们所认定的越轨者,他们是在为他们自己坚持他们自己的规范。

麦规利发现,具有殊别主义世界观的宗教群体似乎对越轨特别不宽容。殊别主义的宗教群体赋予越轨者以更多的理由去害怕群体的制裁。如果一个人是在一种他相信是唯一正确的宗教里——通向救赎的唯一正确的道路——社会化的,他就不可能考虑离开该群体。他可能会竭尽全力遵守该群体的行为规范,接受它对越轨行为的惩罚,并希望永远不要离开它。如果他接受该群体是唯一真正的宗教的宣称,被革除教籍就可能是对他最严厉的惩罚。在团结起来反对越轨者时,殊别主义的宗教群体既获得了一种团结感,也获得了一种自己的道德正确感。他们战胜了外在的与内在的对抗。这样的群体中的义人的核心集团还发展出一种纯洁主义与精英主义的特性,这更进一步增加了冲突的可能性。在世俗的社会里,我们也可以见到类似的事例,当某一政党强调其意识形态的纯洁性时,很可能意味着对其内部越轨者的整肃乃至肉体上的消灭。

　　第四类是由权威(正统)与异端问题引起的宗教群体内部的冲突。一些宗教群体的内部冲突也会围绕着一些非宗教性的利益而发展,这包括社会经济问题,领导与权力,以及群体内部的其他社会分裂。例如,在 14 世纪后期和 15 世纪早期,天主教经历了一次重大的分裂,这一分裂纯粹是由于政治上的分歧,而不是神学上的争议所引起的。同一个枢机主教团选出了两个教皇,接着,欧洲大多数地区的不同的国王与王子们便支持这个或那个教皇,以便使其政治主张得到合法化。以后对这一分裂的解决也是由于政治上的媾和,而不是由于宗教上的媾和。在我们看来,对于此类冲突的原因之探寻,历史唯物主义的分析可能会更具说服力。

　　不过,在宗教思想与仪式方面所产生的冲突至少在表面上经常是以权威问题为中心的,权威既意味着对各种宗教组织的控制,也意味着对核心信仰与仪式的表述的控制。东正教与罗马天主教的分裂基本上是在权威上的冲突。乍一看,分裂似乎是围绕着以下神学问题产生的:基督是否具有与天父一样的实体,或者是"类似于"天父?然而,在这些神学问题的背后,却是更为深刻的冲突根源:希腊哲学与政治体制对罗马哲学与法律。具体而言,分裂表现了东方最高主教对教会的权力与权威集中于独一的西方最高主教(即罗马教皇)之手的不满。具体的神学问题对于冲突双方来说似乎很重要,却并不导致冲突,教会的权威问题才是冲突的核心根源。

　　麦规利认为,在权威问题上发生冲突的另一个根源是宗教启示。由于宗教体验与认知方式非常私人化,对于信徒来说,总是有可能以不同于法定的方式来接受启示或获得解释。在大多数主要的宗教中,启示、先知预言、洞见以及对经典与传统的新的解释,一直都是群体内部冲突的一个重要的根源。此外,当成员坚持那些与被权威地确立起来的信仰和仪式大不相同的信仰与仪式时,那便会被界定为异端,而不只是越轨。这种异议无疑会挑战群体现存的权威结构,它表明,整个群体都必须为其信仰与仪式的核心考虑一种不同的基础。对异端的确定和谴责乃是法定的领导面对挑战对其权威的维护。历史上确定的异端一直都被人告发,其活力表明他们对既定的宗教权威的挑战是非常严重的。

　　麦规利认为,在异端问题上产生的内部冲突是一个能动的过程。它能动员群体的成员参与反对异端的活动，并间接促进内部变化，如修改其教义、转化组织安排或发展其他的新东西。此外，群体还能够通过这一能动的过程吸收选择性的信仰和仪式，朝可选择的权威转化。即使在压迫异端时，群体还会迫使持异端的信徒形成一种选择性的社会运动，基督教小派的历史就显示了这种能动性。

麦规利的结论是，宗教在群体内部以及与群体外部的社会冲突中，是一个重要的因素。冲突的可能性既来自宗教与宗教群体本身的特性，也来自社会整体的本质。然而，冲突的方面只是社会整合的另一面。相当数量的冲突都是那种保持群体团结的结构本身的一部分。由于宗教是群体用来表达其团结的一种重要的方法，它也是冲突中的一个重要因素。从麦规利的研究中可以看到，她的理论落脚点仍是社会的整合与稳定。

在分析与宗教相关的社会冲突的根源时，麦规利除了在宗教的本性中进行探寻以外，还试图在社会生活的本质中进行发掘。她认为，社会本身的分裂也是与宗教相关的冲突的根源，这主要表现在，有些宗教性的分裂在社会组织中有其根源。由于宗教归属是自我认同的一个基础，而对一个民族、宗教、血缘和种族群体的强烈的归属感需要那个群体的成员与外于该群体的成员之间的一种障碍感。宗教作为社会中的群体认同的一个重要基础，它便成为潜在的分裂界线。但是，对宗教更为切近的考察却表明，情况远比这复杂得多。宗教性的界线经常会与其他的分裂界线如社会阶级、种族、政治或民族效忠等相重叠，有些看上去是宗教性的斗争可能也是种族或社会阶级的冲突。她的这一结论和下述的分析显然受到马克思社会理论的影响。在考察 1844 年新教徒与罗马天主教徒之间在美国费城发生的战斗时，麦规利指出，当宗教分离与其他的分裂界线是同样广泛的时候，似乎很难辨别宗教在冲突中的真正作用。当时，新教教徒们很愤怒地发现，天主教的主教已经说服学校董事会免除天主教徒的孩子们的宗教训导。而在那时，宗教训导是公立学校课程表中一个标准的部分。于是，新教徒召开群众大会，攻击这种变化，一群新教徒更冲进天主教徒邻居的家中。由此而导致了街头巷战与大混乱，而新教徒的一些乌合之众更放火焚烧了几间房子和天主教的教堂。当暴力达到高潮时，州长派出军队，而新教徒的暴徒却以自己的大炮和步枪与之交战。成千上万的天主教徒逃离了费城。麦规利指出，表面上，这一历史事件似乎是宗教冲突的一个简单的案例，但是，罗马天主教徒与新教徒之间的分裂也是种族、经济利益、政治与邻里关系的分裂界线。

这是因为,卷入冲突的天主教徒几乎都是爱尔兰人,而且许多都是新近来的移民。当时,反移民的政治潮流方兴未艾。这里提到的经济因素可能有多种,其中包括移民与祖先是英国人的美国"本地人"之间为了工作而展开的竞争。当时反天主教的偏见的严重程度也不应低估,与此同时,却很难将宗教性冲突的成分与其他的分裂性根源区分开来。

由于宗教经常与其他分裂界线同样广泛,它也经常被用作其他分裂与冲突的表达方式。一个南非人可以用他对荷兰改革宗教会的忠诚来表达许多其他的忠诚:种族的(白人,与黑人对立)、族裔的(生于南非的欧洲人/荷兰人,与英国人对立)、语言的(南非公用语,狂热地反对英语)和政治的(生于南非的欧洲人的国民党)。但是,分裂界线的重叠也意味着,宗教冲突有时会与其他的也许是更为基本的分裂恰好重合。例如,在印度,关于教育(广而言之,关于经济机会)的国家政策必须处理不同群体的竞争性甚或冲突性的要求,这些群体是按照偶合的宗教—族群—语言的认同来界定的(例如,雅利安印度人使用梵文,印度北部的穆斯林操乌尔都语,僧伽罗人使用巴利语,而旁遮普的锡克人则用 Gurumukhi 语书写)。当这些群体因教育政策发生冲突时,宗教便是一个相关的因素。但是,它与族裔语言、也经常与经济和地区性分裂难解难分地交织在一起。由于这种与其他的群体认同的重要根源的联系,宗教经常会成为政治与经济冲突的幌子甚或一种公开的合法性。这实际上是对马克思和恩格斯所说的宗教的外衣功能的一种具体展示。因此,麦规利认为,宗教冲突的修辞与灵感这两者都能掩盖对政治权力与经济利益的热望。

在谈到马克思对与宗教相关的冲突的分析时,麦规利作了如下概述:马克思主义的解释认为,宗教冲突只是基本的经济关系的表现形式。因此,统治阶级努力将一些使其利益合法化的观念(包括宗教观念)强加于人。不然,统治阶级就会利用被统治人民中的宗教分歧,以阻碍他们实现其真正的阶级利益。根据马克思主义的理论,宗教分歧经常是经济上的不满的表现,但是,其宗教的本性又妨碍持异议者充分实现他们的阶级的经济利益。按照马克思的说法,当工人阶级可以通过团结起来反对其共同的敌人——统治阶级而最好地实现其利益时,宗教冲突却经常会导致他们之间的分裂。在 19 世纪末期,美国保护协会大约十万成员呼吁,如果可以获得非天主教徒,就不要为天主教徒投票,不要与他们一起罢工,不要雇用天主教徒。这样的运动吸引了那些在经济上受到威胁的工人阶级分子,如果他们在政治和劳工运动中与那些和他们具有共同的经济利益的天主教徒们团结起来，他们可能会受益匪浅。

麦规利指出，马克思曾预言阶级冲突会与日俱增，但这一预言并未在许多现代社会里最终实现。在麦规利看来，其中有一重要的原因，那就是这些社会的成员屈从于交错压力（cross pressure）而不是社会阶级利益，因而使得宗教也成为冲突中不易发作的根源。在麦规利那里，所谓交错压力指的是，当个体认同于几种不同的角色和相关群体时，个体所感受到的是具有冲突性的效忠。交错压力的一个例子是，一位经营一家地方银行支行的黑人妇女所感受到的具有冲突性的效忠。她与一些快乐的犹太人和爱尔兰天主教徒邻居生活在和睦的中产阶级教区住宅区，属于地方浸信会教会。当不同的效忠发生冲突的问题出现时，例如，税款是否应该用于资助贫穷的妇女堕胎，她可能会尖锐地感受到这种交错压力。她对贫穷的黑人或对妇女的忠诚可能会促使她支持赞助堕胎，而她对她的宗教与特权阶层的认同又可能会迫使她采取相反的立场。

麦规利注意到，在许多社会里，这样的交错压力是付之阙如的或者微乎其微，因为所有主要的有意义的个体认同都是一致的。如果统治阶级具有完全不同于被统治阶级的种族、宗教和文化背景（许多殖民社会就是这样），社会冲突的可能性就非常之大，因为在个体之内，很少有冲突性的效忠。在美国，分界线——宗教、族裔、种族、经济、居住、地区和政治性的——很少是共存的（同样广泛的、共同扩张的）。尽管存在着真正的身份不平等（例如，白人和新教徒在政治和经济精英中占尽了优势），地理上的流动性、相关的经济流动性和大众传媒却有助于模糊这些分界线。在一个个体身上的交错压力意味着沿着单一的一条分界线（如社会阶级或宗教）产生协力一致的冲突的可能性减小了。

麦规利还指出，过分强调宗教的外衣功能，强调宗教分裂有时会掩盖其他的分界线，可能会导致忽略另一个事实，即并不是所有的冲突都没有真正的宗教利益牵涉在内。保护宗教利益经常会导致冲突。为了宗教自由——抱持和实践一个人选择的宗教信仰——而进行的斗争一直是政治冲突经常发生的原因。对胡格诺教派信徒（即法国新教徒）的暴力压迫导致了从16世纪该教派诞生到1789年持续不断的冲突。胡格诺教派坚持宣称他们信仰其宗教的权力，而冲突则包括内战、大规模的移民海外、大屠杀和迫害。

综上所述，当代冲突论者在探讨宗教与社会冲突的关系，更注重综合考察冲突的根源,阶级与利益虽然是他们常用的术语,却对他们显得过于简单和不够。对他们来说,对交错压力这样的社会现象与冲突之间的关系的研究结果似乎尤其能够证明阶级分析的不充分。事实上,他们对此所做的分析,确实有助于认识更为复杂的现代社会生活的本质,但是,历史唯物主义寻求的是一切社会矛盾的终极原因。也许在坚定的历史唯物主义者看来,一切社会冲突的终极性根源都可以在阶级利益那里得到勘定。对此,我们所希望的是,马克思关于宗教与社会冲突的社会理论能够在不断的发展中,更有说服力地解释各种复杂的现象。

四、宗教与社会变迁

1. 社会变迁释义

　　社会变迁是社会学的重要论题之一。泛而言之,所谓社会变迁指的是一个群体或社会的社会安排中所发生的任何变化,而对社会学特别有意义的社会变迁则指的是长时段里社会结构发生变更的过程或一系列过程。例如,社会分层(指的是在一个社会中,根据诸如社会阶层、年龄、政治权力、性别或种族等标准对声望和特权所作的不同分配)有了新的基础,或者一个群体的基本决策方式中出现了变化,这些都是结构性的变迁。有时,社会学家们也将维持社会结构的社会过程作为社会变迁的形式予以研究,这一点显得有些吊诡。我们认为,如果将维持社会结构的各种努力视为对社会变迁的一种回应,那也确实可以将其纳入社会变迁的范围予以考察。

　　在探讨社会变迁的形式时,有些社会学家认为社会变迁是以线性进化的方式发生的。在他们看来,社会是不断进步的,或者说是朝好的方向变化的。而有些社会学家则认为社会变迁是循环性的,社会与自然事物相仿,有其产生、成长和衰落、死亡的过程,这样的过程会不断地循环。进化论的观点我们在第一章已经作了介绍,这里简单介绍一下循环论的观点。斯宾格勒可以说是主张循环论的最重要的代表。斯氏在《西方的没落》一书中对社会变迁的研究是以文化为基本单位的,而文化在斯氏那里指的是构成一个社会的所有要素,如宗教、哲学、艺术、政治、经济、技术乃至体育运动等等。文化就像一年的四季一样经历着变迁。在其春季,文化是农业的、乡村的、封建的,这种文化镜射或反映在它的英雄和描述这些英雄的神话里。在其夏季,文化开始建立城镇,但是,这些城镇尚未与其乡土之根分离。在这一阶段,文化由贵族执其牛耳,因为他们控制着社会。秋季是收获的季节,文化的精神表现在其不断增长的城市、商业和集权化的君主那里,宗教受到了科学和哲学的挑战。与此同时,秋季也是解体开始的时候。冬季的标志是帝国主义、政治暴政、持续的战争,还出现了特大城市、无根的工人,富人主宰着一切。四季的循环是不会停止的,文化和社会的兴衰更替也不会停止。斯氏认为,他所处的时代,西方正在经历着文化的冬季,走向衰落。循环论在中国古代的社会历史观中也并不罕见,而且,中国古代社会史中循环的事实更为多见。不仅如此,在整个人类的社会生活中,周而复始的循环现象也比比皆是。因此,循环论对社会变迁的样态与特性的把握并非一无是处,它至少是以历史的经验事实为依据的。当然,循环论的基本倾向与精神和人们普遍接受的社会进化论是格格不入的。

　　社会学对社会变迁之根源的探寻,可能比对社会变迁的形式的探求更为重要。对变迁的根源问题的解答在社会学中较有影响的要算功能论和历史唯物论。历史唯物论试图在生产方式和交换方式,也就是人们的物质生活方式中寻求一切社会变迁、而且往往是突发的和剧烈的社会革命的根源。换言之,一个历史唯物主义者可能会倾向于在剧烈的社会冲突中探寻社会变迁的根源,我们对此已有介绍。功能论因其以社会的整合与稳定为诉求,往往被人们看作不能解释社会变迁的一种理论。但功能论者会说,即使早期的功能论也能解释社会变迁。例如,如果社会调查表明,高中教育具有降低犯罪率的功能,那么,社会就会鼓励更多的人接受高中教育。这样,经过一段时期,整个社会就会逐渐提高其教育水平,从而带来一种长期性的社会变迁。更何况,经过结构功能论在理论上所做的推进,社会变迁、冲突等问题业已进入其理论视域。确实,经过莫顿等人的理论改进,功能论似乎也增强了其解释社会变迁的能力。但是,功能论与历史唯物论之间的差异仍然是重大的。基本上可以这样陈述二者之间的差异:功能论倾向于将社会变迁描述为缓慢的、渐进的变迁,而历史唯物论则更属意于激烈的社会冲突所带来的革命性的社会变迁。

　　以上粗略介绍的是一般社会学对社会变迁的形式与根源的探讨,这些探讨对于宗教社会学的理论研究是有一定的意义的。下面,我们主要分析宗教对社会变迁所产生的影响。在谈论这一论题时,我们主要涉及的是宗教与社会系统中的政治、经济秩序的变迁之间的关系。这一点必须非常明确。

2. 宗教阻碍社会变迁

宗教影响社会变迁的一种形式是阻碍变迁的发生和发展,这主要表现为宗教对现状的维护,也表现为当变迁业已发生时,宗教会极力阻挠之。弄清这一现象的原因和机制需要首先辨明宗教中的保守因素,其次则需要说明宗教与社会分层之间的关系以及表现在这种关系中的利益动机。

宗教是一种社会文化要素,在所有的传统中可能是最为保守的一种。这主要表现在,第一,宗教信仰在信徒看来具有一种理所当然的合理性,持有某种宗教信仰的个体和群体有可能本能地抗拒新的思维方式和不同于其信仰内容的新事物。第二,宗教传统以及传统的连续性是以信徒的那种神圣感为其维系基础的,大部分宗教信徒都会坚信其认信的宗教具有神圣的来源,是神的旨意,不可遗弃,亦不可随意变更。第三,宗教的另外一些构成要素如仪式以及受宗教观念与仪式影响的社会习俗,因其与神圣的象征有关,同样具有难以变更的保守性。因此,尽管在宗教的构成要素中,有一些成分会推助社会变迁,但宗教的主要倾向是保守现状。自涂尔干以后,尤其是功能学派之所以会一再强调宗教具有维系社会系统的平衡与稳定的功能,确实是因为在宗教的本性中就可以找到其原因。

马克思主义的经典作家马克思和恩格斯对宗教维护现状、阻挠社会变迁的保守性所见相当深刻,如上所述,他们非常注重分析宗教与社会分层的关系以及表现在这种关系中的利益动机,由此来揭示宗教与社会变迁之间的关系。他们在分析中经常使用的策略性术语有:阶级利益、意识形态、虚假意识,异化,等等。马克思主义认为,统治阶级和被统治阶级都有其自身的利益诉求,而意识形态则是用来使一个阶级或集团——主要是统治阶级的社会行为与利益合法化的思想工具。因此,意识形态在他们那里基本上是一个贬义词。在马克思和恩格斯那里,促使人们采取某种社会行动的是对物质利益的考量,而宗教和哲学思想只是黑格尔所说的在黄昏才起飞的猫头鹰,是对既得利益的事后解释,是对社会行动的真实动机——利益动机的掩饰或粉饰。因此,对统治阶级来说,宗教不过是一种思想工具,而对被统治阶级来说,宗教则是一种异化的虚假意识。马克思主义的经典作家们曾经以工人与其生产产品之间的关系来类比被统治阶级与宗教之间的关系:工人就像与一个异化的对象联系在一起一样与其劳动的产品联系在一起。工人愈是在工作中消耗自身,他所创造的他必须面对的对象世界便愈是强大;他的内心生活愈是贫乏,他便愈是更少地属于他自己。宗教里的情况也是这样,人愈是多地将自身归于上帝,他留给自己的东西就愈少。也就是说,宗教愈是将人们在现实生活中的需要反映在一个虚幻的世界里,那么,人们改变现实社会秩序的愿望和意志就愈是薄弱。正是在这种意义上,马克思说宗教是人们的鸦片。宗教虽然反映了现实生活中的苦难,宗教本身却是一种妨碍人民采取有效的行动以救治其环境、获得现实利益的幻想。宗教固然给人们以情感上的慰藉,但是,任何这样的抚慰却都是迷惑人心的伎俩。宗教经常会消解那种推助革命的异议与热情。马克思主义的经典作家还通过对英国工人阶级的历史的分析,揭示了这样一个事实,即基督教循道宗的发展通过利用 19 世纪宗教运动中工人的异议与热忱而阻碍了革命。我们在前面已经指出过,马克思主义的宗教观最重视的是宗教的政治功能,在分析宗教与社会变迁的关系时,马克思和恩格斯注重的仍是宗教与社会政治行动之间的关系。在他们看来,阻挠人民采取实现其现实利益的政治行动的宗教,当然是阻碍社会变迁的。但是,当代一些宗教社会学家却认为,宗教与社会变迁之间的实际关系远非如此简单。他们会这样质疑道:宗教通过以宗教上的成就来取代现实生活中的经济、政治成就,是否会给那些受到经济剥削、在生存边缘苦苦挣扎的无特权者带来生命的尊严感或优越感?而这样的优越感无疑会带来变革社会的心理与物质力量,清教徒在宗教上的优越感就曾经产生过相当有强度的变革热情。

将利益理论引入对宗教与社会分层的关系以及宗教与社会变迁的关系之研究的还有韦伯。众所周知,韦伯更为注重的乃是宗教与现代性之间的关系,而现代性中的现代化无疑是人类历史上最为重大的社会变迁。从《新教伦理与资本主义精神》一书来看,韦伯对宗教与社会变迁之间的关系似乎持一种肯定的见解。也就是说,韦伯的结论似乎与马克思相反。但是,事实上,韦伯的分析注意到了一些更为复杂的现象。因此,其结论也远不是我们想象的那样简单。例如,他非常敏锐地注意到宗教思想的一项功能,即它可以被用来使现存的社会安排,尤其是使分层制度合法化。在谈到救赎宗教对于不同阶层的功能时,韦伯指出,既然每一个人对于救赎的需要都是某种痛苦的表现,那么社会的或经济的压迫,就是救赎信仰的一个主要来源。但是,那些具有大的社会和经济特权的阶级几乎不会接受这样的救赎信仰,他们给宗教指定的任务是,使他们自己的生活方式和在俗世中的地位合法化。

他非常深入地分析道:"当一个幸福的人与不幸者比较其地位时,他不会满足于他所得的幸福,而是想得到更多的东西,也就是享有这种幸福的权力,以及相信自己前程似锦的意识;这与那些肯定倒霉的不幸者完全相反。我们的日常经历证明,确实存在这样一种对一个人幸福的合法性或正当性再确认的心理需要,不论这种幸福是政治上的成功、优越的经济地位、身体的健康、情场的成功,还是其他什么东西。特权阶级对宗教所要求的,也不过就是这种心理上对合法性的再确认。"①韦伯认为,宗教在历史上一直都解释了为什么有权有势者应该拥有其权势,并且使其权势合法化。有特权的阶层常常将其财富和成功合法化为上帝赞许他们的勤奋劳作与道德上的公义的象征。韦伯还注意到,大多数宗教不仅提供关于特权的神义论,也提供关于无权的神义论。前者无疑有助于维护现状,而后者则会借助于宗教对来世希望的应许阻止无特权者改变现存的社会安排——印度宗教的轮回再生观念就是典型的一例。

我们看到,韦伯对社会分层的解释比马克思显得复杂一些。马克思更多地使用阶级分析法来解释宗教对社会变迁的影响,而韦伯则区分了以经济因素为基础的阶级状况和以生活方式、荣誉和声望等因素为基础的地位状况。因此,对韦伯来说,宗教与社会秩序、社会安排之间的关系远不只是为一个社会群体的物质利益进行意识形态上的合法化论证;宗教还可以为地位划分、群体凝聚与控制经济机会提供种种观念基础。

宗教所造成的心理取向、对社会世界的态度也会影响宗教与社会变迁的关系的实质。例如,韦伯在好几种著作中一再指出,儒教力图消弭超越世界与经验世界之间的张力,努力使个体和群体适应现实世界。儒教中更有所谓"天不变,道亦不变"这一明确的训言,宗教的这一方面无疑会阻挠社会变迁。再加上我们在前面谈到的宗教具有社会整合、社会控制、社会化、调适个体与群体的心理等功能,这一切均表明,宗教毫无疑问地具有维护社会现状、阻挠社会变迁的倾向和特性。但是,正如我们在前面指出的那样,对宗教的这种倾向不可作抽象的、一概而论的价值判断。如果非要做价值判断不可,那也应该有一种境遇意识,也就是要针对不同的历史境遇作具体的分析。

---

① 韦伯:《宗教社会学》,166—167 页。

3. 宗教推助社会变迁

在前面谈及宗教的功能时,我们曾指出,宗教的某些方面具有正功能,有些方面具有负功能;同样,在讨论宗教与社会变迁的关系时,我们也可以做出类似的陈述,宗教的某些方面会阻挠社会变迁,而某些方面则会推助社会变迁。

经典马克思主义对宗教与社会变迁的关系的论述,似乎主要给人以这样的印象:宗教阻挠社会变迁,宗教在社会政治方面的功能是反动的。但是,马克思主义也是发展的。在其晚近的发展中,越来越多的学者注意到:宗教并不只是社会生产关系中的一个消极被动的结果,它是社会变化中的一个积极的因素,它既受社会进程的制约,也会反过来制约社会进程;宗教并非总是社会进程中的一个次要的因素,它在一个新的社会结构的诞生与巩固中,可能经常会发挥重要的作用;宗教在社会中并不一定是一种功能性的、再生产性的保守因素,它经常是可以获得的引起社会革命的主要或重要的途径。因此,对于国内外的马克思主义者来说,在断定宗教的某些方面会阻碍社会变迁的同时,承认宗教的某些方面会推助社会变迁,似乎已经问题不大了。真正的问题在于探明宗教是在什么样的情况下、以什么样的方式推助社会变迁的?它为什么会具有推助社会变迁的特性?

如前所述,宗教中的某些方面的确显得很保守,但是,宗教中也有一些方面显得很活跃和积极,正是这些方面使得宗教又天然地具有革命性。例如,对宗教教义的阐发会产生一些观念或思想,这些观念或思想往往会成为某个时代宗教群体的理想。信徒们往往会以一种超凡的宗教热忱乃至狂热,试图保持现实与其理想的一致。在这样的情况下,宗教的革命性力量便会显露无遗。它不仅会推助还会掀起社会变迁乃至社会革命的热潮。但是,在探讨宗教思想、观念对于社会变迁尤其是对人的行为类型的变迁的影响时,我们必须注意到一些事实。第一,我们不应该只集中于宗教思想或运动的最初的显性动机。以韦伯对新教伦理与资本主义精神之间的关系的研究为例,韦伯注意到,宗教改革的文化后果,也就是我们前面所说的隐性功能,是改革家未曾料到的,甚至是他们不想达到的。宗教改革家的道德理想及其教义的实际效果都是建立在这样一个基础之上的,即,灵魂的救赎,而且仅仅是灵魂的救赎才是他们生活和工作的中心。如果期望发现加尔文宗和其他新教派别的创始人或任何代表人物把推动资本主义精神的发展视为其终生工作的目的,那是大谬不然的,他们并没有这样的自觉意识。他们的工作往往只有较为纯粹的宗教动机。也就是说,受宗教教义影响的宗教观念对于人们行为的影响,往往只是间接的,其文化后果有时甚至远离倡导这些思想的改革家的初衷。[①] 第二,宗教思想并非导致社会变迁的唯一决定性的力量,还有其他的社会文化要素如经济的、政治的原因会在社会变迁的过程中扮演相当重要的角色。因此,当我们研究宗教观念或思想对社会变迁的影响时,应该像韦伯所说的那样,以一种较为谦逊的态度关注其影响的程度,而不应该试图得出一种独断的、过于夸大的排他性的结论。

那么,宗教思想或观念是以什么样的方式来影响人们的行为并促进社会变迁的呢?第一,它们可能为某一群体的求变取向提供具体的内容,也就是该群体努力想做的事情或追求的理想。第二,它们可能会形塑持有该宗教思想或观念的群体对那些是其利益之所在的事物的社会知觉。这里的利益概念不可作过于狭隘的理解,应该将信徒的宗教利益——如持有某种信仰立场的权利和自由——包括在内。关于第一种影响方式,我们可以美国的废奴运动为例,这一运动具有重要的宗教动机。当时参与到这一运动中的宗教思想揭示了奴隶制的罪恶(当然,我们不要忘记,先前曾经有人以基督教思想论证蓄奴的正当性,此后还有传教士以基督教来证立西方国家侵华的合法性),由此而掀起的运动创造了接受废奴思想的信徒群体;而宗教利益——如对救赎的渴求——则驱动人们以罕有的宗教热情将思想付诸行动,直接推助这一具有进步意义的社会变迁。

关于第二种影响方式,我们还是回到韦伯对新教伦理与资本主义精神的一致性的研究上来。这里需要说明的是,韦伯所说的伦理应该作宽泛的理解,它实际上就是我们所说的宗教思想,或包括在宗教思想中的所有观点和价值观。另外,有必要对社会知觉作少许的解释。所谓社会知觉,乃是对社会实在的表面与外部联系的综合反映,包括对他人、社会团体和自我的知觉。社会知觉有其客观对象,因而主要取决于知觉的对象,同时又有其主观的一面,因而要受到知觉主体的目的、期待、希望、意愿和过往经验的影响。由宗教思想形塑的对社会实在的知觉往往会影响人们的意义观。例如,在加尔文宗那里,预定论使得信徒们觉得上帝的拣选是任意的、难以猜度的,人不可能通过俗世中任何有魔力的手段(包括圣事、教会)来获得恩宠。这

[①] 韦伯:《新教伦理与资本主义精神》,66—67页。

样,在信徒的内心里,就出现了上帝的绝对超验性、"一切和肉体有关的都是堕落的"等严酷教义与个人的内在孤独感的高度结合。这种结合形塑了清教徒对社会实在尤其是文化和宗教中一切诉诸感官和情感的成分的彻底否定的态度,甚至带来了一种不信任任何人的心态,因为这一切在他们看来都无助于自己的得救,因而毫无意义。人们也许会大感不解地问道,由于加尔文宗有一种斩断个人和尘世之间千丝万缕的联系的倾向,那么这样一种对社会实在的知觉和在此基础上形成的意义观如何能够与资本主义精神达到一致呢?

韦伯的回答是,加尔文宗关于社会生活的伦理与资本主义精神之间的一致性关系,源于基督教的胞爱在加尔文式的信仰所导致的个人内心孤独的重压下所采取的特殊形式。在加尔文宗那里,整个尘世的存在只是为了上帝的荣耀而服务,被选召的基督徒在尘世中的唯一任务就是尽最大可能地服从上帝的圣诫,从而增加上帝的荣耀。与此宗旨相吻合,上帝要求基督徒取得社会成就,因为上帝是要根据他的圣诫来组织社会生活的。因而尘世中基督徒的社会活动完全是为了"增加上帝的荣耀"。为社会的尘世生活而服务的职业中的劳动,也含有这种荣耀上帝的特性。

此外,还有一个问题,那就是,在一个人们把来世生活看得比现世生活更重要而且更确定的历史时期中,加尔文宗的那种与资本主义精神具有一致性的宗教伦理是如何产生的?韦伯对这一问题的解决似乎是建立在一种宗教心理分析的基础上的。韦伯认为,加尔文宗信徒的内心总是被这样两个问题所纠缠:我是不是上帝的选民?我如何确知自己处于恩宠状态?由此而出现了两种相互联系的牧师劝诫:一方面是把自己看作选民,把所有的疑虑统统视为魔鬼的诱惑,并与之进行斗争,这被认为是一种绝对的责任。另一方面,为了获得这种自信,紧张的世俗活动被当作最合适的途径。只有世俗活动能驱散宗教里的疑虑,为个人带来恩宠的确定性。

但是,当人们沉溺于高密度的世俗活动时,他们也可能会走向享乐主义的生活道路。然而,由于加尔文宗用怀疑的眼光来看待所有纯粹的感觉和情感,其信徒选择的是禁欲主义生活方式。基督教中的神秘主义者认为自己是圣灵的容器,因而可以达到与神的合为一体。与此不同,加尔文宗的信徒认为可以因为觉得自己是神的意愿的工具而确信自己处于恩宠状态。这是他们选择禁欲主义的深层心理原因。尽管加尔文宗的信徒也坚信"只有通过信仰才能得救",他们还相信信仰必须通过其客观效果来加以证实。尽管加尔文宗的信徒不相信人可以因行称义,但是,他们却认为,凭借一种有助于增添上帝的荣耀的基督徒行为,可以辨认人是否有真正的信仰。这一观念在加尔文宗那里得到了长足的发展,以至于路德宗一再指责他们回到了因行称义的传统教义。但是,加尔文宗的此一观念实际上与天主教重视善行的教义存在着在重大的差异。加尔文宗的上帝要求教徒的不是个别的善行,而是一辈子的善行,并且这些善行还要结成一个完整的体系。因此,使世界理性化,摒弃作为达到拯救的手法的魔力,在清教徒那里便表现得非常彻底。① 质言之,当加尔文宗的信徒以紧张的尘世的世俗劳作来消解内心的宗教焦虑的时候,禁欲主义与理性主义高度地结合在其内心,并且表现在其行为中,而这正是资本主义的兴起所最需要的精神质素。因为,所谓资本主义精神无非就是以对天职的责任感勤奋劳作,以和平和理性化的组织方式赚取利润,等等。我们看到,在韦伯的分析中,加尔文宗的教义并未直接参与到对资本主义精神的形塑过程之中。相反,倒是加尔文宗教改革的文化后果,也就是受其教义影响的对社会的感知以及在此基础上建立的意义观直接促进了资本主义精神与生活生产方式的产生这一社会变迁。因此,按照韦伯的说法,尽管宗教思想不决定社会行动,它们在形塑行动者对其物质与精神利益的感受与解释方面,却是非常重要的。在阐述宗教思想对社会变迁的推助作用时,韦伯曾这样写道:"不是思想,而是物质与精神利益直接支配着人们的行为。但是,由思想所创造的'世界形象'却常常像扳道工一样,决定着行为被利益动机推动而沿着它前进的轨道。我们不要忘记,一个人希望将要'从什么那里'得救和'为什么'得救并且能够得救,要取决于他的世界形象。"②韦伯的这一论述明确地指出,只有利益,而不是思想才是行为的动力系统。但是,行为一旦被利益动机发动起来之后,其前进的轨道却要受到由思想所创造的"世界形象"的制约乃至决定。因此,宗教思想对人们的行为以及社会变迁的影响程度不应该受到忽视。

除了宗教思想会推助社会变迁以外,宗教领袖、宗教群体也是宗教系统中可能会直接促进社会变迁的重要因素,但我们不拟对此作详细的分析。

---

① 韦伯:《新教伦理与资本主义精神》,79—89 页。
② Max Weber, The Protestant Sects and the Spirits of Capitalism, in *From Max Weber: Essays in Sociology*, p. 280.

第六章
世俗化与神圣化：两股奔涌不息的浪潮

宗教社会学对宗教的社会性的一再强调实际上还包含着另外一层深意，即必须以变化的眼光来看待宗教与社会的关系。这是因为，随着社会本身的变迁，处于社会中、受制于社会并且试图以自己的理想形塑社会的宗教也必然会随之发生变化。特洛尔奇就曾经这样说过："如果一个宗教体系拥有关于世俗世界的社会学说，那么它必然在最大的程度上是受这个世界所规定的，尤其是为这个世界的历史更替和变迁所规定。"[①]揆诸世界各大文明之事实，大多数宗教本身都拥有这样的社会学说，或至少可以通过这些宗教的知识精英而推演出这样的学说。因此，各种宗教之受到世俗世界的变化的规定，乃是势所必然，理所当然的事。当然，本章的目的并非探讨各种宗教的社会理论与社会变迁的关系，而是试图指出，在宗教与现代社会的互动中，影响最大的社会过程莫过于世俗化。本章将首先综述一些关于世俗化的定义，简要概述世俗化理论的简史，然后列述若干种有关世俗化之原因的分析，概述世俗化理论对世俗化之表现形式的探讨。需要同样予以关注的是，最近20—30年来，在宗教社会学界，出现了一股试图清除传统世俗化理论的浪潮，其倡导者力持去世俗化（神圣化）理论。本章将介绍几位神圣化理论的代表人物，分析他们为何要反叛或抛弃自己原先主张的世俗化理论，综述他们的理论旨趣，看看神圣化理论是否有社会实在基础。最后，本章将针对世俗化理论与神圣化理论的对垒，分析这两种对立的理论之优劣，指出其弊端，然后阐述一种共存论：世俗化和神圣化是两股对立但将长期共存的势力，谁也无法一劳永逸地取代甚或清除与其对立的另一方。

---

① 特洛尔奇:《基督教与社会理论》,299页。

一、世俗化释义与世俗化理论简史

世俗化是绝大多数宗教社会学家共同关注的重大论题,有人甚至认为世俗化是宗教社会学中在理论和实践上最重要的问题。[①] 但是,对于对世俗化的理解,学者们却并未达致共识。首先,由于对宗教的界定方式不同,对于是否存在着世俗化这一问题,学者们就有不同的看法。著名宗教社会学家威尔逊就曾指出,采用功能性宗教定义的人倾向于拒斥世俗化的说法,而采用实质性宗教定义的人则更可能支持世俗化的说法。其原因在于,如果像功能主义者那样以一种包容性的做法界定宗教,那么,有很多现代性的现象都可以算作宗教,因为这些现象都履行着类似于宗教的功能,如有人认为意识形态乃至科学都可以算作宗教,有些中国学者则认为气功也是宗教,称之为气功教。对于这些人来说,当然不存在宗教正在衰退或消亡意义上的世俗化。而如果采用实质性的宗教定义,那么,对超自然力量的信仰及相关的宗教实践的衰退就当然意味着世俗化。此外,即使在承认世俗化的实在性的学者中,对世俗化界定的分歧还导致了学者们对世俗化的原因和影响的多元理解。以上这些歧异是无可厚非的,各种说法至少可以丰富我们对世俗化的各个方面的深入理解和把握。

我们不妨以词源学的分析开始本章的探讨。据寇克斯在《世俗之城》一书中的考察,英语世俗(secular)一词的拉丁语词根 saeculum 本意包含着两层意义,一是指"时代",二是指"世界"。在拉丁语里,除了 saeculum 外,还有 mundus 可以指称世界。但是,saeculum 更多的是时间词汇,对应于希腊语的 aiwn,主要意指生活的时期或时代;mundus 则是空间词汇,对应于希腊语的 kosmos,意指宇宙或被创造的秩序。希腊人和希伯来人对世界的理解是迥然不同的,希腊人将世界理解为场所、位置。他们认为,事件是在世界内发生的,但对世界本身并无任何意义,这样,世界便不过是容纳各种事件的外壳,没有世界历史这样的东西。而希伯来人则从时间的意义上来理解世界,世界本质上是历史的,是始于创世、迈向圆满的一系列事件。后来,通过早期基督徒的努力,希伯来信仰逐渐影响希腊世界,希腊人的世界概念开始时间化,"世界变成历史。kosmos 变成 aiwn,mundus 变成 saeculum"。secular 乃是希腊人妥协的产物,它表示这个变化的世界与永恒的宗教世界

[①] Susan Budd, *Sociologists and Religion*, p. 119.

处于对立的关系之中。寇克斯认为，这种用法已经偏离了圣经的原意，意味着宗教世界没有时间，亘古不变，在价值上高于变动不居的世俗世界。在最初的意义上，一位宗教的教职人员调离原工作，转而承担教区的济贫职责，这个过程被称作"世俗化"。但是，这个词的用法逐渐宽泛化，当教权与皇权的分离成为基督教世界里的生活事实时，属灵的与世俗的二者之间分离便获得了制度性的表现形式，这种分离被称作世俗化；很快，当教会的某些职责转向政治权威时，也被称作世俗化。最后，甚至当学校和医院转向民政管理部门时，也被称作世俗化。而这个概念在晚近更被用来指称宗教对文化整合的象征的决定权的丧失。寇克斯认为，后一种用法中所说的文化的世俗化乃是政治和社会世俗化的一种不可避免的共生现象。①

曾经有一段时期，世俗化这个概念被赋予了鲜明的价值色彩。具有启蒙情怀的思想家们认为世俗化乃是人脱离宗教的保护或控制而获得符合人性的自由的社会过程，因而欢呼和推进世俗化；而教会内的一些人士则称之为"异教化"或"非基督教化"，并对其持抗拒和批判的态度。

宗教社会学家们则力图恪守价值中立的立场来界定和研究世俗化这一重要的社会过程。寇克斯将世俗化界定为人从宗教和形而上学的庇护中解放出来，也是人的注意力从来世转向此世。② 如果说这一界定因为其中所使用的"解放"一词（liberation）还包含着些许价值判断的色彩，贝格尔的界定就显得允执厥中了。他指出，"世俗化意指这样一个过程，通过这种过程，社会和文化的一部分摆脱了宗教制度和宗教象征的控制"。这个定义中的任何一个概念（包括控制）都可以作社会学的中性解释。贝格尔不仅注意到了政治、社会、文化领域里的世俗化现象和过程，更注意到了意识领域里的世俗化，所谓意识的世俗化"意味着现代西方社会造成了这么一批数目不断增加的个人，他们看待世界和自己的生活时，根本不需要宗教解释的帮助"。③ 由此可见，贝格尔非常注重现代人心性结构中的重大转型。

在众多对世俗化的界定中，席勒尔（Shiner）对这个概念所包含的各种含义的分析与列述被认为是最为详尽和有用的。席勒尔认为，这个概念有六

---

① Harvey Cox, *The Secular City*, pp. 18-20. 这里的解释参考了北京大学尚新建的博士论文《美国世俗化的宗教与威廉·詹姆斯的彻底经验主义》中的绍述，见该书 28 页。

② *The Secular City*, p. 17.

③ 贝格尔：《神圣的帷幕》，128 页。

种含义,其一指宗教的衰退,由此而导致先前被接受的宗教象征、教义和制度丧失了其重要性,这一现象在无宗教的社会里达到了顶峰。其二指与"此世"越来越大的一致性,在这种一致性中,人们的注意力远离超自然者,转向此生的急迫需要和问题。宗教关切、宗教组织与社会关切、非宗教组织越来越难以区分。其三指社会与宗教的分离,宗教退回到其自身的独立的领域,成为个人的私事,获得一种完全内向的特征,并且不再对外于宗教本身的社会生活的任何方面产生影响。其四指宗教所经历的一种转化过程,也就是宗教信仰和制度转化为非宗教的形式。这包括原先被认为是以神圣的力量为根基的知识、行为和制度转化为纯粹的人类的创造和责任。其五指世界的非神圣化,随着人和自然成为理性的因果分析的对象和控制对象,世界便丧失了其神圣化的特征,因为在这些解释和控制中,超自然者已经不再发挥任何作用。其六指从神圣社会迈向世俗社会的运动或变化,也就是抛弃对传统的价值和实践的信奉,转而接受变化,并将所有的决定和行为都建立在理性的和功利主义的基础之上。① 有些人如威尔逊对世俗化的理解仅指宗教在社会中的地位发生了变化,席勒尔的界定显然要比这样的理解宽泛得多,事实证明,这样宽泛的世俗化定义最容易遭受经验事实的反驳。此外,需要指出的是,席勒尔所列述的六种含义并不是彼此互相排斥的,也就是说,这六种含义中有的彼此之间可能具有一种可推导的关系。例如,从社会与宗教的分离(第三种含义),也许可以推导出从神圣社会迈向世俗社会的含义(第六种含义)来。

但是,最宽泛和彻底的世俗化定义也最容易遭受经验事实的反驳,正是为了避免这一点,著名宗教社会学家威尔逊(Bryan Wilson)给出了一个较狭窄的世俗化定义:世俗化乃是宗教制度、行为和意识得以丧失其社会重要性的过程。这个定义并不蕴涵这样的意思:人们全都获得了世俗化的意识。它甚至不暗示大多数个人都已经放弃了其对宗教的兴趣,尽管事实可能如此。它只是认为:在社会制度的运作中,宗教不再举足轻重了。② 这个定义

---

① Hamilton, *The Sociology of Religion: Theoretical and Comparative Perspective*, p. 166.
② Linda Woodhead and Paul Heelas eds., *Religion in Modern Times, An Interpretive Anthology*, Oxford; Malden, Mass. ;Blackwell Publishers, 2000, p. 314. 威尔逊的这个定义见于1982 年出版的 *Religion in Sociological Perspective* 一书中,较贝格尔在 1969 年出版的 *The Sacred Canopy: Elements of a Sociological Theory of Religion* 一书中对世俗化的定义,表现出一种策略上的退却,显然是因为受到了去世俗化理论的抗拒而导致的。

明显回避了主观意识的去神圣化问题(而代之以宗教意识的社会重要性之丧失),并且未明确提及世俗化与现代性的正相关关系问题。

在讨论何谓世俗化这一问题时,国内有的学者倾向于以非神圣化来界定世俗化,认为世俗化就是非神圣化,它意指一个漫长的社会变化过程。这个过程涉及两个方面,一是社会的变化,即指人类社会各个领域逐渐摆脱宗教之羁绊,社会各种制度日益理性化;二是宗教本身的变化,即使宗教不断调节自身以适应社会向"世俗"的变化。① 这一界定使用的是负的方法,即以非神圣化界定世俗化的本质。不过,如果我们考虑到宗教的私人化也是世俗化的一种表现形式,那么,那些将信仰仅表现在个人精神生活中的宗教信徒,其生活样态是否也完全具有所谓非神圣化的特征?在界定世俗化时,这是一个不得不面对的问题。此外,将世俗化划分为两个过程,即社会与宗教本身的世俗化,是否恰当?又是否全面?出于对这些问题的考虑,笔者主张参考韦伯的相关论述,以正的方法来界定世俗化的本质,尽管韦伯直接使用世俗化并对此进行分析的文字并不多见。韦伯曾指出:"我们时代的命运特征是理性化、理智化,首要的则是'世界的祛魅'(disenchantment of the world)。"在韦伯那里,世界的祛魅与理性化是经常可以互用的两个概念,其程度可以用正负两种方式来衡量,负的方式指人的思想中巫术性的成分被取代的程度,正的方式则指的是思想在系统的融贯性和自然主义的一致性方面所达到的程度。② 此外,韦伯认为,这一过程不仅导致社会组织尤其是经济、政治组织的理性化,也对人的心性结构或心态(ethos)产生了深刻的影响。

因此,我们认为,世俗化乃是导致世界祛魅或理性化的一股强大的势力或趋势,这一势力或趋势既力图削弱宗教象征、思想、实践和制度的社会重要性,使得世俗生活的诸多领域逐渐摆脱宗教规范和制度的影响,从而产生结构性的社会变化,也力图使宗教本身或者不得不适应世俗的价值,或者仅退回到私人的精神生活领域,更力图导致个体心性结构中的宗教性的衰退或蜕变。

上述界定尝试着从正面界定世俗化的本质,同时吸收了一些学者对世俗化的三个层面的区分,即个体层面的世俗化(个体宗教性的衰退)、社会层面的世俗化(宗教影响社会的范围受到限制)和制度层面的世俗化(宗教适

---

① 戴康生、彭耀:《宗教社会学》,200—201页。
② Gerth and Mills, *From Max Weber: Essays in Sociology*, p. 155, 51.

应社会的价值)。① 此外,我们并不认为社会的世俗化和宗教自身的世俗化是两个社会过程,毋宁说,这两个层面的世俗化实际上是同一种社会过程的不同方面,而不是两种独立的社会过程。下面的分析会涉及到对这一问题的讨论。

这里需要补充说明的是,世俗化可能如一些学者指出的那样,是一种历史悠久的现象。但是,世俗化理论的历史则要短得多。有学者认为,经典的世俗化理论可以溯源至19世纪早期圣西门和孔德的著作。这两人具体的观点可能有所不同,但他们都认为,人类历史经历了一系列不同的阶段,其中传统宗教的力量和可信性逐渐地、不可逆转地被国家和科学日益增长的影响力所侵蚀。在他们看来,现代性与宗教水火不相容。这一观点后来在社会学之父们(马克思、涂尔干和韦伯)的著作里得到回应。尽管他们对基督教的看法各不相同,但赞同这样的说法:基督教的社会重要性绝对在衰退。这种看法成为英美社会学的主流观点。二战后,除了帕森斯是个例外,所有美国宗教社会学家都认为宗教的公共影响在不断萎缩,许多人还相信,私人化的信仰本身也注定要衰退甚或消失。20世纪60年代,世俗化理论被整合到现代化理论之中,并成为后者的核心原理之一:随着现代化的推进,社会变得更加复杂,更加理性化,更加个人主义化,也就更少宗教性。当今的世俗化理论的捍卫者们还有人在使用现代化理论的框架,这个框架与孔德和圣西门提出的经典世俗化理论颇为相似。② 当然,自20世纪末以来,世俗化理论的形态有所变化,在去世俗化理论咄咄逼人的攻势面前,世俗化理论实际上在做出防御性的调整乃至退却。

二、世俗化探源

世俗化是一个影响至深至大的社会过程,为了探明这一过程的来龙去脉,很多学者都倾注了很大的热情和心血来探讨世俗化的原因。这些探讨的角度大体上不外两种,其一是从宗教内部来探寻其源头,其二是从宗教与

---

① Cf. *Rethinking Secularization: Reformed Reactions to Modernity*, p. 2.
② Philip S. Gorski, Historicizing the Secularization Debate: An Agenda for Research. In Michele Dillon ed., *Handbook of the Sociology of Religion*, Cambridge, U. K.; New York: Cambridge University Press, 2003, p. 111.

社会的互动或社会对宗教的影响中来探寻其原因。此外,学者们大多同意这样一种观点,即对于世俗化这样一种大范围内的历史现象,是不能用任何单一的原因来给予完全、充分的解释的。

在绍述学者们的分析之前,有必要说明一点,即大多数学者都认为世俗化是一种在全球分布极不均匀的现象,有的学者干脆认为世俗化是一种西方现象。近年来,有些学者基于经验事实,更断言世俗化只是一种局限于欧洲的现象。著名宗教社会学家威尔逊曾断言,这些人所说的世俗化往往就是基督教世界的非基督化。如果他们在非西方社会也发现了类似的世俗化现象,也大多会视之为后发外生型的。因此,他们对世俗化原因的探寻大多限定在西方社会和宗教之中。

从西方宗教内部探寻世俗化之源头的学者,当以贝格尔和寇克斯为最重要的代表。具体而言,他们是从圣经信仰传统中来探析基督教世界世俗化的原因的。

寇克斯认为,世俗化乃是圣经信仰对历史的影响所带来的理所当然的结果。他揭示了圣经信仰三种核心要素是如何分别导致世俗化的三个向度的,此即:自然的祛魅始于《圣经》中的创世神话,政治的非神圣化始于《圣经》中的《出埃及记》,价值的世俗化始于《圣经》中的登山宝训,尤其是宝训中关于禁止崇拜偶像的诫命。[①]

贝格尔也持类似的看法,他认为,起源于圣经传统的宗教发展可以被认为是现代世俗化世界形成的原因,基督教就是它自己的掘墓人。贝格尔对世俗化的探源分析始于他对新教在现代世界的建立过程中的作用的肯定。他认为,新教最大限度地削减了天主教的圣礼与仪式,冒着这种简单化的危险,尽可能地使其自身摆脱了神圣者的三个最古老和最有力量的伴随物,这就是神秘、奇迹和魔力。这个过程的本质就是世界的祛魅或世界祛除魔力,也就是韦伯所说的理性化。新教切断了天主教一直都非常珍视并且由教会垄断着的超验的神圣世界与经验的此世之间的连续性,以一种史无前例的方式将人抛回来依靠他自己。新教这样做的目的是为了剥夺此世的神圣性,以便强调超验的上帝的可畏尊严,结果是它只为人神之间留下了一条非常狭小的通道。一旦切断这条狭小的交流通道,世俗化的闸门便洞然大开。因为这样一来,就确实可以认为,在彻底内在的人类世界里,"上帝死了",这

---

① Cox, *The Secular City*, pp. 17, 21-36.

个世界在思想和行动上便开始接受系统的理性的渗透,这里指的是的现代的科学技术的渗透。因此,贝格尔发展了韦伯的相关思想,进一步提出如下的断言:"无论其他因素的重要性有多大,还是新教为世俗化充当了历史上决定性的先锋。"

但是,贝格尔并不认为新教的世俗化能力是一种新产生的东西,而是像寇克斯一样,相信世俗化的根子可以在古代以色列宗教的最早的源泉中发现,世界的祛魅在《旧约》中就已经开始了。最初,以色列人的宇宙论与埃及和美索不达米亚文明一样,假定在经验的东西与超经验的东西之间、在人的世界与神的世界之间,存在着连续性。这种宇宙论为人提供了一种安全感,因为它意味着,无论发生了什么事,无论这些事多么可怕,由于它们与事物的终极意义都有关联,因而它们对于人是有意义的。但是,后来被编入《旧约》正典的那些传说却将以色列的起源解释为两次出走:族长们从美索不达米亚出走,摩西领导下从埃及出走。其结果是造成了与一个完整的世界的决裂。作为隐喻,这两次出走象征着以色列人抛弃了埃及和美索不达米亚的关于宇宙秩序的观念。这种摒弃具体体现在以色列宗教中的三个特征:超验化、历史化和伦理的理性化之中。《旧约》中的上帝是站在宇宙之外的唯一至上神,这个神是历史性的,提出了非常彻底的道德要求。他要求献祭,但他根本不受巫术操纵的影响。上帝的超验化导致了上帝与人之间的两极分化,以及二者之间彻底祛除了神话特征的世界。历史化则使得丧失了神话中的神力的世界既是上帝活动的场所,也是高度个体化的人活动的场所。这种个体化虽然与近代的个人主义以及希腊哲学中关于个人的概念有别,却意味着《旧约》为个人的概念、为个人的尊严及其行动自由等观念,提供了一个宗教框架,其重要性是显而易见的。伦理的理性化则主要是由于耶和华信仰的基本态度是反巫术的。祭司和先知都有功于这种因素的传承。这主要表现在:祭司伦理在仪式中清除一切巫术和狂乱的成分,并继续发展着作为日常生活基本规则的律法;先知则通过坚持整个生命应该为上帝服务而将一种有凝聚力的、理性的结构加于日常活动的整个范围之上,因而也发挥了理性化的作用。虽然难以断言散居在世界各地的犹太人的宗教在现代世界的理性化中扮演了关键角色,却可以认为理性化的宗旨通过基督教的传播对现代西方的形成发挥了效用。在贝格尔看来,犹太教中固有的世俗化的种子后来被吸收到天主教之中,最终通过新教而发育成熟。也就是说,如果追溯历史的话,世界的祛魅之根源远远早于文艺复兴和宗教改革运动,可以在旧约圣经中发现其源头。

贝格尔还试图从西方宗教自身的组织形式和制度中发现世俗化的根源。他认为,基督教的另一个核心特征就是基督教教会的社会形式,它代表着宗教制度专门化的一种独特的样态。因为从比较宗教学的角度来看,比较普遍的状况是宗教活动和象征渗透在整个制度结构中,而基督教则把宗教活动和象征集中在单一的制度范围之内,这种专门化固然强化了基督教对文化象征的垄断,却在客观上将社会的其余部分界定为"此世"或"这个世界",使之成为一个至少相对脱离神圣者管辖范围的世俗领地。一旦基督教世界及其在神圣者与世俗之间的微妙平衡作为一种社会实在而分崩离析,在神圣者管辖发范围之外的此世就会加速其世俗化的进程,因为这个领域更容易屈从于理性化的进程,也更容易采用新的思想、知识和科学。新教的路德宗有关于两个世界的教义,其中,世俗世界的自主性实际上被赋予了神学上的合理性。这不过是基督教两极分化的世界观的逻辑发展。①

上述的探寻实际上就是在基督教内部勘定那些导致西方文明与社会理性化的因素,韦伯的影响在这种研究中可谓至关重要。

注重在西方宗教传统内部探寻世俗化之源头的社会学家们并不排他地拒斥在宗教之外探讨其原因。例如,寇克斯就曾将世俗化的迅猛发展和最终形成浪潮的原因归诸城市化。他认为,城市文明的兴起和传统宗教的崩溃乃是我们时代的两个主要标志,也是彼此密切相关的两个运动。城市化给人们共同生活的方式带来了巨大的变化,城市化的现代形式之所以成为可能,只是由于它借助了从宗教世界观的残骸中滋生出来的科学技术的发展。世俗化作为同一时代的运动,标志着人们把握和理解其共同生活的方式发生了变化,只有在城市生活中都市化式的面对面的相遇揭示了人们原先认为是天经地义的神话与传统的相对性之后,才会出现世俗化。人们共同生活的方式极大地影响了他们理解其生活意义的方式,反之亦然。乡村和城市的设计是用来反映天堂之城即众神的居所之模式的。但是,一旦形成之后,城邦的模式就会影响后代体验生活和想象诸神的方式。社会以及这些社会赖以生存的象征互相影响着对方。在我们的时代,世俗的大城市既代表着我们共同生活的方式,也象征着我们的世界观。如果说希腊人将宇宙感知为无限放大的城邦,中世纪人们将宇宙感知为封建庄园的无限扩

---

① 以上分别参看贝格尔:《神圣的帷幕》,153,133—134,143—144,147—148 页。

展,那么,我们则将宇宙感知为人的城市。城市是人类探索和努力奋斗的领地,诸神已经从城市中逃之夭夭。世界已经成为人的使命和人的责任;当代人已经成为世界主义者,世界已经变成了人的城市,而人的城市则已经扩展到可以囊括世界的地步了。指称达到这一切的过程的名称,就是世俗化。[①] 寇克斯对城市化过程以及这一过程对人们的生活方式乃至心性结构的影响的描述固然深刻,但这一过程也许并非导致世俗化的最深刻的原因。

威尔逊对世俗化之源头的探寻也采用了相似的路径,不过,他的分析集中于那些外于基督教、但构成世俗化基础的社会过程。由于受韦伯的深刻影响,威尔逊也相信理性化的增长是世俗化过程中的核心因素。但是,他更认为,并不是基督教固有的内在的倾向在世俗化的过程中充当了主角,而是科学知识与方法的自主性的增长才是世俗化的主要原因,因为科学的知识与方法直接削弱了宗教对世界的解释的可信性。当科学的方法用于对社会的研究时,对宗教性的世界观的解构和破坏作用就更为巨大。宗教以千禧年说所提供的承诺,宗教使社会合法化和正当化的能力都因此被削弱。此外,宗教制度的专门化和制度上的分离在世俗化过程中的作用也非常重要。为了获得正义与更好的生存条件,人们开始求助于政治制度和政治过程,而不是求助于教会或来世。教会也因为政教分离而丧失了其在教育方面的垄断地位,更因此丧失了传播其信息、促进自身之发展的能力。原先,教会的一个重要角色是规定道德标准,但在世俗化的过程中,教会也丧失了这一角色。现在是议会和政治家们在关注和努力解决这些问题。只是在举办人生礼仪方面,教会还在担当主角,但即使这方面的作用也在衰退。威尔逊强调的另一个重要因素是近代城市化境遇中的宗教社群的衰落,这一过程直接导致了社会控制的核心与本质的变化。威尔逊指出,在真正的社群里,社会控制都有其道德和宗教的基础。但是,在现代理性化、技术化和官僚化的尘世里,社会控制却是非人化的(impersonal),其先前的道德和伦理基础都已经丧失殆尽。在世俗化之前,共同的价值都是在集体性的仪式和宗教庆典中得到表达的,而现在,宗教在这方面的社会意义已经丧失。

综上所述,威尔逊主要是在外于西方宗教自身的社会过程中探求世俗化的原因。他的一些观点遭到了相当尖锐的批评。汉密尔顿指出,威尔逊提到的那些社会过程也许只是次要的原因,不是解释世俗化的根本原因。

---

① Harvey Cox, *The Secular City*, p.1.

他认为，取代宗教对世界的解释的唯物主义或科学的世界观的增长本身只是社会变迁过程的一个部分或方面，宗教的衰落也是这一变迁的一个部分。这只不过是同一枚硬币的两面罢了。说科学的兴起是宗教衰落的原因，并不强于说宗教的衰落是允许科学兴起的一个便利因素。二者的此兴彼衰分别都是同一社会过程的不同方面，二者都是更为深层的社会变迁的结果。此外，科学固然有助于破坏宗教的根基，因为一旦科学获得了它所赢得的声望，并构成社会生活的许多方面的基础，它就会使得宗教的世界观大成问题；但这并不是由于科学的观点与宗教的世界观具有内在的矛盾，因为宗教并不一定会致力于解决与科学一样的问题。例如，宗教不一定会究问自然世界里的事物是如何在经验上彼此相关的，它只是关注事物为何是其所是。科学可能会向人们昭示世界的构成方式，但是，关于世界的意义和人存在的意义仍然是我们必须解决的问题。由于科学和宗教所面对的问题具有隔离性，领域各不相同，它们便有可能是处于彼此不相冲突的关系之中。汉密尔顿指出，威尔逊可能注意到了这一点，但他并未由此得出恰当的结论，因为他只是注意到了一个事实，即宗教丧失了其声望。这一点并非不正确，但这却不是根本性的社会过程。

那么，究竟是什么样的更为根本性的社会过程导致了世俗化呢？也许正是对这一问题的关注使得一些西方学者不得不谈及马克思和恩格斯的相关论述。马克思和恩格斯认为，除了宗教改革以外，正是封建主义的衰败和资产阶级的兴起成为宗教世界观和对社会秩序的宗教性合法化论证遭受致命打击的原因。只有法国大革命是极力要完全抛弃宗教性的世界观的，但资产阶级革命更为唯物主义扫清了道路。正是这些才为科学创造了可能性，这一时期经历了对世界的科学研究方法的增长和各个领域里的知识的进步。无神论也是在这一时期才成为可能的。而在政治领域里，再也不是教义和神圣经典为政府和政权提供合法性，发挥这一作用的乃是公民。人们越来越相信，尘世的事务与上帝或宗教无关。社会秩序不再被看作上帝的赐予，而是被看作由人类形成的契约、共识或决定。换言之，唯物主义随着宗教的衰落而发展，而宗教的衰落既加速了这一发展，也是这一发展的结果。[1]

---

[1] 以上参 Hamilton, *The Sociology of Religion: Theoretical and Comparative Perspective*, pp. 173-175。

严格来说,上述对世俗化的外在原因的探寻都是以这样一种关于世俗化的定义为前提的,即世俗化意味着宗教的衰落。在笔者看来,世俗化固然意味着宗教的社会功能的萎缩,因而意味着宗教的社会重要性以及宗教自身的衰落,但这还只是世俗化的一面。例如,按照宗教社会学中的意义理论家们的理解,在现代社会中,宗教为个体和群体提供解决意义问题的答案的功能仍然是可能的,而且是非常重要的。这说明宗教在社会秩序领域里功能的萎缩并不同时意味着其意义功能的丧失,而是相反,即可能促使传统的或新兴的宗教在后一领域里的角色更为凸显或重要。由此看来,对世俗化过程的理解取决于人们所青睐的关于宗教在社会中的角色的理论类型,也取决于人们对宗教本身的理解。诚如汉密尔顿指出的那样,如果把宗教看作对剥削与压迫的反应,那么对世俗化的解释就会论及富庶与民主的增长;如果把宗教看作缺乏知识与理解的结果,那么,世俗化就会被解释为科学发展的结果;如果认为宗教是恐惧和不确定性的产物,那么,世俗化就会被解释为人类不断增长的解释和控制自然世界的能力的结果;如果认为宗教是用来使社会得到整合与凝聚的功能事项,那么,世俗化就是这样一个事实的结果,即现代境遇中需要更为合适的价值观念;而如果认为宗教是人们用来赋予其生存以意义的方式,那么,世俗化就是意义危机的结果,或者是这样一个过程的结果,即人们正在寻求新的、而且是更为适于其生存条件的提供意义的方式。

简言之,对世俗化原因的探寻取决于人们对世俗化与宗教本身的界定。没有一种单一的原因可以充分地解释世俗化这样一种极为复杂、规模巨大的社会历史过程,宗教社会学家们从各个角度所提供的解释可能都会偏于一隅,但都有助于我们全面地理解这一社会过程的真正原因。

三、世俗化的类型与表现形式

如上所述,大多数宗教社会学家都将世俗化视为西方现象,也就是认为世俗化是发生在欧美的社会过程,其他社会的世俗化大多被看作后发外生型的现象。但是,欧美的世俗化难道属于同一种类型吗?

卢克曼和贝格尔对这一问题的回答颇有洞见。贝格尔认定西方社会中教会式的宗教性——在主要的基督教教会传统内的宗教信仰和宗教活动——已经走向衰亡,与此同时,他更指出这样一个事实,即,在欧洲,这一过程一般而言所采取的是一种在体制参与上逐渐衰退的形式,也就是人们越来越少地参加崇拜仪式和采用圣礼。而美国则相反,根据对教会成员人数的调查,参加活动的人数一直在增加,而其参与的动机则与传统的动机大为不同。人们发现,忠于教会,强烈希望从罪和地狱之火中获得拯救的美国人越来越少了。许多美国人之所以积极参与教会的活动是出于两个原因,其一是为了给孩子提供道德教育和为家庭生活提供指南,其二是因为这是其特定社区的生活方式的一部分。卢克曼曾将欧洲和美国的这两种世俗化的类型分别称作外在的世俗化和内在的世俗化,贝格尔对此极表赞同。不过,贝格尔同时还指出,这两种世俗化都有一种共同的特点,即传统宗教信仰不仅在大部分普通人眼中变得毫无意义,而且在许多无论其动机如何、仍属于教会的人眼中也毫无意义了。换言之,不论世俗化表现为外在的类型,还是表现为内在的类型,都意味着或表现为传统的宗教性的衰落。[1]

对世俗化的类型的分析实际上已经涉及到世俗化的表现形式,而一些学者对世俗化的过程的描述也不可避免地涉及到同样的问题。例如,一位名叫费恩(Fenn)的学者就划分了世俗化的五个阶段,这五个阶段实际上也就是世俗化的五种表现形式。费恩认为,世俗化的第一个阶段表现为宗教角色与制度的分化,这一过程很早就已经开始了,不同的教职人员的出现就是这一分化过程的一部分,而且,这一过程在整个宗教史上都一直持续着。需要指出的是,费恩所说的第一个阶段实际上指的是宗教内部的世俗化因素的发展过程,与前面贝格尔谈到的基督教教会形式或宗教制度的专门化所导致的世界的两极分化和世俗化,讨论的是同一个问题。费恩界定的第二个阶段包含在这样一种要求中,即在宗教问题与世俗问题之间划清界限。一般而言,在世俗建制与宗教建制的法权领域变得泾渭分明之前,世俗的结构就已经和宗教的结构有所分化了。它们可能永远也不会完全泾渭分明,而是界限有些模糊。圣俗之间的区分的模糊化可能本身就得到了世俗化过程的推助。世俗化的第三个阶段涉及到那种超越社会的各个不同组成部分的利益的、普泛化的宗教象征的发展,这里,费恩是就美国的情况而言的,他具体指的是美国的公民宗教的发展。换言之,贝拉大谈特谈的美国公民宗教,在费恩看来不过是美国宗教世俗化的一个阶段或一种表现形式。在第四个阶段,出现了宗教上的少数派和风格独特或怪异的对情景的界定。政

---

[1] 贝格尔:《天使的传言》,14页。

治权威被世俗化了,但神圣者仍然弥漫周遭,因为许多群体都寻求宗教基础之上的合法性。在第五个阶段,出现了个体生活与群体生活的分离。费恩还指出,在世俗化的五个阶段中,在有些阶段可以看到这一过程的矛盾性。例如,公民宗教的出现既是世俗化的一个阶段,也是非世俗化的一种形式。为了确定对情景的界定,国家可能会努力遏制宗教的自主性,限制宗教的领地,但与此同时,又会借用神圣主题和原则的权威,以便使国家自身得以合法化。①

关于费恩所说的世俗化的第二个阶段,亦即世俗领域与宗教领域的分化,有必要在此作一些补充说明。这种分化中最为重要的莫过于政教分离。我们知道,宗教与国家政治权力之间的关系大致有以下四种类型:其一是政教合一型,其特征是宗教权威与世俗权力高度统一,宗教领袖同时又是国家首脑,政教同体。宗教教义与宗教法律同时就是国家的法律,宗教利益与国家利益完全一致(梵蒂冈、伊朗等)。其二是国教型,即国家以某一宗教或教派为正统信仰,其政治、社会地位高于其他宗教或教派。国家领袖不是宗教领袖,但宗教领袖在国家政治生活中享有特权地位。国家从各个方面鼓励和支持享有特权地位的宗教,包括提供财政上的支持。不属于国教的其他宗教常常处于社会的边缘,或在政治上受到歧视。这类国家与政教合一国家的区别在于宗教与政府在组织机构上不是一套人马(英国、德国、挪威、丹麦、芬兰、瑞典、希腊及绝大多数伊斯兰教国家);其三是国家控制宗教型,国家权威高于宗教,政府通过行政管理机构控制宗教,宗教组织必须接受国家的政治指导,不得干预国家的行政、司法和教育,政府与宗教组织之间的关系是领导与被领导的关系,在财务与人事上,宗教组织虽然具有相对的独立性,但受政府监管。其四就是政教分离型。② 在此,我们关心的并不是政教分离的历史过程,而是这一原则对社会与宗教二者的意涵。政教分离实际上包含三重意义或原则,第一是意味着建制宗教与国家政治权力的分离,第二是建制宗教与公共生活秩序的分离,第三则意味着,在自由的民主国家里,政府不仅没有义务,也没有权力为社会成员提供一整套关于生命—生活

---

① 以上参 Hamilton, *The Sociology of Religion: Theoretical and Comparative Perspective*, pp. 179-180。

② 以上参刘澎主编:《国家·宗教·法律》,10—11页。

的意义规定。① 这里,我们只重点分析一下第一层含义,关于这一点,帕森斯在谈到美国的情况时,认为它是美国在立国之初针对欧洲的国教制度,在宪法的层次上,在联邦宪法和州宪法中拒斥教会与国家的合一或联盟。这一原则的贯彻导致的结果是:(1)教派多元主义,在社区中有数目不定而权力平等的宗教群体或教会;(2)任何宗教群体或教派都不容许享有来自政府的特殊优惠,任何教派都可以平等享有政府对教育、慈善事业和宗教的免税政策;(3)公民身份不包含赞成任何宗教信条或屈服于任何宗教体系的权威与压力。(4)就政治权威组织而言,除了政治上保护宗教自由以外,宗教不再是"公共"关系的对象了,它被移置到私人事务的方面。② 这种美国模式的分化意味着宗教不再享有国家权力的支持,也不再承担为国家权力提供正当性的责任,也就是说,宗教因此丧失了其社会法权,宗教的社会功能领域因此而大为萎缩。

世俗领域与宗教领域的分化还包括教育、道德从宗教中分化出来,也包括家庭系统的分化。尽管这些分化并不一定意味着基本价值的变化,而是社会价值系统结构的变化,即托克维尔所说的政制改变而仍保留旧的宗教信仰,但是,社会功能的分化却确实使得宗教失去了许多权利。③

以上分析表明,我们将社会功能的分化视为世俗化的一种重要的表现形式。确实,许多社会学家,包括涂尔干、卢克曼、帕森斯等人都将分化视为辨识现代性的一个重要标志。但是,其中有的宗教社会学家却主张对世俗化与分化进行区分。他们辩称,结构分化并不一定要以世俗化为前提,分化只是赋予宗教一种有限却更为有力的角色,因为一旦教会不再与世俗活动纠缠在一起,它就可以更为牢固地建立在纯净的属灵的或内在的需要的基础之上。上面提到的帕森斯就是这样一位社会学家,虽然我们已经将他讨论的结构分化视为世俗化的表现形式,他本人却相信分化使得宗教更加充满力量,因为分化迫使宗教更集中于发挥其核心功能,即为群体和个体提供意义系统。对于这样的辩难,也有更为有力反驳。这种反驳意见认为,尽管上面的那种说法对神学家颇有吸引力,却没有什么社会学意义。因为使价值更为纯净、远离社会境况和压力,更有可能弱化而不是强化这些价值成

---

① 参刘小枫:《现代社会理论绪论》,460—474 页。
② 帕森斯:《现代社会的结构与过程》,242 页。
③ 刘小枫:《现代社会理论绪论》,467 页。

为行动之基础的可能性。① 在笔者看来,尽管如前所述,世俗化一方面包括传统的宗教性的衰退,另一方面也包括其意义功能在现代社会中的凸显,但是,如果对社会结构分化这样的现代性现象对作为整体的宗教的弱化作用视而不见,反而曲为之说,那么,我们就几乎没有必要再谈论世俗化对宗教的冲击了。世俗化对宗教的冲击是不能仅凭一种热情或乐观的信念就能消解的。另外,我们还可以将莫顿对某一事项具有多种功能的分析运用于对帕森斯的辩难的反驳。实际上,帕森斯所说的分化的结果(迫使宗教集中于其核心功能),只不过是分化的隐性功能,而分化的最初的显性动机也许正在于削弱宗教对世俗领域的垄断。

世俗化在宗教自身中也有很多表现形式。关于这一点,我们仍然可以以宗教的构成因素作为分析的切入点。我们不妨仍以基督教为例,先看看其神学教义方面的情况。贝格尔认为,基督宗教面对世俗化浪潮的冲击,只能在适应和抵抗这两者之间作出选择,很多看似独特的态度也只是在适应与抵抗这两个极端的中间所做出的选择;而当代基督宗教的神学危机的根源,正在于对各种选择进行合理性的论证。在这方面,新教可以说是现代世界中宗教状况的原型。在19世纪后半叶,资本主义经历了所谓黄金时代,这一时代的特征是对西方文明的文化的、政治的、经济的价值观充满了信任和信心,而这种信任充分反映在新教自由主义乐观的世界观之中。新教自由主义的神学家们与俗世的妥协并不是在压力强迫之下达成的,而是面对着物质和价值上被认为具有极大的吸引力并且值得赞扬的世俗文化而达成的。新教自由主义的统治时期,与资本主义世界保持着魅力和信誉的时期是一致的、同步的。那么,新教自由主义的神学旨趣究竟具有何种社会学意义呢?贝格尔认为,新教自由主义实际上是以一种激烈的方式使宗教主观化了,使基督教对实在的解释符合世俗意识对实在的感知和假设。通过主观化,传统宗教对世界解释的客观性或实在性逐渐丧失,宗教日益成为自由的主观选择的问题,也就是说,宗教丧失了其主观的强制性的特征。与此同时,宗教"实体"也逐渐从外在于个人意识的事实的参照系转变成了被置于意识之内的参照系。例如,基督的复活不再被认为是外部物质自然界里的事件,而被转换成了信仰者意识中与生存或心理有关的现象。这样,宗教所涉及的实在,便从宇宙、历史转向了个人意识,宇宙学变成了心理学,历史变

---

① Susan Budd, *Sociologists and Religion*, p. 121.

成了传记。在这样的转变过程中，神学调整了自身，适应了现代世俗化思想的前提。在这一转变过程中，神学对各种哲学、心理学乃至社会学的修辞和思想资料都是开放的。例如，来自新康德主义的象征概念被广泛运用，传统宗教的论断由此而可以被看成只有象征意义。由于心理主义的渗透，一些神学家也乐于将宗教视为一种心理疗法并以此证明宗教存在的合理性。换言之，在宗教传统丧失了实在性的情况下，只要有助于论证宗教机构存在的合理性，一切都可以为我所用。① 在 20 世纪的新教神学中，甚至出现了世俗神学、上帝已死派神学。这一切都表明，新教在神学教义方面不得不严肃面对世俗化所提出的挑战，其自身甚至自觉地迎合世俗化思想的需求。

在基督宗教中，天主教在面对世俗化和多元主义时，一直在竭力维持其坚定的抵抗态度，罗马教廷曾在 20 世纪压制各种现代主义和自由化思潮。但是，在 20 世纪 60 年代的梵蒂冈第二次大公会议之后，天主教在神学教义方面也有所变化，各国天主教神学中也都出现了自由主义思潮。

世俗化在宗教的组织、仪式和信徒群体等方面也都有具体的表现。新教不仅在教义方面像贝格尔所说的那样冒了简单化的危险，在组织机构方面更废除了天主教的那种等级森严的僧侣制度，以人人皆可为祭司相号召，既简化了其组织形式，也适应了现代社会中高扬个体价值和主体性的价值观。在礼仪方面，总体趋势是去繁就简，不少天主教教会举办的圣事越来越少，例如，很少举办坚振礼，连洗礼和婚礼也越来越世俗化。新教的教会更多地充当了社区社交活动的场所，它们组织老人俱乐部、婚姻咨询处乃至旅游观光，引入心理疗法，等等，不一而足。就是在传教活动方面，也越来越多地运用现代化的工具，例如用无线电广播传教，设立电视教堂，用电话传教，用电脑传送经文。如前所述，天主教方面，教皇的每一次出访都会得到大众媒体的广泛报道，教廷在这方面也不甘落后，这都是以世俗的工具和方法，对宗教领袖进行包装，同时传递教会的信息。基督宗教教会对一些典型的大规模的现代性现象如同性恋、堕胎的态度也有所变化，尽管天主教在这方面一直持抵制和反对的态度，新教中却有些自由派像俗众一样对此表示宽容和赞同。

由信徒构成的宗教群体一直是各种宗教存续的重要的社会实在基础，信徒之间的互动构成宗教的看似有理结构。而世俗化在现代信徒那里的表

---

① 以上参贝格尔:《神圣的帷幕》，180，184—185，192—194 页。

现更为明显。首先是心性结构中的宗教性的变化,这主要表现在:许多当代信徒的宗教信仰越来越淡漠。据英国的一项调查,1974年被调查的青少年中只有36%的人怀疑上帝的存在,而1989年,这个比例已经超过半数。1983年,"欧洲体系研究会"所公布的对9个欧洲国家的一项调查显示:在法国,1968年相信上帝存在、相信有天堂、相信有地狱的人分别占被调查人数的71%,39%,22%,而到了1981年,这个数字分别下降到62%,22%,15%;在荷兰,1968年相信上帝存在、相信灵魂不朽、相信有天堂和相信有地狱的人分别占被调查人数的79%,50%,53%,28%,而到了1981年,这个数字分别下降到65%,42%,39%,15%。在前联邦德国,也有类似的情况。[1] 另一种表现形式是信徒的宗教热情锐减,他们很少参加教会活动,即使参加也只是"主日基督徒"(Sunday Christian)。世俗化在宗教自身那里也表现为宗教信徒的人数在总人口中所占的比例不断下降。以基督宗教为例,1900年,基督徒占世界总人口的34.4%,第一次世界大战以后,以每十年0.4%的速度下降。只是在80年代末以后,才略有回升,即便如此,1989年,基督徒也仅占世界总人口的32.9%。新教徒人数在70年代以后则一直处于下降之中,在欧洲、北美和大洋洲更是呈直线下降的趋势。例如,在北美洲,1970年,新教徒占总人口的60.9%,1975年下降到57.2%,1980年下降到54.2%,1989年更下降到50.3%,仅略微超过半数。[2]

面对这样极具说服力的统计数据,人们似乎有理由相信,世俗化作为一种锐不可当的趋势,将会奔流到海不复回,以摧枯拉朽之势,冲刷各种宗教最后的防线,最终实现那些曾期待宗教消亡的思想大师们的愿望。

然而,上面的统计数据所展示的还只是某一局部的事实,或者还只是全球宗教的总体事实的一面。世俗化理论家们不仅要面对事实的另一面,还要面对去世俗化(或神圣化)理论家们更加咄咄逼人的理论攻势。

四、世界的去世俗化

20世纪较早对世俗化理论持反对态度的当属大卫·马丁(David Martin),他于1965年发表了一篇题为《迈向对世俗化概念的清除》的论文,

---

[1] 以上参陈麟书:《宗教社会学通论》,222—223页。
[2] 转引自于可:《当代基督新教》,334页。

在该文中,他断定,世俗化命题是反宗教的意识形态的一种工具,应该从社会学的词典中抹掉。不过,有趣的是,此公之变化令人惊异,他后来从批判世俗化命题转而加入布赖恩·威尔逊,成为世俗化理论的支持者。① 但是,此后对世俗化命题或理论的质疑却不绝如缕,终于导致去世俗化或神圣化理论浮现并大行其道。

目前,在宗教社会学界,斯达克明确主张将世俗化教条抬到失败理论之墓地去,并宣布社会科学对于世俗化理论之信仰已终结,认定那只是愿望的产物。② 而先前作为世俗化理论之重镇的贝格尔则放弃了自己的主张,在一本由他编辑的题为《世界的去世俗化:复兴的宗教与世界政治》的论文集中,贝格尔写道:"我的观点是,认为我们生活在一个世俗化的世界里的假说是错误的。除了几个我很快就会谈到的例外外,当今的世界之宗教狂热一如既往,有些地方甚至有过之而无不及。这意味着,由历史学家和社会科学家们随意贴上世俗化理论标签的所有著述,在本质上都是错误的……世俗化理论的关键思想可以溯源到启蒙运动,这一观念很简单:现代化必然会导致宗教在社会和个体心灵中的衰退。而正是这一核心观念最终被证明是错误的。"③此外,尚有虽然主张去世俗化理论,却并不全然抛弃世俗化理论的温和派宗教社会学家,其中以卡萨诺瓦最为典型,④后文将会提及他的相关主张。当然,诚如卡萨诺瓦所说的那样,美国宗教社会学家大多放弃了世俗化理论,转向去世俗化理论。这里列述的仅是其中的重要代表。

那么,究竟是什么样的经验事实使得去世俗化理论能获得如此巨大的回响,以至于当今的美国宗教社会学家大多背弃世俗化理论,转而拥抱其对手呢?

我们知道,人们一般认为,世俗化理论包含以下三个核心命题:世俗化即是宗教的衰落,世俗化即是分化,世俗化即是宗教的私人化。⑤ 有的学者

---

① Alan Aldridge, *Religion in the Contemporary World: A Sociological Introduction*, Cambridge, UK: Polity Press; Malden, MA: Blackwell Publishers, 2000, pp. 86-88.
② 参罗杰尔·芬克、罗德尼·斯达克:《信仰的法则》,97页。
③ Peter L. Berger ed., *The Desecularization of the World, Resurgent Religion and World Politics*, Grand Rapids, Michigan: Ethics and Public Policy Center and Wm. B. Eerdmans Publishing Co. 1999, p. 2.
④ Cf. *Religion in Modern Times*, p. 433.
⑤ Jose Casanova, *Public Religion in the Modern World*, Chicago: University of Chicago Press, 1994, p. 7.

则将世俗化理论简化为以下三个命题:消失(随着现代化的发展,宗教将不断衰落,直至消失),分化(世俗的领域从宗教规范和制度中分化出来),弱化(宗教边缘化到私人领域)。①这两种对世俗化理论的核心命题的概述至少在形式上,有基本的相似性。而将各种版本的去世俗化理论综合起来,则可以见出与世俗化理论中的三个核心命题针锋相对的三个反命题,此即增长、去分化和强化。② 以下我们将分而述之。

  针对世俗化理论中有关宗教将随着现代化的发展而不断衰落乃至消失的命题,斯达克等人认为其中隐含着这样一个前提,即过去的宗教信仰和参与率很高,过去的人们是很虔敬的。但是,事实是,世俗化理论家们常常谈及的欧洲人的宗教参与还没有可以证明的、长期的下降,在西欧和北欧现代化开始之前的很多世纪,宗教参与就很低;数据还表明,欧洲很多国家的主观宗教性程度依然很高。而在一个国家的大多数居民还相信上帝的情况下把这个国家划定为很高程度的世俗化国家,这是很荒谬的。这表明,欧洲人只是宗教性的表现形式有所变化,即"继续相信但是觉得不需要最低限度地时常参加他们的宗教制度"。美国人的情况就更不用说了,在过去将近150年的时间里,美国人的宗教性不仅没有下降,而且教会会员的比例实际上增加了一倍,而其他的宗教委身指数要么是稳定的,要么略有上升。至于过去的人们很虔敬的说法,则完全是一个神话,是一种怀旧病。最著名的中世纪宗教历史学家们现在一致认为,从来就没有一个信仰的时代。例如,在11世纪的英国,贵族们很少参加教会,他们当中最虔敬的甚至也只是在家中、床上"参加"弥撒。而中世纪和文艺复兴时期的一般民众也很少在任何地方望弥撒,大多数只是到教会参加婚礼、葬礼和命名洗礼仪式。那时的人们上教堂时,常常是不情愿去的,在教堂里的行为也很不合体统。彼时,一些国家的神职人员大多无学无知。欧洲走出中世纪后,宗教参与并无改进。因此,断定宗教参与在欧洲有一个主要下降,其部分根据是夸大了过去的宗教性。③ 在斯达克看来,本来就不曾有过基督教繁荣兴盛、宗教信仰和参与率很高的基督教化的时代,当然就不存在所谓宗教不断衰落意义上的所谓世俗化了。此外,据《1990年大英百科年鉴》的统计,全世界50多亿人口中,各

---

① Linda Woodhead and Paul Heelas eds., *Religion in Modern Times*, p. 429.
② Ibid.
③ 罗杰尔·芬克、罗德尼·斯达克:《信仰的法则》,76—84页。

种宗教的信徒占 75%，世界各国和各地区都有不少各种宗教的信徒。尽管世俗化使得西方一些国家的宗教信徒在其总人口中的比例不断下降，但是，由于世俗化分布的不均匀，在 1980 年到 1990 年这十年间，世界各种宗教的信徒增长率却几乎与世界总人口的增长率不相上下。这些经验事实使得去世俗化的理论家们相信，所谓宗教不断衰落直至消失的世俗化命题，是根本不能成立的。而宗教的复兴，尤其是基督教福音派和伊斯兰教在一些国家的强劲复兴与传播，还有各种新兴宗教的勃兴和扩散，使得这些理论家们相信，世界神圣化的时代已经到来。宗教不是在衰落、消失，而是在增长。

关于去世俗化理论的第二和第三个命题（去分化与强化），由于世俗化理论大多认为分化必然导致宗教的私人化和边缘化，[1]我们似乎可以将这两个命题合而观之。吊诡的是，去世俗化理论家中较为温和的卡萨诺瓦一方面拒绝承认分化必然导致宗教的私人化和边缘化，且认定世俗化理论的核心，即关于世俗领域从宗教建制和规范中分化出来、解放出来的命题，仍然是有效的，[2]另一方面，他对当代世界中宗教去私人化现象的社会学观察和分析又是最为深入的，其去私人化的理论成为去世俗化理论中一个重要的构成要素。

那么，何谓宗教的去私人化？卡萨诺瓦对这一问题的回答很明确：我所说的"去私人化"指的是这样一个事实，即全世界的宗教传统都拒绝接受现代性理论和世俗化理论为它们保留的边缘化和私人化的地位。出现了一些社会运动，它们要么在本质上就是宗教运动，要么以宗教的名义挑战主要的世俗领域（国家和市场经济）的合法性和自主性。类似地，宗教机构和组织拒绝将其自身局限于对个体心灵的牧养，并继续就私人道德与公共道德之间的相互关系提出质疑，挑战亚系统尤其是国家和市场提出的不考虑外来规范的要求，这一正在进行中的论战的结果之一乃是，私人宗教的和道德领域的重新政治化和公共的经济与政治领域的重新规范化这样一个双重的、

---

[1] 例如，著名神学家潘能伯格认为，政教分离可以具有不同的意义：它可以是旨在将宗教限于私人领域，它也可以像在美国一样，防止政治当局干预公民的宗教决定和干预教会之间的竞争。Wolfhart Pannenberg, *Christianity in a Secularized World*, Tran. by John Bowden, New York: The Crossroad Publishing Company, 1989, p. 24.

[2] Jose Casanova, *Public Religion in the Modern World*, p. 6. 在该书第 7 页中，卡萨诺瓦还写道："相关的命题，即现代分化必然会导致宗教的边缘化与私人化，或这个命题的逻辑副本，即公共宗教必然威胁现代性的分化结构，都不再是持之有理的。"

相互关联的过程。由于缺乏更好的术语,我将这一进程称作宗教的"去私人化"。① 卡萨诺瓦还具体分析了宗教去私人化的三种形式。其一是针对各种形式的国家或市场渗透,捍卫传统的生活世界的宗教动员。新教基要主义和天主教为反对堕胎而发起的动员是此种形式的最佳范例。从中可以看到,宗教的去私人化具有重要的公共功能。借助于进入公共领域并对有关某些问题的公共讨论或论战施加压力,诸宗教迫使现代社会公共地、集体地反思它们的规范结构。这样,宗教的和规范性的传统与现代性的规范结构被迫相遇。这种公共的相遇会允许生活世界发生自反性(reflexive)的理性化,也为实际的理性化过程的制度化开辟道路。去私人化的第二种形式表现在这样一些事例中,在这些事例中,宗教进入现代社会的公共领域,以质问和质疑国家和市场这两个主要社会系统的以下主张,即按照其自身内在的功能性规范履行功能,无须顾及外在的传统道德规范。例如,通过质疑国家安全学说的道德和核保护政策的非人道前提,宗教提醒国家及其公民,必须使国家形式的逻辑服从"公共的善",等等。去私人化的第三种形式是,针对那种将"公共的善"化约为个体选择的集合的现代个人主义的自由理论,顽强坚持传统宗教必须持守"公共的善"这一原则本身。② 简言之,卡萨诺瓦自认为他正在经历的当代宗教的去私人化趋势可以概述为以下三点:(1)捍卫传统的生活世界,(2)反对国家和市场仅按自身内在的功能性规范履行功能,而不顾及传统的道德规范,(3)针对自由主义理论,持守公共的善这一原则。

另外,关于去世俗化理论的第二和第三个命题(去分化与强化),也有学者主张分别论述其含义。例如,《现代宗教》(*Religion in Modern Times*)一书的编者琳达·伍德赫德(Linda Woodhead)和保罗·赫拉斯(Paul Heelas)就将上述卡萨诺瓦的去私人化视为去分化的重要构成部分(而我们要提醒读者的是,卡萨诺瓦一再坚持世俗化理论的核心要素,即关于世俗领域从宗教建制和规范中分化出来、解放出来的命题,仍然是有效的。由此可见,卡萨诺瓦有关去私人化的论述,以及他对世俗化理论中的分化说的有效性的坚持容易引起歧义,至少在美国宗教社会学家那里就已经导致混乱),即神圣化中的去分化包括去私人化,也就是发生了所谓的公共领域的"皈

---

① Jose Casanova, *Public Religion in the Modern World*, pp. 5-6.
② Ibid., pp. 228-229.

依"或"改宗"(conversion),亦即先前被现代性撤空了宗教的世俗的(政治的、工作场所的、性别的)制度或建制,逐渐被宗教重新着魅(rechant)。也就是说,在制定政策、动员道德承诺、捍卫人权、使种族或国家认同得到合法化、灌输工作伦理,以及其他影响社会文化的事务中,宗教找到了可以扮演的角色。至于所谓强化则指的是,那些信仰很弱或有名无实的人,开始逐渐接受更强的、更有力的、更有生机的、更耗时的、更有效的和更影响生活的宗教形式和应用宗教形式,而这种宗教形式借助于激励人们活跃于公共领域,将有助于强化去私人化的进程。[1]

在经验上可以观察得到的全球各种宗教信徒人数的相对稳定乃至增长,公共宗教的凸显,各种宗教在各国公共生活中的角色之活跃,还有宗教在全球事务所扮演的日益重要的角色,在在都使得支持去世俗化理论的宗教社会学家们对宗教的未来做出乐观的预言。在20世纪最后一年(1999),贝格尔就曾断定:"没有理由认为21世纪的世界会比当今世界的宗教性要少一点。"与此同时,他还认定,对世俗化理论的任何修正与挽救工作都是无效的和没有说服力的。[2]

如此看来,世俗化理论和世俗化力量的全军溃败似乎已成定局。那么,人们不仅要问,在一些人看来已然称雄的去世俗化或神圣化势力将会把人类引向何方?它会在没有掣肘的情况下再次为人类建构一块支撑社会秩序的神圣的帷幕吗?

五、世俗化与去世俗化的对立与共存

同样是宗教社会学家们不得不面对的经验事实,似乎使得去世俗化理论试图成为一种普泛化理论的希望落空。近年来力倡去世俗化的理论大师贝格尔一方面断定当今的世界决非许多现代性的分析家们所预言的那个世俗化的世界,另一方面,他又不得不承认,他所倡导的去世俗化命题有两个例外。其一是西欧,旧的世俗化理论在此仍然持之有据,言之成理。因为欧洲随着现代化的发展,世俗化的指标也与日俱增,即主观的信仰指标与客观

---

[1] Linda Woodhead and Paul Heelas eds., *Religion in Modern Times*, pp. 429-430.
[2] Peter L. Berger ed., *The Desecularization of the World*, *Resurgent Religion and World Politics*, p. 12.

的教会成员率、教会出席率以及对教会行为准则的遵守等情况,都不容乐观。这种现象自二战后还从北欧向南欧蔓延,由于东欧将逐渐被整合到新欧洲之中,预言这种现象将扩展至东欧,也是毫不奇怪的。质言之,尽管斯达克等人为否定欧洲的世俗化而曲为之说,贝格尔认还是认定欧洲已然出现了一种大规模的世俗化文化。

贝格尔不得不面对的另外一个去世俗化理论的例外是,出现了一种由受过西式教育——尤其是西式人文社会科学教育的人们构成的国际性的次文化,这种次文化确实是世俗化的。这种次文化乃是进步的、启蒙的信仰与价值观的主要载体。尽管这种次文化的成员人数相对来说微不足道,但是,他们影响巨大,因为他们控制着那些提供有关实在的"官方"定义的机构,特别是教育系统、大众传媒,还控制着对法律制度的更高水平的影响。在当今全世界,他们一如既往地高度相似。受过这类教育的人为什么如此青睐世俗化?其原因尚待探究。贝格尔认为,这是一种全球化的精英文化。[1]

正是上述两个例外,还有其他的经验事实,使得曾经断言旧的世俗化理论根本错了的贝格尔在倡导去世俗化理论时,不得不含糊其词地承认世俗化力量的存在,并且宣称:"世俗化力量与反世俗化力量之间的相互影响乃是当代宗教社会学中最重要的课题之一。"[2]

而近年来为世俗化现象和世俗化理论低唱安魂曲的斯达克,[3]若干年前还在大谈特谈世俗化的自我限制特征。他与合作者班布里奇承认,世俗化是现代社会的一大潮流或趋势,但世俗化并不预示着宗教的消亡。当世俗化在一个社会的某些部分里不断推进时,在该社会的其他部分里,也出现了相反的趋势,即宗教的强化。此外,世俗化并非一帆风顺地以相同的速度向前推进,而是有急有缓,任何社会中占支配地位的宗教组织都会因世俗化而越来越入世、越来越世俗化,但是,其后果并不是宗教的终结,而只是作为信仰的宗教的命运的一种转换,即那些过于世俗化的宗教被那些更有生机、不太入世的宗教所取代。通过对现代社会中的传统宗教与新兴宗教的调查研

---

[1] Peter L. Berger ed., *The Desecularization of the World, Resurgent Religion and World Politics*, pp. 9-10.
[2] Ibid., p. 7.
[3] 前引斯达克《信仰的法则》中,第三章的标题就是"安息吧,世俗化!"

究,他们发现,世俗化的自我限制特征使得世俗化过程带来了两种对其发挥抵消作用的过程:这就是宗教复兴和宗教创新。在世俗化过程中,那些遭到这一过程侵蚀的宗教组织放弃了市场对不太世俗化的宗教的实质性需求,正是这一需求产生了与之分道扬镳的教派运动。这样,从世俗化中便产生了宗教复兴,这种复兴乃是一种抗议性的宗教群体形式,其目的是复兴传统宗教的那种有生机的出世性,世俗化还会推助新兴宗教运动的勃兴。[①] 正是宗教复兴和宗教创新这两个与世俗化相伴随的社会过程,使得斯达克和班布里奇相信,世俗化本身是一种具有自我限制特征的社会过程,它不会奔流到海不复回,将一切宗教都冲刷殆尽。斯达克做出这一论断时,世俗化理论在宗教社会学界尚占有研究范式上的主导地位,彼时尚无甚嚣尘上的去世俗化之说,他只能在主导性研究范式的强势面前,提请人们注意宗教复兴与宗教创新对世俗化浪潮的抵消作用。可见,在斯达克的宗教社会学研究中,去世俗化理论有一个形成和发展过程,即从温和到极端的演变过程,也就是从承认世俗化与去世俗化两种势力的颉颃并存,到只承认去世俗化势力或趋势的过程。

贝格尔和斯达克这两位极具代表性的宗教社会学重镇在主张去世俗化理论时,都曾不得不对经验世界中客观存在的世俗化势力予以承认,其中斯达克对世俗化势力的承认在20世纪80年代尤为明显。此外,去世俗化理论的温和赞同和主张人卡萨诺瓦对那种认为世俗化是神话的说法极不赞同,更明确宣称世俗化理论中核心要素(分化论)仍然有效。[②] 他还中肯地断定:世俗化理论的"老信徒"布赖恩·威尔逊(Bryan Wilson)和卡雷尔·多贝雷尔(Karel Dobbelaere)正确地坚持,世俗化理论在试图说明现代历史进程时,仍然有其解释性价值。但是,大多数宗教社会学家都放弃了世俗化理论,这种做法显得没有批判精神,并且过于草率。[③]

去世俗化理论家们在宣称他们的主张时表现出来的犹疑徘徊,以及世俗化理论家们对其理论主张的修正与坚决捍卫,更重要的是经验世界里所

---

① Stark and Bainbridge, *The Future of Religion*, Berkeley: University of California Press, 1985, pp. 1-2.
② Jose Casanova, *Public Religion in the Modern World*, p. 6.
③ Ibid., p. 9.

谓的"例外",①很自然地将我们导向一种共存论:即世俗化和神圣化两种潮流都在现代世界中发挥着作用,断定世俗化或神圣化是大获全胜的潮流或趋势,委实都是仓促草率之论。②

如上所述,我们可以在经验世界里找到支持共存论的依据。例如,基督教确实在北欧等地衰落了,但是,在北美、中南美乃至亚洲,基督教的福音派却正在经历着令去世俗化理论家们备感兴奋的复兴和快速增长,伊斯兰教世界的宗教复兴更是有目共睹。③ 这些都是世俗化理论所不能涵括进去的经验事实。但是,欧洲的世俗化以及全球性的人文学者对世俗化的青睐及其巨大影响,又是去世俗化理论难以囊括并给予解释的坚硬的反例。

我们也可以在世俗化理论与去世俗化理论各自的盲点或错误中找到力持共存论的依据。诚如一些学者指出过的那样,经典世俗化理论的一个重大错误是,以一种截短了的、浪漫化了的关于西方宗教发展的描述为前提。它将近代与中世纪并列,忽略了中间的几个世纪,因而是截短了的;它认为中世纪时期,众人皆信,且众人皆虔敬,这是一幅涂有玫瑰色彩的历史画面,因而是浪漫的。一旦将中世纪改革插入这一叙述,并接受有关中世纪的真实历史画面,有关西方宗教发展的历史就会显得复杂得多,那种有关自中世纪以来,西方宗教一直在不间断地衰落的说法就很难站得住脚。因为我们看到的不只是(数量上的)衰落,也有(教会的影响在数量上的)复兴,这是一种多向度的兴衰沉浮。而作为斯达克等人的去世俗化理论之模型基础的宗教经济模式,也犯有类似的错误。它同样是以一幅有瑕疵的西方宗教史的画面为基础,既是节略的,也有时代错误:节略在于它排他地集中关注19和20世纪,因而忽略了中世纪和早期近代时期;有时代错误则在于它透过20世纪的棱镜看待较早的历史时期,从而导致极大的错误解释。④ 从这个角度

---

① 非常有趣的是,在国际宗教社会学界,持去世俗化理论的学者们以高度世俗化的欧洲为去世俗化理论的一个例外,而坚守世俗化理论的学者们则以"神圣化"非常明显的美国为世俗化理论的一个例外。

② Cf. Linda Woodhead and Paul Heelas eds., *Religion in Modern Times*, p. 431.

③ 有学者主张,世俗化理论根本不适用于伊斯兰世界,因为伊斯兰教传统在现代民族—国家的建构中一直都扮演着重要角色。参 Linda Woodhead and Paud Heelas eds., *Religion in Modern Times*, p. 457.

④ Philip S. Gorski, Historicizing the Secularization Debate, An Agenda for Research, in Michele Dillon ed., *Handbook of the Sociology of Religion*, Cambridge, U. K.; New York: Cambridge University Press, 2003, pp. 120-121.

来看,二者都显得不够历史化,或曰忽略了对历史的完整全面的把握,因而将一种理论建立在不整全正确的历史经验的基础之上。另一方面,世俗化理论和去世俗化理论又都有另一种倾向,即将历史进程与这些进程理应对宗教产生的假定的和预期的后果混淆在一起,①换言之,它们都隐含着价值色彩鲜明的预期。

我们还可以在人性的基本倾向中找到支持共存论的依据。一方面,"现代性破坏了所有古老的确定性,不确定性是许多人发觉难以承受的境况,因此,任何许诺提供或更新确定性的运动(不只是宗教运动),都拥有一个现成的市场"。② 换言之,在可以预见的将来,许多人会从超验世界寻求生活世界的确定性,并以此为基础赋予一些终极性问题以解答和意义。正因为如此,一些以无神论为意识形态的政党也开始承认宗教的长期性和复杂性。另一方面,仍然会有不少人(尤其是贝格尔所说的那些受过西方人文社会科学教育的全球知识精英)因对现代人的自主性的坚持,拒绝从超验世界那里寻求对生活世界的解释;而现代分化原则在西方世界获得的坚实的社会实在基础(如宪法规定的政教分离原则),更会使得神圣化势力在寻求自身的扩张时,知所进退,清醒地意识到自身力量的限制。也就是说,世俗化势力虽然在退却,但不会全军溃败,更不会响应斯达克等人的呼召——欣然安息。

---

① Jose Casanova, *Public Religion in the Modern World*, p. 19.
② Peter L. Berger ed., *The Desecularization of the World*, *Resurgent Religion and World Politics*, p. 7.

第七章
现代社会中的新兴宗教运动

新兴宗教运动是一种我们既熟悉又陌生的当代现象。说我们熟悉它,是因为我们对20世纪末发生的人民圣殿教在圭亚那丛林集体自杀(1978)、大卫教派信徒因与美国政府对抗而最终葬身火海(1993)、奥姆真理教在东京地铁施放毒气(1995)、天堂之门成员自愿赴死(1997)等邪教事件耳熟能详,我们可能还听说过著名影星约翰·特拉沃尔塔(John Travolta)、汤姆·克鲁斯(Tom Cruise)是基督教科学派(Scientology,台湾译为山达基)的成员,等等;而说我们对新兴宗教运动陌生,则是因为我们可能往往以为新兴宗教就是邪教。确实,邪教一般都是新兴宗教,但是,反之则不然,也就是说,新兴宗教并非都是邪教。事实上,像巴哈依教这样的新兴宗教甚至是颇受联合国器重或欢迎的国际性的新兴宗教组织——该教被委任为联合国"经济与社会委员会"和"儿童基金会"的咨询机构。此外,现在全世界的新兴宗教已达到数千种,新兴宗教的团体遍布全球各地,各种新兴宗教的信徒人数已超过1亿。邪教固然危害极大,但在新兴宗教中所占比例极小。本书之所以专辟一章的篇幅来讨论新兴宗教,首先是为了进一步引起人们对新兴宗教的关注,其次则是为了增进人们对新兴宗教本身的理解。在某种程度上,理解某种现象往往意味着能更有效地面对、应付乃至控制这种现象。

研究和理解新兴宗教可以有很多切入点,我们可以研究其教义本身的特点及来源,可以将某一新兴宗教运动视为一种分离性的团体而研究其起源,考察其发展的历史进程,还可以研究新兴宗教的教主的特征以及领导权的传承,研究新兴宗教的成员的投入或招募,研究其"皈依"的过程与特性,研究其追随者的社会构成,研究其对社会控制的维系,研究其经济结构,研究它们动员其成员的能力与方式,研究其意识形态与组织之间的关系,研究其社会心态,研究它们与大社会以及其他新兴宗教运动之间的关系,等等。①限于篇幅,我们仅能根据国情,探讨我们认为或许会引起人们兴趣的几个问题。

一、新兴宗教的界定

新兴宗教这一概念的产生可以说是社会学家们努力的结果。起初,人们以 cult 一词来指称那些新出现的崇拜现象,19 世纪的一些神学家曾用这一术语来描述与宗教起源有关的仪式活动。那时,这个词还只有中性的含义。但是,这个术语后来逐渐变成了一个贬义词,这主要是因为一些基督教神学家将 cult 界定为非正统的、假的宗教。在早期宗教社会学那里,cult 一词的含义有所不同。韦伯注重宗教的祛除巫魅或理性化的程度,并据此在《经济与社会》一书中将 cult 界定为一种反理性的、神秘的宗教形式。不过,韦伯的这一界定对后来宗教社会学对新兴宗教的理解,不如他本人和特洛尔奇对宗教组织的类型学研究的影响大。根据韦伯的所谓理想类型的类型学原则,特洛尔奇将基督教的宗教组织划分为大教会、小派(教派)和神秘主义三种。关于这一点,我们在第二章已作介绍。这里,不妨重述一下,并略作增益。在特氏那里,作为一种思想、组织类型的大教会具有极度的保守性和包容性,对世俗体制表现出相当程度的妥协,倾向于接受之,以便利用社会建制来获得领导文化的地位。它往往会忽略对圣洁的主观需要。就其对成员的要求而言,大教会的范围是广泛、普遍的,其成员的身份是包容性的,倾向于将一定范围内的居民都视为其成员。小派是自愿的组织,是由严格的信仰基督的人组成的,他们一般声称自己是获得重生经验的人。这些信徒脱离俗世,不重恩典,而重律法,在自己的人中间组成以爱为根据的基督教秩序,以此预备上帝国的到来。职是之故,小派或教派的成员身份是排斥性的,并非人人皆可成为其成员,必须具有它所要求的宗教体验才能成为其成员。神秘主义则意味着将既定的崇拜和教义上的观念转化为个体性的和内在的经验,它导致完全以个人为基础的团体的出现,这种团体没有永久形式,而且有削弱礼拜形式、教义和历史因素的重要性的趋势。尽管特氏在此

---

① Bryan Wilson, *The Social Dimensions of Sectarianism: Sects and New Religious Movements in Contemporary Society*, p. 9.

并未使用 cult 一词,但他所说的神秘主义团体与今人使用的 cult 已经颇为接近。

后来,美国著名的神学家和宗教社会学家尼布尔(H. Richard Niebuhr)在其名著《宗派主义的社会根源》(*The Social Source of Denominationalism*)一书中又引入了宗派(denomination,亦译教宗)这一概念。在尼布尔那里,宗派指的是这样一种宗教群体或团体,它既不像大教会那样倾向于将某一地域之内的所有人都接纳为自己的成员,但又不像小派那样具有一种排他性的倾向。例如,它并不要求必须先宣誓或接受某些特定的教义才能成为其成员。由于一些宗派最初属于宗教复兴运动,后来渐渐演化为不要求信徒作皈依宣誓的稳定的教会,因此,一些宗教社会学家们索性将教宗或宗派界定为一种正在变成教会的教派。

以上类型学的研究都是在基督教的语境里进行的,因而都有其使用范围上的局限性,但这些成果对于当代宗教社会学家对新兴宗教与传统宗教之间的关系、对新兴宗教本身的特点的考察和描述却产生了非常深远的影响。我们在前面提到过的斯达克和班布里奇可以说是目前对新兴宗教研究最为深入也最有影响的社会学家,他们通过对韦伯的类型学方法的批判性吸收,更为简明地界定了教会、教派和膜拜(或膜拜团体,即 cult)。在他们看来,教会是传统的或常规性(conventional)的宗教组织,教派运动是具有传统信仰与实践,却脱离常规的(deviant)宗教组织,膜拜运动(cult movement)是具有新型(novel)信仰与实践、脱离常规的宗教组织。他们还对脱离常规(或异常、反常)作了界定:脱离常规就是背离一种文化的规范,其背离的方式会招致持守这种文化的人们将巨大的代价强加于背离者。[1] 以上界定基本上遵循了宗教社会学关于价值中立的训言,清除了 cult 一词中的否定性含义。但是,由于他们并不认为所有的 cult 都能构成宗教,而且有些 cult 即使构成宗教也只是传统宗教的复兴运动,因此,cult 并不是我们所说的新兴宗教,至少不能指称所有的新兴宗教。

为了获得概念上的周延性和更为明确的中立性,宗教社会学家们自 70 年代开始,逐渐倾向于采用"新兴宗教"这一概念,日本一些学者则喜欢使用新宗教或新新宗教等术语。这个概念的优点首先在于,它具有更为广泛的周延性,既包括作为传统宗教之复兴的 cult,也包括那些与传统宗教完全决

---

[1] Stark and Bainbridge, *A Theory of Religion*, p. 124.

裂、创造全新的教义或教规的宗教团体或组织，更包括那些在非基督教语境中产生的、与圣经宗教没有关系的新的宗教组织；其次，这个概念不包含价值判断的色彩，因而更能体现宗教社会学对客观性的诉求。尽管如此，仍有相当多的学者喜欢互用 cult 和新兴宗教这两个术语。

在追溯了新兴宗教这个概念产生的历史之后，我们自然应当对这个概念做出明确的界定。在此，我们不妨先列举几种定义，然后提出我们自己的界说。

正如前面已经暗示过的那样，流行意义上的或平民百姓心目中的 cult 或新兴宗教，指的是那些被认为是规模较小、不甚重要、关注灵性（inward-looking）、非正统、神秘，有时可能是具有威胁性的宗教群体。① 这种流行的定义显然包含着价值判断的色彩，因而一般不为社会学家们所接受。换言之，社会科学意义上的新兴宗教必须是更为明确、中性的概念。在界定新兴宗教方面，宗教社会学家们做出了多种尝试，但他们切入的方式或角度有所不同。例如，赫克斯汉（Irving Hexham）和波尔维（Karla Poewe）是从新兴宗教与现代性之间的关系来界定新兴宗教的，他们将新兴宗教界定为"直接与现代性相关的膜拜和教派"。而所谓现代性在他们那里并非指尚未完全普及的工业化，而是指对工业产品和科技的意识带来的变化，它意指与旧事物相对的新事物，与传统相对的创新，包括试图在思想、文化、宗教等方面都追求"现代"。新兴宗教便是对现代性的一种宗教回应，但其宗旨却具有社会性，即试图更新社会，按照其认为是"新"的观念来重建社会或宗教。日本学者井门富二夫对新兴宗教的界定则较注重新兴宗教兴起的原因与构成要素，他认为："处于社会变动时期，由于社会精神面貌的混乱，民众产生要求变革现实的欲求，或处于社会安定时期，民众不满足的失望心理及探索生命价值的欲求，凝聚于以平民出身的超凡教主为核心的宗教组织里，并在教主倡导的信条下，体验同生共栖的情感。在此背景下产生的大众思想运动，即为日本的新兴宗教。"②日本学者这种定义可能有其缺陷，即未凸显新兴宗教乃是现代的产物这一时间因素。事实上，这一界定就其外延而言，可能适用

---

① James Beckford, *Cult Controversies: The Social Response to New Religious Movements*, pp. 12-13.

② 以上引语分别见，Hexam and Poewe, *New Religions as Global Cultures*, pp. 36-37；崛一郎：《日本的宗教》，239页。转引自戴康生主编：《当代新兴宗教》，7—8页。

于所有的人为宗教。

国内一些学者对新兴宗教的界定吸收了西方学者的最新研究成果,而且也有自己的理解,如何光沪将新兴宗教界定为"随着现代化进程而出现的,脱离传统宗教的常规并提出了某些新的教义与礼仪的宗教运动或宗教团体"。[1] 这一定义比较简明,既吸收了斯达克对 cult 的界定,概述了新兴宗教的本质特征,也突出了其新兴性,即认为新兴宗教是现代化的伴生物。因此,本书不欲对此定义再作新的增益或修正。

不过,为了更准确地把握新兴宗教这一概念的具体所指,我们似有必要作一些补充说明。其一是新兴宗教这一概念在时段上的指涉,关于这一点,在西方学者中是有些争议的。有些西方学者倾向于以新兴宗教指涉二战后,尤其是在 20 世纪 60 年代以后的反文化运动中兴起的宗教团体或运动,不包括 19 世纪的一些宗教团体。[2] 而我们所使用的这一概念在时段上的指涉要比这宽泛得多,包括 19 世纪 30 年代以后在美国兴起的摩门教、基督教科学派、耶和华见证会,以及从伊斯兰教传统中分离出来的巴哈依教等宗教团体。其二是新兴宗教这一概念在内涵上的指涉,对此,我们可以从其构成要素方面入手来予以界定。这里,可以吸收上述那位日本学者的某些成果,来鉴别完备意义上的新兴宗教的特性:有一位平民出身的、自称是神灵或神灵之化身并且被信徒们崇奉为救世主的教主;有一套自成体系的教义以及对教义进行释义工作的神学——这些教义可能来自传统宗教,也可能是新的创制;有一套独立、严密的组织结构;有自己的崇拜仪式、修炼方法和传教手段。

二、新兴宗教的特征与类型

新兴宗教之所以新,在于它们确实具有不同于传统宗教的特征。因此,谈论新兴宗教的特征,便不能不与传统宗教进行比较,而这种比较又不能不涉及对传统宗教和新兴宗教生存于其中的社会文化境遇的比照分析。在这方面,社会学家们已经做了不少工作。

---

[1] 同上引《当代新兴宗教》,9 页。
[2] James Beckford, *Cult Controversies: The Social Response to New Religious Movements*, p. 15.

赫克斯汉等人认为新兴宗教具有三大特征,第一是声称拥有新的宗教真理,拥有不同于传统宗教的独特教义;第二是,提出这些新的教义的往往是一位比较年轻的人,他或她自称这些教义是直接从神那里获得的;第三是要求信徒服从于领袖,并鼓励信徒为追求来世幸福而全心跟从。① 这一概述似乎颇有说服力,实则不然。世界几大传统宗教在其最初兴起之时,无疑也具有这样的特点。

日本是新兴宗教颇为发达的社会,因此,日本学者对新兴宗教的研究颇为重视。佐木秋夫对日本的新兴宗教研究具有拓荒之功,他以对日本的新兴宗教的观察和研究为基础,认为新兴宗教具有以下二十四项特征:现世利益本位;咒术性强烈;具有迷信色彩;教义贫乏;崇拜"活的神";萨满巫术成分甚为明显;宗教仪式简单;具有大众性格;在家主义(即不须出家);教团中妇女尤其是中年妇女居多;具有狂言倾向者甚多;是权威主义的;在宗教活动时,能运用小集团式的组织;活用大众传播;企业性强烈;(教势)不稳定;低劣的;反动的;有妨碍医疗及社会性的活动;侵害人权;是一种冒牌式的宗教,成为信徒之后,整个人会像变成另一个人一般;结论下得太快;控制的相当紧。佐木秋夫的概述无疑反映了新兴宗教(尤其是日本的新兴宗教)的一些特征,但他自己也承认,这些并不是全部新兴宗教都具有的特性;②而且,他的概述中包含了过多的价值判断,与社会学对客观性和价值中立的要求有些距离。因此,尽管他描述的有些特征被接受了,但很多日本学者都对他过于鲜明的价值色彩予以拒斥。

著名宗教社会学家威尔逊对新兴宗教的特征的把握主要是从功能角度入手的,在谈及新兴宗教的新颖性(the newness of the new)时,他认为重要的是将新兴宗教置于已经存在的宗教传统的境遇中予以考虑。在他看来,所有新兴宗教运动都提供了一些在传统宗教中不可得到或难以得到的东西。而其中最为根本的是,所有新兴宗教都提供更为确定的、更为短距离的、更为便捷的或更为畅通的通向救赎的路径。在传统宗教里,救赎大多是遥不可及的、难以获得的,要经过许多中介性的人(如神职人员)或宗教活动(如教会的崇拜、祷告等)。这主要是由于宗教系统的制度化使然,由于制度化,那些日常性的宗教活动与仪式越来越形式化,即原来具有内在目的的活

---

① 《当代新兴宗教》,10—11 页。
② 蓝吉富:《二十世纪的中日佛教》,130 页。

动即使在目标丧失后仍然持续存在着,但活动却只有象征意义。新兴宗教则不然,它们抛弃了这些古老的程式和僧侣制度晦涩深奥的架构,提供更为切近的救赎。新兴宗教不仅提供更为切近的救赎,而且还为获得救赎提供更为宽广的通道。新兴宗教一般都会攻击、拒斥传统宗教中那种属灵的精英主义(spiritual élitism),向其成员或信徒提供更为快捷的灵性的流动(spiritual mobility)。例如,新兴宗教会向其信徒许诺说,仅凭简单的技术就可以获得救赎。生活在现代社会中的人大多厌烦存在于传统宗教中的精致繁琐的救赎教义,如果教义过于形而上化,他们便会求助于治疗、预言和巫术的万灵药。新兴宗教正是迎合了现代人的这种需要,它们有时真的回归到这种万应方,有时则对人们的问题以及解决这些问题的方法予以理性化。例如,许多新兴宗教都为人们身心方面的苦恼提供疗法,并为它们的宗教实践涂上现代和科学的色彩,基督教科学派和精神科学会就是典型的例子。质言之,新兴宗教具有以下特征:提供更为便捷和切近的救赎;隐晦地攻击属灵的精英主义;更多的公众可以获得它们;其技术容易获得;为灵性的流动提供便利(没有传统宗教中的灵性等级);声称能治疗身心疾病;而这一切都可以被描述为对普通人的生命的提升。①

综合国内外的相关研究成果,我们认为,新兴宗教具有以下特征。

第一是迎合现代人更为迫切的现实需要,开具各种妙方,满足现代人在身心方面要求。例如,日本的各种以佛教为源头的新兴宗教都"较少强调成阿罗汉、证佛果一类的最高解脱境界","它们所注重的是:与这一生的现世生活有关的,不空谈的、不难懂的,并且是实用的理论与实践方法。因此,'现世效益的著重'乃成为新宗教大部分教派的鲜明标志"。② 这些现世需要包括对现代医学难以治愈的身体疾病的治疗,对现世灾难的防治;欧美的新兴宗教则从治疗身体疾病转向对心理疾病的治疗,或转向帮助信徒在享受现代丰富的物质生活的同时,获得心灵的平和(peace of mind)。新兴宗教一般都会针对这些方面的需要开具其"灵丹妙药"。此外,现代社会中的分工与分化导致了传统大家庭或家族的瓦解与核心家庭或单亲家庭的出现,更带来了大量分工细密的职业、社会、政治、经济方面的组织或机构,这使得人

---

① Bryan Wilson, *The Social Dimensions of Sectarianism: Sects and New Religious Movements in Contemporary Society*, pp. 205-210.
② 蓝吉富:《二十世纪的中日佛教》,136—137页。

们像固定在一台巨大的机器上的一个个部件一样既彼此互相依赖、关联，又彼此隔膜，传统社会中人与人、人与其自我、人与自然之间较为亲密的关系被一种前所未有的疏离所取代，这种疏离不仅会带来彼此之间的不理解，有时甚至会带来猜疑与敌意，妨碍人们自我价值的实现。因此，人们一方面有寻求人际关系整合的需要，另一方面更有在亲密的团体中寻求精神理解与互助或寄托的渴望。而当他们在传统宗教或其他世俗的组织中难以满足这些需要时，他们便可能转向新兴宗教，因为新兴宗教的一大特点就是比较注重其教团内部的密切关系，而这种密切联系的基础则是教团所倡导的共同的宗教体验。尽管有的传统宗教也强调这种共同的宗教体验，但传统宗教在组织形式上一旦演变为大教会时，其信徒之间的联系往往相对松散；新兴宗教则不然，它们往往非常注重在信徒之间建立和维持紧密的关系，试图使信徒从这种紧密的关系中消解由现代社会生活带来的冷漠感与由激烈的竞争强加给他们的压力。这种紧密的关系还使信徒获得一种对教团的归属感和认同感，有的教团还努力帮助其成员获得一种自我实现的满足感。例如，日本的 PL 教团不仅以"人生是艺术；人的一生是自我的表现；自我是神的表现；不表现会有烦恼……"为教义，更提供了帮助其信徒达到自我表现和实现的具体的宗教修炼和行为。

质言之，迎合并满足现代人的各种需要是新兴宗教的一大特征，这一特征是功能性的，既表现在新兴宗教的教义中，也表现在新兴宗教为达到其目标所提供的各种宗教手段与行为中。

新兴宗教的第二大特征是它们往往与主流社会文化之间存在着不同程度的张力。传统宗教当其在组织形式上获得大教会的样态时，往往像特洛尔奇所说的那样倾向于与社会妥协，而且往往会演变成一个社会的主流文化，或成为社会的文化核心。而新兴宗教则几乎都与主流文化和社会保持着较大的张力，社会学家约翰逊认为，这种张力意味着新兴宗教不愿意与社会秩序整合，努力发展自身的独立的亚文化，对其成员在行为方面具有严格的规范要求。而斯达克和班布里奇则认为，与张力相同的另一个标准的社会学概念是亚文化的越轨，也就是说，新兴宗教与主流社会文化的张力意味着它们会发展和维持一种与主流文化不一致的文化，差异、对立和分裂乃是这种张力的标志。例如，新兴宗教与环绕周遭的社会在什么是合适的信仰、规范和行为等问题上，会产生分歧，二者会对对方作出苛刻的批判，每一方都坚持自己比对方优越。这种张力会使得新兴宗教的教团更为抱团、更具有凝聚力。当张力达到极端的程度时,其成员与非信徒之间几乎没有亲密的关系。① 有的新兴宗教运动甚至要求其成员置家人与亲友于不顾,割断所有的社会联系。

大体而言,新兴宗教在其创立之初,或当其因走向极端而表现出邪教的品性时,其与社会之间的张力最为明显。创立于19世纪的耶和华见证会自其创建伊始就视美国政府为真理的敌人,并视其他宗教为撒旦,在美国和其他国家都不断地与政府和其他宗教产生摩擦。迄今为止,该教似乎仍保持着这种高度的张力。这样的事例也许并不多见,大多数新兴宗教与主流社会文化之间的张力则可以说是处于两极之间,它们既不会完全与主流社会文化认同,也不会极力彰显二者之间的张力,从而走向极端的对立。20世纪60年代是新兴宗教兴起的一个高潮时期,那时兴起的新兴宗教一般都与主流社会文化保持着较大的张力,有的甚至以类似于"反文化"的口号相标榜,这与当时西方社会因其固有的各种社会矛盾而引起的广泛的社会抗议运动有关。当时新兴宗教的反文化的宗旨并不是反对一切文化,而是对受技术—科层控制的现代理性主义文化表示抗议,对功利主义的个人主义哲学、也就是资本主义社会中的主流价值观表示反感,并转而倡导和试图建立一种与此相反的亚文化和生活方式,它们与主流社会文化之间的关系可谓格格不入。但是,当某一新兴宗教在组织规模上日益壮大,它自身也必须经历形式化、制度化的发展阶段,科层制也会在其组织内部出现,这表明它已经吸纳了世俗的社会组织形式;与此同时,它们会重新调校与主流社会文化之间的关系,以利自身的存续与发展。这时,它便会减低与主流社会文化之间的张力,逐渐演变成教会式的宗教组织。

新兴宗教的第三大特征是,在理性化与世界的重新着魅(reenchantment)之间犹疑徘徊。一方面,新兴宗教大多会向信徒提供高度简单化了的、用来达到其宗教性的终极目标的手段与技术。例如,超觉静坐会(Transcendental Meditation)宣称,成员每天只要打坐两次,每次20分钟,打坐时全身放松,口宣神名,或念诵体现真理的经句,就能触及最高的真理。这种技术的简化将人神之间的中介减低到最低限度,也就是尽量消除宗教中的巫术性成分,因而体现了一种理性化的精神。大多数新兴宗教都具有这种特征。但是,另一方面,许多新兴宗教的教主又都极力宣称自己是克里

---

① Stark and Bainbridge, *The Future of Religion*, p. 49.

斯马式的领袖,具有非凡的神力。例如,圣光传教团(Divine Light Mission)的第二代教主摩诃罗者吉(该教创始人雪利·汉斯吉的儿子)就自称是其时代的完美大师,是至高神的化身和救世主,人要得救就必须完全奉献给他。而邪教组织人民圣殿教的教主琼斯更宣称自己具有进行灵疗的能力,曾以此吸引了大批信徒。大多数新兴宗教都具有这种特征,因此,"新兴宗教的浪潮可以被看作如日中天的属灵高潮的一个方面,这一高潮带来了世界的重新着魅"。[1] 这一现象说明,现代社会生活中极端的理性主义使得生活中的"烟与雾",使得生命中的神秘感都已经消失殆尽,而人们对巫术性成分的诉求、对神秘感挥之不去的眷恋,正是新兴宗教得以孕育生长的心理基础。

三、新兴宗教的类型

对新兴宗教的分类正如对传统宗教所作的分类一样非常重要,又非常复杂,因为要想找到一种包罗万象的所谓理想类型的划分标准,几乎是不可能的。事实上,很多宗教社会学家都是根据不同的标准来对新兴宗教进行类型学的研究的。这里,我们并不想提出新的分类标准,我们相信,综合介绍已有的各种类型学研究成果,就足以帮助我们从各个角度来理解新兴宗教的类型特征。

(一)有些学者倾向于根据新兴宗教对世界的态度,对新兴宗教进行分类。如罗伊·瓦利士(Roy Wallis)据此将其划分为适应型、拒斥型和肯定型。在瓦利士那里,适应型的新兴宗教优先强调的是"为个人的内在生活提供慰藉或兴奋作用。尽管这种新型宗教会鼓励个体生活于此世,但是,相对而言,它对于如何生活却几乎不提供意义"。拒斥型的新兴宗教则由于谴责社会和社会的价值观、并期待着即将到来的对社会安排的反叛,而要求献身于宗教领袖和先知。在这种新兴宗教里,人们总是希望,更好的世界秩序将会随着反叛而到来。肯定型的新兴宗教则强调人们所拥有的改善世界的潜能,因此,这种类型的新兴宗教会提供一些技术,以释放或提升人的潜能,从而达到他们所确定的目标。[2] 在笔者看来,瓦利士的这种分类法可能受到了

---

[1] Nelson, *Cults, New Religions & Religious Creativity*, p.2.
[2] James Beckford, *Cult Controversies: The Social Response to New Religious Movements*, p.70.

尼布尔的《基督与文化》一书的影响,但忽视了经验事实中的一些中间形态。此外,尼布尔讨论的是历史上的基督教在处理与文化的关系时所表现出来的态度类型。在对新兴宗教的研究中,确实也有些社会学家根据新兴宗教对社会中的主流文化的态度,而将其划分为对立型、矫正型和逃避型三种形态。我们在前面曾指出,新兴宗教一般都与社会文化保持着或大或小的张力,因而可以说,基本上不存在着完全与主流社会文化打成一片的新兴宗教。也就是说,上面的这种分类法不将认同型列为一种类型是有经验依据的,因而是合理的。这里的所谓对立型与瓦利士的拒斥型有相似之处,这种类型的新兴宗教倾向于将主流社会文化与生活方式判定为腐败的、不可救药的,将尘世视为魔鬼控制的世界,并因此而对尘世及其文化持完全对立的态度。矫正型的新兴宗教则认定,主流性的社会文化虽然弊端丛生,却也有值得肯定的地方、有改造的余地,而其使命正是创造并引入新的生活方式,改造并矫正现存的社会文化秩序,而不是颠覆或逃避之。这种态度与耶稣的成全说颇有类似之处。逃避型的新兴宗教则持一种消极避世的态度,对俗事漠不关心,听任其便,但非常注重个体的灵修,致力于自我的修炼与提升;这类宗教的信徒是较为彻底的自我中心主义者或个人主义者。

（二）有的学者倾向于根据新兴宗教的组织特性对新兴宗教进行分类,斯达克和班布里奇是这方面的代表,他们将新兴宗教划分为听众(观众、读者)型膜拜、委托人型膜拜和膜拜运动三种类型。在他们看来,听众型的新兴宗教是最分散、最没有组织性的一类,这类听众中有些人有时会聚集在一起听受讲座,但是,这些活动实际上并没有正式的组织特性,其成员资格至多停留在参加消费活动的水平上。这种新兴宗教的听众实际上并不参加到场的聚会,完全是借助于杂志、书籍、报纸、收音机和电视来消费该宗教的教义。委托人型膜拜则比听众型膜拜稍有组织性,这类新兴宗教的教义传播者与参与者的关系极其类似于医生与病人或顾问与委托人之间的关系,在那些提供膜拜服务的人之间,也许可以发现相当可观的组织,但是,委托人之间则几乎没有组织形式。此外,没有人做出过成功的努力,使委托人团结起来形成社会运动。委托人对这种新兴宗教的参与是不完全的,他们经常会对另外一种宗教运动或组织保持着积极的信仰。膜拜运动则是试图满足皈依者的所有宗教需要的完备的宗教组织,对另外一种信仰也具有成员资格的人会被排除在外。对于这种宗教团体来说,努力通过皈依他人而引起社会变迁乃是其头等大事。但是,就其试图动员其成员、召唤"新的纪元"的到来的努力程度而言,这类宗教运动又各不相同。它们中有的实际上只是研究团体,定期聚会,听取对其领袖获得的新启示与精神信息的讨论。这类宗教团体对其成员的要求是:适量的经济资助、参与团体的仪式、赞同其教义的真理性。通常,这类团体并不遵循比一般社会更为严格的道德禁令。除非有外人与这类团体的成员进行讨论,他们在宗教上脱离常规的特性就不会明显地表现出来。还有许多其他的膜拜运动则像常规性的教派一样运作,其成员的信仰水平非常强烈,与外界的张力非常之大,但是,成员的参与却只是部分性的。也就是说,大多数成员仍然过着正常的世俗生活:他们工作、结婚、生儿育女、有自己的爱好、休假、与该宗教团体以外的人如家人和朋友保持正常的联系。但是,有些膜拜团体提出的要求却比这多得多。他们要求其成员放弃世俗生活,全身心地投入到膜拜团体的活动之中,这类成员俨然成了"可以调度的力量",他们的生活完全受到膜拜团体的需要的限制,他们通常住在一起。如果他们有工作,他们必须到指定的地方、在指定的时间里去工作。通常,他们是到膜拜团体所拥有或管理的企业里工作。斯达克和班布里奇认为,还可以根据膜拜团体所提供的补偿物的品性对上述的三种类型加以区分。在他们看来,只有膜拜运动才经营或提供一般性的补偿物,因此,也只有膜拜运动才是完备意义上的宗教运动。[①]

(三)根据新兴宗教各团体的经典教义与传统宗教的关系,可以将它们划分为基督教系统、伊斯兰教系统、佛教系统、印度教系统、神道教系统和儒教系统,等等。许多新兴宗教的经典教义并非新的创制,而是在某些传统宗教的经典教义的基础上形成的,只不过它们对这些作为其母体的传统有所删减或增益,或侧重点不同于传统宗教,有的则是通过分裂运动而从传统宗教中分化出来的。例如,兴起于日本的新兴宗教团体创价学会、立正佼正会,其教义来源就是佛教的日莲宗;兴起于美国的基督教科学派与耶和华见证会的教义来自基督教;而国际克里西纳意识教团的教义则来自印度教。有的学者还根据新兴宗教的教义与传统宗教的关系将其划分为东方派和中东派等系统,这种分类法只不过比上述分类法略微抽象而已。

(四)根据新兴宗教的最初产地,可以将其划分为本土型和进口型。前者指的是在某个国家或地区土生土长的宗教团体,后者指的是通过传教而进入某一国家或地区的宗教团体。这种分类法具有相对性,也就是说,按照

---

① Stark and Bainbridge, *The Future of Religion*, pp. 27-30.

这种标准,同一宗教团体在不同地区就具有不同的性质。例如,创立于日本的圣光传教团在日本是本土型的,到了美国的旧金山就成了进口型的。此外,这一分类法还会面对一些问题,例如,统一教是在韩国产生的,在这种意义上说,它是韩国的本土宗教。但是,它是在基督教的经典教义的基础上形成的新兴宗教团体,而基督教在韩国属于典型的进口型宗教,那么,统一教在韩国究竟应该属于进口型的还是本土型的?这种分类法似乎较难处理这样的经验问题。

(五)根据新兴宗教嵌入社会的方式及其社会功能,可以将其划分为避难所型、改革型和释放型三种类型。① 避难所型的新兴宗教旨在为其信徒提供并且不断再生一种能令其感到安全的场所,使他们能全身心地投入到自己的信仰活动之中,在教团中感觉不受外在世界生活的邪恶和虚幻性的威胁。此类新兴宗教一般都非常强调教内与教外、获救与迷失、开悟与迷昧之间的差异或区别,它们一般以维持这些界限作为获得救赎与开悟的条件。这样,它们一般都会采用各种有助于促成隔离与孤立感的社会与心理机制,以达到其目的。国际克里西纳意识教团、圣光传教团、上帝的子女(爱的家庭)等都属于这一类型。改革型的新兴宗教团体则以变革社会结构和人们的日常生活为使命,它们也确实能在一定条件下将其变革的潜力变成现实。创价学会和巴哈依教是这类新兴宗教的典型代表。创价学会的理念是"以人的革命为地下水脉,在其肥沃的大地上培育教育、文化、和平的大树",建立日莲宗所追求的以立正安国为标志的和平乐土。该会还曾创立政党(公明党),希望"以王佛冥合为基本理念,从根本上净化日本的政界,确立议会民主政治的基础,深深扎根于大众之中,谋求大众福祉的实现"。② 创价学会所掀起的宗教政治运动也确实对日本的社会政治结构产生过影响。巴哈依的核心教义是:"地球乃一国,人类皆其民",主张"生命的目的就是促进人类的一致",倡导排除一切偏见,建立和平的世界秩序和世界联邦。该教团还极力将其理想付诸实施,积极参与联合国多项社会与经济发展计划,参与联合国有关人权、妇女、少数民族权利、防止犯罪、禁止麻醉剂、改善儿童福利、

---

① 这种分类法参考了《西欧的新兴宗教运动》一文中有关"嵌入社会之方式"的讨论,见林本炫编译:《宗教与社会变迁》,279—283页。

② 以上引语分别引自戴康生主编的《当代新兴宗教》,211、206页。

人口与居住条件、和平裁军、环境保护等各种活动。① 迄今为止,其所发挥的作用和影响都是较为积极的。统一教会也属于这种类型,其改革的策略是先创造一个可以作为模范的神圣团体,以之作为重建社会秩序的酵母。因此,它采用了某些可以带来避难所效果的隔离性和孤立性机制,但这种做法的目的却是希望达到促成适当的社会制度变迁。质言之,改革型的新兴宗教都有较强的"社会关怀"和相应的心理/社会策略。释放型的新兴宗教团体则将其宗旨确定为向参与者提供服务,即帮助信徒充分释放自身的潜能。这种宗教组织一般会有针对性地对成员的潜能受阻的原因作出诊断,开具消除受阻的"妙方",示之以达到充分释放潜能之目的的路径。心理治疗一般是这类组织常用的方法,超觉静坐会、爱尔哈德培训会等都属于这类组织。其特点是组织较为松散,团体的界线意识不太鲜明。也就是说,其组织原则中包含着弹性与流动性,对那些想将其宗教与精神活动和外在的工作或教育课程结合在一起的青年人来说,比较有吸引力。

（六）根据新兴宗教的教义哲理旨趣或内容,将其划分为二元论型运动和一元论型运动两种类型。所谓二元论运动,是借着对以神为中心的伦理二元论的彻底重新肯定,表达出对西方文化中相对主义与放任趋势的强烈抗议。这种意识形态将善恶鲜明地区分开来,认为色情刊物、堕胎、同性恋以及非基督教的各种"崇拜"等现代主义现象,是撒旦或反基督的表现。新基要派（耶稣运动）团体、统一教会都属于二元论型的运动。它们通常倾向于政治和社会保守主义,这是因为它们仍然拘泥于传统对罪恶的观念,认为违反禁忌即是罪恶。它们对于乡村和都市中下阶层以及具有保守/独断的宗教背景者更具吸引力,往往由于极端的伦理二元论而不见容于主流社会,并因此将其成员与传统的社会文化过程隔离开来,以此最有效地维持其运动的运作。一元论型或东方神秘主义型团体,则通常会提出一种具有终极的形上统一性的宇宙观,由此消解了物质世界各种对立的关系,认定物质世界的终极虚幻性和次要性。这是一种意义模式,它注重内在的精神振奋和心灵意识的开拓。各种一元论的神秘主义团体以及准一元论的信仰治疗运动,都强调与一个潜在的整全自我进行灵交,所谓整全自我可以等同于普遍性的自我或普遍性的意识。换言之,神性内在论或神性与终极实在存在于自我深处乃是其核心观念之一,而解脱与开悟则是它们常常采用的语汇或

---

① 以上引语分别引自戴康生主编:《当代新兴宗教》,144—145、158页。

修辞,更是它们的重要诉求。一元论型的运动之所以会与心理治疗会通,原因就在于它们注重意识,试图从想象中的自我深处寻求救赎。而东方神秘主义正能刺激心理治疗的发展。一元论神秘主义与心理治疗的会通包含着涂尔干曾预言过的"人的崇拜"的成分,并且会表现出"自恋"的症状。这种症状表现为参与者在心理层面上有退化的倾向,而在社会层面上有不负责任的倾向。①

除了上述的分类法以外,学术界还流行很多其他的分类法,兹不一一列述。类型学的研究都免不了要采用韦伯的所谓理想类型概念,实际中存在的各种新兴宗教都很难在纯净的意义上归于或符合上述的各种类型。有时,我们需要综合运用不同的类型学方法,才能较为全面地掌握某一种新兴宗教团体或运动的特征。

四、新兴宗教的形成模式

新兴宗教的构成模式(model of formation)也是宗教社会学家们关注一个重要问题,这里,我们不妨介绍一种最具典型性的观点。斯达克和班布里奇在《宗教的未来》一书中,辨析了以下三种构成模式。②

(一)精神病理模式(psychopathology model),这种模式将新兴宗教的创新描述为那种找到了成功的社会表达形式的个体精神病的结果。尽管这种模式有多种不同的表现形式,但其主要义理包括以下八点:(1)新兴宗教是对个人和社会危机的新型的文化反应。(2)新兴宗教是由饱受某种精神疾病之折磨的个体所创发的。(3)这些个体都是在其患精神疾病期间获得异象或幻象(vision)的。(4)在精神错乱期间,这些个体创造了一套新的补偿物,以满足其自身的需要。(5)这些个体的疾病使得他们耽溺于其新的幻象,这要么是因为他的幻觉似乎揭示了其幻象的真理性,要么是因为强迫性的需要要求得到迅速的满足。(6)在上述阶段之后,如果社会中还有许多人因为类似于该教派的创立人最初曾经面对的问题而饱受苦难,并且可能对他的解决方法做出回应,那么,上述个体就极有可能会围绕着其幻象而形成

---

① 林本炫编译:《宗教与社会变迁》,20—23页。
② 本节主要参考了该书,除非另外注明出处,其他均参 Stark and Bainbridge, *The Future of Religion*, pp.173-187。

一种新兴宗教。(7)因此,这些新兴宗教通常是在社会危机时期获得成功的,因为那时有许多人由于类似的未解决的问题而饱受苦难。(8)如果这种新兴宗教成功地吸引了许多追随者,那么,由于其自我创造的补偿物通过别人而获得了合法性,而且由于创始人现在已经从其追随者那里获得了真正的报偿,该教团的创始人便至少会获得对其疾病的部分治疗。

尽管这种模式将新兴宗教的形成归诸创始人的精神疾病或变态心理,但它并不断定该教团的膜拜理念必然是错误的或不健全的。相反,这种模式提出了这样一个问题:新兴宗教的创始人作为个体是如何创发那些偏离常规的观点并认信这些观点的,尽管这些观点缺乏客观、确定的证据。一个可能的答案是,那些高度神经质或精神错乱的人误将其心智的产品当作外在的实在。因此,他们的心理变态提供给他们的不仅是反常的观念,而且还有用来证明其观念的正确性的主观证据,这些证据既可能是以幻觉的形式呈现的,也可能是以挥之不去的迫切的需要的形式呈现的。这种模式的新兴宗教的创始人一般都经历过这样的过程,先是染病,然后发现了治疗疾病的灵疗法,最后将这种疗法戏剧化为其教团的膜拜演示的基础。基督教科学派(Christian Science)的创始人玛丽·艾迪(Mary Eddy)就是典型的一例,她自幼多病,患有严重的癔症,青年时期更经历的相继失去兄弟、丈夫和母亲的痛苦;疾病迫使她不得不与孩子分离,第二次婚姻的失败更使她痛苦不堪,她不得不求助于精神疗法。1866年,在其医生死后不久,她的脊柱在意外事故中受伤,浑身冰冷,动弹不得。但在病后的第三天,她在阅读《新约·马可福音》中耶稣治愈瘫子的故事后,备受鼓舞,身体也因此而动弹,最后竟然治愈疾病。这使得她相信自己发现了基督教科学的真理,那就是:只要真正相信上帝是无所不能的,精神或信仰疗法的力量就是无可比拟的,可以治愈任何疾病。①

精神病理学模式还认为,一些新兴宗教的创始人的心理变态有其生理原因。由受伤、药物和高烧引起的精神错乱可能会导致宗教异象或幻象的出现,如果这种错乱发生在医疗环境之外,那么,个体会觉得对其经验的超自然的解释最令其感到满意。爱的家庭的创始人就曾讲过这样一件事:他的宗教异象就是由致幻药引起的,这种药物使得他体验到了与另外一个人融为一体的状态,而这个人后来成了他的著名的追随者。

---

① 戴康生主编:《当代新兴宗教》,117—118页。

精神病理学模式似乎仅局限于从精神动因方面来解释某些新兴宗教的形成,但有的学者发展出更为精致的解释模式,将新兴宗教的形成置于社会境遇之中。如斯尔菲曼(Julian Silverman)勾画了以下五个阶段来描述这类新兴宗教创始人的早期经历:(1)创始人被严重的个人和社会问题所困扰,这严重地伤害了其自尊,迫使他找到实际的解决方法。(2)创始人全身心地耽溺于这些问题,并退出社会生活(避世)。有些文化中甚至有正式的避世仪式。(3)避世立即引导出第三个阶段,在这一阶段,创始人体验到一种"自作自受的被剥夺感",这种感受即使在先前正常的人那里也会带来一种极端的心理变态症状。(4)在第四个阶段,创始人会接受超自然的异象。(5)第五个阶段则被称作认知性的重组(cognitive reorganization),这时,创始人会极力与其他人分享其幻象。失败会使得他陷入精神疾病,而为其超自然的主张成功地找到社会支持则会使之成为精神稳定的萨满或新兴宗教的领袖。

为了使这种解释模式更注重新兴宗教形成过程的社会维度,一些学者更强调社会危机在这类新兴宗教的形成过程中的作用。华莱士(Wallace)认为,许多对社会的威胁都会在社会成员身上产生巨大的压力,这些威胁包括自然的灾异、军事和政治上的失败、经济衰退或不景气,等等。在这些压力之下,有些个体便会经历斯尔菲曼所描述的上述过程,在适宜的环境中进行文化重构,并以此作为其复兴社会的社会行动的基础。他的结论是,宗教异象这种经验本身并不是变态的,而是相反,是在极端的压力下由那些已经染病的诸个体演示的一种综合性的而且通常是治疗性的过程。

(二)企业家模式,精神病理模式并不能解释所有新兴宗教的形成过程,因此,一直有人致力于寻求替代模式。如上所述,精神病理模式注意到有些创始人最初创发的补偿物只是为其自己所用,而企业家模式则注意到,新兴宗教的创始人经常是有意识地开发出新的补偿物,以便为了获得更大的报偿而进行交换。这样的新兴宗教的创始人完全是正常人。企业家模式的主要义理包括以下几点:(1)膜拜或膜拜团体是一种生意,它为其消费者提供产品,并获得相应的回报。(2)这种膜拜主要是经营销售新型的补偿物,或至少是新包装、看上去是新的补偿物。(3)因此,必须生产新型补偿物的供应品。(4)产销都是由企业家们来完成的。(5)这些企业家与其他行业中的企业家们一样,受利润动机的驱使,他们可以通过补偿物与回报之间的交换而获得利润。(6)加入这种膜拜生意的动机是,成员们发觉这种生意有利可图,而这种印象可能是通过先前参与某一成功的膜拜团体而获得的。(7)成功的企业家需要技术和经验,而以前作为更早的成功的膜拜团体的雇员的经历,可以使他们轻而易举地获得这些技术和经验。(8)完成那些有销路的新的补偿物的生产也非常容易,将以前存在的补偿物系统中各种成分重新组装,或开发成功的补偿物系统,都可以达到这一目的。(9)因此,这类膜拜团体会以世系繁殖的方式丛生。它们通过一些个体企业家而联系在一起,这些企业家在某个膜拜团体里开始其事业,然后离开这个团体,创办自己的膜拜团体。这些团体之间具有强烈的"家族相似性",因为它们具有共同的文化特征。(10)关于全新的补偿物的观念可以来自任何文化资源或个人体验,但是,熟练的企业家在开发新产品时,会谨慎地进行试验,并且在市场反馈有利时,将某种观念永久性地吸收到他的膜拜理念之中。

经验事实表明,膜拜团体可以成为非常成功的商业实体。早先在中国流行的各种气功教大多具有这样的特点,它们出售各种补偿物,从消费者那里获取回报,以此聚敛财富。美国的一些新兴宗教也是如此,在1956年至1959年之间,精神科学会在美国首都华盛顿地区的分部获得了高达758 982美元的利润,并向该教团的创始人哈巴德(L. Ron Hubbard)提供了10万美元,外加使用一处住房和一辆小车。除了获得有形的、物质性的报偿或利益以外,这类新兴宗教的创始人还获得无形而且极有价值的报偿,包括赞美、权力和娱乐消遣。许多教团头目还享有这样的特权,即可以毫无限制地与其女信众发生性关系。

上述这类新兴宗教团体或膜拜团体往往会给人以这样的印象:其创始人是十足的骗子,他们对自己的产品毫无信念,只是通过骗术将其出售给那些容易上当或绝望的人。这类事例确实不胜枚举。这类教团的创始人之所以给自己的组织与活动贴上宗教标签,原因在于他们发现这样做不仅容易吸引那些容易上当受骗的人,而且可以由此针对法律的追究为自己提供保护。当然,我们还要注意到事实的另一方面。这类新兴宗教为了自身的发展必须对其信众履行真正的宗教功能。因此,有许多较老的膜拜团体最初可能只是骗子,但后来却被那些对其创始人的骗术深信不疑的信众改造为真正的宗教组织。此外,也并不是所有属于企业家模式的新兴宗教都必然会使用骗术,消费者想购买企业家的产品这一事实使许多企业家对其产品的价值深信不疑,这类企业家式的膜拜团体的创始人也会将市场作为价值的终极标准予以接受;那些对其产品感到满意的人所做的见证更使企业家相信其产品是有价值的。这类新兴宗教处理教际关系时,往往对别的教团表示足够的尊敬,虽然他们处于激烈的竞争之中。这主要是因为后起的教团会从前辈教团那里吸取经验,包括补偿物的开发、产品的促销,等等。但是,后起者并非简单地模仿前辈,而是努力创新,提供更令人满意、更吸引人的产品。

（三）亚文化—发展模式,这种模式强调群体内部的互动过程在新兴宗教形成过程中的作用。阐发这一模式的理论家认为,膜拜团体在没有权威领袖的情况下也能形成,即便是激进的发展,也能通过许多小的步骤、以渐进的方式获得。这种模式的主要义理包括以下几点:(1)这种膜拜团体是新的社会系统的表现形式,这种系统通常规模较小,但至少是由少量彼此密切互动的个体所组成的。(2)这种膜拜性的社会系统最有可能出现在那些已然深深卷入了神秘氛围之中的人群里,但是,这种膜拜团体的发展也会始于完全世俗的背景。(3)这种膜拜团体是那些试图获得稀少或不存在的报偿的努力失败后导致的结果。(4)当一群人致力于获得某些报偿时,这种膜拜团体的发展便开始了。(5)当为了获得这些报偿而一起工作时,成员们也会开始交换其他的报偿,比如说情感。(6)这些成员在努力达到其原初目的的过程中,会慢慢经历失败,这时,他们也会逐渐生产和交换补偿物。(7)当群体内对报偿与补偿物的交换变得足够认真热切时,群体也会变得相对凝缩,在极端的情况下甚至会经历完全的社会闭塞(参与者逐渐觉得只有其他的参与者才能完全理解他们,并且觉得与外界的交流越来越困难)。(8)一旦在某种程度上脱离外部控制,这个正在发育着的膜拜团体就会发展和巩固一种新型文化,而这种发展和巩固会受到完全偶发性的事件的激发,也会受到加速报偿与补偿物的交换这一需求的激励。(9)成功的膜拜团体的发展之终极目的是一种新型的宗教文化,而这种文化体现在这样一种独特的社会群体之中,即它必须解决从周围的环境中获取资源(包括新的成员)这一问题。

以亚文化—发展模式形成的膜拜教团实际上是始于相互改变或相互皈依,也就是始于那些具有相似的需求和愿望的人相会在一起,并就他们共同的问题进行交流。当某一个体表达一种希望或计划,而其同伙以类似的希望或计划对他作出积极的回应时,这种相互改变或皈依便以微妙的、探索性的步骤开始了。他们的目标是获得人们孜孜以求的报偿,比如说永生。通过相互皈依,这些个体便团结在一起,以解决一个或多个共同的问题。如果人们试图改善其自身或改善他们与自然的关系，而其努力却失败了，那么，他们便可能转向膜拜教团的解决方式。此外，并不是只有穷人或被压制者才会追求那些难以获得的报偿，许多精英社会运动同样致力于达到那些最终被证明是不可获得的目标。最著名的例子是未来委员会（CFF，Committee for the Future），该组织是由一对富有的夫妇在1970年创办的。其目的是向月球和行星殖民，开创一个新的纪元，使得整个宇宙都成为人类活动的领域。CFF的最大努力是收获月球计划，该项目计划在月球上建立第一个示范性的殖民地。对这些人来说，这当然是不可能达到的目标。为了获得公众的支持，CFF召开了一系列公开的会议，与会者集体阐发了一些宏大的计划，以求获得一个更好的世界。由于这些计划受到挫折，CFF开始向膜拜教团的方向发展。研讨会成了交友组织，而在其交谈的主题中，神秘主义和通灵学取代了外层空间的飞行。宗教音乐成了灵交仪式，先前友好的宇航伴侣与委员会决裂。由于最初目标的失败，并且与常规机构脱离联系，CFF便更为强烈地转而求助于补偿物和超自然者。

　　斯达克和班布里奇对新兴宗教的构成模式的分析，是以其一般的宗教理论即补偿交换论为出发点的。他们认为，上述三种模式都分别代表一种补偿物的生产和交换系统。在精神病理模式中，膜拜运动或团体的创始人最初是为自己创造补偿物，然后将补偿物交给其信众以获取报偿；在企业家模式中，膜拜运动或团体的创始人则是通过生产旨在出售给其信众的补偿物，而着手获取报偿的。亚文化—发展模式则描述了许多个体行为之间的相互影响，在这种相互影响中，不同的人在不同的时间充当着新型补偿物的生产者和消费者的角色。尽管这三种模式之间的关系似乎是对立性的，但是，它们实际上是可以互补的，可以综合运用这些模式来解释某些膜拜运动或团体的兴起。比如说，在膜拜团体的创始人摆脱了精神病阶段之后，他们也会像企业家一样采取行动，以提升或改善其膜拜运动或团体。那些受到行将丧失其膜拜团体之威胁的企业家也有可能陷入精神病阶段，这一阶段将为其提供新的异象，有助于他获得新的成功。亚文化—发展模式则包括许多小的精神病和企业经营阶段，不同的成员会参与到这些阶段之中，而一种复杂的社会交换网络更将它们编织在一起。

　　以上三种模式对于解释新兴宗教的形成过程颇具说服力，不过，需要说明的是，上述三种模式主要是用来研究以宗教创新的方式形成的新兴宗教的，对于那些以复兴传统宗教的方式而形成的新兴宗教，这些模式可能并不完全适用。

五、新兴宗教探源

在对新兴宗教的特点、类型和形成模式进行分析时,甚至在最初对新兴宗教进行界定时,我们都不同程度地涉及到了新兴宗教形成的根源这一问题。本节将更为集中地探讨这一问题。

宗教社会学倾向于在社会变迁中探寻新兴宗教兴起和形成的原因,而正如我们在第四章中对社会变迁的分析所显示的那样,社会变迁的指涉范围非常广泛,它可以指社会生活或社会安排中的任何变化过程。因此,有必要确定社会变迁中的具体论域作为我们本节分析的切入点。这里,我们只拟在现代化与世俗化中来探寻新兴宗教兴起和形成的根源。其他对新兴宗教的形成同样具有重要影响的因素,我们暂不涉及。

我们所说的现代化指的是将工业生产方式引入前工业社会所带来的经济和社会变迁过程,这一宏大的社会过程使得各种社会安排如社会组织和制度系统(包括设施系统)系统地得到合理化,其目的则是为了最有效地控制自然和便利生活。那么,这样一种势不可当的社会过程与新兴宗教之间究竟是什么关系呢?或者,现代化为新兴宗教的兴起提供了什么条件和动力?

首先,在由现代化所导致的各种社会变迁中,比较重要是传播工具的快速改善。印刷媒体和广播媒体的廉价、方便和效力,使得各种刚形成的社会运动,能够不花费庞大的成本与劳力,便能够让许多人知悉其理念。此外,资料储存、取用、传送系统的效率提升,则使得运动的组织家得以利用技术进步的好处;而人员与货物的长短距离运输的便利,更有利于组织家掌握到更大的市场。[1] 这无疑为各种新兴宗教团体或运动传播其理念、扩张其组织提供了前所未有的有利的物质条件。例如,这些物质条件有利于新兴宗教超越先前各种宗教运动的地区性规模和旨趣,使之极容易达到一种世界性的规模。

其次,现代化在人口结构、社会文化方面引起的变迁为新兴宗教运动提供了一种特定类型的潜在信众。尽管我们不能说新兴宗教就是青年人的宗

---

[1] 林本炫编译:《宗教与社会变迁》,267 页。

教,但是,青年人在西方新兴宗教运动中居于主导地位,并在信众中占大多数却是不争的事实。我们在分析新兴宗教的特点时,就曾指出,大多数的新兴宗教运动的领袖或教主都是年轻人;在欧美,大约在1950年到1960年之间,曾经出现过一个"婴儿潮",其后果是导致了20世纪70年代与80年代初期庞大的青年人口,而新兴宗教的成员大部分即来自这部分人口。造成这一现象的原因是,尽管青年人口在总人口中的比例并未明显上升,但他们在社会文化上的重要性却大为提高。在60年末期曾出现过风起云涌的学生运动,人们喜欢用"青年反文化"或"青年亚文化"来捕捉和刻画青年人口在意识形态和社会位置上的特征,并以此来彰显青年人口在人口、经济、政治与文化上的重要性。而青年在各个方面的重要性的提升,则主要在于教育模式与经济结构的改变,使得他们更容易接受新的观念;①此外,青年人对新事物具有敏锐的感受性,本身就具有刻意求新的倾向,这使得他们容易成为新生事物的代言人,或成为反映时代精神的新生力量。这是从积极的方面而言,若从消极的方面而言,现代化过程带来的顽症也最容易在青年人身上体现出来。例如,由功利主义的理性主义和科层制带来的人与人之间的疏离,在青年人那里表现为孤独苦闷和伤感怀旧;由传统价值观的崩溃所带来的价值混乱,在青年人身上表现为深深的迷失错愕感;由对个体自由的过度追求,在青年人的个体人生中带来的是漫无定向的无目标感;由对各种决定论的反叛,带来的是青年人对命运的无从把握的焦虑感……所有这一切,都有可能诱导青年人在其父辈信仰的传统宗教之外,去寻求甚至创造新的宗教性的补偿物,以期创造一种更合乎人性的社会秩序,或解决自身面对的各种身心问题。

  在讨论西欧的新兴宗教兴起的原因时,西方学者曾这样概述青年人口变迁的各种显著事实与指标:"受正式教育的年限延长;对于维系终身的婚姻、职业与居住地之想法较弱;并且,如果有这种想法的话,其形成年龄也越来越晚……尝试新生活方式与新的性关系形态的意愿较强;参与传统政治、宗教与工会活动的比例较低;地理流动性较高;消费力较强;更明显地接受道德相对主义;更广泛地受其它国家与文化之影响;失业的经验更为频繁而持久。"虽然以上只是针对西欧的情况而言的,但是,我们认为,有理由相信,从一般意义上而言,正是这些特点助长了青年人对新兴宗教的反应,尽管这

---

① 林本炫编译:《宗教与社会变迁》,268页。

些反应不一定全是正面的。① 这或许正是西方社会中一些较大的新兴宗教团体的成员,其年龄大多在 20 至 35 岁之间的重要原因。

其三,现代化所带来的高速的都市化这一社会变迁为新兴宗教的兴起和成长提供了适宜的环境。首先,尽管有学者如寇克斯认为正是城市文明的兴起带来了传统宗教的崩溃和势不可当的世俗化,但是,这一判断并不具有普适性。一项对伊斯兰教复兴运动研究表明,伊斯兰世界内的都市化与识字率的提高,以及高等教育的扩张,并没有降低大部分人的宗教倾向,随之而来的反而是提高了宗教倾向。宗教不仅没有因此而衰退,反而更为兴盛。② 其中的主要原因就是,大量从边陲地区或乡村涌入中心城市的人口往往会以更为积极地参加宗教性的组织和活动这一方式,来寻求对认同感的满足。至于一些开放的国际大都市,如美国的旧金山,由于世界各地移民的大量涌入,更容易成为各种新兴宗教安营扎寨、吸引信众的最佳处所。这主要是因为,现代城市不仅容纳着多元的人口,更提供了多元化的文化环境。社区研究表明,许多大城市的社区构成都体现着种族、民族、职业、年龄等因素的重要影响,人们往往会依据这些因素形成独特的亚文化圈,尽管这种亚文化与主流文化有一定的距离,却可以与之和平共存。而相关的研究更表明,在共同的信仰、价值和规范的基础上形成的亚文化圈显得更为稳定持久。新兴宗教往往正是在这些亚文化圈内找到自己的活动舞台的,而且,稍成气候的新兴宗教本身就是一种亚文化。

各种亚文化之所以可能见容于主流文化,也与城市化有关。城市往往是人均教育程度较高的文化中心,虽然教育程度高并不必然意味着较为宽容的文化心态(我们曾指出,一些受教育程度较高的宗教基要主义者往往由于宗教原因,而更容易产生对"他者"的排斥和歧视),但是,在大城市中,教育程度较高的人群中基于平等、自由等理念而形成的文化、宗教宽容意识毕竟要强于边陲地区或乡村。多元化的文化现实以及在此基础上形成的较为宽容的心态与舆论环境,无疑为新兴宗教的生成和发展提供了一种较为适宜的精神氛围。

都市化还带来了家庭网络、同质性的闾邻组织,以及讲究私人情感的工作环境的瓦解,从而导致了被科层结构所支配的都市化大众社会中对社群

---

① 林本炫编译:《宗教与社会变迁》,271 页。
② 同上书,300 页。

的渴求。各种新兴宗教运动正提供了散沙似的个人情感得以经由普遍性的价值而结合在一起的环境。分享共同的宗教体验和情感,可以在信众之间产生令人愉悦的人际关系。①

其四,现代化带来的一些负面的社会变迁或弊端为新兴宗教复兴传统宗教或进行宗教创新提供了教义方面的素材。现代化诚然为人们带来了生活的便利和物质的丰富,却也带来了一种世界性的文化危机。现代化带来的保健水平的提高以及无节制的生育导致了人口的膨胀,对自然的过度开发和利用导致了生态失衡和严重的污染以及人与自然的疏离,并且严重影响了人类的生存质量,高度的社会分工和分化导致了人与人之间有机团结式的相互依赖和冷漠,吸毒贩毒、凶杀犯罪和各种社会群体之间集体性的暴力事件或战争更使人们生活在不安全感之中。无根感、无归属感、疏离感、怀旧感、绝望感、恐惧感成为一些人在生活中挥之不去的悲情,由此而导致的对社会实在的消极感知,使人们极容易将现实世界界定为一种充满罪恶的世界。许多新兴宗教正是迎合了人们对社会和世界的这种感知,大肆宣讲形形色色的末世论,将此世界定为即将毁灭的罪恶世界,鼓吹自己是拯救世界的不二法门,很多新兴宗教团体的教主或头目更宣称自己是受神召的唯一的救世主,要求信众追随他们,退出或逃离尘世,极端者甚至号召信众舍弃肉身,奔向他们应许的救赎乐园或天堂。更多的新兴宗教则针对人们的精神—心理危机,炮制各种宗教性的补偿物,开具各种万灵药,满足人们的情感和精神需求。

简言之,现代化既在积极的意义上为新兴宗教的形成与发展提供了物质条件、心态环境和潜在的信众,也在消极的意义上为其教义的炮制提供了素材。

至于新兴宗教的形成与世俗化之间的关系,我们只准备考察和分析两种具有代表性的观点。

一种观点认为,新兴宗教运动的大量涌现,乃是世俗化的直接后果。持这种观点的代表人物有威尔逊、费恩、贝格尔和卢克曼等人。在此,我们不拟一一介绍他们的观点,只撮要介绍一下威尔逊和贝格尔的观点。威尔逊认为,世俗化导致了宗教的社会重要性的丧失;现代社会乃是由各种非私人性的科层式社会控制模式所支配的,其结果是,宗教性的克里斯玛型的领导

---

① 林本炫编译:《宗教与社会变迁》,13 页。

关系只能存在于各种制度性秩序的空隙间,也就是只能存在于容许集体行为、共同信仰以及无限制的服从与赞颂的狭小社会空间中。这样,宗教就沦为一种消费项目和个人风格的装饰品。近代世界孕育了一个"信仰的超级市场,其产品包括有传统型的、土产的、新潮型的、复古型、进口的以及神秘主义型。但它们之所以能够相安无事地共存,只因为社会已经太世俗化了,也因为它们是不重要的消费项目而已"。① 新兴宗教的出现,就是这种世俗化的具体体现。贝格尔则认为,世俗化与多元化是两个紧密相关的社会过程。一切多元化状况的关键特征都在于宗教垄断不可能再把其当事人的忠诚作为理所当然的。忠诚出于自然。多元主义的环境首先是一种市场环境,在这种环境中,宗教机构变成了交易所,宗教传统变成了消费品。在这种环境中的大量宗教活动,逐渐被市场经济的逻辑所支配。② 既然宗教成了迎合市场需求的商品或时尚,以满足顾客之需求的方式寻求销路,而传统宗教又都丧失了其在市场上的垄断地位,那么,各种新兴宗教的兴起也就成了题中应有之义。换言之,世俗化的直接后果之一,就是新兴宗教多元竞起,以炮制更适合人们需求的宗教产品的方式,与传统宗教在宗教超级市场上争夺顾客。

另一种观点虽然也认为新兴宗教的多元竞起与世俗化有直接的关联,但认为前者的兴起是对后者的反动。斯达克和班布里奇是这一说法的主要代表。在讨论世俗化与宗教的关系时,我们曾介绍过他们的一个重要观点,即尽管世俗化是一种潮流,却也是一种具有自我限制特征的过程,宗教复兴和宗教创新就是这一特征的具体表现。确实,世俗化迫使传统的宗教不得不以各种方式降低自身与世俗的社会文化之间的张力,如抛弃与现代科学不一致的教义教条,由此而导致的宗教自身的世俗化又反过来使得教会不断萎缩。但斯达克认为,世俗化导致的只是传统宗教组织的衰败,而不是人们的宗教性的衰退。事实上,有些执著于宗教性的人正是以在传统宗教内部发起分裂性的教派运动的方式,来表达他们对于教会过于世俗化的反抗的。这种方式就是宗教复兴。人们反抗世俗化的另一种方式则是寻求或创造更为有效的宗教性的补偿物,这种方式则是宗教创新。如果像一般人所说的那样,世俗化指的是那些假定超自然者的存在的所有思想系统的可信

---

① 林本炫编译:《宗教与社会变迁》,11—12页。
② 贝格尔:《神圣的帷幕》,163页。

性的衰退，那么，就可以据此得出一个推论，即世俗化会创造反抗超自然解释的人，若然，则不论是新宗教还是传统宗教，还是巫术，便都不会有追随者了，那些背离了传统宗教的人也就不会接受各种奇异的新兴宗教了。由此便可以得出这样一个推论，即凡是传统教会最衰弱的地方，新兴宗教也就会同样衰弱。但是，事实却表明，凡是传统教会最衰弱的地方，新兴宗教却最为兴盛。斯达克和班布里奇并未阐发高深的理论来说明新兴宗教与世俗化之间的这种颉颃关系，而是通过对大量统计数据的分析得出以上结论的。通过对全美绝大多数州里新兴宗教成员所占比率与传统宗教信徒所占比率的计算分析，他们发现这两者之间的关系比是负值：—.37。也就是说，凡是传统宗教的信徒在人口中所占比率低的地方，新兴宗教的信徒所占的比率就相对较高。这一有力的数据表明，由世俗化带来的宗教经济呈现出这样一种态势，即，那些由于过于世俗化而使得其终极性的宗教补偿物丧失了效率和可信性的传统宗教，已经在一定程度上被那些声称拥有更为有效、更为可靠的宗教补偿物的新兴宗教所取代。这表明，新兴宗教乃是反抗世俗化的产物。

　　斯达克等人在阐述上述观点时，还针锋相对地批驳了威尔逊和费恩等人的观点。威尔逊等人认为新兴宗教只是不甚重要的消费项目，是肤浅的和不真实的宗教。斯达克认为，这种对新兴宗教的评价是植根于基督教—犹太教传统的狭隘观念。在这种评价中，新兴宗教超越于西方文明中主流的、受人尊敬的宗教传统的范围之外这一事实，被当成了其低劣性的证据。斯达克认为，威尔逊忽视了这样一个事实，在公元1世纪的时候，基督教既是偏离常规的，也是不那么令人信服的。此外，像摩门教和统一教这样的新兴宗教也绝不是所谓不甚重要的消费项目。根本没有理由将基督教判定为深刻的、真正的宗教，而将所有新兴宗教判定为肤浅的、不真实的宗教。① 也许，在斯达克看来，威尔逊等人违反了流行于美国的PC（"政治正确"）原则。斯达克对威尔逊等人的批评，既是针对"新兴宗教是世俗化过程的一部分"，或新兴宗教是世俗化的产物的这一观点的，也涉及到对新兴宗教的评价。对后一问题，我们不拟多加讨论。

　　值得讨论的是斯达克等人的一些具体的说法。他们的根本观点是，新兴宗教是对世俗化的反抗。但是，在多个地方，他们又声称，新兴宗教完全

---

① 以上提到的史大可的观点，均见 The Future of Religion, pp. 429-456.

可以与社会文化和谐一致。如摩门教就与19世纪的科学没有冲突之处,晚近的新兴宗教更是完全规避了那些在经验上脆弱不堪的主张,完全适应现代科学。新兴宗教的信众寻求的正是那些与现代文化相容的、充满活力的关于超自然者的概念。他们还认为,正是这些摆脱了巫术成分的新兴宗教才会大有前途。而经验事实却表明,许多新兴宗教团体的成员确有寻求世界的重新着魅的倾向,我们在讨论新兴宗教的特点时,已经指出这一事实。我们认为,这实际上是对世俗化的反抗形式,因为世俗化在很大的程度上意味着理性化。此其一。其二,如果新兴宗教寻求的确实都是与现代科学相容的关于超自然者的概念,那么,在何种意义上说新兴宗教是反抗世俗化的产物?如果像斯达克所说的那样,世俗化指的是宗教的出世性或超世性(otherworldliness)的衰减,①那么,新兴宗教自觉适应现代科学是否同样意味着可以创造一种既具有出世性,又与现代科学保持一致的宗教形态,并在此意义上断定新兴宗教是反抗世俗化的形式?质言之,我们认为,斯达克对新兴宗教的超世性或对世俗化的反动性的认定,与他对新兴宗教与现代科学的相容性的认定,存在着内在的理论张力。

六、邪教与新兴宗教

本章开篇就曾提到邪教问题,常人一提到邪教,大多会谈虎色变。那么,应该如何从社会学的角度,而不仅仅是以道德义愤来理解邪教问题呢?

首先需要指出的是,邪教这个词是汉语文化圈里特有的术语。在汉语里,"邪"与"斜"相通,是一个十足的贬义词,许多权威的工具书如《辞源》《辞海》《现代汉语词典》都将其含义解释为"不正""不正当""不正常"。而大多数冠有邪字的词组也都是贬义词,如"邪魔外道""邪见""邪念""邪气""邪恶""邪道",等等。"邪教"当然也是一个彻头彻尾的贬义词。汉语中的邪教这个词在西方语言中并没有一个恰当的对应词,我们在考察新兴宗教这一术语的来源时,曾指出,西方人所使用的 cult 一词包含着贬义,但这个词却绝对不可以一律翻译成汉语中的邪教。只有当一些学者使用 threatening cult(具有威胁性的膜拜或膜拜团体)、dangerous cult(危险的膜拜或膜拜团体)和 destructive cult(具有破坏性的膜拜或膜拜团体)这样的术语时,才可

---

① 以上提到的史大可的观点,均见 *The Future of Religion*,p.429。

以差强人意地将其翻译为邪教。语言是文化的载体和文化传统的表达形式,中西语言中的这种差异乃是文化传统的深刻差异造成的。西方社会一直存在着一种结构性的圣俗之间的二元张力,宗教不仅是西方社会在前近代时期赖以维系其社会整合的共同价值的根源,而且被其社会文化历史赋予了神圣的含义,以至于在相当多的西方人心目中存在着这样的观念:宗教的就是好的。对他们来说,在宗教之前冠以邪恶一词,乃是难以接受的事,至少不符合其文化逻辑。在现当代西方社会中,宗教信仰的自由更被看作公民首要的权利。即使是那些调查具有破坏性的膜拜团体的政府官员,在舆论的压力下,也不得不一再重申,"自由社会的原则之一是人们可以宣传大多数人不分享而且不喜欢的思想"。① 确实,西方社会大众有很多人并不同意、更不喜欢新兴宗教的教义和活动,但是,他们并不因此随意干涉新兴宗教团体的宗教信仰和活动,如果后者的活动并不违法,随意的干涉反而会给干涉者自身招来法律上麻烦。这也是西文没有与汉语中的"邪教"相对应的术语的社会文化原因之一。也许,人们会反问道:西文中不是有异教和异端的说法吗?这两个词是否与汉语中的邪教一词具有对应关系?我们的回答是:否!异教最初是基督教对自身之外的其他各种宗教的称谓,后来则演变为各种宗教对自身之外的其他宗教的称谓。基督教的教父将柏拉图和亚里士多德等人称作异教哲学家,但这种称谓丝毫不影响他们对这些伟大的哲学家充满敬意。因此,异教是一个不含贬义的术语。至于异端一词,从其词源来看,它来自希腊文的 hairesis,本意为"选择",并无贬义。在基督教那里,异端最初是处于主流地位的基督教正统教义或理论对观点相左的基督教派别的称谓,2世纪后,异端逐渐用来专指教义上而非信仰上的错误,但被确定为异端的人并不在组织上分裂基督教。② 中世纪天主教曾有"异端裁判所",对异端的迫害甚为酷烈。但这个术语一般指的是基督教中占统治地位的派别对异己派别的贬称,与我们所说的邪教仍然有很大的差别。因为,邪教并非指异于某一宗教内的正统派别的宗教派别,而是与整个社会相异乃至危害整个社会的新兴宗教中极为个别的、特殊的教团。

由此,我们可以尝试着界定一下邪教。所谓邪教指的是新兴宗教中那些导致信众或无辜百姓蒙受巨大的生命财产损失,造成了严重危害社会秩

---

① James A. Beckford, *Cult Controversies*, pp. 220-221.
② 参戴康生主编:《当代新兴宗教》,316页。

序、违反法律和灭绝人性的事件的极为个别的教团。①目前,举世公认的邪教有人民圣殿教、奥姆真理教、上帝的儿女(爱的家庭)、大卫支派、太阳圣殿教、拉杰尼希静修会等。从这一界定来看,邪教必须是宗教,而且一般都是新兴宗教内特有的现象。有些借用宗教(教义或思想)资源从事非法活动,但并非真正的宗教组织的民间团体,既然不能将其确定为新兴宗教组织,当然也就不应将其划归为邪教组织,最多只能称之为违法乱纪的团体。当然,如何确定某一团体的宗教性质,也是一个非常复杂的问题。这首先取决于人们所使用的宗教概念,其次还要依赖于宗教在其中得到评价的社会文化氛围。例如,在有些社会里,宗教组织在社会分层里并不享有较高的声望和地位,大众甚至可能会出于历史文化成见而认为宗教的就是坏的,在这样的社会里,一些团体的创始人可能一开始并不乐于声称其组织为宗教组织,而是喜欢冠以其他的名目,如健身性的法人团体或学术研究团体等。但在该组织后来的演变中,可能会表现出越来越多的宗教性质,提出越来越多宗教诉求,对于这样的组织,也不便将其排除在新兴宗教的范畴之外。如果它发生恶变,最后走向反社会、反人性的深渊,不将其确定为邪教,反而会显示出宗教社会学的不客观性。当然,宗教社会学要求学者努力避免以简单的道德和价值判断遮蔽其更为严肃的学术使命:对宗教行为给予深入的解释。

上述对邪教的界定和说明也显示了邪教与新兴宗教的关系,即邪教是当代成千上万的新兴宗教团体中极为个别的反社会、反人性的特殊现象,是由一般的新兴宗教团体恶变而成的。我们既不必因为邪教所造成的骇人听闻的事件而谈虎色变,也不应因为这类事件是极个别的现象而对其掉以轻心。而对于宗教社会学来说,更为重要的任务是探明邪教的组织和行为是经由何种机制从一般的新兴宗教团体而走向反社会、反人性的深渊的。

罪犯不是天生的罪犯,邪教也不是天生的邪教。探寻其恶变的缘由,可以采取两种路径,一是从外部环境或社会入手,一是从膜拜教团的内部因素入手。但这两种方法并不互相排斥,可以综合使用之。若采用前一种路径,我们会发现,邪教是社会的产物(我们在探讨新兴宗教产生的原因时,已经涉及到这一问题。当然,新兴宗教与邪教产生的原因并不完全重合),而社会与政府对新兴宗教团体的反应可能会成为某些本身就具有邪教因子的膜拜团体最终采取极端行为的催化剂。我们曾指出,任何新兴宗教团体在其

---

① 这里的界定参考了《当代新兴宗教》一书中的说法,详见该书311页。

创立初始，都会与社会保持着一定的张力，张力越大，该团体对来自周遭的反应也就越敏感，其内部凝聚力也就越强。一旦来自社会的反应强大得使该教团的教主和信众有末日来临之感，他们便可能无限夸大外来的威胁，最后铤而走险，孤注一掷。典型的事例之一是美国政府对邪教组织"大卫支派"（Branch Davidians）的镇压所导致的恶性事件。美国警方在掌握了该教派囤积大量武器弹药、教主考雷什虐待儿童等犯罪事实之后，于1993年2月28日包围了该教派在德克萨斯州瓦口（Waco）的总部所在地骆驼山庄。在此之前，这座山庄已经被考雷什苦心经营成一座武装封建王国。这座山庄"有一座岗楼般的瞭望塔，它的四周树木稀少，视野开阔，夜晚有人持枪在四周巡逻"。[①] 28日上午，当100多名全副武装的联邦烟酒与火器管理局的特工人员逼近山庄时，却遭到该教派成员的猛烈反击，他们以密集的火力当场打死4名特工人员，打伤10余人。此后双方对峙了51天。4月19日，联邦政府出动坦克，试图捣毁该教派总部的建筑物，并向建筑物内发射催泪瓦斯，以便迫使他们投降。但是，结果却引起一场大火，致使建筑物内86人被活活烧死，只有9人死里逃生。事后，警方认定是教徒纵火自焚，而生还者则一致否认是预谋的自杀，认定是坦克压碎建筑物内的煤油灯引起了大火，并引爆了建筑物内储藏的大量弹药，从而导致了这一惨剧的发生。对此，有人质疑政府的行动是否过当。有一名同情该教派遭遇的极端分子，在参观被焚烧的骆驼山庄之后，萌发了向政府复仇的念头，并在该事件两周年的"纪念日"那天，也就是在1995年4月19日那天，以更为恐怖的手段，炸毁了位于俄克拉荷马州首府俄克拉荷马城的一座政府办公大楼，炸死200多人，炸伤400多人。这一恐怖事件成为美国有史以来最严重的一起炸弹爆炸犯罪案，使全世界为之震惊。1978年在圭亚那丛林里发生的人民圣殿教信徒集体自杀的惨剧，则与新闻媒体对该教派内幕的揭露以及与美国政府介入调查有关。对以上事实的描述旨在说明，社会和政府对邪教的反应可能会成为邪教徒作最后的疯狂挣扎的催化剂，但我们的意图显然不在于指责公众的正当反应和某国政府采取的举措，更不主张因为担心此类悲剧的发生而对邪教组织示弱忍让或姑息养奸。我们更乐于见到的是，世界各国的公众或政府能防患于未然，将这类借宗教的神圣名义导致的人间惨剧遏制在萌芽状态。

---

① 于长洪、张义敏：《世纪末的疯狂——西方邪教透视》，183页。

对较好的结果的期待,还需要人们从内部探明邪教生成的机制。就迄今为止我们所了解到的资讯来看,可以得出这样一个结论,即邪教都经历了从一般的新兴宗教走向反社会反人性的深渊这样一个恶变过程,而内部潜在的因素则是这一恶变过程的关键之所在。这些潜在的因素包括新兴宗教与主流社会文化之间的张力、末世论和教主崇拜,以及新兴宗教中其他的偏离常规的成分。如果这些潜在的因素被利用、发展到极端,就会导致某些新兴宗教恶变为邪教。

人民圣殿教就是典型的一例。该教教主吉姆·琼斯于1953年在印地安纳波利斯附近建立了一间名为"国民公共教堂"的小教堂,他以出色的口才和给人印象深刻的宗教狂热在教堂里宣讲耶稣基督对穷人的爱心及其为穷人施行的各种神迹,一时吸引了很多穷苦人特别是黑人参加他的教堂,后来又在教堂里实施灵疗,据说颇见成效。他还积极参加60年代的民权运动,逐渐获得了相当高的宗教和政治声望,一些上流社会人士包括美国前总统吉米·卡特的夫人,曾因为琼斯的影响巨大而与之交往,蒙代尔在1976年竞选副总统时,还曾邀请琼斯坐上他的飞机。那时,人们只是将"人民圣殿教"视为一般的宗教团体,谁也没有料到它会走上绝路。究其原因,首先在于琼斯将教主崇拜发展为绝对的教主至上。最初,琼斯自称是上帝的代言人,后来,当他的权力欲极度膨胀后,他转而声称自己就是上帝本身,是信众之"父",是他们的"王"。每一教徒在发言时,都必须表达对他的绝对忠诚和赞美。琼斯本人也开始在教会内实施更为严酷的纪律和惩罚措施,以此取代他先前宣讲的爱的教义。更有甚者,他利用信众对他的崇拜,可以向任何年轻美貌的女信徒提出性要求,后者不得拒绝;许多被选中的女信徒不仅不反抗,反而视之为无上的荣幸。有些比较清醒的教徒意识到这一切过于邪恶,难以忍受,于是策划脱离琼斯的魔掌,并获得成功。这些被琼斯诅咒为叛徒的信徒开始在媒体上揭露人民圣殿教的内幕,琼斯不仅不悬崖勒马,反而变得越来越神经过敏和歇斯底里,他认定美国政府和中央情报局要迫害他、整垮他,于是在1977年率领信众900多人乘坐飞机离开了美国本土,在圭亚那的热带丛林里建立了一个名叫"琼斯敦"的集中营式的"公社",实施更为严酷的独裁统治。与此同时,一些叛逃者组成了"有关亲属委员会",揭露琼斯"穷凶极恶残酷无情地漠视人权",使用"肉体和心理两方面的威压手段进行思想训练运动,以没收护照和在公社周围设置岗哨的办法禁止社员离开琼斯敦,以及剥夺社员私生活的权利,剥夺言论、集会自由"。① 这些揭露引起美国公众和政府的高度关注,1978 年 11 月 14 日,美国的一名国会议员率领一个调查团飞赴圭亚那进行调查,在该代表团离开琼斯敦时,害怕真相被暴露的琼斯命人开枪打死了包括议员在内的调查团成员 5 人,打伤 12 人。然后集中所有"社员",命令他们服毒自杀,大多数信徒都心甘情愿地随他赴死,琼斯本人则饮弹自尽。事后,经对现场最后清点,发现死者多达 913 人!这一人间惨剧震惊了全世界。

绝对的教主至上之所以危害巨大,在于它会导致对教主的神化,这种神化会使得那些怀有政治野心、权力欲极度膨胀的教主利用宗教组织来实现其个人的各种目标,教团会被迫或心甘情愿地以教主的目标为集体的目标,而教主在实施其各种教内控制的过程中会收到令行禁止的效果,很少遇到来自教内的巨大障碍。被神化、失去了制衡的权力必然会引发灾难。

在某些新兴宗教恶变为邪教的过程中,其教义中的末世论的具体化也是一个重要的因素。许多宗教都有其末世论,所谓末世论就是对人类和世界的最终结局的信仰和理论。基督教的末世论相信世界末日即将到来,在弥赛亚来临之前,将有巨大的自然灾异,天使和魔鬼撒旦将展开激烈的战斗,然后在地上建立以基督为首的义人统治的秩序,恶人受永刑,最后出现新天新地。千禧年论是基督教末世论的理论形式,但基督教一般不赞同随意臆测末日来临的具体时间,而邪教则都喜欢将末世论具体化,它们或者提出末日来来临的具体时间,如奥姆真理教的教主麻原多次在演讲中断言 2000 年将爆发"世界最终战争",或者将某些事件视为末日来临的标志或征候,如琼斯断言政府取缔其教派是末日来临的标志。末世论具体化的直接后果是,具有教主崇拜情结的教徒对教主为因应末日来临所采取的行动命令会坚信不疑,即使赴汤蹈火也在所不辞。因此,绝对的教主至上一旦与具体化了的末世论结合,必然会引发灾难性的邪教事件。②

弄清邪教走向深渊的内在恶变机制,有助于人们辨别邪教与一般的常规性的新兴宗教的本质区别,也有助于公众和政府有效地防患于未然,避免类似的人间惨剧再度发生。

---

① 戴康生主编:《当代新兴宗教》,323 页。
② 同上书,313—314 页。

七、公众反应与政府控制

在宗教与主流意识形态不一致的社会里,尤其是在大众普遍不太理解信仰自由对于个体权利的重要性、不愿意在社会分层中赋予宗教以一定的社会声望、反而轻鄙宗教的社会氛围里,知识分子或研究宗教的学者可能出于种种考虑而不乐意较多地涉及对新兴宗教的公众反应和政府控制这一论题,这是可以理解的。不过,需要指出的是,同样是出于宗教社会学的客观性和社会良知,西方的宗教社会学家们却毫不讳言地对这一论题作了较为深入的探讨。此其原因乃在于,新兴宗教虽然履行着一定的功能,却也确实带来了一些社会问题。而公众对新兴宗教的反应、社会或国家对新兴宗教的控制,是否完全恰当,又面临着哪些难题,也是值得分析的问题。本节将撮要介绍西方学者在这一论题上取得的研究成果,[①]并尝试着就一些相关的问题提出笔者自己的看法,希冀能对国内读者有所启发。

(一)公众反应 由于国情不同,西方各国的公众对新兴宗教的反应并不存在一种雷同的模式。不过,我们仍然可以发现一些共性。至少,根据相关的资讯,我们可以将那些较为关心"新兴宗教问题"、并以自身的利益为出发点而对新兴宗教作出反应的代言者划分为以下三类:民间团体或组织、大众传媒、主流宗教的教会(基督宗教教会)。兹将其反应列述如下:

1. 民间团体或组织的反应。在对新兴宗教较为关注的民间团体或组织中,有一类是由有影响的人士纠集那些其家人参加了新兴宗教的家庭、前新兴宗教的成员以及其他人士(如主流宗教的神职人员、新闻记者和教师等)组成的组织或团体,这类组织或团体所作出的反应最具代表性。当然,他们对新兴宗教的反应一般都是负面的,是反新兴宗教阵营的重要组成部分。在英国,国会议员保尔·罗斯于1975年发起组织了"家庭行动信息和援救协会"(Family Action Information and Rescue,简称 FAIR),罗斯曾为一项控告统一教的法律行动进行辩护,未获得成功。这个民间组织后来在更换领导人后,更注意自己的公众形象和策略。首先,他们并不一般性地自称反对

---

① 本节主要参考的是 James A. Beckford 的两种著述:*Cult Controversies*:*The Societal Response to New Religions* 中的第 7、8、9 章,及《西欧的新兴宗教运动》(收入林本炫编译的《宗教与社会变迁》),下文的概述除非引用了别处的资料,一般不再特别注明。

膜拜(anti-cult),而是以反对(膜拜团体中的)欺骗、剥削,反对分裂家庭为口号。其次是自称没有宗教企图(即并非以宗教成见来对待新兴宗教),不以新兴宗教的成员为敌人,而是将其看作某些人的孩子和亟需关爱的人。另外,这个组织不从任何政府部门或地方当局接受财政资助,主要经济来源是自愿捐赠和他们主办的通讯的订户。该组织的主要功能有以下三点:通过定期的通讯、召开会议和个人联系,收集、分析和分发有关新兴宗教运动的信息;只要觉得某一新兴宗教的潜在的、实际的或以前的成员会从非正式的咨询中获益,这个组织就会介入,该组织还向上述人士的亲属或关系较密切的熟人提供咨询;参与公众辩论、公关活动和政治游说。英国还有一些其他的民间组织,它们对新兴宗教的态度也多不甚友好,有的甚至非常激进,如断定新兴宗教或膜拜团体都对其成员进行洗脑,是非常邪恶的,要求完全摧毁所有的膜拜团体。在法国,相关的民间组织是"保护家庭与个人协会"。这个协会最初是一些家长组成的、旨在反对新兴宗教的一个独立的组织,这些家长的孩子已经加入某个新兴宗教团体。但是,这个协会与政府之间的关系后来较为暧昧,一方面,它批评政府对"新教派"(法国人通常以新教派来称呼我们所说的新兴宗教)所造成的"危害"熟视无睹,甚至指责政府从新兴宗教那里获益匪浅。因为该组织认为,新兴宗教具有招募各种边缘人的能力,并且能够使他们"复原更新",这样,政府便免除了向这些人提供社会福利的负担。有的政府官员也确实说过这样的话:"青年人参加统一教总比参加街头巷战要好得多"。该组织断定,正是由于这一原因,政府才拒绝对新兴宗教采取行动,除非有人向政府提供新兴宗教组织的犯罪证据,政府才会采取行动。另一方面,该组织又从政府的健康部接受年度拨款,以支付其行政费用,该组织还拥有某些政府官员的有力支持。这个组织在70年代早期就发展了6个省级地方中心,并在巴黎拥有一个由天主教教区提供的永久性的总部,与大众传媒和教会中以研究新兴宗教为专长的人士保持着密切的关系。该组织印行了大量相关的信息,并能够为那些受到新兴宗教团体困扰的人提供有效的个案服务。它还模仿天主教教会的做法,保留有关所谓典型的新教派的档案,并接受教会对新兴宗教正在增长的能力的解释。该组织在法国至少对政府形成一种压力,要求政府正视由新兴宗教团体造成的问题。

在公众对新兴宗教的反应中,家庭之所以如此活跃,发挥如此重要的作用,主要是因为新兴宗教成员的血缘家庭与其宗派家庭(这里指的是新兴宗教成员彼此之间建立的所谓准家庭或拟似家庭)之间存在着一种张力乃至对立。一方面,原血缘家庭宣称它是社会秩序与制度的维护者,另一方面,却出现了另一个试图取代它并自称是新家庭的团体,二者之间的冲突于是在所难免。就大社会来说,家庭被认为是社会的基石,因为经由家庭,传统、法律以及信仰才能得以传承,而且,家庭是社会进行再生产的必要条件。而参与新兴宗教组织或运动,成为所谓"新家庭"的成员,则意味着对传统家庭的否定,意味着对其社会角色的质疑。家庭奋起反击便是很自然的事,有时,这种反击甚至染上了暴力色彩。由于一些新兴宗教对社会文化持拒斥态度,常常为了自身的亚文化的凝聚而有意与外界隔离,迫使其成员中断与家人和友人之间的联系,公众便常以"诱拐""邪术""洗脑"等字眼来谈论或描述新兴宗教运动,一些家庭甚至以绑架新兴宗教的成员和反洗脑等暴力手段来进行回击。

2. 新闻媒体的反应。当代大众传媒是人们获取信息的重要媒介之一,它对人们的社会感知的形塑作用也是非常重要的。在公众对新兴宗教的反应中,大众传媒经常是影响人们对新兴宗教的态度的最重要的因素,而且往往以极高的效率形塑和传播着社会对新兴宗教的形象的看法。据调查,在英国,许多家长在其孩子加入统一教会时对这种新兴宗教一无所知,他们正是从日报或电视上获得关于该教的第一批信息的。有些家长最初对孩子提供的关于统一教的描述相当满意,但是,由大众传媒提供的具有竞争性的报道和解释却使得这些家长突然不安起来。然后,这些家长开始发起反对膜拜团体的运动,极力将他们的孩子从新兴宗教运动或组织中拉回来。而新闻记者则是为这种运动加油添薪的主角,他们有能力使这种运动保持新闻地位,即便不是头版头条。新闻记者还是新兴宗教组织的前成员或那些愤怒的家长之间的非官方的交流媒介,如果没有这些记者,上述人士是很难了解彼此的情况,并走到一起形成反对新兴宗教组织的运动的。

由于大众传媒的影响力如此之大,新兴宗教在某国的命运往往在一定的程度上系于它与媒体的关系。例如,精神科学会的国际总部原来设在英国的东格林斯特德(East Grinstead),后来不得不迁移到美国的洛杉矶,据说就是为了寻求与大众传媒之间较好的关系。

大众传媒对新兴宗教作出反应的特点基本上是从新闻价值这样一种利益原则出发,尽管西方传媒经常会以客观性相标榜。"新闻价值"原则有时意味着要迎合观众或读者的趣味,对有卖点的人、事或问题大肆炒作。有时,越是容易引起争议的论题,新闻媒体就越是大肆报道。虽然这些报道中也包括一些关于新兴宗教运动的客观信息,但是,"新闻价值"这一原则所造成的片面性仍然是不可避免的。例如,大众传媒首先将新兴宗教运动描述、报道为家庭问题,因为家庭问题有助于激起在情感上沉重的反应,并由此而具有相当可观的新闻价值。由此而导致的结果是,即便是那些似乎是对新兴宗教作了深度分析的报道,也仅仅局限于新兴宗教的某一方面,至于新兴宗教的其他方面,大众传媒会依据"新闻价值"这一原则而不予关注。事实上,新兴宗教运动决不只是所谓的家庭问题,它是更为广泛社会问题;而且,仅视之为"问题",而不客观地视之为一种正常的社会现象,也是不全面的。这正如宗教社会学中的功能论者将冲突视为一种边缘性的、不正常的现象一样,是一种理论偏见。例如,在英国,新闻媒体对新兴宗教的报道大多是负面的,它们经常谈论的主题是:新兴宗教的怪异性(这是对新兴宗教敌意最少的一种说法)、以欺骗性的手段从信众那里牟利、对"牺牲品"造成危害和痛苦、引起公众的愤怒、对社会具有威胁性,等等。

简言之,西方一些国家的大众传媒对新兴宗教的关注和报道是以"新闻价值"这一原则为基础的,而其态度则基本上是负面的。有的报道甚至根本不顾及平衡与客观原则,而是毫不掩饰其反对新兴宗教的姿态。它们的报道引起了更多的大众对新兴宗教的某些方面的了解,有助于公众舆论对新兴宗教的监督,新兴宗教若能从其报道中吸取正反两方面的经验教训,可能会对自身的健康发展有利,若是因为新闻媒体的报道而大为光火,失去控制,反而会铤而走险,走向邪教的深渊。

3. 教会的反应。西方各国教会对新兴宗教的反应构成公众反应的一部分,但因各国主要宗教的构成不一样、政教关系略有不同,教会的反应也因此有所不同。在英国,主流教会对新兴宗教运动的正式反应一般都比较谨慎小心。坎特伯雷的前大主教寇庚博士(Dr. Coggan)的言行就是这种反应的典型代表。在电视节目上,他一方面否认统一教是基督教,另一方面则建议该新兴宗教的可能的成员或支持者仔细考察统一教的宗教主张。其他有影响的主流宗教组织也提醒基督教教会要清醒地意识到统一教与基督教之间的差别。神职人员作为个人,一般都认为新兴宗教是危险的、具有破坏性的,但是,他们的集体反应则保持着低调。但是,当欧洲议会决定对这类的新兴宗教进行准司法调查时,更大范围内的神职人员和教会官员却作出了一致的反应:反对欧洲议会的这一计划。其中原因可能是,他们担心,剥夺某一宗教组织按照其选择的方式进行运作的自由,有可能危及所有宗教组织的自由。

在法国,估计89%－94%的人至少是名义上的天主教徒,天主教在法国占有绝对的优势和霸权。因此,法国的主流教会对新兴宗教的反应在公众反应中颇有示范性。而法国教会对新兴宗教的反应的特点是,它具有一种矛盾的心理,它以屈尊俯就的姿态将新兴宗教称作"异议"。一方面,法国天主教会承认新兴宗教是对真正的精神问题的因应,另一方面,它又坚持认为新兴宗教运动的繁殖只会恶化那些精神问题。教会认为,新兴宗教的功能仅相当于"警示灯",它表明,社会这部机器的有些部分出了差错,仅此而已。这种论调也经常出现在大众传媒中。教会的一些报纸杂志发表的文章认为,精神热忱和活力若不在历史教会的框架内得到教化和控制,往往是不健康的。新兴宗教组织的成员确实是被一种兄弟式的友爱联结在一起的,但是,若没有主流教会的指导,他们便不可能知道究竟应该何去何从,也不可能达到光辉的顶点。更有甚者,法国的主流教会认为,新兴宗教试图共谋反对规范性的社会结构和文化设定。由于教会的这一观点的影响,法国反对新兴宗教运动的情绪主要是被一种政治性的焦虑支配着,人们担心,新兴宗教运动的领袖们所追求和积累的力量有一天会发展到具有颠覆性的地步。这与美国公众的担心完全不同,美国公众对新兴宗教运动的焦虑主要是担心新兴宗教的成员的个体心理健康或心灵会受到影响。

德国主流教会对新兴宗教的反应(恕不详述)与法国的情况可能有所不同,但这两国与美国的不同之处在于,在德法教会对新兴宗教的反应中,宗教之间(即传统宗教与新兴宗教之间)的关系是一项重要的因素。不过,欧洲各国的教会,尤其是英国的教会在对新兴宗教作出反应时,可能有投鼠忌器之感,即担心对人们选择新兴宗教信仰的自由的干涉会被扩大化,危及人们的信仰自由。

(二)政府控制 公众对新兴宗教的反应往往会成为一种集团性的压力,政府是这种压力的主要承担者。但是,同样是由于国情不同,西方各国对新兴宗教的社会控制也不尽相同。这里,我们只概述一下英法德三国政府对新兴宗教所实施的社会控制的特点,一些细节则只能予以忽略。

在英国,首先,由于缺乏保障公民权利的国家宪法,各种少数派的宗教极易受到行政处罚的伤害,这种行政制裁可以不经过议会的讨论,更不必得到议会的准许。与美国相比,英国的情况意味着,新兴宗教运动与其反对者之间的斗争主要是在法庭之外发生的。其次，由于没有对青年或宗教负全责的服务性的政府部门，便使得公众对新兴宗教的讨论不能获得"官方"地位。英国政府没有关于新兴宗教的公共政策；由于官方对家庭、青年、宗教或公民权利的关切要么是不存在的，要么是分散在若干政府部门那里，因此，很难看到这样的公共政策得以产生的方式；此外，由于很少有人提出制定专门的法律条款以对付与新兴宗教有关的问题的要求，立法机构也没有提出相关的动议，这主要是因为英国公众更倾向于将宗教事务限制在个人私生活的领域里，使之成为法律框架以外的事务，立法机构自然不能冒天下之大不韪。其三，政府的健康和社会安全部不参与对新兴宗教的讨论和研究，医疗工作者也不参与，这便使得反对新兴宗教的阵营缺乏科学证据来说明新兴宗教对其成员的身心健康造成了"危害"。英国政府对新兴宗教的控制主要诉诸行政性的、零散的举措，很难在议会的辩论中听到因新兴宗教问题而引起的关于自然权利的哲学等问题的辩论。

在联邦德国，政府控制新兴宗教运动的最大特点就是联邦青年、家庭和健康部高度介入各种反对新兴宗教的活动。这个政府部门不仅充当着各种反对新兴宗教运动的组织之间沟通的重要媒介，而且还启动了一些自己的研究项目。联邦青年、家庭和健康部 1980 年向议会里一个调查委员会提交了一份关于新兴宗教的报告。该报告被印行了 25000 册，广为流传。在该报告的前言部分里，这个政府部门认为自己的责任就是告诫人们警惕那些"威胁着"青年人的新兴宗教的"危险性"，并声称，它最担心的就是"青年宗教"（这是德国人对新兴宗教运动的习惯性称呼）的那些"令人疑窦丛生"的做法对青年人的心理所造成的危害。该报告的主体部分则重复了在公众中颇为流行的一种观点，即"青年宗教"构成了更为广泛的"逃避现实"的一个部分（在德国，有一种流行的观点认为，恐怖主义的根源就是一部分青年逃避现实。因此，逃避现实意味着有可能滑入恐怖主义），"青年宗教"为青年人的生命问题提供的绝对的解答使问题更加恶化。该报告认为，这些问题一般都被说成是个人问题，但是，这些问题有其社会起因，只能通过适当的道德教育才能有效地解决它们。联邦青年、家庭和健康部认为自己有责任将"青年宗教"的危害性广而告之，有责任对新兴宗教对其成员的长期影响进行研究，并支持那些批评新兴宗教运动的家长们的积极性。该部门还鼓励执法机构充分运用现存在法律（如有关在公共场所进行招募、在公众中募捐、欺骗性许诺和使用强力违反个人的意志的法律条款）对付青年宗教。该部门意识到自己的做法可能会遭到抨击,因为这些做法有可能妨碍人们自由结社、自由信仰的权利,为此,该部门的报告为自己的主张作了辩护。它认为,那些所谓的宗教团体(指青年宗教)由于其从事的商业活动,已经丧失了宪法赋予宗教组织的特权,政府支持反对这些组织的活动并未影响宪法对宗教自由的保护,对"青年宗教"组织完全可以使用那些适用非宗教组织的法律条款。

联邦青年、家庭和健康部不仅积极散发有关青年宗教的信息,谆谆告诫人们要对新兴宗教组织保持警惕,还积极赞助相关的研究工作和学术会议,并且在经济上资助那些反对新兴宗教的协会或团体。此外,各部委的联邦官员们也积极介入对新兴宗教的控制。例如,他们曾讨论过对"青年宗教"采取一致的行动,这些行动必须与联邦青年、家庭和健康部和内政部所采用的政策保持一致。例如,1979年,联邦和各州的青年部长与一些议员召开了一次专门会议,会议一致同意,必须通过提高理解、进行广泛的关于精神问题的讨论来处理膜拜问题或新兴宗教问题。与此同时,各州的财政部长们则开始考虑采取一些措施,避免滥用向慈善组织提供财政优惠的法律。联邦和各州的内政部官员们则讨论了这样一个问题,即海关和边境警察是否有必要在审查国外的新兴宗教成员申请进入德国的案例时,格外保持警惕。而各州的教育部长们则在一次召开于1979年的会议上一致同意,学校的教师,尤其是宗教、社会学和哲学教师有特别的责任向学生灌输作一个合格的公民所需要的一些观念,如对自己负责、思想独立、承担政治责任等等。总之,在联邦德国,联邦和各州政府的一些部门的积极介入,鼓励了公众以各种方式表达他们对膜拜组织的反感。这或许是各种新兴宗教在联邦德国难以成气候的重要原因之一。

有趣的是,德国统一后,联邦德国政府对反新兴宗教运动的组织在财政等方面的支持,于1992年被宣布为非法。这是因为,宪法保障宗教信仰和活动的自由,而新兴宗教运动并无违法之举。因此,当20世纪90年代中期,反新兴宗教运动在德国获得动力,并几乎酿成集体性恐慌时,政府虽然被迫对此种恐慌做出反应,却并未满足公众的要求与期待。政府成立了由12位议会议员和12位议会外的专家组成的调查委员会,这个委员会于1998年提交了最终报告。尽管这个委员会的大多数成员在为政府严厉对待新兴宗教运动扫清道路这一点上,都有其既得利益,但是,该报告却未提供任何证据支持那种认为新兴宗教是重要的社会问题的一般社会知觉,并承认新兴宗教对国家和社会都不构成威胁。这个报告影响巨大,包括以下几点:那些反新兴宗教的说客失势,公众对所谓几乎是无中生有的新兴宗教问题(因为皈依新兴宗教的德国人很少)很快失去兴趣,传媒也相应地失去了对这类主题的兴趣。当然,德国政府远未遵循积极保护新兴宗教之权利的政策,事实上,很多公务员甚至法官对新兴宗教仍然持共同的看法:新兴宗教是危险的和不受欢迎的组织。这是德国社会共同接受的价值观和信念使然。[①] 不过,最新情况显示,像耶和华见证会(Jehovah's Witnesses)这样的新兴宗教已通过法律手段,于2005年3月24日获得合法地位。[②] 看来,在维护宗教控制和宗教自由两者之间的平衡时,德国政府有过摇摆,其最新的做法可能更能体现自由民主的精神。

在法国,有一些法律机制可以用来对新兴宗教进行控制。任何一种宗教教派或组织在法国都可以通过两种方式获得法律地位。根据1901年的一项法律,如果某一宗教组织服从并且成功地通过了官方的评审手续,确定它对社会是有益的或有用的,那么,它就可以获得非营利组织的法律地位。或者,宗教组织可以申请作为宗教会众得到承认,条件是必须得到内政部的批准,并且向公众公开自己的财政状况。这些程序并非专门针对少数派的宗教组织的,但是,最近的少数派宗教组织在获得法律的认可方面却面临着越来越大的压力。

1981年上台的法国社会党政府的内政部长曾经批准一项由议会承担的对新兴宗教进行的调查,其目的并不只是调查新兴宗教的宗教实践,还包括重估它们的法律地位。政府的目的是既要保护结社的基本自由,又要揭露新兴宗教组织对其成员的虐待。换言之,政府调查的目的是要在以下两者之间保持平衡,即一方面要保障宗教群体以其选择的方式处理其事务的权利,另一方面则要保障个体免受欺骗和剥削的权利。调查报告提出了一系列建议,如要求为了公众的利益,监控、散发和试用有关新兴宗教的信息;提高新兴宗教的背教者或潜在的背教者的物质地位,等等。不过,调查报告在一段时间内并未公开,上述内容是透露出来的。公众因此怀疑,政府迟迟不

---

① 以上参 Hubert Seiwert, Freedom and Control in the Unified Germany: Governmental Approaches to Alternative Religions Since 1989, in *Sociology of Religion*, 2003, 64:3, 369-375。

② 以上参 Elisabeth Arweck, *Researching New Religious Movements: Responses and Redefinitions*, London; New York: Routledge, 2006, p.4。

公开这一报告,乃是与新兴宗教之间达成的所谓沉默的"共谋"。不过,公众的指责并未迫使政府仓促地采取行动。这主要是因为政府意识到它并没有足够的证据证明新兴宗教确实对国家和社会构成了明显的危险,它们也并不是要与国家和社会对抗。这些事实促使政府出于保护思想自由的要求,而不得不谨慎行事。

在欧洲,对新兴宗教的社会控制并不局限于英法德三国,一些相关的法律行动甚至扩展到了欧共体。其中最著名的莫过于欧洲议会管辖的青年、文化、教育、资讯与运动委员会在1984年提出的一份题为《欧洲共同体内某些新兴宗教运动的活动》的报告书。该报告书建议欧共体各国政府之间相互交换资讯,在处理由新兴宗教所的产生的问题时相互配合。该报告书还建议各国政府以及相关的主管机构采用一种一视同仁的"自愿性规定",鼓励各种新兴宗教运动,(1)主动劝阻18周岁以下的未成年人,不要做出终身性的宗教皈依的决定;(2)允许新加入的成员有6个月以上的观望期;(3)保证其成员可以与家人和朋友进行联系;(4)劝服其成员完成学校教育课程;(5)公开完整的财务报告;(6)不使用欺骗性的吸收信徒的方法;(7)不吸收滞留国外期间的本国青年为信徒。尽管这份报告书出笼后遭到了欧洲一些国家的宗教团体(如法国基督教联会、英国教会协会)与立法机构的反对,但该报告书最后仍在欧洲议会经过一番辩论后得到通过。这表明,欧洲社会对新兴宗教运动普遍存在着一种不信任、担心乃至敌对的心理,为了维护主流社会文化规范和社会秩序,社会与政府经常会以行政或法律手段来对新兴宗教运动进行控制。

但是,欧洲对新兴宗教运动所施行的社会控制并非毫无节制,公众对思想和信仰自由的要求以及相关的法律使得政府不得不在两种要求(另一种要求是保护公民不受欺骗、剥削和虐待)之间进行权衡,努力保持二者之间的平衡。因此,诚如贝克福特所指出的那样,新兴宗教运动在欧洲的长期社会文化意义,与其说在于它们在宗教与精神生活上有意做出的贡献,不如说在于它们所造成的非意图的结果或隐性功能,也就是说,它们的各种活动厘清了宗教宽容的界限,也就是有助于在世俗化的社会里界定可接受与不可接受的行为之间的界限;此外,各种新兴宗教运动还有助于找出国家介入对宗教团体进行控制的界限之所在。

至于欧洲公众对新兴宗教的反应,虽然主要是以担心、忧惧和反对为特点的,但是,他们又都认为还有一些问题如就业、吸毒、暴力等,要比新兴宗教问题重要得多。这主要是因为欧洲的新兴宗教大多是从美国输入的,而且其成员人数相对较少,并未像失业、贩毒吸毒等问题那样对社会与国家安全构成严重的威胁,因而并非十分重要。这与美国社会学家斯达克的观点颇为不同,斯达克在驳斥威尔逊的观点时,曾暗示新兴宗教在社会学意义上的重要性不容低估。斯达克的说法对美国、日本和韩国来说也许比较适用,对欧洲则不一定适用。

  当然,究竟应该如何评估新兴宗教的重要性,如何看待新兴宗教,并没有一种普遍的标准,历史文化传统、现实的国情都是非常重要的影响因素。笔者只想重申一下本章中曾提出的一种观点,即不可因为邪教的危害性大而对所有的新兴宗教持一种全盘否定的态度,必须正确理解新兴宗教产生的社会文化根源及其在某些方面所发挥的积极功能;同时,也不能因为新兴宗教的成员人数少,而漠视其发展可能会带来的一系列社会问题。此外,还有一点应该值得注意的是,对新兴宗教实施的社会控制必须考虑多种因素,这些因素既包括社会福祉在内,也包括公民权利在内。

第八章
宗教与传统中国社会

　　尽管我们可以将宗教社会学界定为一门不受国界限制的社会科学,但是,宗教社学的研究并不是毫无语境特征的。如果读者有兴趣去浏览一下各国尤其是美国的宗教社会学家们撰写的相关教材,你会发现,很少有人会不辟一个或若干专章、从宗教社会学的角度来研究和谈论作者本人所在国的宗教历史和现状。这表明,在宗教社会学这门交叉性的社会科学中,本土化实际上既是一种随处可见的普遍的趋势,也是研究者赖以立足的一种求取研究与话语资源的重要方式。有些历史悠久、传统深厚且影响巨大的现代民族国家的知识人曾提出这样的口号:越是民族的、本土的,便越是世界的。这一口号是针对文化传统而言的,至于它是否真的反映了客观事实,不是我们所要讨论的问题。我们在此借用这一口号,是想说明,在宗教社会学的研究中,越是本土的东西,越有可能成为世界性的东西。本章的目的是试图从宗教社会学的角度来探讨传统中国社会中宗教与社会的互动关系,分析历史境遇中的中国宗教的功能及其一般特征。自觉地承担这一任务并不是以追求世界性的研究成果为最终目标,而是试图使有关中国宗教与社会互动的传统的知识成为世界性的。当然,要达到这一目标绝非轻而易举之事,我们只能勉力而为。

一、中国社会、文化的宗教性问题

　　自中国文化与西方文化开始接触、交流和碰撞之后,西方人对中国文化有许多评价,其中有一点是认为中华民族是一个无神论的民族。不过,这一结论的意义要看它出自什么样的人之口。启蒙时代的思想家以反对、批判宗教为目标,当他们在传教士的书信、报告和其他形式的著述中"发现"中华民族没有宗教信仰、却又有如此悠久而且优秀的文化传统和社会成就时,他们真是如获至宝,奔走相告。他们试图以中国为例,证明一个没有宗教信仰、由清一色无神论者组成的社会是完全可能的(培尔)。当那些虔诚、狂热的基督徒得出这一结论时,其意义却完全不同,他们是想说,中国是一个还未受到基督教的福音之光照耀的"可怜"的民族,基督徒应该以"中华归主"为使命,开化中国人,将中国人("迷途的羔羊")引入上帝的怀抱。有时,当他们因为使命难以完成而感到绝望时,他们会认定中国人作为无神论者,是铁石心肠的渎神的一族。此外,西方人还注意到这样一个事实,即在中国普通老百姓的生活中,存在着大量的巫术信仰和实践,前近代中国人关于宇宙的画面、其生活范式、都被神灵鬼怪构成的阴间世界染上了浓厚的色彩,①但是,这些信仰和实践都缺乏伦理意义。也就是说,中国人的社会生活充满了迷信,缺乏高级的伦理宗教的指导。②

至于中国知识分子自身,他们有些人也常因为受到西方思想尤其是理性主义的影响,而断然否定中国人或中国文化中的宗教性,否定宗教在中国社会中的重要性,并视宗教在中国社会生活中付之阙如为中国之大幸。在新文化运动前后,受到西方思想洗礼的知识分子为了弘扬理性主义,极力消解中国文化中的宗教性。梁启超认为,中国是否真的有任何宗教是很成问题的,尽管那些尊孔的人试图将儒教改造为宗教,但是,儒教并不是宗教,佛教是外来宗教,只有道教是中国土生土长的宗教,但若将道教纳入中国宗教史中,那简直是一种莫大的耻辱。③ 蔡元培在《中国伦理学史》中曾明确肯定儒教是宗教,但后来出于政治目的,又断然否定了自己以前的真诚的学术观点。陈独秀、胡适等人为了张大新文化运动的科学精神,更是尖锐无比地批评宗教,否定儒教是宗教。

那么,究竟中国人或中国文化有没有宗教性呢?按照宗教社会学家卢曼的说法,宗教性是人性的基本内核,如果此说成立,中国人当然也不例外。

---

① 直到当代,还有一些西方学者在自觉或不自觉地传承和论证这一说法。例如,孔飞力在《叫魂:1768年中国妖术大恐慌》一书中的研究就表明,巫术信仰在中国百姓中确实是弥漫周遭的,尽管作为中国社会之精英的士大夫对这种信仰抱持不同的看法(如轻鄙、或持不可知论、或视之为无可无不可、或相信等),参见该书28页。

② C. K. Yang, *Religion in Chinese Society: A Study of Contemporary Social Function of Religion and Some of Their Historical Factors*, p. 3.

③ Ibid., p. 5.

不过,关键的问题是如何理解宗教性,如果像某些西方人那样,认定只有崇拜超自然的人格神,才算是宗教,那连佛教也很难说是宗教了。但是,如果接受我们给出的宗教定义,则可以说宗教在中国文化中的影响是非常普遍的。首先,我们认为,儒教是宗教。当我们做出这样的判断时,丝毫没有像康有为等人那样试图将儒教建立为国教的宗教诉求,而只是肯定一个历史文化事实。而且,认为儒教是宗教丝毫不妨碍我们对其进行深入的批判,例如,力倡儒教为宗教的任继愈先生就对儒教持一种批判态度。笔者认为,儒教是一种以天地君亲师为崇拜对象,而以其中的天神崇拜与祖宗崇拜(敬天法祖)为核心、以对超验的人生境界的追求(希圣希贤、天人合一)为终极目标的宗教信仰体系,这一信仰体系中还包含着对日月星辰、风雨雷电、山川等自然神、社区神以及伦理政治神(如圣贤、帝王、英雄)的崇拜,这些被崇拜的神灵被列入等差有序的不同层次。其中,祭天只是天子皇帝的特权。各级政府官员依其地位都必须完成相应的宗教课业。儒教的独特性在于它不是一种制度型的宗教,而是一种弥散型的宗教。也就是说,儒教并不是一种像基督教或佛教、道教那样拥有自身独立的神学、神职人员和组织结构的宗教建制,而是作为世俗制度的一个有机组成部分而发挥其宗教功能的。

这里,有必要指出一点:从发生学的角度来看,我们并不认为孔子是儒教的创始人,尽管孔子在儒教历史上占有特殊的地位。据《说文解字》:"儒,柔也,术士之称。"论者说儒,历来纷纭。笔者比较赞同这样的看法,即从思想史的角度来说,"……西周行政教化传统就是儒家思想的来源,甚至可以说就是孔子以前就有的'儒教'的一部分"。① 但笔者并不认为这种在"孔子以前就有的'儒教'"(其内容远比由各种职官的功能构成的西周行政教化传统丰富得多)与那种理性化了的、使世界"祛除巫魅"的"儒学"或由孔子集其大成的儒家思想之间存在着一道不可逾越的鸿沟。换言之,尽管我们接受马克斯·韦伯关于理性化即是使世界祛除巫魅的说法,但脱巫不一定是脱去信仰,理性化并非一定就是非宗教化。相反,宗教的理性化和世俗化是人类文明史上一种普遍常见而且持续时间很长的现象,而其结果则并不一定是信仰的淡化或消解,而更有可能是信仰的表现形式发生了变化,如从求助于神秘的巫术性手段和力量转向以理性化的方式(如形式化的祈祷奉献等礼仪或履行"天职")来追求其终极性的宗教目标。也就是说,只要我们不将

---

① 陈来:《古代宗教与伦理》,347页。

理性化等同于非宗教化,即便我们将儒教之"儒"溯源于上古时代的巫师和术士,也丝毫无损于后儒在儒教史上所承担的理性化角色和做出的贡献,相反,倒更有可能凸显像孔子这样的儒教"至圣先师"对儒教理性化的杰出贡献,也更有可能凸显中国宗教与文化的连续性。

以下,我们拟对上述对儒教的界定一一予以解释。

首先,关于儒教的崇拜对象,可以分为天神、地祇、人鬼三个系列。陈梦家据《周礼·大宗伯》所记祭祀对象,将其列述为以下三类:

甲、神,天神,大神　　昊天,上帝;日,月,星辰;司中,司命,风,雨
乙、示,地示,大示　　社,稷,五祀,五岳;山,林,泽;四方,百物
丙、鬼,人鬼,大鬼　　先王①

一般认为,这种三元系列神崇拜的格局形成于商代。由于商民族将始祖奉为至尊神,所以上帝既是众神之主,又是商民族的始祖,是商民族的保护神,周武王克商后,基本沿袭了这一宗教传统。但周人对商民族的上帝观念进行了改造,将始祖神与至尊神一分为二,将上帝与天联系起来,使其成为超越某一民族或氏族的最高神,称为"昊天上帝",并将其始祖后稷尊为五谷之长,与社合并为"社稷",居于地祇之首。此后,中国历代王朝列为祭典、仪式繁琐的郊庙制度,都可以溯源于这种古老的宗教传统。所谓郊,是祭祀天神地祇的宗教仪式,因其分别在国都的南北郊举行,故名;而庙即宗庙,乃祭祀祖宗之所,可以代指举行祖宗崇拜的宗教仪式。② 当然,此种礼制在后世有沿革损益。而成熟的儒教更在此基础上发展出了以昊天上帝为首的神灵系统(天神地祇)、祖宗神灵系统(君、亲)和以孔子为首的神灵系统(师)作为崇拜对象。③

关于儒教的崇拜对象,主张儒教非宗教的论者经常会提出两点质疑,即被一些人视为儒教教主的孔子以及后儒大多是怀疑论者,而儒教又有如此复杂多元的神灵系统,是否配得上高级宗教的称号。关于前一点,人们常引以为据的是孔子所说的"敬鬼神而远之"及其弟子所说的"子不语怪力乱神"。在笔者看来,孔子的言行正是其在宗教方面所做的理性化尝试,不语

---

① 陈梦家:《殷墟卜辞综述》,562页。
② 以上参谢谦:《儒教:中国历代王朝的国家宗教》,见《儒教问题争论集》,367—368页。
③ 参李申:《儒教、儒学和儒者》,见《儒教问题争论集》,386—387页。

怪力乱神实即祛除巫魅,力图使儒教成为一种理性化、系统化的宗教;而"敬鬼神而远之"可能是反对内心不敬鬼神而外表却亲近之的宗教虚伪。① 不如此理解孔子,便很难解释孔子为何屡屡言及天和天命。孔子对儒教的至上神或主神的认信和宗教敬虔是不容否认的。况且,孔子自称"述而不作",以诗书礼乐教人,被公推为儒教史上礼乐教化的集大成者,很难相信他会尽弃六经中对天命鬼神的传统信仰。至于后儒,李申先生已经以其一系列颇有功底的论文和蔚为大观的《中国儒教史》一书表明,从被今人视为唯物主义哲学家的荀子、王充,到将儒学形上化的宋儒程朱,都保持着对儒教的至上神的认信,宋儒那种"对越上帝"的宗教敬虔更时时显露在其著述的字里行间。今人切不可因其对无神论思维方式的偏好或出于使中国思想文化理性化的良好愿望,而对那些基本的史实视而不见。

至于儒教的多神信仰问题,具有一神论信仰背景的人士(如西方人)或那些唯视一神教为高级宗教的人士,确有可能会因此而怀疑儒教的高级宗教本质。确实,高级宗教大多会经历从多神信仰到一神信仰的进化历程。但是,事实上,正如韦伯所说的那样,除了犹太教和伊斯兰教是较为严格的一神教以外,其他各大宗教多是多神信仰。韦伯认为,基督宗教的三一论具有一神论的趋势,但天主教对圣人的崇拜,却与多神论相当接近。② 儒教的多神品性确实给人以怪异感,但这并不妨碍其为一种高级宗教,这主要是因为它不仅包含着对超自然力量的认信,更将天或天帝奉为至上神,尽管儒教同时还包容了对其他次级神的崇拜。

关于儒教的超越性与出世性,论者多从比较宗教学的视野认定,只有那些相信灵魂不朽、追求灵魂的救赎或永生的宗教才具有此种终极的超越性和出世性。这里,我们姑且不论儒教中究竟有没有西方宗教意义上的灵魂观念与对永生(不朽)的追求,③单是儒教中对圣人理想的坚执,对天地境界

---

① 关于后一点,朱熹曾引二程道:"人多信鬼神,惑也,而不信者又不能敬,能敬能远,可谓知矣。"在《论语》"事人""事鬼""知生""知死"下,朱熹注曰:"非诚敬足已事人,则必不能事鬼。"朱注可备一说。参李申:《儒教是宗教》,见《儒教问题争论集》,363页。
② 韦伯:《宗教社会学》,203页。
③ 著名中国宗教专家杨庆堃以其运用宗教社会学的理论与方法研究中国宗教而闻名西方,国内学者对其研究成果尚未给予足够的重视。他认为,在祖先崇拜的宗教礼仪(如丧礼与祭礼)中,包含着追求死者灵魂救赎的观念。见 C. K. Yang, *Religion in Chinese Society: A Study of Contemporary Social Function of Religion and Some of Their Historical Factors*, pp.29-30。

的追求,就足以表明其对超越经验世界的彼岸境界的追求。此外,儒教积极入世的精神虽然非常强烈,以至于宗教社会学大师韦伯一再认定儒教总是将超越性的世界与现世之间的张力降低到最低限度,①但儒教的入世精神却并非毫无宗教性。儒教将君师神圣化(《孟子·梁惠王》有言曰:"天降下民,作之君,作之师"),而君师的使命却是宗教性的,即"克相上帝,宠绥四方"(《古文尚书·泰誓》),孟子对此种使命感的意识似乎尤为自觉,其言曰:"天降下民,作之君,作之师,惟曰其助上帝,宠之四方。"儒教中确实没有基督宗教中的上帝国观念,但是,儒教中的这种使命感却与基督教中那种试图将上帝国建立在人间的社会福音派的理论有异曲同工之妙。中国现代基督教史上的社会福音派因其强烈的入世性而屡遭基要派之驳难,后者甚至将社会福音派斥为不信派,但基督教的主流似乎并未因此而完全否认社会福音派人士的基督性;我们似乎也没有理由因为儒教的入世性而否认其宗教性。当然,当我们针对主张儒教非教的人士强调儒教的超越性或宗教性时,我们确实也不能否认,儒教中那种从灵魂轮回、彼岸的惩罚或原罪中获得解脱或救赎的宗教诉求并不强烈,②这也正是一些儒生逃禅出世,或皈依其他宗教以求获得解决"生死大事"之终极答案的主要原因之一。

  论者常以儒教没有独立的宗教组织与仪式,来作为论证儒教非教的重要论据之一。这里,笔者愿意重申一下杨庆堃的宗教分类法,并据此对儒教的结构特性予以界定。杨氏受著名宗教社会学家瓦赫(Wach)的分类法之启发,将宗教划分为制度型宗教(institutional religion)与弥散型宗教(diffused religion,台湾有学者将其译为混合宗教)。所谓制度型的宗教指的是那些拥有自身的神学、仪式和组织系统,并独立于其他世俗建制的宗教,这种宗教本身就是一种社会制度,拥有自己的基本观念和自己的结构体系。而后者则指的是那些拥有与世俗的建制以及社会秩序的其他方面密切结合在一起的神学、礼仪和组织的宗教。弥散型的宗教将其信仰与礼仪作为有组织的社会范式的一个有机部分予以发展,没有独立的存在。制度型的宗教作为一种独立的社会系统发挥功能,而弥散型的宗教则作为世俗社会制度的一个部分发挥功能。就中国而言,弥散型的宗教在中国社会生活的几乎每一主要方面都履行着一种普遍的功能。这说明,中国的弥散型宗教在组织

---

① 韦伯:《儒教与道教》,280页。
② 同上书,207页。

方面的弱点并不意味着它缺乏功能。杨氏认为,在中国,制度型宗教的主要代表包括佛教、道教;弥散型宗教则主要指祖先崇拜、社区神崇拜以及伦理—政治神崇拜。① 需要说明的是,杨庆堃本人并不认为儒教是宗教,而是将儒教视为一种具有宗教性的伦理政治思想。但笔者认为,儒教恰恰就是一种弥散型宗教。

自从明末来华的利玛窦始,论者多注意到,儒教没有在世俗的建制之外建立和发展自身独立的组织结构、没有独立的神职人员。主张儒教是宗教的学者也不否认这一事实,但其解释则完全不同,他们或以国家的政权组织即是宗教组织、或以政教合一来说明儒教的结构特性。在笔者看来,断定古代中国的所有世俗组织都是儒教严格意义上的宗教组织,可能离事实有一段距离。但是,如果说在各种世俗组织中大多存在着儒教的代理组织或代理人则较为客观。在儒教中国,君主自称而且被奉为"天子",拥有在祭天大典中担任主祭的特权,除了那些心怀二志的叛逆者外,任何人都无权祭天,虽然他们在内心里可能对天帝充满宗教敬虔。朝廷中,皇帝以下的各级官员,大多承当着不同等级的祭司职责。各级地方主官不仅代替了原来诸侯祭祀名山大川的宗教职责,而且还承担者祈雨等宗教职责,失职者甚至会因此而遭到百姓的指责与朝廷的处罚。如《大清律》规定,"凡各府、州、县社稷山川风云雷雨等神,及境内先代圣帝明王、忠臣烈士,载在祀典,应合致祭神祇,所在有司,置立牌面,开写神号祭祀日期,于洁净处常川悬挂,依时致祭。至期失误祭祀者,所司官吏杖一百。"② 此种法律传统的宗教性可谓彰明较著。儒教中的祭孔活动则是士大夫或儒生的特权,与上述礼仪一样,也有繁琐的礼制。至于家庭这种在今人看来是纯世俗的组织,在儒教中国则是祭祖等宗教实践的主要承担者,这种宗教活动也没有自己独立的神职人员,主祭完全是按照宗法家庭的组织原则而得到确定的。质言之,在儒教与世俗建制之间,基本上不存在着一种结构性的二元张力。但儒教在组织上缺乏独立的结构,并不妨碍它履行各种宗教性的功能,如为世俗政权提供终极性的合法性论证,为宗法家族与社区的整合与凝聚提供宗教基础,为封建纲常与社会道德规范提供正当性资源,在某种程度上,也为个体生存提供意义

---

① C. K. Yang, *Religion in Chinese Society: A Study of Contemporary Social Functions of Religion and Some of Their Historical Factors*, pp. 20-21, 294-295.
② 沈之奇:《大清律辑注》,397页。

系统。

如同所有的宗教一样,儒教在教义、神学理论方面也有处理自身与社会秩序之关系、为群体与个体的生存提供意义系统这两个维度。论者多注意儒教的前一个维度,并因此断定儒教是一种关于伦理、政治的人文教化的思想体系。这种论断首先忽略了儒教中各种繁琐的宗教性礼制在儒教自身生存发展中的重要性,其次是忽略了儒教试图建构的社会秩序的神圣性或宗教性。再次,此种论断更忽略了儒教中的意义系统的宗教性与重要性。笔者愿意在此就儒教中的意义系统问题略作阐述。儒教中除了以福善祸淫这样的报应论来解释德福关系,以一种伦理化的宗教态度来对待个体的厄运或苦难(以及人生中的其他无序现象与意义危机)或赋予恶、祸以意义之外,还有另外一种独特的神义论,此即天命论。在讨论宗教意义系统中的神义论时,我们已对此做过阐述。同时,当我们讨论儒教的意义系统时,我们也已经涉及儒教与儒学之间的关系问题。我们看到,儒教的意义系统不像基督宗教那样是由专职的神职人员炮制的,而是由那些积极入世且往往在世俗的建制中承担者某种角色的士大夫或认信儒教的儒生创制的。换言之,儒教不具备独立于世俗建制的神学。但是,却有理由认为,儒学与儒教的关系颇类似于佛学与佛教或基督教神学与基督教之间的关系。①

质言之,尽管儒教不是一种制度型的、独立的宗教,但它仍是一种完备意义上的宗教。只要我们不执著于一种狭隘的宗教界定(如认信唯一至上的人格神),不以制度型的宗教为宗教的唯一理想类型,我们就没有理由否认儒教是宗教这一坚硬的历史文化事实。此外,在论证儒教是宗教时,我们不赞同那种功能主义的做法,即认为中华帝国作为一个大一统的专制帝国,需要大一统的宗教意识形态予以维系,而这个大一统的宗教意识形态就是儒教。这样的论证在理论上预设了宗教功能的不可或缺性,而这正是著名社会学家莫顿曾着力予以批判的一个理论预设。对于那些善于发现宗教功能的"对等项"或"替代项"(如人本性的意识形态)的论者来说,这样的论证适足以授人以口实。

在前近代的中国社会文化中,除了儒教这样历史悠久的主流性的弥散型宗教以外,还有各种制度型的宗教,如佛教(包括汉传佛教、藏传佛教、上座部佛教)、伊斯兰教、自唐朝开始输入中国的基督宗教(包括景教、天主教、

---

① 关于这一点,李申已有详论。见《儒教问题争论集》,390—395 页。

东正教和新教)以及中国的本土宗教道教。此外,还有形态各异,处于公开、半公开或秘密状态中的民间宗教。后者对于普通民众的生活的影响可能更为直接、深远。

  鉴于以上事实,简单地将中华民族视为无神论或迷信的民族,都是偏颇之论。宗教性在中国社会、文化中是非常鲜明的,宗教对中国人的生活之影响也是具有普遍性的。为了说明宗教在中国民众生活中的影响之普遍性,我们从华北、华东、华南、华西、华中五个地区抽取八个县(镇),将其宗教活动场所的数目及其功能列入下表。需要说明的是,这些数据来自20世纪20—30年代编撰的县志,鉴于当时中国社会动荡不安,立寺建庙的物质条件相对匮乏,我们有理由相信,在前近代中国社会里,相应的祠庙数字可能会更大。

祠 庙 数 量

功能	望都	清河	全沙	宝山	罗定	佛山	遂宁	麻城	数目	百分比
Ⅰ社会组织的整合与健全	48	86	70	93	59	78	71	97	602	33.7
A血亲组织	20	20	26	29	3	31	9	23	161	—
1婚姻				1					1	—
2生育	19	19	24	26	2	30	8	22	150	—
3宗法价值	1	1	2	2	1	1	1	1	10	—
B地方社区保护	3	8	14	26	24	15	12	36	138	—
C国家	25	58	30	38	32	32	50	38	303	—
1象征公民与政治美德的人物	21	54	25	34	26	24	43	31	258	—
a公民与政治人物	10	2	15	22	17	9	28	19	122	—
(1)历史人物	7	1	15	21	14	4	24	18	104	—
(2)传说人物	3	1		1	3	5	4	1	18	—
b军事英雄	11	52	10	12	9	15	15	12	136	—
2正义之神	1	1	1	1		1			5	—

续表

祠 庙 数 量

功能	望都	清河	全沙	宝山	罗定	佛山	遂宁	麻城	数目	百分比
3 士大夫阶层与文学传统保护神	3	3	4	3	6	8	6	7	40	—
Ⅱ 一般道德秩序	26	73	20	28	64	117	37	41	406	22.7
A 天神	14	61	3	10	11	31	39	25	184	—
B 阴间权威	12	2	17	18	53	86	8	16	222	—
Ⅲ 经济功能	12	10	21	29	18	17	25	11	143	8.1
A 农业神灵	12	10	17	17	12	8	24	8	108	—
B 手工业和贸易保护神			2	7	4	7			20	—
C 商业和经济繁荣			2	5	2	2	1	3	15	—
Ⅳ 健康	3	2	2	3	1	8			19	1.1
Ⅴ 公众和个人福祉	10	13	2	16	4	20	3		68	3.3
A 先贤祠	2	1	1	1					5	
B 驱鬼	1	1					12		14	
C 祝福	7	7		5		5	5	1	25	
D 供有不明鬼神的祠庙		4	1	10	4	3	2		24	
Ⅵ 寺观与尼姑庵	25	5	20	40	24	28	166	222	548	30.6
A 佛教	25	5	20	48	22	26	146	202	494	—
B 道教			9	1	2	2	20	20	54	—
总计	124	189	144	218	170	268	302	371	1786	100.0①

从该表中,我们可以看到,这八个县(镇)共有 1786 处宗教活动场所,平均每个县拥有 223.25 处,其中还不包括用来进行祖先崇拜活动的场所,这是

---

① 该表转引自 C. K. Yang, *Religion in Chinese Society: A Study of Contemporary Social Functions of Religion and Some of Their Historical Factors*, pp. 8-11。

因为以上各县的县志没有记载祠堂的数目,更未记录各个家庭祭祖活动的情况。如果将这两项也算入,宗教活动场所的数目将会更大。仅从宗教活动场所的数目之大,就足以见出宗教对当时中国人生活的影响之普遍性。

二、中国宗教的功能分析

中华民族的壮大与凝聚、中国文化的形成与发展、中国人的生活之持续、中国社会结构的独特样态的维系,等等,都曾从宗教中吸取过丰富的资源。换言之,中国宗教在传统中国的社会、文化生活中一直都履行着诸多重要的功能。

1. 中国宗教在维系宗法性社会结构及其秩序方面的功能

前近代中国社会的根本特点是宗法性,所谓宗法,乃是一整套规定嫡庶系统的法则。它将始祖的嫡长子一系递承下来的嫡子规定为大宗,其余庶子为小宗,由此而分别系统,各宗都有其相应的权利与义务;上自天子、诸侯,下至大夫、士、庶人,人人皆受此种法则之支配。而受普遍王权宰制的国家则只不过是宗法性家庭结构的放大(即所谓的家天下),宋儒张载在其名篇《西铭》中视大君为天地之宗子,民为同胞,就是对这种现实的一种理想化的哲学概括。宗法性的社会结构的一大特点是重名分、严等级,三纲五常就是这一特点的集中体现;其另一特点则是将一切都笼罩在温情脉脉的血亲关系之下,张载的《西铭》正是此一特点的写照。这一社会结构持续的时间长达数千年,宗教是其得以维系的重要支柱之一。大体而言,中国宗教以两种方式履行维系宗法性社会结构之稳定的功能,即积极的推助与消极的适应。

儒教作为一种弥散型的宗教一直都积极地以捍卫、强固这一社会结构为职志,其履行的功能表现为两种形式,一是为普遍王权和宗法性社会结构秩序提供超自然的合法性依据,二是为血亲家庭、进而为整个宗法性的社会结构体系提供各种整合性功能。

我们曾指出,儒教中的敬天法祖这一宗教传统源远流长,从一开始,这种宗教传统就履行着上述功能。至迟在殷人那里就已经具有至上神"上帝"的观念,但殷人深信凡人不能直接与上帝交通,只有先王(祖灵)才能"宾于帝",是时王与上帝沟通(如向上帝祈求)的唯一中介。换言之,殷人认为敬祖是取悦上帝的唯一方法,故殷人只祭祖,不祭天,而且祭祖仪式非常虔敬、

隆重而又频繁。殷人之所以如此而行,首先在于此种宗教行为可以为自身的统治提供合法性依据。《尚书·泰誓》载:

> 王曰:"格尔众庶,悉听朕言。非台小子敢行称乱,有夏多罪,天命殛之。今尔有众,汝曰:'我后不恤我众,舍我穑事割正夏'。予惟闻汝众言,夏氏有罪,予畏上帝,不敢不正。"

这是以天命为历史上的汤武革命也就是为殷商取代夏朝实施统治提供超自然的终极合法性。据《尚书·盘庚》记载,甚至在盘庚决定迁都于殷,遭到不少民众的反对时,他也仍然以天命、以上帝会因为自己祖灵的祈求而对反对者的祖灵施加惩罚作为迫使民众接受其意志的威吓手段,并最终成功地达到了自己的目的。

周代人一方面以天称呼至上神,另一方面,周王更将至上神"天"作为自己的祖先来崇拜和供奉,使得至上神天神与祖神结合在一起,这样,周王便可以名正言顺地称自己是"天之元子"或"天子"了。西周人认为天命是可以转移的,而转移的依据则在于时王是否敬德保民,这一宗教观念的变革(其实质是天神崇拜的伦理化、人文化)首先为以周代殷的社会变革提供了正当性(《尚书·召诰》载,周公曰:"呜呼!皇天上帝,改厥元子。"),其次则以宗教的方式为宗法制度的变革和确立奠定了终极性的基础。据考,殷人的继统法是兄终弟及,无弟传子,较多地反映了原始氏族社会的遗风。但是,随着私有制的发展和家庭关系的明确,兄终弟及制越来越不适应社会的发展,而周公将周王界定为"天之元子",正是为了凸显嫡长子的地位,使得建立在家庭关系中的兄权基础上的王权得到神圣化。周公制定的嫡长子继承制,标志着宗法等级制的确立和成熟,敬天法祖成为此后历代封建王朝用来建立和维持其统治的宗教基础,而有关祭天祭祖的礼仪也不断地得到继承和发展,历代儒学中礼学一直都承担着传承这种宗教正统的功能。

关于儒教中的祭祖礼仪这一宗教行为在宗法社会结构中的整合功能,我们在介绍宗教的功能时,已据杨庆堃的研究作过论述,兹不赘述。

至于制度型的宗教如道教和佛教,其对中国宗法性的社会结构在履行维系功能时,是有一定的区别的。道教作为中国土生土长的宗教,与主流社会文化之间至少不存在异质的种族文化或宗教之间的那种差异与对立。事实上,在道教确立和发展的过程中,吸取了各种不同的思想、宗教资源,其中就包括儒教的思想成分。早期道教并不是作为主流宗教文化儒教的对立面出现的,而是作为其辅翼出现的。例如,早期的道教都将自觉维护礼教视为其头等教戒,《太平经》就曾强调忠君、孝亲、敬长;《老子想尔注》也肯定忠孝仁义,葛洪更主张求仙要以忠孝和顺仁信为本,等等。后来的道教大都采取忠于宗法等级制度的立场,绝不反对纲常名教。换言之,道教很自觉、积极地将自己的功能角色确定为"助天治"和辅佐王化。[1] 虽然道教有不同于儒教的个体性的宗教诉求(如通过性命双修达到性命永固、得道成仙),但其社会理想却并不与儒教相颉颃。

作为一种外来的制度型宗教,佛教在履行维护中国宗法性社会结构与秩序的功能时,显得较为消极被动,主要表现为在争取主流宗教文化容忍自身的宗教诉求和宗教生活方式的同时,在教义与实践方面适应中国的宗法性社会结构与秩序。佛教主张其僧侣独身、出家,这与中国儒教所倡导、也是中国宗法性社会秩序所要求的孝道之间存在着极大的张力。一些佛教徒便曲为之说,以"佛教立身行道,永光其亲,因而是最根本的孝道等等,来证明佛教的出家并不违背传统在家的孝道"。在对待普遍王权的态度问题上,佛教与儒教和道教颇为不同。在印度,佛教徒拥有较高的社会声望和地位,他们只礼拜佛祖释迦牟尼,对任何俗人(包括帝王和父母)都不跪拜,反而可以接受在家父母的跪拜。这种宗教实践或行为与中国宗法性的社会秩序(父母至亲、帝王至尊)可谓格格不入。在佛教与儒教的纷争史上,曾发生过沙门敬王之争,东晋名僧慧远著《沙门不敬王者论》,其宗旨却是以实际上对王权的服从,换取免除形式上"形屈之礼"。[2] 当时的儒教虽然容忍了佛教继续持守其宗教行为方式,佛教却也做出了实质性的妥协,此即服从普遍王权。

至于另一外来宗教基督宗教与中国宗法性社会结构和秩序的关系,并不像一般人所想象的那样始终是剑拔弩张的。唐代输入的景教(基督宗教的聂斯托利派)为了自身的适存与发展,曾大倡忠君、孝道思想,以尊君事父相号召。《大秦景教流行中国碑》的碑文曾大赞唐朝历代皇帝,明言"道非圣不弘,圣非道不大,道圣符契,天下文明"。明末来华的以利玛窦为代表的耶稣会士,更是非常注意自觉地适应中国的宗法性社会结构及其秩序。他们首先以仰慕中国文化,并允诺做中国皇帝(万历)的顺民而获得在中国的定

---

[1] 参牟钟鉴、张践:《中国宗教通史》,264、271 页。
[2] 以上分别参楼宇烈:《漫谈儒释道"三教"的融合》,载《文史知识》,1986 年第 8 期;牟钟鉴、张践:《中国宗教通史》,446 页。

居权。次则以高度策略性的解释在中国的敬天法祖的宗法性宗教传统与天主教之间进行调和会通,如将中国儒教经典中的上帝崇拜解释为对天主教的唯一至上神天主(即基督宗教的 God)的信仰,将具有宗教色彩的祖先崇拜(祭祖)和祭孔礼仪解释为只是用来维系中国社会秩序的道德习俗,而不是天主教必须排除的异教宗教行为,因而容许中国教徒参加祭祖敬孔的仪式,这些做法被清初康熙皇帝称为"利玛窦规矩"。明末清初的一些士大夫也正是因此而认定"天学"有助于"补益王化",并积极接纳传播之。只是由于后来的礼仪之争,天主教才被认为是对中国的宗法性社会结构和秩序具有潜在的颠覆性,天主教也因此而被禁断一段时期。但是,一直到清末民初,适应中国宗法性社会结构及其秩序的传教策略仍然是中国天主教的重要潜流。在天主教的"中国化"浪潮中,一些教内人士(如方豪)甚至断言"孝道"既是中国的道德中心,亦是公教(天主教)的道德中心,以儒教与天主教之间的融合来自觉地护卫中国宗法性的社会结构中的道德秩序。新教传入中国后,在相当长的一段时期可以说是重蹈雍正禁教之后天主教的覆辙,其结果是使得新教"受中国社会的歧视",许多渴意慕道的人,由于祭祖问题而不肯轻易投身。但是,在新教的"本色化"浪潮中,一些教内人士认识到,"其实基督教的信仰上帝,与'不忘祖宗'的祭祀纪念,并没有什么冲突。敬拜上帝的基督徒,定要他忘了自己的祖宗,也没有此理。"虽然这类人士也主张对中国的祭祖仪式加以改造,①但这已经说明,基督教新教最终也不得不以履行维系中国宗法性社会中的道德秩序这一功能,求得自身的适存与发展。当然,基督宗教作为外来宗教在履行这一功能时,一是显得比较被动,二是正功能的功效不一定特别明显。但是,一旦外来宗教与中国宗法性社会秩序反其道而行之,其负功能就会显得相当明显,前近代中国的士大夫中有的正是由于夸大其负功能的颠覆性("暗伤王化""用夷变夏"并最终"咆哮而灭之")而极力排斥之的。因此,外来宗教对中国宗法性社会结构及其秩序的维系功能之大小,在本位主流宗教文化看来,也许并不重要,只要它采取适应、整合的路径就行,如果采取拒斥乃至抗拒、颠覆的做法,就难以见容于中国社会。

---

① 范酾海:《中国祭祀祖宗的我见》,见张西平、卓新平编:《本色之探》,420—421 页。原载《青年进步》,1928 年 1 月。

2. 中国宗教的文化功能

以上我们考察了中国宗教在维系中国宗法性社会结构及其秩序方面的功能,现在我们要转而考察中国宗教在文化方面的功能。应该说,前近代中国社会中的中国宗教在文化功能方面的重要性,并不亚于前近代西方社会里基督教在文化功能方面的重要性。这里,我们有必要先考察一下关于文化的定义。在中国,文化主要指"文治"、"教化"。《易经·贲卦》言:"观乎人文,以化成天下。"唐人孔颖达在《周易正义》中解释道:"观乎人文以化成天下者,言圣人观察人文,则诗书礼乐之谓,但法此教而化成天下也。"西文中"文化"一词源自拉丁文中的 cultura,本意为耕种,后引申出居住、练习、注意和敬神等意。现当代人文、社会科学中,关于文化的定义不胜枚举,例如,人类学家泰勒在其《原始文化》一书中写道:"所谓文化或文明,乃是包括知识、信仰、艺术、道德、法律、习惯以及人类作为社会成员而获得的其它种种能力、习性在内的一种复合整体。"社会学家的文化定义则认为,"文化是一个多义词……它指的是人造物品、货物、技术过程、习惯和价值观念,它们是一个民族的社会遗产。这文化包括所有习得的行为、智力知识、社会组织和语言,经济的、道德的或精神的价值系统。一种特定的文化的基础是它的法律、经济结构、巫术、宗教、艺术和教育"。更简明的社会学文化定义是:"文化是一个社会的所有成员共同享有的价值观念、传统和信仰。"[①]宗教学家也提出过自己的文化定义,理查德·尼布尔认为:"文化是人加于自然环境的,'人为的、再造的环境',它包括语言、习惯、观念、信仰、风俗、社会组织、继承的人力成果、技术过程,以及价值等等。"[②]从以上形形色色的文化定义中,可以看到,我们上面考察的中国宗法性社会结构和秩序实际上也是文化的一个重要方面。不过,我们这里所说的宗教的文化功能使用的则是狭义上的文化概念,即精神、观念层面的文化,包括价值观、世界观、道德规范、信仰体系等等。

文化的生命力表现在其特色与连续性中,前者表现为文化的民族性,后者则表现为文化不断与时俱进、维系自身的精神于不坠。中国宗教在规定、体现中国文化的民族性,维持中国文化不致中断方面,一直都发挥了重要的

---

① 参李善荣:《文化学引论》,1996 年,16—19 页。
② 尼布尔利查(即理查德·尼布尔):《基督与文化》,29 页。

作用。以下,我们将主要分析中国宗教在中国道德、哲学的建构、维系与发展过程中的功能角色。

论者谓,"中国文化之定义,具于白虎通三纲六纪之说"。[①] 换言之,"正纲常重名教是中国文化的大根本","中国的文化是伦常的道义的文化"。[②] 中国文化的此种根本特性是由上面所说的宗法性社会结构所决定的,一个建立在宗法基础之上、等级森严的社会结构必然会以伦常规范为其成员之社会化或教化的根本内容。儒教提倡和阐扬的道德规范体系,如孝悌忠信、礼义廉耻、仁智勇因此而成为普遍为人接受的社会行为的标准动机和判断是非的准则。

中国社会中的主流宗教(儒教)的功能不仅在于提供上述道德规范体系,而且在于为这套具有社会文化意义上的支配性的伦理规范体系提供超自然的约束力,此其原因则在于,人为的道德规范总是容易为人轻视或被人遗忘,只有在获得超自然的约束力之后,才会获得震慑人心的心理基础。如果说中国早期的宗教只是先民用来驱使鬼神、趋福避祸的巫术性手段,那么,在经过伦理化后,古代的天神崇拜等宗教形式(我们认为这正是儒教的主要内容之一)就成了人们道德行为的约束性力量,尽管它也许并不体现某些特定的道德观念。汉代儒教独尊,大儒董仲舒吸收阴阳家言,将天人感应纳入儒教体系,以灾异为天神"爱人君而与止其乱"的征兆,这实际上是将异己的自然力量予以神化,唤起君王在道德实践中戒慎恐惧的宗教情感,此种屈君伸天的观念对于约束君王的行为并非毫无意义;宋儒程朱则以形上化的方式将仁义礼智等道德规范认定为天理的具体内容,以便为儒教的道德规范体系提供"天理流行"意义上的普遍约束力。就连明末的儒者基督徒徐光启等人也试图将天主教的天主儒教化,使之成为令人在道德生活中"耸动人心","为善必真、去恶必尽"的约束力之源。这些内生或外来的宗教道德理念至少对士大夫的道德生活产生过有形无形的约束力,并通过士大夫在道德生活中的示范性而在普通民众的社会化或教化过程中产生影响。当然,我们并不因此否认前近代中国人在道德生活中的伪善或虚伪现象,事实上,任何社会中都存在着此类现象,不论宗教性或人本的道德规范体系的约束力如何有效,道德失范都是不可避免的,重要的是一种文化体系如何以各

---

① 陈寅恪:《王观堂先生挽词并序》,转引自吴学昭:《吴宓与陈寅恪》,53页。
② 赵紫宸:《基督教进解》,41—42页。

种理论和实践上的举措对这些失范现象进行社会控制。

至于儒教中的祖先崇拜这样一种宗教生活形式,其功能同样在于以其超自然的前提来论证和强化儒教中那些旨在使宗法性社会结构顺利运转的伦理价值。例如,关于祖先灵魂存在的超自然观念将祖先崇拜的伦理前提解释为表达孝敬之情。因此,孝道实际上是血亲群体的实际需要的产物,而不是死者的灵魂仍然存在这一超自然预设的产物。[①] 但是,尽管灵魂不朽的观念在中国人的道德生活中并不占据特别重要的地位(宋儒朱熹甚至将祭祖的超自然前提解释为死者与其后人之间的感格之气),死者灵魂存在的观念却可以为孝道这一儒教伦理规范提供终极性或超自然的支撑,并赋予它以一定的约束力。

在前近代中国社会中,儒教对伦理价值的支撑和强化主要表现为积极的鼓励和消极的威慑。儒教鼓励道德行为的方式之一是将人的道德努力与天命联系在一起,使得人们在有生之年不顾成败地履行其道德义务,因为天命观念使人们深信天意最终会大获全胜,个人一时一地的失败只是天命最终获胜的必要的牺牲。儒教鼓励道德行为的另一方式是将那些堪为道德楷模的人予以神化,[②]由此表彰那些体现了特定的伦理政治价值的道德行为主体,这对那些追求所谓三不朽的士大夫来说无疑具有相当大的诱惑力。当然,这两种鼓励方式也许只适用于社会精英,而普通百姓也许更多的是从"积善人家有余庆"或"积阴德"等观念中得到鼓励。至于威慑人们行善的主要方式,也许主要来自儒教之外的其他宗教(虽然汉儒曾以天人感应、灾异屈君伸天,宋儒也曾极力激发人们对越上帝、戒慎恐惧的宗教情感),如佛教关于来世或阴间惩罚的观念。这足以表明儒教之外的宗教在道德方面的补充功能。

其他宗教在道德方面对儒教道德规范体系的补充功能远不止于此。由于中国的主流宗教儒教的道德规范体系是建立在宗法性社会结构基础之上、并与之相适应的体系,便不可避免地存在着诸多的缺陷。例如,社会中的一些个体可能并不满足于践履血亲关系基础之上的伦常规范,而是倾向于将其道德行为的施与对象或寻求救助的对象扩展到血亲关系的界域之

[①] C. K. Yang, *Religion in Chinese Society: A Study of Contemporary Social Functions of Religion and Some of Their Historical Factors*, pp. 285-286.

[②] Ibid., p. 287.

外，这种伦理需要在战乱、动荡的社会境遇里会显得尤其强烈。因为在这样的历史境遇里，血亲关系不能提供物质和情感方面的安全感，迫使个体（如鳏寡孤独）在血亲关系之外去寻求救助。这样，佛教、道教、基督教等制度型的宗教中一些宗教道德规范体系，就会适时地补充儒教道德规范体系的不足。例如，仁慈好施、戒杀乐施为佛家去私欲的根本方式之一，在印土可谓司空见惯，但在汉代输入中国时，却属本土罕见之事。但在汉末动荡不安的社会境遇中，它作为一种宗教行为，却较轻易地为中国人所接受。例如，汉代曾有设伊蒲桑门之盛馔者，更有设酒饭布于路、任人就食者。[1] 这些均说明，佛教的道德规范体系对儒教有补助之用，因而容易为中国人在道德行为中践履之。又如，外来宗教中的基督教对神人景观中的爱的强调，也曾激起中国传统士大夫对超越于血亲之爱之外的博爱观念的回应。明末儒者基督徒王徵在其《仁会约》《畏天爱人极论》中都曾对此作过深度的理论阐述，从中足可见出异质宗教对中国的道德规范体系的补充与丰富。不过，需要说明的是，不论其他宗教在道德方面对儒教的补充效应有多大，它们都没有阐发出一套在全面性以及对本土社会结构的适应性方面堪与儒教相比的伦理系统。而且，这些宗教一般都不得不接受儒教中那些最为重要的伦理价值，或不得不与这些伦理价值达成妥协。[2] 如果说儒教道德体系在中国对整个社会都具有一定的强制性，那么，其他宗教的道德规范体系也许往往只适用于其信众，或仅能在寺观、教会中得到体现。也就是说，其他宗教的道德规范体系的适用性，在实际的道德生活中受到了各种限制，这主要是由儒教道德规范体系在中国人道德生活中的支配性所导致的。

如果我们不像历史上一些西方思想家那样以西方中心主义的心态断言中国没有哲学，而是认为中国文化史上发展出了各种独具特色的哲学体系，那么，我们可以说，宗教在推助中国哲学的发展方面居功甚伟。儒教作为一种弥散型的宗教，不仅为中国社会生活提供了一套道德规范体系，更提供了一整套反思宇宙自然、社会生活的哲学体系，尽管其中缺乏严格意义上或狭义的认识论。自其在周代末期开始脱除巫魅意义上的理性化之后，儒教哲学的一个根本特点就是试图勘定人在宇宙大化中的地位，以追求天人合一、

---

[1] 汤用彤：《汉魏两晋南北朝佛教史》，69—70页。
[2] C. K. Yang, *Religion in Chinese Society: A Study of Contemporary Social Functions of Religion and Some of Their Historical Factors*, p.280.

知行合一、情境合一为旨趣。汉代以后,儒教哲学的发展又深受外来宗教佛教和本土宗教道教哲学的影响,在理论视域上多有拓展,在深度上更是颇有掘进。魏晋以后,整个中国哲学都是在儒释道三教的冲突与融合中演化发展的。魏晋南北朝时期,佛教哲学一方面借助于道家哲学的一种新形态——玄学加速了其中国化的进程,另一方面更以其理论上的优势使得玄学在理论上达到新的高峰,一些名僧如僧肇等人在当时可谓执玄学之牛耳,此种独特的佛教哲学被称作佛玄。隋唐时期,儒教哲学转入低沉,佛教哲学大放异彩。此一时期,佛教进入中国化的高潮,形成各种宗派,一时大师辈出,颖悟超绝,哲思慧发,或大谈理事界、法事界,或分析意识,或大倡明心见性、顿悟成佛,中国哲学的本体论和心性论都有发前人所未发之创获。佛教哲学的高深独妙,既刺激了道教哲学——重玄学的发展,更刺激了以捍卫儒教正统之道统为职志的士大夫发展儒教哲学的雄心。在这种意义上说,宋明理学乃是回应外来宗教哲学——佛学之刺激的结果。作为儒教哲学史上的一个新的里程碑,宋明理学的本体论、心性论和修身论多有取资于佛教哲学与道教哲学的地方。总之,各宗教的哲学对中国哲学的发展都有其独特的贡献,它们之间的交互影响谱写了中国哲学史上一个又一个新的篇章。我们在讨论中国宗教之间的关系时,还会论及此一问题。

在分析中国宗教的文化功能时,我们似乎难以回避另外一个问题,此即宗教与中国科学技术之间的关系问题。谈到这一问题,持宗教与科学对立论者立即会断言宗教与科学势不两立,宗教会阻碍科学技术的发展。但是,许多持宗教与科学互助互补论的西方学者在探讨基督教信仰与西方科学技术的发展之关系时,认为基督教对唯一至上神的信仰会鼓励人们探讨这个被造物主创造的世界中秩然有序的奥秘或规律,为科学的发展提供动力。20世纪的中国基督徒谢洪赉则认为,如果像基督教教义所要求的那样,信上帝唯一,就可以消除古人崇拜物质的迷信;基督教对意志自由、人的尊严、人的责任的信念,都有助于科学家坚定其探究学理的心志。此外,自路德宗教改革大倡思想自由以来,科学的新理新说亦从中获益匪浅。[①] 凡此,均说明我们不能以简单的对立来概括宗教与科学之间的关系,宗教与科学之间的关系诚然有对立的一面,也有互补互助的一面。对中国文化史上宗教与科学的关系,我们亦应作如是观。

---

① 林荣洪:《近代华人神学文献》,519页。

古代中国宗教与巫术一方面表现了先民以神灵崇拜的方式对异己性的自然力量和社会力量的敬畏和无可奈何,同时也表现了先民试图参透宇宙奥秘并驾驭之以为己用的努力。尽管古代的巫术、祭祀活动会妨碍人们认识和改造其生存环境,其中却也孕育着科学理性的萌芽。例如,人们对日月星辰和名山大川等自然存在或现象的崇拜就导致了古代天文学、地理学的萌芽和发展。敬天授时是中国古代农业社会的重要传统,这一传统导致中国古代的天文学和历算学相对发达;尽管冶炼技术可能发源于农业生产的实际需要,但儒教对祭祀活动中的礼器的严格要求则导致中国古代在冶炼技术上的精益求精;儒教厚生利用的传统还推助了其他实用技术的发展。

在中国古代科学技术史上,道教占有特殊的重要地位。道教的终极诉求是得道成仙、长生不死,此种违反自然规律的宗教追求导致道教以一种抗命逆修的精神,发展出一套健身长寿的养生之道,其对中国古代的生理学和医药学的发展之推动可谓不移之事实。道教史上的一些著名道士如葛洪、陶弘景、孙思邈等人都是大医药学家,道教的重要典籍《道藏》中有关养生、医药的著作多达两百多种,是古代中国医药卫生方面的珍贵遗产。道教内丹学的发达更推动了气功健身养生学的发展,其外丹学固然未能成就道士们得道成仙的美梦,却推助了古代中国的化学与冶炼术的发展,中国古代四大发明中的火药就是道士们炼丹活动的产物。

佛教与中国古代科学技术的发展也并非毫无关系。佛教的禅定对于古代中国人的健身养生、化欲益智颇有助益,以至于宋儒也将其吸收到儒教的静修工夫之中。藏传佛教中的密宗发展出一套瑜伽修炼功夫,亦有助于健身养生;受益于僧人之推助的藏医藏药更是疗效奇特,是中华民族医药学宝库中的一朵奇葩。此外,古代中国僧徒对地理学、天文学、园艺学等科学也都曾作出过重要贡献。

中国历史上的伊斯兰教信徒在天文历法、航海技术等科技领域里曾取得卓越的成就。而基督宗教在传播其教义的过程中,更输入了西方先进的科学技术。从明末开始,西方的天文历法、几何、逻辑学、水利技术、热兵器制造技术等科学技术,就不断地借助于传教士和中国信徒被翻译、介绍给中国人,刺激和促进了中国科学技术的发展,其积极意义是不容否定的。

综上所述,宗教对于维系前近代中国宗法性社会结构和秩序、对于推进中国文化的发展,都曾履行过积极的功能。除此以外,中国宗教在政治、经济、军事、教育、健康等方面也都曾履行过积极的功能,从上节附表中所列举数据就可见其一斑。限于篇幅,我们就不多加介绍了。需要说明的是,正是对各种功能的履行,才使上述各种宗教得以在中国社会中长期存在和发展,并成为中国文化的重要组成部分。

三、国家对宗教的控制

在任何一种文明中,宗教与国家、社会之间的关系对宗教自身的存在和发展都是至关重要的因素之一。在前近代中国社会中,中国宗教与普遍王权之间的关系本质究竟何在?国家或政府是如何以各种方式来实施或彰显这种关系的?这种关系对中国宗教的影响究竟如何?这是本节关注的主要问题。①

关于中国政教关系的本质,有的论者认为,古代中国政府对宗教具有一种排斥异端的本能。换言之,在中国历史上,政教关系的主流是政府或国家排斥宗教;而有的学者则认为,主流乃是政府或国家容忍宗教的存在和发展。鉴于排斥和容忍是两个含有价值色彩的概念,我们将采用社会学中较为中性的概念——控制。在笔者看来,前近代中国社会中政教关系的主流是普遍王权下的对宗教的控制。控制既可以表现为消极的排斥、毁弃,也可以表现为积极的利用,还可以表现为冷漠、中性的容忍。

前近代的中国政府充分意识到,超自然的观念和相应的宗教实践既有利于政府获得民众对其权力和制度的接受,也有可能会被其他组织(如独立的教士团体或叛乱者)用来发展一种具有竞争性的权力中心。因此,传统政府总是千方百计地对超自然的力量进行控制,垄断宗教仪式和对宗教事务的解释,对宗教组织和神职人员施加行政性的控制,预防和镇压异端性的宗教运动。②

国家对宗教的控制首先表现在,世俗的王权力图表明自身对超自然力量或神灵的优越性和掌控。在国家宗教儒教中,其神灵系统的等级基本上是按照世俗政府的等级结构建构的,世俗政权希望这两个系统密切配合,共同维系世俗的伦理—政治秩序。由于世俗政府与神灵系统具有结构上的对

---

① 本节主要参考杨庆堃的相关研究成果 Religion in Chinese Society: A Study of Contemporary Social Function of Religion and Some of Their Historical Factors, pp. 180-217。

② Ibid., p. 180.

应关系,因此,政府官员对神灵系统中等级较低的鬼神便拥有并且可以行使上级的权利。换言之,世俗政府的官员可以按照需要对超自然的鬼神世界里级别较该官员低的神灵给予奖惩,或按需驱使利用神灵。一个最典型的事例是,儒教的大祭司君王可以按照神灵的功绩对其赐封晋爵,当然,儒教的至上神皇天上帝不在此之列。世俗政权的对超自然力量的此种控制不仅及于儒教的神灵世界,也及于民间宗教的神灵世界。一般而言,民间崇拜的神灵,如未被列入祀典,就被称作淫祀,也就是未被官方认可的崇拜,相应的祠庙被称作淫祠。世俗政权也正是通过此种承认或不承认来控制民间宗教的发展的;但是,一旦民间崇拜的神灵被认为有利于一方之安宁与福祉,官方便会通过赐封晋爵的方式予以承认。如果说民间在选择崇拜的神灵时,其根本原则是"唯灵是信",即崇拜那些非常灵验地满足老百姓的祈愿的神灵,那么,世俗政府在选择赐封对象时,则是本着为我所用的功利原则。在神祇获得赐封后,地方人士有时会立碑刻石,在碑文中刻上尚书省牒文以及他们自己致力于使神祇获得赐封的过程。①

出于同样的理由或原则,如果某一神祇玩忽职守或对百姓的祈愿屡求不应,中国的君王还可以降低该神祇的爵位,甚至禁毁其祠庙,以示惩罚。有很多记载表明,在大旱之年,如果百姓屡屡向城隍祈雨未果,地方官会抬出其神像游行,甚至鞭打神像。这种行为常常令身临其境西方观察家(如传教士)惊异不已。正是在这种意义上,我们可以说儒教对巫术并不像人们想象的那样具有绝对的排斥性,其理性化的程度也并不像人们想象的那样高。

世俗权力中的这种体制可谓一箭双雕,既可以顺应和安抚民间的宗教情感,也可以表明世俗王权的普遍性,即王权的权威并不限于世俗世界,甚至可以跨越阴阳界限,及于超自然的神灵世界。对普通百姓而言,这无疑有助于增进他们对世俗权威的神圣感和敬畏感。

世俗的国家权力对宗教的控制方式之二是,垄断祭天仪式以及对天象的解释。如前所述,在与世俗的权力结构对应的等级森严的神灵世界里,至上神天帝和一些天神较君王的地位更高,自称天子的皇帝也不得不匍匐在其脚下祈祷供奉。君王是不能像驱使其他神祇一样来驱使皇天上帝或某些其他天神的,至多只能自称秉承天意。但是,君王却可以垄断祭天仪式,任何人不得分享这一特权。历代封建王朝都以国家法律的形式确定君王的这

---

① 参韩森:《变迁之神:南宋时期的民间信仰》,第四章。

一特权,《大清律》规定:"凡私家告天拜斗,焚烧夜香,燃点天灯七灯,亵渎神明者,杖八十。妇女有犯,罪坐家长。若僧道修斋设醮而拜奏青词表文,及祈禳火灾者,同罪,还俗。若有官及军民之家,纵令妻女于寺观神庙烧香者,笞四十,罪坐夫男。无夫男者,罪坐本妇。其寺观神庙住持,及守门之人,不为禁止者,与同罪。"①尽管"山高皇帝远"使得封建法律的效用受到影响,但皇家法令毕竟会使得任何个人在举办集体性的祭天仪式时,都不得不考虑其行为后果的严重性。

由于受到阴阳学派的影响,儒教非常重视天象。根据天人感应观念,许多非同寻常的天文现象都可以被解释为天帝对个体或群体的不当行为的愤怒。以儒教为国家正宗大教的前近代中国政府一般都会极力垄断解释天象的特权,以防止一些大逆不道的群体利用其对天象的解释蛊惑人心,达到其政治目的。事实上,中国历史上的很多政治反叛都曾利用其对天象的解释来动员迷信的群众,谋求其政治利益。因此,世俗政府通常会通过垄断这种解释来实施对宗教的控制,并制定了相关的严刑峻法。如《大清律》规定:"凡造谶纬、妖书、妖言及传用惑众者,皆斩。若私有妖书隐藏不送官者,杖一百,徒三年。"②此类法律的一个直接的后果就是导致中国缺乏西方那种以无碍辩才到处宣讲宗教教义的布道者,因为人们惧怕成为妖言惑众、参与异端的嫌疑犯。

前近代中国政府对宗教进行控制的第三种方式就是对寺观庵院和僧道进行行政管理,此种管理职责在清代由礼部负责,其行政功能之一是核准、批复新的寺观庵院的建立。《大清律》规定:"凡寺观庵院,除现在处所外,不许私自创建安置。违者,杖一百,还俗。僧道,发边远充军;尼僧女冠,入官为奴。"③寺观庵院的建立只有得到朝廷的准许后方可进行。此种法律规定的目的主要在于遏制异端教派的产生和发展,以寺观庵院的数量限制僧道的数量。饶有意味的是,根据统计,清初(17 世纪)有 12 482 座寺观庵院的建立得到了官方的许可,而另有多达 67 140 座寺观庵院的建立没有得到官方的许可,占总数的 84%。④ 这表明,前近代中国社会中实际的宗教活动场

---

① 沈之奇:《大清律辑注》,388 页。
② 同上书,550 页。
③ 同上书,194 页。
④ C. K. Yang, *Religion in Chinese Society: A Study of Contemporary Social Function of Religion and Some of Their Historical Factors*, p. 188.

所的数量远远超出了官方的预期,国家对宗教的控制并不十分有效,宗教因此而拥有其生存空间。但是,需要指出的是,相关的法律规定表明,传统的世俗权力对宗教的控制政策至少在理论上是一以贯之的。此外,政府在控制寺观庵院数量的同时,还会以核发度牒的形式控制僧道的规模,此种体制设立于 10 世纪,延续至民国时代。《大清律》规定:"若僧道不给度牒,私自簪剃者,杖八十。若由家长,家长当罪。寺观住持,及受业师私度者,与同罪,并还俗。"①控制僧道的数量是出于政治和经济两方面的考量,既可以由此减少由宗教原因造成的纷争与不和,也可以避免税收的流失。

政府对宗教的行政管理还包括控制神职人员的行为。例如,在清朝,政府为了控制僧道的行为,礼部特从僧道中挑选若干人,充任京师、府、州、县各级僧道管理部门的官职,②对那些违反佛教或道教的教义与戒律的僧道进行惩处。由于相应的管理人员是佛教或道教的神职人员,因此,这种管理似乎具有自治的性质,但是,这种管理最终要服从世俗的朝廷。此种体制至少可以上溯到宋朝,当时的僧官体制包括僧俗两套机构。俗官包括鸿胪寺(管理佛教事务)、尚书祠部(掌握剃度受戒文牒)、中书或门下省(掌握全国州县寺观名额)、国立大寺(负责住持人选和赐给僧尼"紫衣"、"师号")和开封府尹(兼领功德使,监察督责度牒发放和僧尼之补选)。俗官部门如此之多是为了使之互相牵制,不致专权。僧官则包括左、右街僧录司(中央级僧署,管理全国僧尼僧试经和梵修等事务)、僧正司(州级僧署,负责境内僧物),更有寺内住持、典座、都维那三纲。当时僧官似乎可以对教务进行独立自治,俗官不加干预。但这并不妨碍代表政府的俗官将佛教事务牢牢控制在手中,因为俗官府负责至关重要的寺僧名额分配和僧官的遴选。所以,可以说,在前近代的中国,没有哪种宗教是完全自由的、不受世俗权力管束的。只有借助于西方列强的军事强力而获得独立的基督宗教是个例外,不过那已经是鸦片战争以后的事了。

世俗权力控制宗教的第四种方式是排斥和压迫异端。鉴于中国历史上的政治反叛大多都利用宗教的名义和口号动员群众,政府对各种宗教运动都抱着一种传统的警觉和防备心理,为了维护既存的权力结构和社会—政

---

① 沈之奇:《大清律辑注》,194 页。
② 专司佛教事务的管理部门分别为:僧录司、僧纲司、僧正司和僧会司;也有管理道教事务的相应部门。

治秩序,政府会毫不留情地迫害和镇压各种被断定为异端的宗教运动。那么,究竟何谓异端呢？从理论上来说,任何异于儒教正统的宗教信仰与活动或者未被列入国家祀典的神祇崇拜都可能被界定为异端。如上章所述,在基督宗教传统里,异端最初是处于主流地位的基督教正统教义或理论对与之观点相左的基督教派别的称谓,2世纪后,异端逐渐用来专指教义上而非信仰上的错误。而在儒教传统里,大量的证据表明,反异端传统的主要动因不是哲学或神学方面的,而是出于现实政治经济方面的考虑。韦伯在《儒教与道教》一书中甚至认为,中国士大夫之排斥异端主要是为了保持自身食俸禄阶层的地位不受异端之侵害。确实,在中国古代文献中,很少发现儒教就纯粹的宗教论题与其他宗教信仰展开学理上的论辩。那些出自历代大儒者之手,掊击异端的檄文,或出自皇帝之手的敕令,往往都非常担心儒教以外的其他宗教(或异端)会颠覆以三纲五常为基本准则的社会秩序(包括经济秩序),尤其担心提倡"异端邪说"的人会以宗教的名义建立具有竞争性的政治权力中心,危及现存的权力结构与秩序。例如,佛教史上的会昌法难固然有多种原因(如唐武宗好道术),而最重要的原因则是武宗认定:"僧徒日广,佛寺日崇……遗君亲于师资之际,违配偶于戒律之间,坏法害人,莫过于此。且一夫不田,有受其馁者;一妇不织,有受其寒者。今天下僧尼不可胜数,皆待农而食,待蚕而衣……物力凋瘵,风俗浇诈,莫不由是而致也。"①可见武宗毁法的根本原因乃是出于政治伦理(纲常)和经济方面的考虑。又如,尽管像龙华会这样的民间宗教组织在其教义中凸显了儒教的伦理道德,仍然逃脱不掉在19世纪被视作异端、遭到血腥镇压的命运,因为儒教正统最防备的是那些可能会发展为强大的组织性势力的任何宗教团体。

在政府排斥和镇压异端的同时,通常都会一再申明儒教不可动摇的正统地位。在中国历史上的四次由皇帝发起的毁佛运动(包括上述的会昌法难在内)中,儒教正统的至上地位的凸显都是其重要主题之一。即使在儒教的正统地位已经充分稳固的朝代(如宋朝和清朝),统治者仍然对一切可能危及儒教正统地位的宗教活动保持着高度的警觉。例如,在乾隆朝,河南省的三一教运动颇为强盛,其活动场所不少于600处,各处皆立佛陀、老子和孔子像,而以佛陀居中,老子居左,孔子居右,而且孔子塑像最小。乾隆乃于1744年敕令佛陀、老子像各归寺庙道观,孔子像立于学堂,三一教堂所改为

---

① 汤用彤:《隋唐佛教史稿》,46页。

儒教教育的场所。至于反异端之士大夫,更有以续道统为其诉求者。唐朝文人韩愈曾以孟轲自诩,隐然以继尧舜禹汤文武周公孔子之道自任,其后,皮日休更甚,谓其欲蹴杨墨于不毛之地,踩释老于无人之境,至请以配飨孔庙。①

总之,在前近代中国的历史上,政府对宗教的政治控制是政教关系中的主流和常规。没有哪种宗教能够凌驾于普遍王权之上,相反,传统的国家权力对任何一种宗教都握有生杀予夺的大权。不论是制度性的宗教,还是弥散性的宗教,都很难与世俗政府之间形成一种结构性的二元张力。政府在宗教面前之所以显得如此强大,其历史原因在于,中国早期的宗教是以一种弥散型的方式发展起来的,从一开始就将其自身与主要的社会建制混合在一起,而没有成为具有自身之独特功能与结构的独立的、有组织的制度。这种发展方式对后来的自发宗教与国家之间的关系具有示范性的影响。换言之,当后来的自发宗教谋求自身独立的发展时,不得不面对已然非常稳固的政治制度,这种世俗的制度已经长久地拥有对宗教事务的控制地位,而且决不会放弃这种控制权。② 这是一种根深蒂固的政教关系传统,可称之为"政主教从",其影响可谓源远流长。

政府对宗教的控制所导致的后果之一是宗教信徒的数量不可能有可观的增长。唐朝时就规定,僧道总额不得超过12.6万,至1667年,僧道的总额不过14万,到了民国时期,这个数额估计在50—100万之间。考虑到在1667年后的近300年间,人口增长了近3/4,可知僧道数量的增长率并不太高。而政府对异端宗教运动的高度警觉、严密控制和血腥镇压,一方面使得许多人对宗教会社不敢问津,或避之唯恐不及;另一方面又迫使许多民间宗教组织转入地下和半地下的状态,使之成为一种伺机待发的不稳定因素。

不过,需要说明的是,国家对宗教的长久控制并不意味着宗教在中国没有生存空间。首先,如上所述,由于中国幅员辽阔,封建行政效率不高,对宗教的法律控制的效率也并不太高。许多地区的社会生活在和平时期主要是按照地方风俗的方式来运转的,只要宗教运动没有严重违反地方传统,社区乃至地方官都会容忍其活动。这为宗教的存在和发展留下了足够的政治空

---

① 汤用彤:《隋唐佛教史稿》,38—39页。
② C. K. Yang, *Religion in Chinese Society: A Study of Contemporary Social Function of Religion and Some of Their Historical Factors*, pp. 211-212.

间。例如,尽管许多朝代都试图严格限制寺观庵院祠庙的数量,但许多宗教活动的场所仍是未经官方许可而建立起来的。如上所述,在17世纪,有84%的宗教活动场所是在未经官方许可的情况下建立起来的。其次,尽管儒教正统握有政治上的支配权,却并未使华夏帝国成为只有一种单一宗教的王国。自汉代以后,中国一直是一个儒释道三教并存、各种民间宗教此起彼伏的宗教多元化的国家,民众只要不将其主要热情投入宗教组织的建构和发展,都可以较为自由地选择其信仰。此外,还有相当多的民间信仰因种种原因(如封建行政效率的低弱使得反异端的法律难以得到严格有效的执行)而得以存在和流传,一直保持着其宗教活力与影响。第三,儒教尽管被规定为国家性的正宗大教,其自身的缺陷,如与其他宗教相比而言,过于执著于此世,不太关心灵魂的救赎与死后的归属,也为其他宗教在灵性生活方面对百姓产生影响留下了足够的心理—精神空间。这些都是中国各种宗教能够在一种独特的境遇中得以长期存在、发展的重要因素。

四、宗教之间的关系

由于中国是一个多种宗教并存的国家,宗教之间的关系便是一个重要的问题。对这一问题的审视和处理方式不仅关涉各种宗教自身的命运,更与整个社会生态的状况密切相关。以下,我们将主要对儒释道三教的关系作一简要的历史考察。

在中国这样独特的社会中,宗教之间的关系主要包括两个层面,一是政治上的关系,二是各种宗教在理论、教义之间的宗教性的关系。在前一个层面上,我们已经指出,儒教大多被奉为正统,对其他宗教握有政治上的支配权。但是,在实际的历史生活中,三教之间的关系问题却不能完全归结为正统支配异端的关系,有时,由于思想文化自身发展的客观态势使然,或由于君王的宗教偏好与崇抑政策,三教之间的关系呈现出较为复杂的情况,尽管这种实际的关系可能对儒教的正统地位没有太大的影响。在后一个层面上,应该说三教之间的关系是以各种方式的思想融合为主流的,尽管这种融合中有时也包含着冲突。

三教关系问题的凸显应该说是始于魏晋南北朝时期。汉朝时,儒教获得独尊地位,佛教尚处于初传阶段,道教创始于汉末。故魏晋前三教关系尚未成为问题。汉魏之际,中国学术思想出现巨大变化,此即玄学之产生。玄学家们以老庄易三玄思想为骨架,以之解读儒经,谈玄说无,本末有无、自然与名教等本体论、人生论问题成为热门话题,中国哲学进入形而上学的佳境。在玄学飙起之时,佛学御玄风而高扬,道教亦进入新的发展阶段。而儒学则显得相当低迷,其在经学、礼学和义理之学方面的创获均不及汉代儒学。然而,儒学在思想界的独尊地位的丧失却并未危及儒教在政治和伦理道德方面的正统地位。这一时期,儒教的正统地位的稳固性主要表现在以下四个方面:(1)儒教的君道至尊、皇权至上仍为定则。佛道二教必须依附皇权而存在,接受政府的各种控制、管理措施。即使在梁武帝佞佛、北魏太武帝好道的特殊境遇中,也没有出现过教权凌驾于皇权之上,或政权转移于宗教组织或人士之手的情况。(2)儒教作为国教的正统地位依然稳固,祭天、祭祖和祭社等始终作为国家性的宗教活动而存在,由皇帝本人或皇帝委派的大臣主持,列入国家大典,受到政府保护。(3)执政者皆以儒教为治国之道,极力以各种行政手段予以推行;儒学依然是教育的主要内容,更是培养和选拔人才的标准。(4)社会道德风俗主要受儒教宗法性的纲常伦理之指导和支配,各教教徒亦不能例外。① 事实上,儒教正统地位的这些表现形式在此后历代封建王朝那里都有所发展。

当然,儒教在政治、伦理方面的正统地位并不意味着它对其他宗教(尤其是佛教)的一切行为均具有绝对的支配性,事实上,本章已经提到的沙门不敬王者论就是对儒教的一种挑战,这种挑战意味着儒释二教之间在政治伦理方面的冲突。尽管慧远以高妙的解释策略保留了代表儒教的王权在实质上的至上地位,②缓解了儒释二教之间的冲突,但儒教对沙门不礼敬王者的宗教行为的容忍,却不能不说是佛教的一次抗争性的胜利。只是在此类罕见的事例中,我们才看到制度型宗教与国家之间的张力之存在。然而,在三教的冲突中,握有绝对支配权的儒教似乎总是最终的胜利者。当佛教这样的制度型宗教在经济、政治上发展出具有威胁性的组织力量时,士大夫就会起而反佛,君王也会采取相应的限制、控制措施,两晋南朝时期,就先后有桓玄、宋文帝等几次沙汰沙门的行动,只不过其控制措施还显得比较温和罢了。相比之下,北朝解决儒释二教之间的冲突的方式要比南朝决断得多,表

---

① 参牟钟鉴、张践:《中国宗教通史》,444 页。
② 慧远在《答桓太尉书》中解释道:佛僧"内乖天属之重而不违其孝,外阙奉主之恭而不失其敬……虽不处王侯之位,固已协契皇极,大庇生民矣"。

现出轻笔舌（理论）而重行动（武力）的特征，北魏太武帝拓跋焘（公元446年）、北周武帝宇文邕（574年）两次灭佛就是明证。

在三教冲突中，佛教往往因其理论上的优势而对道教采取一种较为高傲、轻鄙的态度，而道教则往往与儒教结成同盟军，以政治化的方式排斥外来的佛教。北魏太武帝灭佛，就受到了道教徒的推助。太武帝早年本来信佛，后因受寇谦之影响，转而信好道教。尽管寇谦之并不主张排佛，但是，将寇氏引荐给太武帝的司徒崔浩却是一名偏激的道教徒，屡屡在太武帝面前对佛教进行毁谤，使得太武帝对佛教成见日深。后因太武帝在出征途中路过长安时，在一寺庙发现兵器，加上崔浩极力煽动，这才使得武帝断然决定灭佛。唐朝的会昌法难颇为酷烈，道教亦难辞其咎。唐武宗未即位时，已好道术，及登帝位，更召道士入禁中，深信道士对释氏之谗言。尽管其灭佛之主要原因是"恶僧尼耗蠹天下"，但道教在其中扮演的角色亦不容忽视。宋代唯一的排佛事件发生在徽宗朝，也与道教有关。宋徽宗赵佶是个狂热的道教徒，他在一片排佛声浪中亲手导演了一出道化佛教的闹剧，于宣和元年（1119）诏令"佛改号大觉金仙，余为仙人、大士。僧为德士，易服饰，称姓氏。寺为宫，院为观。改女冠为女道，尼为女德"。这出闹剧持续了不到一年，宋徽宗就不得不收回成命。不过，需要说明的是，中国历史上灭佛排佛运动多限于令僧尼还俗、毁寺断香，与西方历史上的宗教战争以武力摧毁、消灭"异教徒"肉体相比，颇为不同。其客观后果往往是使得佛教在发展规模上受到严重打击，但事过境迁，佛教很快又会寻机获得恢复与发展。这是因为佛教已经深入中国文化之根，很难因一纸行政命令便在信徒心中连根拔除。

三教政治地位的高低是三教在政治关系上的一个敏感话题，儒释道都试图以政治上的高位来彰显其宗教地位，因此，对于朝廷如何排定名次一事颇为敏感。一般而言，儒教总是居首，佛教和道教则会因君王的宗教喜好和需要而有所变化。在这种相争中，毋庸讳言的是，君王对三教名次的排定拥有绝对的权力。李唐王朝的君王们多以其本系出自柱下，而将李老（道教）置于三教之首，以抬高老氏的方式抬高李氏王朝的地位。唯武则天执政时期，改李唐为武周，为求得革命之神圣合法性，以弥勒佛下凡自诩的武则天从柱下转向释氏，明令"释教开革命之阶，升于道教之上"。当然，在此过程中，沙门怀义、法朗投其所好，造《大云经疏》，亦有以推波助澜的方式获取佛教的政治利益之意。可见，释老地位之变化虽然似乎取决于君王之主观需要与喜好，亦与僧道的努力参与有关。

总之，三教在政治上的纷争之结果最终取决于帝王之态度。此外，需要指出的是，并非所有帝王都乐于看到三教之间的政治纷争，有些帝王更乐于从政治功能的角度出发思考如何处理三教之间的关系，其制定的宗教政策往往表现出有容乃大的文化大国风范。例如，隋文帝始创三教并奖的政策，李唐除武宗一朝以外，虽然有名义上的三教名次之排定，实际上多奉行三教并重的政策。在此种情况下，即使有士大夫和僧道还在那里喋喋不休地争高比低，合纵连横，排彼合此，三教却都能较为和平地共存共处。

儒释道三教在思想、教义方面的关系也是冲突与融合交织，但以融合为主流。魏晋南北朝时期，发生过沙门敬王之争、夷夏之争、白黑论之争、神灭论之争，前二者涉及的主要是政治正统之争，后二者则完全是义理之争。士大夫与佛僧是争论的主角，分别代表着儒学（中的不同流派）与佛学的立场。这些争论在客观上显示了儒释道三教在教义和神学上的优长劣短，有助于人们辨析三者之间的异同与可以互补之处；更有意义的是，这些争论深化了中国古代哲学与神学的思辨维度。

三教在理论上的冲突实际上也是其寻求整合与融合的方式之一，因为在三教辨析彼此之间的优长劣短、争高比低的同时，各自的代言人又都很难完全否定"他者"的价值。因此，毫不奇怪的是，在儒释道三教中，都有一些知识精英阐发一些理论范式，用来谋求三教之间的融合会通。在魏晋南北朝时期，用来证明三教融合之合理性的理论范式主要有三种，即本末内外论、均善均圣论、殊途同归论。持本末内外论的三教代言人都会从宗教立场出发断定自己的信仰体系是内和本，他者为外和末，此种论调是护教立场使然。持此论者固然都有一种自我中心的倾向，但又都承认其他二教在中心之外的辅翼作用。持均善均圣论者则认定三教各有利弊，都有存在的必要。持此论者（如王褒）往往声称自己"既崇周孔之教，兼循老释之谈"（《梁书·王规传》），此是公开标举三教融合。持殊途同归论者则往往从政治伦理功能出发，立论以为三教虽然教义各有不同，却都同于劝善化俗，也就是维护社会秩序于不坠。既然自觉地认同这个大目标，三教当然就可以互相发明、砥砺和融合了。有了这些理论范式作为基础，出现了各种融合三教的实践，或在宗教生活中三教兼修，或在神学思想方面三教兼宗。

在魏晋南北朝时期的三教关系史上，尽管道教经常作为儒教之辅翼充当灭佛毁佛之急先锋，但它却是三教融合的最大受益者。中国的这种本土宗教一方面在政治伦理上直接吸收儒教的纲常名教，并以此自诩为华夏正统,藉排斥异己的佛教文化来张大其军;另一方面,道教又大量吸收佛教的教义、教规和礼仪,建构自身的道戒、教规和科醮仪制,使自身的宗教生活形式、组织形式和神学理论不断获得发展,逐渐走向成熟。当然,这一时期的佛教也并非只是儒道二教排挤、镇压的牺牲品,佛教在政治伦理上对中国宗法性社会结构秩序的让步,佛学的玄学化,都使得佛教作为一种外来宗教逐步获得了在中国扎根和发展的沃土。倒是儒教在这一时期由于种种原因而未在学理上得到较大的创获。

隋唐时期,三教融合仍是主流。这一时期,佛教基本完成了中国化的任务,一些佛教宗派如天台宗、华严宗和禅宗已经是真正的中国佛教。天台宗以方便法门调和儒释道,将道教的内丹吸收到其止观学说之中;华严宗则致力于大同内外,其五祖宗密以儒教的群经之首《周易》中的元、亨、利、贞四德拟配佛教的常、乐、我、净四德,更以儒教的仁义礼智信五常拟配佛教的五戒;禅宗则吸纳儒教亚圣孟子的性善论和人人皆可为尧舜之说,立论以为人人皆有佛性,只要"明心见性"即可成佛;并吸收新道家(玄学)中言意之辨的成果,否弃语言文字的作用,主张顿悟成佛。这一时期的道教哲学更是值得大书特书,这主要是因为唐朝前期的道家哲学家成玄英、王玄览、司马承祯等人出入佛道,援佛入道,使得道教思想攀上一个理论高峰。其中成玄英吸纳佛学中的破执论思想,阐发一套关于"重玄之道"重玄学思想。其要旨在于既不滞于有,又不滞于无,亦不滞于非有非无,在此基础上建立其以虚幻心境、不念生死为归趋的长生说,以佛玄的方式表述道教的宗教诉求。这一时期的道教援佛入道还表现为进一步接纳和改造佛教的轮回说、报应说和天堂地狱说。此外,道教还将儒教的忠孝信仁、积善行德纳入其宗教行为规范体系之内。至于隋唐时期的儒教,虽有王绩、大儒王通等人倡导三教并崇,亦有文人柳宗元等人乐于与僧道交游,更有李翱等人尝试着会通儒释,谋求儒学在义理上的新发展,但是,会通儒释而达到的儒教理论高峰还要俟诸宋明理学。

自佛教输入中国后,佛道二教在汉唐时期先后都经历了神学哲学上的高峰期,唯独儒教迟到宋明时期才在思想上出现觉醒与奋进。也许可以这样认为,汉唐时期的士大夫主要致力于建立儒教在政治上的正统地位,用韦伯在《儒教与道教》一书中的说法来说,他们大多以一种理智上的自负傲视着佛道二教的"邪理歪说",很少实质性地致力于自身在理论上的突进,也很少实质性地致力于吸纳儒道二教的思想精华,仅满足于保住儒教的正统地位。自唐朝的韩愈等人开始,才有儒生意识到儒教在思辨理论上的薄弱有可能会导致道统之失坠或沉沦,才有欧阳修力倡儒教当"修其本以胜之(佛教)"。饶有意味的是,儒教道统之维系与发展在许多地方都得益于儒释二教在理论上的融合。

宋明时期儒教对佛学思想资料的改造利用有两种方式,一种被佛僧们讥笑为"阳儒阴释",一种则是明代公开标举的三教合一。前一种方式是,不明言融合,甚至对佛教多有批判,但骨子里却处处撷拾佛学之范畴、话语乃至运思方式,以较为思辨的形式对一些关涉儒教社会的实际问题进行哲学思考。例如,学术界一般都公认,程朱理学主要是借用、改造了华严宗"四法界"的思想观念,建构了以"天理"为本原、本体的儒教哲学体系。其主要思想旨趣是以天理为宇宙间的唯一本体,以千差万别的宇宙、世界现象和事物为此本体之具体表现形式。当理学家们坦承天理即仁义礼智信时,其所有的理论奥秘便都暴露无遗:儒教在学理上借助于佛学的本体化原来是为了将儒教的纲常伦理确定为天理的流行,为其合法性和普遍性提供神圣的来源和支撑。朱熹在论证天理与世界现象之间此种本体与现象之间的"理一分殊"的关系时,还曾借用佛学的"月印万川"之喻作为其思想资源,收到了极佳之论证效果。程朱在吸收佛学之理论成就时,至多承认有些道理"是那释氏也窥得见"的,很少见到他们公开倡导融合的言论。

宋明理学中的阳明心学在了吸纳佛学的成果时则有所不同,王阳明曾以"一间三厅"之喻说明儒释道三教之间的关系,不讳言三教融合。不过,阳明心学在理论上真正登堂入室却是因为心学家们曾经深入佛教禅宗的心性之学的堂奥,陆王心学在理论上的根本归趋"宇宙便是吾心,吾心便是宇宙"、"心即理",主要是借用和改造了禅宗的"心生则种种法生,心灭则种种法灭"的思想观念,这也正是一些公开标举三教合一的王学末流被讥刺为"狂禅"的理由之一。

宋明时期倡言三教融合的僧道亦不在少数,不过,由于这一时期儒教在思想上的突进已经由此而获得了巨大的创获,佛道二教在三教融合的基础上所获得的理论创发就显得相形见绌得多了,这主要与佛道二教自身在理论与组织、实践上的状况有关。仅以佛教而言,著名佛教史专家汤用彤认为,五代以后,就宗派而言,佛教虽有"临济、曹洞、贤首(华严)、净土及律五宗,然仅保守,全乏朝气"。质言之,五代以后,佛教自身已进入衰退期,此时高耸云端的乃是国家正宗大教儒教所达到的理论高峰,它遮蔽了佛道二教在神学哲学方面朝气不足的守成。

以上我们简要考察了一下中国的三种主要宗教之间的关系史,我们看到,尽管三教之间有不少冲突,但冲突主要表现在对政治地位的诉求上,当释道二教认识到儒教的正统地位难以撼动后,便自觉地居于辅翼的地位;释道二教在政治领域里的争高比低有时会导致一方的大灾大难,但并未出现两个教团之间的血腥争战,主要是一方借助于王权的势力抑制另一方。宗教战争在中国各宗教的关系史辞典上基本上是一个罕见的词汇。由于宗教性的诉求迥然不同,三教在理论上也并非没有冲突,但出于儒教的文化要求之至上性,三教在理论上的关系应该说是以融合为主流的。这种融合使三教均获益匪浅,但相比之下,佛教输出的较多,输入的较少。因此,史学家陈寅恪曾断言:"二千年来华夏民族所受儒家学说之影响,最深最钜者,实在制度法律公私生活之方面,而关于学说思想方面,或转有不如佛道二教者",①此说或为不易之论。

本节没有讨论中国社会中其他宗教如民间宗教、伊斯兰教、基督宗教、犹太教与上述三教之间的关系,由于学力不逮,笔者这里只能暂时付之阙如。

五、中国宗教的一般特征

对于传统中国人宗教生活中的一些独特的现象,如平民百姓乃至一些知识精英往往数教并奉,数神并崇,西方人常常会油然而生错愕惊异感,明末来华的耶稣会传教士利玛窦就曾经将当时甚嚣尘上的三教合一思潮与实践称作一身三首的妖怪。对于认为唯有基督宗教才握有全部宗教真理因而排他性地崇奉基督宗教的西方人来说,中国人宗教生活中的这种现象委实是太难以令人理解和接受了。然而,这却是中国宗教的一大特点。

如上所述,我们可以认为,中国宗教的第一大特征就是包容性。儒教尽管被历代中国统治者和知识精英奉为正统,但这种正统仅仅是在政治伦理的维度上得到界定的,换言之,儒教是政治伦理功能意义上的正统,只要它所代表和维系的宗法性社会结构与秩序得到其他宗教的认可与助益,它就可能会在知识系统与意义系统等维度上向其他宗教开放。儒教在神学、哲

---

① 《陈寅恪史学论文集》,511页。

学等方面的发展历史,最足以说明儒教正统的包容性。儒教正统的这种包容性的界限也正好说明,其他宗教若要在传统中国社会中生存发展,就必须限制自身在社会政治方面的理想与诉求,在认可或默认儒教在政治伦理的正统地位的前提下,将自身的功能严格限定在宗教性的功能领域里。这也正是儒教正统对各种宗教的文化要求。指出儒教正统的包容性并不意味着完全忽视儒教史上那些不宽容的恶性事件,例如历史上的几次毁佛运动、对天主教的禁断、对民间宗教运动的镇压。不过,仍需要说明的是,这些历史事实的原因或许都在于统治者在政治伦理秩序方面的考虑。况且,就知识精英的态度而言,他们大多没有西方宗教史上的狂热,最多只是一种儒教式的华夏中心主义傲慢。在其反对其他宗教最为激越之时,也不过像韩愈那样主张"人其人,火其书",这与基督宗教历史上以"火其人"的方式对待异端可谓有霄壤之别。当然,儒教历史上"以理杀人"的事例也不少见,我们也无意为之辩护,反而主张揭批之,不过,这与处理宗教间的关系是两回事。

儒教正统在处理宗教之间的关系时所表现出的包容性源于华夏文化是由多种民族、多种区域文化碰撞交融的产物这一历史文化事实,也源于儒教经典中"君子和而不同"、"天下一致而百虑,同归而殊途"的训言,更源于儒生们对其崇奉和践履的宗教、文化的优越感和在此基础上建立起来的自信心。典型的一例是,明末大儒李贽根本就不相信利玛窦等人传入的天主教有可能取代圣学道脉即儒教的正统地位。更有意义的是,这种包容性还源于士大夫或儒生中的一些有识之士对儒教在宗教与科学知识等方面的缺欠的反思和批判。例如,明末的徐光启、李之藻等人正是认识到儒教与天主教相比不能更好地解决他们所关心的生死大事、空谈心性的儒学不能像"天学"(明末士大夫对天主教与西方科学的统称)那样带来"儒效",因而接受一种儒教化的天主教,并力劝万历皇帝像容纳僧道一样容纳传教士和天主教。

儒教的主要代言人和信徒士大夫的此种包容心态自然具有极大的示范性,不可避免地会深深地影响受儒教教化的平民百姓。事实上,那些倡导三教合一乃至建立三一教的往往首先都是士大夫或儒生,然后才有民间的效仿。需要说明的是,儒教正统及其代言人对其他宗教的那种重其功能而轻其宗教真理的功利主义式的包容性,也深深影响了平民百姓的宗教信仰与生活的样态和质素,使得百姓也只是重宗教之灵验,而轻宗教之真理,所谓"唯灵是信"也许正是上行下效的结果。唯灵是信的信仰形态必然导致多教并奉和多神并崇的奇特景观。尽管中国人往往会以"诚则灵"的训言鼓励信徒培养宗教敬虔,但"唯灵是信"的大前提已然注定了他们难以培育出西方式的那种排他性的宗教敬虔的情感之花。当近代中国知识分子将西方人对知识和真理的坚定而又执著的追求精神归诸其宗教精神时,他们已经以一种比较的视野隐然见出了中国人的宗教生活的样态与质素的种种弊端;而当一些中国知识分子对西方宗教史上那些血与火的冲突有所了解之后,他们又深深地庆幸中国人没有那种绝对排他的所谓宗教敬虔,有的是一种所谓有容乃大的包容性。由此看来,中国宗教的包容性具有两面性,不能简单地予以肯定或否定。

中国宗教的第二大特点是此世性和人文性。本章开篇在强调儒教的宗教性时,我们曾认定儒教并非没有对超验目标的追求,但是,我们也承认,儒教更具有现世性的品格。因此,我们现在试图凸显的中国宗教的此世性,指的是中国宗教固然不是没有对超验目标的追求,但更注重的是不离世间达成其宗教目标;所谓人文性则包括两层含义,一是指统治阶层(包括知识精英)以宗教为文治教化的手段,以此来维系宗法性的社会结构与秩序于不坠(这一点上文已多有论述);二是指中国宗教自身具有的以人为本的内在精神。

世界各大宗教都不同程度地将世界二重化,圣经宗教中的此种传统最为突出,哲学家罗素曾高度概括过基督宗教的此种特点,他指出:西方中世纪世界的典型特征是充满了对立,"有僧人与俗人的对立……天国与地上国的对立,灵魂与肉体的二元对立等等"。① 基督宗教的这种二分法不仅导致了作为一种制度的基督宗教与尘世之间的一种结构性的圣俗二元张力,而且导致基督徒内心由对尘世生活的眷恋或对生命价值的肯定与对终极性的宗教目标的追求而引发的内在张力。基督徒似乎并不以缓解或消弭这种张力为鹄的,而是以彰显这种张力、并最终达致宗教价值的凯旋为其归趋。反观中国宗教之精神,则可以说大多具有极力将这种张力降低到最低限度的倾向,有时甚至到了令人怀疑它们是否还包含着对世界的二重化的因素的地步。关于儒教的此种精神倾向,我们已作过论述,这里要着重论述的是佛教与道教的这种倾向。

作为一种外来宗教的佛教,在其尚未彻底地中国化之前,应该说是相当凸显圣俗之分的。佛教以尘世为苦海,以遁世苦修为津梁,以超脱生死轮回、涅槃寂静为终极目标,其对尘世万法之价值的否定,可谓与已经成为中

---

① 罗素:《西方哲学史》上卷,377页。

国正统的儒教大相径庭。然而,佛教为了在中国的适存与发展,不仅在政治伦理方面逐渐满足儒教正统对它的文化要求,向忠君事父等宗法性伦理规范让步,而且在神学义理方面也逐渐向极力消解圣俗二元张力的儒教正统步步趋近。最能体现中国佛教的此种精神转向的莫过于禅宗。禅宗在处理出世与超世的张力时,其路径不是否定世间法的价值,肯定遁世渐修,而是主张即俗求真。禅宗六祖慧能认定:"佛法在世间,不离世间觉,离世觅菩提,恰如求兔角。"在慧能看来,佛法和菩提并不是存在于一个遥不可及的彼岸世界里,它们就存在于大千世界或世俗的生活之中。因此,佛教徒追求的终极性目标——解脱——完全可以在世间达到,如果离世追求,就有如寻求龟毛兔角一样不可得。因此,禅宗认为"担水砍柴,无非妙道"。禅宗的此种即俗求真、将入世与出世打成一片的宗教生活方式,乃是以其以人为本的佛性说为理论基础的。如上所述,禅宗在理论上直接继承和改造了孟子以来的儒教性善论和人人皆可为尧舜的观念,认定一阐提皆有佛性,佛性人人具足,只要明心见性,就可以成佛,也就是慧能所说的"佛向性中作,莫向身外求。自性迷即是众生,自性觉即是佛"。这与追求成圣成贤的儒教徒那种为仁由己、不假他求的信念可谓一脉相承,都对人性充满了乐观的信念。与基督宗教那种认定人生而有罪,人性已经腐败不堪,唯有依靠绝对超越、其意志奥秘不可猜度的上帝才能获得拯救的信念相比,佛教可以说具有依靠自力和自律、以人为本的显著特征。

与佛教一样,中国土生土长的本土宗教道教也并非没有出世性。佛教追求成佛,道教追求成仙。为了成仙,一部分道教徒主张离弃尘世,隐遁出世,得道证真;其中以全真道的出世精神尤为强烈。但是,在道教的历史发展过程中,同样出现了一些染有浓厚的人间色彩、积极入世的流派,如净明道主张"欲修仙道,先修人道","人事尽时,天理自见",从而在理论与实践中将入世与出世完全打成一片;道教史上此类事例并不少见。道教的此种主张也直接与其以人为本、在人的心性结构中寻求成仙根据的做法有关。①

如果说以上是就中国宗教的内在精神来分析其特征,那么,我们对中国宗教的第三大特征——中国制度型宗教的结构性地位与功能上的重要性极不相称——的勘定,则是从中国宗教与社会的互动来着手进行分析的。

如前所述,儒教在中国历史上作为一种弥散型的宗教享有国家宗教的

---

① 参戴康生、彭耀:《宗教社会学》,第七章第三节。

正统地位。这里要补充说明的是,儒教的功能主要是针对群体的,如为家庭、家族、朝廷、国家的秩序提供整合功能,提供合法化基础,提供教育和社会化的内容(如伦常规范)与手段,在某种程度上也提供个体的意义系统,等等。而制度型宗教尽管在正统宗教的文化要求下,也不得不履行针对群体的"补益王化"的辅助性功能,甚至不断地向弥散型宗教输送神学和哲学资源,但其履行的更为重要的功能则主要是针对个体的,如为幻灭的个体提供避难所,帮助他们度过人生中的意义危机;为部分知识精英提供在正统儒教中难以得到的精神满足;为少数经济贫困、在宗法性社会结构中孤苦无靠的个体提供某种安全保障,等等。这些功能实际上也是对中国社会秩序、对儒教的不足的一种重要补充,因而有助于社会稳定,等等。在这些意义上,可以说中国的制度型宗教具有非常重要的功能意义。但是,制度型宗教的结构性地位却非常低弱。尤其是自宋代以后,制度型宗教的这种结构性地位的弱势主要表现在:神职人员(僧道)数量少,他们往往被分成两三人一组的单位,彼此之间基本上没有联系;即使是对这样少量的神职人员,制度型的宗教也难以提供足够的财源,以供其维系生存;缺乏有组织的平信徒的支持;寺观在发展其社会功能时,受到多方面的限制,例如不能充分参与社区的慈善、教育和道德规范的实施这类有组织的社会生活;没有有组织的、集权化的神职人员组织来支配信徒的宗教生活,或指导世俗的社会制度的运作;每一个寺观都是一个独立的宗教组织,拥有自己的神灵系统和自己的神学主题,尽管这些寺观可能拥有同样的名称和崇拜同样的主神。其结果是,没有一种集权化的神职人员组织来指导僧道和民众的宗教生活,在这种意义上说,制度型宗教不受等级制的控制。但是,很明显的一点是,制度型宗教在功能上的重要性与其低弱的结构性地位非常不相称。[1] 这种不相称的结果是,宗教缺乏有组织的力量,因而,中国的社会生活中缺乏一种结构性的圣俗二元张力。这是中国宗教在与社会的互动中形成的一种历史悠久的传统,要想理解中国人的宗教生活的样态与质素,甚至理解现当代中国宗教的状况,不重视和理解此种传统,是难以达到目的的。

---

[1] C. K. Yang, *Religion in Chinese Society: A Study of Contemporary Social Function of Religion and Some of Their Historical Factors*, pp. 339-340.

附录一 定量研究案例：
北京市大学生对基督教的态度的调查报告[①]

一、引言

随着改革开放的深化与社会生态的复苏，各种传统宗教在中国都出现了或多或少的复兴。其中，自20世纪80年代以来，基督宗教在中国的迅速传播与发展由于各种原因最引人注目。而揆诸中国基督宗教之历史发展过程，可以说，影响基督宗教在中国之传播与发展态势的因素并不是单一的，但其中最重要的应该是政教关系。然而，政教关系既是自变量，亦是因变量。20世纪20年代由上海和北京两大城市的大学生发起的非基督教运动与非宗教运动，就曾深刻地影响了民国政府对基督宗教的政策和举措，从而对基督宗教在中国的命运产生了深远而又长久的影响。将近一个世纪之后，在中国综合国力迅速提升、基督宗教快速发展的现代语境中，作为中国首善之地的北京市的大学生对基督宗教的态度便因大学生与基督宗教之间复杂的历史关系而颇具调查和研究之价值。这是因为，尽管学术界对态度与行为之间的复杂关系莫衷一是，[②]似乎仍可假定，"稳定的态度、重要的态度、容易提取的态度、由直接经验形成的态度、人们很确定的态度、在认知与

[①] 本报告由孙尚扬、李丁合撰。原刊于《同济大学学报（社会科学版）》，第24卷，2013年1月。李丁，北京大学社会学博士，中国人民大学社会与人口学院讲师。

[②] 如美国学者刘易斯·艾肯所著《态度与行为：理论、测量与研究》（何清华、雷霖、陈浪译，北京：中国轻工业出版社，2008年）与英国学者乔纳森·波特、玛格丽特·维斯雷尔所著《话语和社会心理学——超越态度与行为》（肖文明、吴新利、张擎译，方文校，北京：中国人民大学出版社，2006年）就对态度与行为之间的关系持迥异其趣的看法。

情感上有很高一致性的态度,是最能预测行为的态度"。[①] 换言之,态度对行为的重要影响及其可能产生的后果,还有大学生对宗教的态度在中国的巨大示范性,决定了关注基督宗教在中国之发展态势的各方人士,不能不关注一下作为一个不可忽视的特殊群体的北京市大学生对基督宗教的态度。有鉴于此,我们在 2011 年 4 月至 6 月间就此问题在北京市做了一次抽样调查。[②]

我们此次调查的理论旨趣不只是检验贝格尔提出的去世俗化理论的第二个例外论(全球性的精英亚文化仍然是世俗化的),[③]而更多地是为了通过对上述态度的调查回答以下问题:在中国这样非西方的语境中,人为造成的世俗化在社会管制较为宽松、社会生态快速复苏的情势下,在当今大学生群体里,是否已经遇到了限制其无限扩张的去世俗化势力? 在无神论的主流意识形态话语面对各种思潮和宗教的挑战的情势中,当宗教市场上出现求过于供的短缺经济态势[④]或意义的稀缺[⑤]时,自觉或不自觉地寻求"人生的意义为何"等终极问题之答案的大学生群体是否还会延续历史的成例(即对基督宗教冷漠、拒斥乃至仇恨)抑或转向其他态度选项(如宽容、被吸引、感兴趣乃至信仰)? 大学生中基督徒的信仰状况如何? 其中的信徒比例是否高于全国的平均比例? 哪些因素导致了这个群体的态度转向? 这种转向预示着什么?

通过对以上问题的探究,我们还想回答以下事关中国未来走向的问题:在当今的中国,大学究竟只是社会结构及其心智结构再生产的机制,[⑥]还是公共领域的一个关键的参与者,从而逐渐变成知识与意义多元化的场域[⑦]?

---

① 泰勒、佩普劳、希尔斯:《社会心理学》,谢晓非、谢冬梅、张怡宁等译,北京:北京大学出版社,2004 年,171 页。

② 关于具体的抽样方法,我们已经另文说明,详见孙尚扬、李丁:《国学热、意义的匮乏与大学生对宗教的兴趣取向:一项基于北京市的调查与分析》,载《国学与西学》,2011 年第 1 期,53—68 页。

③ Peter L. Berger ed. , *The Desecularization of the World*:*Resurgent Religion and World Politics*, Michigan:William B. Eerdmans Publishing Company, 1999, p. 12.

④ Fenggang Yang, Religion in China under Communism:A Shortage Economy Explanation, *Journal of Church and Stats*,2010,52(1), pp. 3-31.

⑤ 布莱恩·特纳、克里斯·瑞杰克:《社会与文化——稀缺和团结的原则》,吴凯译,北京:北京大学出版社,2009 年,46 页。

⑥ 布尔迪厄:《国家精英》,杨亚平译,北京:商务印书馆,2008 年,8 页。

⑦ 杰勒德·德兰迪:《知识社会中的大学》,黄建如译,北京:北京大学出版社,2010 年,11 页。

二、样本基本情况

本次调查共涉及北京市的13所高校,发放了2000份问卷,实际回收问卷1876份,各个学校实际回收的有效问卷数和设计问卷数如表1。

表1 所调查学校的实际调查人数

学校/学院	人数	百分比（未加权）	百分比（加权）	设计数	回收率（%）
北京大学	164	8.7	4.3	165	99.4
清华大学	181	9.6	4.7	195	92.8
中国人民大学	132	7	3.4	137	96.4
中央民族大学	107	5.7	2.8	103	103.9
中国政法大学	131	7	9.5	143	91.6
中国地质大学	183	9.8	13.3	186	98.4
北京邮电大学	173	9.2	12.6	186	93.0
北京化工大学	182	9.7	13.2	186	97.8
首都医科大学	66	3.5	3.8	69	95.7
北京电影学院	111	5.9	6.5	116	95.7
北京建筑大学	170	9.1	9.9	178	95.5
北京师范大学	120	6.4	6.9	136	88.2
国际关系学院	156	8.3	9.1	200	78.0
合计	1876	100.0	100.0	2000	93.8

注：问卷调查阶段发现,中央民族大学在摸底阶段漏了一栋宿舍楼,故执行时多发放了4份问卷。

数据来源："The Attitude of University Students in Beijing toward Christianity" 2011年调查数据（以下简称"ABTC2011年调查数据"）。

除国际关系学院与北京师范大学外,其他各个学校的回收率都控制在90%以上,其中国际关系学院和中央民族大学的样本数在执行过程中根据现场核实的宿舍数进行了细微调整,故比例相差较大。

各个学校受访学生的年级与性别构成情况如下表：

表 2　受访大学生的年级与性别情况

学校/学院	本科生	硕士生	博士生	男	女	人数合计
北京大学	89	44	31	92	72	164
清华大学	91	49	41	126	55	181
中国人民大学	66	53	13	51	81	132
中央民族大学	77	26	4	37	70	107
中国政法大学	81	43	7	55	76	131
中国地质大学	120	53	10	105	78	183
北京邮电大学	135	34	4	115	57	173
北京化工大学	138	41	3	103	79	182
首都医科大学	56	9	0	22	44	65
北京电影学院	100	11	0	58	53	111
北京建筑大学	144	26	0	102	68	170
北京师范大学	74	43	3	36	84	120
国际系学院	131	24	0	89	66	155
人数合计	1302	456	116	991	883	1874

注：有2人所在年级填写不清楚，另有2人性别填写不明确。数据来源：ABTC2011年调查数据。下文的数据除非另外注明出处，皆同此来源。

各校受访学生的城乡来源情况如表3。可以看到，整体上而言，北京市高校学生主要来自城市，来自农村与乡镇的学生仅占三成左右。

表 3　受访大学生的城乡来源情况

学校/学院	农村	乡镇	县级市	地级市	省会与直辖市	合计
北京大学	28	12	32	37	55	164
清华大学	43	20	41	42	34	180
中国人民大学	29	13	34	33	23	132
中央民族大学	22	22	17	28	18	107
中国政法大学	38	14	36	27	16	131
中国地质大学	70	26	29	30	28	183

续表

学校/学院	农村	乡镇	县级市	地级市	省会与直辖市	合计
北京邮电大学	23	20	42	45	42	172
北京化工大学	46	31	37	37	31	182
首都医科大学	18	12	14	6	16	66
北京电影学院	3	3	12	43	50	111
北京建筑大学	42	25	35	18	49	169
北京师范大学	36	19	25	13	27	120
国际关系学院	18	14	36	41	46	155
合计	416	231	390	400	435	1872

受访学生的专业分布情况如表4，理工科、法律、经济、管理学学生合起来占高校大学生的多数。

表4 受访大学生的专业情况

专业（根据毕业时所获学位）	人数	百分比
哲学	39	2.1
经济学	133	7.1
法学	251	13.5
教育学	22	1.2
文学	146	7.8
历史学	25	1.3
管理学	169	9.1
理学	204	10.9
工学	556	29.8
医学	61	3.3
其他	259	13.9
合计	1865	100.0

三、北京市大学生的精神生活状况

本调查中我们试图通过了解大学生们对超自然力量、灵魂的有无、算命、风水、占卜、星座、命运等的认知,以及对自己生活和学习压力的感知、对未来就业及生活前景是否担忧、在学校的人际关系情况、对个人能否把握自己命运的认知、是否经常思索人生意义等问题,以期了解大学生的精神生活现状。并借以探究,面对处于求过于供的短缺经济态势的宗教市场,寻求"人生的意义为何"等终极问题的大学生选择何种精神或灵性生活,基督宗教是否以及如何成为部分大学生感兴趣乃至信仰的对象。

首先来看北京市大学生的精神生活状况。

1. 生活满意度与命运控制度

生活满意度是反映个体在现实生活中得到满足程度的重要指标,生活满意度的高低直接影响到个体对于现实世界的认识和反应,可能影响到个体向宗教寻求满足的动力与倾向。问卷结果表明,大学生的生活满意度与命运控制度的整体分布类似,60%的人生活满意度及命运控制度都在7分及以上,表示生活不太满意或者命运控制度很低(低于4分)的人都在5%以内。生活满意度与命运控制度两者之间的相关度一般(R=0.3733),不过在控制其他变量的情况下,两者的相关程度变化较少,这说明生活满意度确实与个体对于自身命运和生活的控制度有一定关系。

表 5　生活满意度与命运控制度

得分	生活满意度		自认对自己命运的控制度	
	未加权百分比	加权百分比	未加权百分比	加权百分比
1	1.0	0.9	0.7	0.7
2	0.7	0.7	1.0	1.0
3	2.6	2.2	1.8	2.0
4	4.1	4.2	4.6	4.7
5	10.1	10.6	12.6	12.8
6	13.5	14.0	17.3	17.0

续表

得分	生活满意度		自认对自己命运的控制度	
	未加权百分比	加权百分比	未加权百分比	加权百分比
7	24.8	25.6	25.6	25.6
8	27.1	26.7	25.4	25.5
9	10.7	10.0	8.5	8.1
10	5.3	5.0	2.5	2.6
人数	1876	1876	1872	1872

综合性的分析表明,在其他条件相同的情况下,学习成绩排名较好、家庭和睦、在学校朋友较多的学生生活满意度较高。相反,当前生活和学习压力较大的学生生活的满意度较低。与此同时,在对自身命运的控制度上,成绩越好、朋友越多、对人生意义思考较频繁,或者认为高校思想政治工作有较大功效的学生感觉对命运的控制度较高;感到生活和学习压力较大而相信命运的人自我感觉对于命运的控制度较低。

2. 压力感与人际支持

在压力感与意义感方面,四成学生感觉到因生活、学习、未来发展、社会位置而有着较大压力或困惑,三成学生对自己活着的意义表示迷茫。不过,从大学生的人际关系与朋友情况来看,多数大学生都有较多的朋友,仅有小部分人认为自己在学校没有几个好朋友、人际关系状况很糟糕或者必须依靠虚拟的网络交往来给自己支持。

综合分析表明,在控制其他变量的情况下,家庭较为贫困、缺少朋友、因为学习之外的原因获得过奖励、经常思考人生意义与目的的学生感到学习与生活压力较大,而家庭和睦、成绩较好的学生压力感较小。

表6 压力感与人际支持状况

	绝对不赞成	不赞成	一般	赞成	非常赞成	人数
目前,我的生活与学习压力很大	1.1	10.5	45.4	35.0	8.0	1873
	1.1	10.3	46.7	34.0	8.0	1873
我感觉自己未来的就业压力很大	1.1	10.5	45.4	35.0	8.0	1873
	1.1	10.3	46.7	34.0	8.0	1873

续表

	绝对不赞成	不赞成	一般	赞成	非常赞成	人数
我对自己现在及将来在社会中的定位非常迷惑	2.8	23.9	35.2	30.0	8.0	1876
	2.8	22.8	35.9	30.1	8.3	1876
至今没有找到活着的意义的满意答案	9.4	32.8	27.4	22.0	8.3	1874
	9.7	32.7	26.9	22.6	8.1	1874
我在学校几乎没有几个朋友	40.8	43.6	11.8	3.0	0.7	1873
	41.1	42.7	12.4	3.0	0.7	1873
我的网友能给我很大的支持	25.2	41.5	25.4	6.8	1.1	1875
	24.9	40.8	26.6	6.7	1.1	1875

注:第一行数据为未加权百分比,第二行数据为加权百分比。

大学阶段是人生观与价值观定型的重要时期,也是对人生进行定位和反思的重要时期。问卷调查结果表明,北京市大学生对于人生意义及目标的思考非常频繁。四成人经常思考这些问题,仅有不到5%的人极少思考这些问题。综合分析表明,相对于人文学科的学生,理工科及社会科学的学生对人生意义与目的的思考不那么频繁。此外,成绩较好、生活满意度较高、入党或者相信基督宗教、感觉到生活压力较大的学生在其他条件相同的情况下对人生意义的反思更为频繁。

表7 对于人生意义与目的的思考频率

您思考人生意义或人生目的的频率是	未加权百分比	加权百分比
经常	42.2	41.7
有时	52.8	53.9
极少	4.7	4.3
从不	0.3	0.2
人数	1838	1838

3. 抗压支持的精神来源

面对挫折、压力和疑问,大学生能够求助的资源主要有哪些呢?问卷结果表明,思想政治教育很少成为大学生在实际生活中化解意义危机的资源。

从大家的回答选项来看,即便实际上所用内容与思想政治教育课程上所学的内容具有一致性,大学生也不会将功劳记在这些课程上。在针对"我认为高校思想政治教育工作对我有帮助"这一问题的回答中也只有16.4%的受访者表示赞成或非常赞成。从表8可以看到,将近2/3的人在遇到挫折时会选择非马克思主义的人生哲学以及科学世界观,还有10%左右的学生选择宗教,宗教比思想政治课上学到的知识更受青睐。当前,思想政治课是高校学生的必修课,并且所占学时不少,学生对这一课程的收获评价不高,容易造成各种心理和意义需求得不到满足的"市场短缺"局面,可能为其他思想与意义体系(如宗教思想)在学生中的传播和发展提供了契机。

表8 帮助摆脱危机的精神支持来源

当您遇到挫折时,哪个选项可能对您在思想或心理上渡过危机最有帮助	未加权百分比	加权百分比
思想政治教育课上学到的知识或马克思主义哲学	7.2	8.0
非马克思主义哲学	25.5	24.1
科学世界观	37.3	38.0
宗教	10.7	10.6
其他	19.3	19.2

4. 周边的宗教氛围与宗教供给

在上述意义供给市场状况下,大学校园的宗教氛围与供给情况如何呢?问卷结果显示,90%的大学生认为自己周边存在宗教信徒,其中半数大学生报告他们身边有基督徒(含天主教徒、新教徒、东正教徒),并且半数以上在校园遇到过基督徒对其进行传教(C6题[①]复测百分比为46.2%)。相比于其他宗教,基督宗教在传教方面最为积极。此外,7%的受访者表示自己的宿舍中至少有1个基督徒。这意味着北京市高校的宗教可及性,特别是基督宗教的可及性是非常高的。

---

① 问卷C6题:您是否在校园里遇到过基督徒向您传教?

表 9　周边的宗教徒分布情况

	您的亲朋好友中,有下列哪种宗教信徒		您在校园里遇到过下列哪种宗教信徒向您传教	
	未加权百分比	加权百分比	未加权百分比	加权百分比
没有	8.3	8.6	34.1	34.7
佛教徒	54.5	54.2	7.3	6.8
新教徒	50.2	49.2	55.1	53.5
天主教徒	12.6	12.0	7.9	8.0
东正教徒	1.0	0.9	0.6	0.6
伊斯兰教徒	19.6	19.5	4.9	5.1
儒教信仰者	5.2	4.8	1.0	0.9
道教徒	5.9	5.7	0.8	0.6
民间宗教信仰者	15.1	14.2	1.8	1.9
其他宗教徒	2.6	2.5	0.8	0.8

注:两题均为多选题,纵向百分比之和并不等于100%。

从家庭的宗教氛围或环境来看,大学生的父母中有明确的宗教信仰的比较少,其中信佛教的最多,且母亲信佛的比例是父亲信佛的比例的将近两倍。而在基督宗教环境方面,母亲信新教的比例将近3%,相当于父亲信仰新教的两倍。有意思的是,七八成大学生倾向于认为父母"不信"任何宗教,这可能与大学生关于"信"某种宗教的定义有很大关系,值得继续研究。在大学生看来,信某种宗教可能不仅指心理上的相信,还包括一系列的宗教行为与实践。

表 10　父母的宗教信仰情况

宗教信仰状况	父亲		母亲	
	未加权百分比	加权百分比	未加权百分比	加权百分比
佛教	7.7	8.1	13.5	14.0
道教	0.4	0.3	0.3	0.3

续表

宗教信仰状况	父亲		母亲	
	未加权百分比	加权百分比	未加权百分比	加权百分比
伊斯兰教	2.4	2.2	2.2	2.0
天主教	0.2	0.2	0.5	0.5
新教	1.1	1.2	2.7	2.8
信中国民间的神灵	5.9	5.8	7.8	7.6
儒家/儒教	0.9	0.8	0.5	0.5
没有任何宗教信仰	81.5	81.3	72.4	72.2
人数	1843	1843	1846	1846

5. 对超自然现象的相信与认同

首先,我们来看大学生对于超自然现象的主观认同情况。从下表可以看到,四成以上的人认为存在着超自然的力量、人有灵魂。但是明确相信算命、风水等预测命运的具体术数,以及认同星座、血型、命运决定论的人在15％以下;三成到四成的大学生面对这些与超自然及命运相关的表述无法做出明确的赞同和否定,处于模棱两可的状况。

表 11 对于超自然事物的态度

	绝对不赞成	不赞成	一般	赞成	非常赞成	人数
存在超自然的力量	8.3	18.1	30.6	32.6	10.5	1875
	8.4	17.8	30.5	32.6	10.7	1875
人有灵魂	5.4	15.9	32.4	35.4	10.9	1873
	5.4	15.8	32.0	35.6	11.3	1873
算命、风水和占卜很灵验	12.6	29.7	43.9	11.9	1.9	1870
	12.3	28.9	44.3	12.4	2.1	1870
星座、血型对人的命运有重要影响	14.6	31.5	39.2	12.7	2.0	1869
	14.6	30.7	39.7	12.9	2.1	1869
一切都是由命运安排的	18.8	35.7	32.9	9.6	3.0	1873
	19.5	35.5	32.4	9.6	3.1	1873

注:第一行数据为未加权百分比,第二行数据为加权百分比。

6. 敬拜神灵与供奉宗教物品

在宗教实践方面,问卷结果分析表明,有72.4%的大学生过去一年中在某些场合敬拜过神灵。从敬拜神灵的场所区分来看,51%的大学生在宗教场所敬拜过神灵,45.5%是在墓地或祠堂,24.7%的大学生在家里敬拜过神灵。而在收藏或供奉宗教物品方面,半数的受访者表示自己拥有某些宗教物件,如超过23%的大学生有佛教塑像如观音菩萨像,而拥有基督宗教物品的学生也达到将近10%,这一比例仅小于佛教塑像的普遍性。

表12 宗教物品的拥有情况

请问您自己拥有下列哪种物品	未加权百分比	加权百分比
都没有	52.1	50.5
财神像	4.4	4.7
基督宗教物品,如十字架、耶稣画像等	9.6	9.9
伊斯兰教物品	2.3	2.2
佛教塑像或画像,如观音菩萨像	23.0	23.2
道教塑像或画像,如老子像、三清像	1.6	1.7
孔子塑像或画像	2.4	2.3
近现代名人塑像或画像	10.9	11.5
土地爷像、灶神像、关公像、门神像等	4.8	4.9
其他	4.5	4.7
人数	1876	1876

那么,有哪些因素会影响到大学生是否敬拜神灵或者拥有宗教信物呢?我们考察了几组变量的影响。从表13中可以看到,在其他情况相同的背景下,女生敬拜过神灵的比例更高,男生敬拜神灵的发生比只及女生中敬拜神灵的发生比的2/3左右。

表 13　logit 模型:是否拜神与是否拥有宗教物品的影响因素

变量		是否拜神		是否拥有宗教物品	
		系数	标准误	系数	标准误
控制变量	性别:男生=1	−0.414**	(0.114)	−0.091	(0.102)
	民族:汉族=1	0.011	(0.176)	−0.213	(0.157)
	成绩好坏	−0.009	(0.071)	0.059	(0.064)
	成绩奖励	−0.000	(0.127)	−0.031	(0.113)
	其他奖励	0.257*	(0.121)	0.118	(0.112)
	月消费额	0.252**	(0.063)	0.128*	(0.056)
	宿舍内家庭经济相对地位	0.113	(0.080)	−0.053	(0.071)
	城市	−0.105*	(0.045)	0.029	(0.041)
	父亲职业地位	0.027	(0.024)	0.028	(0.021)
周边基督宗教环境	父母中有基督徒	0.357	(0.338)	0.675*	(0.284)
	亲朋中有人是基督徒	0.100	(0.111)	0.139	(0.100)
	被基督徒传过教	0.014	(0.112)	−0.228*	(0.100)
意义需求	生活满意度	0.001	(0.035)	−0.018	(0.032)
	命运控制度	−0.020	(0.037)	−0.085*	(0.033)
	对人生意义的反思频率	0.147	(0.094)	0.149#	(0.085)
	我的生活与学习压力很大	0.203**	(0.070)	0.032	(0.062)
	一切都是由命运安排的	0.151**	(0.058)	0.183**	(0.052)
社会支持	家庭不和睦度	0.049	(0.070)	0.006	(0.063)
	马克思主义哲学与科学世界观	−0.155	(0.114)	−0.044	(0.103)
	党员	0.246#	(0.140)	−0.005	(0.124)
	在学校没有朋友	−0.017	(0.070)	−0.024	(0.063)
	高校思想政治工作有用	0.004	(0.056)	0.167**	(0.051)

续表

变量	是否拜神		是否拥有宗教物品	
	系数	标准误	系数	标准误
截距	−1.464#	(0.780)	−0.999	(0.700)
案例数	1804		1804	
对数似然比	−1022		−1198	

注：控制了年级。

** $p<0.01$, * $p<0.05$, # $p<0.1$

另外，越是相信一切是由命运安排的学生拜神及拥有宗教信物的比例越高，拜神正是希望神灵能够保佑自己；而月消费水平越高的学生过去一年拜过神的比例及拥有宗教信物的比例越高。因为有相当部分的学生是在宗教场所拜神的，而随着市场化的渗透，宗教场所往往与旅游、商业化有着一定的关系。月消费水平较高的学生更有可能到过这些宗教场所、购买过宗教物件。

除此之外，值得注意的是，对当前学习和生活感到压力较大的学生更有可能在过去一年中拜过神，但不一定更多地拥有宗教信物；父母中有基督徒的学生更有可能拥有宗教信物，但不见得更有可能参加过拜神（系数不显著）；农村的学生更有可能敬拜过神灵，但在拥有宗教信物方面与城市的学生差异不大（省会城市或直辖市、地级市、县级城市、乡镇、农村分别取值5至1）；被基督徒传过教的及感觉自己对命运控制度较高的人拥有宗教信物的可能性更小。

四、北京市大学生的基督信仰与实践

在简单描述北京市大学生的精神面貌之后，这一节我们将主要描述和探索北京市大学生对于基督宗教的态度及基督徒的宗教实践。首先，我们来看受访的大学生对于基督宗教的信仰情况，有多大比例的学生相信基督宗教，有多少加入了基督宗教，他们的信仰实践情况如何。

1. 对宗教的多元认同与兴趣

我国奉行宗教自由以及宗教不得干预教育的政策，而学校中灌输的是社会主义的科学教育,那么长期身处校园的大学生对于世界几大宗教的信仰情况如何呢？从表14可以看到,受访学生中存在一定比例的学生比较相信或相信这些宗教。在科学世界观占主导地位的当代中国语境中,大学生群体中仍然有如此大比例的学生对各类宗教表示相信,这说明宗教对部分大学生确有其吸引力。从表14同样可以看到,相对于新教、天主教,大学生中对佛教、儒教和道教等中国宗教表示相信的更多。其中明确报告信佛教的占7%,明显高于上海松江大学城的信佛学生比率(4.55%),但略低于2006年的全国平均水平(7.4%),与2008年的全国平均水平相同,略高于2010年的全国平均水平(5.7%),信仰新教的占2.9%,明显低于上海松江大学城信仰新教的学生比率(4.89%),但高于2006、2008、2010年的全国平均水平(分别为1.8%、21%、20%);信仰天主教的占1%,略高于上海松江大学城信仰天主教的学生比率(0.61%),明显高于2006、2008、2010年的全国平均水平(分别为0.3%、0.1%、0.2%);信仰伊斯兰教的占2.1%,明显高于上海松江大学城信仰伊斯兰教的学生比率(0.79%),高于2006、2008年的全国平均水平(分别为1.2%和0.7%),但低于2010年的全国平均水平(2.4%)。①

表14 对各种宗教的相信程度

宗教类型	不信	不太信	比较信	信	人数
佛教	27.9	33.6	31.6	7.0	1823
儒教	34.5	36.3	25.2	4.0	1796
道教	37.4	41.1	18.8	2.7	1801
新教	41.1	40.1	16.0	2.9	1802
天主教	48.0	42.9	8.2	1.0	1789
伊斯兰教	49.8	42.6	5.5	2.1	1797

注:加权百分比。

不过,受访大学生多数为杂糅性信仰者,有的受访者甚至什么宗教都比较相信。从表15可以看到,对宗教有所相信的大学中,佛、道、儒等宗教是普

---

① 上海社会科学院宗教研究所课题组:《松江大学城大学生宗教信仰状况调查报告》,见金泽、邱永辉主编:《中国宗教报告(2009)》,北京:社会科学文献出版社,2009年,271—272页。这里的全国平均水平数据取自中国人民大学中国调查与数据中心搜集的中国综合社会调查数据(简称CGSS数据),见 http://www.cssod.org/search.php？key=CGSS。

遍被信仰的,单独相信佛教、道教、儒教中某一种的合计占15.5%,还有15%的学生佛道儒兼修。单纯相信新教的学生约占2.5%左右,这些大学生中表示参加过入教仪式的有21人,占全部受访学生的1.12%。其他对新教有所相信的学生,对佛道儒甚至其他宗教也有所相信,合计比例占到了15.4%(7.1%+7.7%+0.6%)。

表15 对各种宗教的相信

相信的宗教类型	人数	百分比
什么宗教都不信	908	48.4
佛教	175	9.3
道教	19	1.0
儒教	98	5.2
佛道儒任意组合	284	15.1
佛道儒任意组合+新教	134	7.1
佛道儒任意组合+新教+其他	145	7.7
相信的宗教类型	人数	百分比
新教	47	2.5
天主教	5	0.3
伊斯兰教	32	1.7
非佛道儒+新教	12	0.6
佛道儒+非新教	17	0.9
合计	1876	100.0

在上述杂糅性信仰占主导的情况下,如果让非教徒大学生们选出自己最感兴趣的某个宗教,可以看到,对基督宗教表示感兴趣的学生的比例比较高,达到17.9%,仅仅低于佛教(32%)而高于道教(9.9%)、儒教(8%)等其他宗教。如果加上对各种宗教都感兴趣的学生,这一比例还会更高。从这个意义上讲,基督宗教在高校传播有着一定的群众基础,将近1/4非教徒学生对之非常感兴趣。与此形成印证的是,有将近两成的人表示如果机缘合适,愿意做一个基督徒,有25%的人表示自己并非绝对不会信仰基督宗教。

表 16　对各种宗教的兴趣

您对下述哪一种宗教最感兴趣	未加权百分比	加权百分比
佛教	32.0	31.5
道教	9.9	10.2
伊斯兰教	3.4	3.3
基督宗教	17.9	17.6
儒家/儒教	8.0	7.9
对上述宗教都感兴趣	6.7	6.6
对任何宗教都不感兴趣	21.1	21.9
对上述以外的宗教最感兴趣	1.0	1.0
人数	1811	1811

那么,哪些学生对基督宗教表示相信或感兴趣呢?对此我们进行了综合的分析,除在多元 logit 模型中纳入了学校、年级、性别等控制变量外,还考虑了受访者本身的意义需求以及周边的基督宗教环境与社会支持状况。从表 17 的模型可以看到,女生中相信基督宗教的更多,并且 15 岁以前居住的城市越大,越有可能相信基督宗教。除此之外,在控制变量中,受访者自身的成绩与家庭的经济地位水平与其是否相信基督宗教没有显著的相关。

从个体的意义需求来看,个体对于人生的意义反思越频繁越有可能相信基督宗教;越感觉自己对于命运有把握,相信基督宗教的可能性就越小。在控制其他变量的情况下,生活满意度与对于基督宗教的信仰没有关系。也就是说,对生活不满意不一定信仰基督宗教,信仰基督宗教也不一定生活满意度高,两者之间没有明显的关系。

而从周边的基督宗教氛围来看,父母、亲朋中有基督徒的学生更有可能相信基督宗教。这可以从两个方面解释,一方面周围基督宗教文化和实践的耳濡目染可能使一个人更倾向于相信基督宗教;另一方面,一个人相信基督宗教则更有可能与基督徒走到一起(尤其是那些可以选择的后天朋友)。有意思的是,受访大学生中将近半数被基督徒传过教,但是这种传教行为似乎对大学生对基督宗教的相信程度没有正面影响。在受访样本中甚至表现为被传过教的学生反而更不相信基督宗教(当然,由于统计检验不显著,无法将这一结论推论到总体中)。这从另一个角度来看,可以被理解为传教者在大学生中进行传教时并没有明确的指向性与甄别度,或者其传教的方式不具备亲和力或吸引力,被传教的对象并不具有明显的相信基督宗教的倾向。

从个体能够获得的社会支持来看,大学里朋友的多少与是否相信基督宗教没有关系,没有朋友的人不一定更容易相信基督宗教。家庭不和睦的学生中也并非有更多人相信基督宗教。不过基督宗教确实与马克思主义哲学、高校思想政治工作以及科学世界观之间存在一定的对立。遇到困难主要求助于马克思主义哲学和科学世界观,或者认为高校思想政治工作对自己比较有用的学生相信督宗教的更少。反过来说,主观宣称自己相信基督宗教的学生认为高校思想政治工作有效或者相信马克思主义哲学或科学世界观的更少。

在是否对基督宗教感兴趣的模型中,各个自变量的影响类似,周边基督宗教环境以及社会支持状况的影响仍然明显。但意义需求变量的作用有所减弱,对于人生意义的反思频率、命运控制度等变量的作用在统计上都不显著。在控制其他变量的情况下,男生和女生对于基督宗教的兴趣并无显著差异,尽管女生更有可能信基督宗教。

总体上而言,城市学生、女生对于基督宗教有着较好的想象和向往,周围有基督徒的人更有可能认同或对基督宗教感兴趣,越相信马克思主义哲学、科学世界观与思想政治工作的学生对基督宗教越排斥。

表17 logit模型:是否相信基督宗教的影响因素

变量类型	变量	相信基督宗教		对基督宗教感兴趣	
		系数	标准误	系数	标准误
控制变量	年龄	0.038	(0.041)	−0.038	(0.046)
	性别:男性=1	−0.728**	(0.143)	−0.178	(0.141)
	民族:汉族=1	−0.048	(0.213)	0.237	(0.238)
	成绩好	0.007	(0.087)	−0.121	(0.087)
	因成绩而获得奖励	−0.265#	(0.153)	−0.164	(0.155)
	获得其他奖励	0.250#	(0.149)	0.034	(0.146)
	月消费额	0.054	(0.077)	−0.066	(0.078)
	家庭经济地位	0.018	(0.094)	−0.059	(0.095)
	15岁前居住地	0.112*	(0.057)	0.158**	(0.056)
	父亲职业	−0.033	(0.027)	−0.006	(0.027)

续表

变量类型	变量	相信基督宗教		对基督宗教感兴趣	
		系数	标准误	系数	标准误
意义需求	生活满意度	0.012	(0.042)	0.023	(0.043)
	命运控制度	−0.072#	(0.042)	0.042	(0.044)
	对人生意义的反思频率	−0.376**	(0.117)	−0.054	(0.113)
周边基督宗教环境	父母中有人是基督徒	1.675**	(0.296)	0.869**	(0.321)
	亲朋中有基督徒	0.624**	(0.136)	0.313*	(0.135)
	被基督徒传过教	−0.235	(0.146)	−0.244	(0.149)
社会支持	家庭不和睦度	0.072	(0.084)	0.034	(0.084)
	马克思主义哲学与科学世界观	−0.401**	(0.141)	−0.325*	(0.140)
	在学校没有朋友	0.016	(0.082)	0.032	(0.084)
	高校思想政治工作有用	−0.215**	(0.070)	−0.186**	(0.070)
截距		−1.522	(1.175)	−0.356	(1.250)
案例数		1783		1723	
似然比		−776.2		−765.7	

注:控制了学校和年级。
** $p<0.01$, * $p<0.05$, # $p<0.1$

2. 对基督宗教的了解程度

上述分析表明,虽然单纯对基督宗教表示相信的学生不多,但对基督宗教有所相信或对基督宗教表示最感兴趣的学生的比例并不低。上述表态仅仅是随意的宣称还是有着实际的认知与行动基础呢? 下面我们将从大学生对于基督宗教的知识与宗教信仰行为两个方面进行分析。我们一方面请其自我评估对基督宗教的了解程度,之后,通过有关基督宗教历史、教义与中国基督宗教现状的问题测试其对基督宗教的了解程度。

表 18　对基督宗教的了解程度

对于基督宗教的认识与态度(同意比例)	未加权百分比	加权百分比	人数
我对基督宗教所知甚少	77.8	79.3	1851
我有兴趣去了解基督宗教的知识	60.4	59.0	1851
我对于基督宗教的最大兴趣在于《圣经》而非教会	59.7	60.1	1836
我不了解基督宗教,但我对基督宗教非常反感	6.4	6.5	1834
我很了解基督宗教,但我对它非常反感	2.9	2.9	1813

首先,从主观的评定来看,受访大学生普遍(近 80%)表示对基督宗教的了解甚少;不过与此同时,六成左右的大学生表示有兴趣了解基督宗教的知识(尤其是《圣经》的知识)。最后,非常了解基督宗教但反感基督宗教的人仅占 3% 左右。

除了让受访者自己评估自身的基督宗教知识外,我们还设置了 4 道题目来测量受访者对于基督宗教的认识。从测试的结果来看,大学生对于基督宗教的知识缺乏,表现为 83% 的人不知道耶稣在世上活了多少年,70% 的学生不明确知道天主教与新教的关系,54% 的大学生不确切知道利玛窦为何人;仅仅有 8.7% 的大学生能够全部正确回答上述三个关于基督宗教的知识性问题。

大学生们对于基督宗教的了解和认知主要受什么因素影响呢?通过分析受访学生对于"耶稣在世上活了多少年"、"天主教和新教的关系"与"利玛窦是什么人"三道题的回答,我们可以得到如下多元 logit 模型。

表 19　logit 模型:基督宗教有关知识是否回答正确的影响因素

变量组	变量	耶稣活了多少年	天主教与新教的关系	利玛窦是什么人
控制变量	年龄	0.001	0.018	0.040
	性别	0.462**	0.631**	0.226#
	民族	0.377	0.554*	0.102
	成绩好坏	0.043	0.054	0.072
	成绩奖励	0.236	0.288*	0.126
	其他奖励	−0.069	−0.351*	0.045
	月消费额	−0.102	−0.064	−0.037
	宿舍内家庭经济相对地位	−0.027	−0.126	−0.025
	城市	0.048	0.034	0.049
	父亲职业	0.021	0.046#	0.039

续表

变量组	变量	耶稣活了多少年	天主教与新教的关系	利玛窦是什么人
周边基督宗教环境	父母中有人是基督徒	0.314	0.068	0.107
	亲朋中有基督徒	0.174	0.015	0.145
	被基督徒传过教	0.287#	0.495**	0.251*
意义需求	生活满意度	0.034	−0.077*	−0.069#
	命运控制度	−0.082#	0.003	−0.031
	对人生意义的反思频率	0.115	0.221*	0.304**
社会支持	家庭不和睦度	0.043	−0.018	0.101
	马克思主义哲学与科学世界观	−0.411**	−0.335**	−0.191#
	党员	−0.404	−0.160	−0.065
	在学校没有朋友	0.014	−0.117	0.030
	高校思想政治工作有用	−0.135#	−0.136*	−0.140*
对基督宗教的兴趣	相信基督宗教	0.441*	0.088	0.052
	对基督宗教感兴趣	−0.035	0.094	0.327*
了解途径	接触过外教	0.211	0.015	0.244#
	有人介绍	0.267#	0.301*	0.279*
	阅读书本	0.865**	0.750**	0.490**
	聆听课程	0.640**	0.586**	0.508*
	大众文化	−0.031	0.195	0.440**
	网络	−0.048	0.124	0.294*
截距		−2.518#	−0.713	−1.425
案例数		1694	1714	1714
对数似然比		−693.7	−847.6	−995.7

注：模型控制了学校、年级和专业，此处未列出系数；限于篇幅，此处未列出各个系数的标准误。
** p<0.01, * p<0.05, # p<0.1

从模型结果可以看到，不同的知识点的影响因素不同。首先来看共同点，控制基本变量后，基督宗教的知识多少主要受性别，是否被基督徒传过教，对于马克思主义哲学和科学世界观、高校思想政治工作的作用与评价，以及对他人介绍、阅读书籍和聆听课程等传播途径的使用或利用等变量的影响。男生对于基督宗教知识的回答正确率高于女生,被基督徒传过教的学生回答正确率更高,对马克思主义哲学、科学世界观及高校思想政治工作评价越高的学生回答的正确率越低,有他人介绍或自己阅读书籍、聆听课程的学生对基督宗教的知识的把握情况更好。这些变量对于三个知识题的正确回答都有显著的影响。

从各模型中有着显著影响的系数的差异来看,成绩好坏对认识天主教和新教的关系有一定促进作用,但对于认识耶稣和利玛窦没有显著影响;对人生意义的反思频率有利于掌握后两种知识,但对于知道耶稣活了多少年似乎没有明显影响;党员中知道耶稣活了多少年的更少,而相信基督宗教的人知道这一点的更多;此外,不同的信息获取渠道对关于基督宗教的不同知识的了解和掌握有着不同的影响:通过大众文化和网络了解基督宗教的学生能够识别出利玛窦身份的比例更高,而这并不能显著提高他们对于耶稣在世的年数及天主教与新教的关系的了解;最后,对于基督宗教的相信与兴趣同对于基督宗教知识的了解之间有着一定的关系,不过这并不能明显改善学生对于天主教和新教的关系的认识,而且相信基督宗教的学生并非更有可能知道利玛窦,而对基督宗教感兴趣的人也并不见得更清楚耶稣在世上活了多少年。

3. 了解基督宗教的主要途径

那么,大学生主要通过何种途径了解基督宗教呢?调查显示,六成大学生表示外来大众文化是其了解基督宗教的重要途径之一;其次是阅读相关书籍,40%的大学生表示这是他们了解基督宗教的主要途径之一;其他主要的途径还包括网络、师友的介绍、基督徒的传授以及家人的介绍等等。有11%的大学生表示他们的外籍教师曾向他们介绍基督宗教相关知识(另外,将近1/4的大学生没有接触过外教)。有将近半数的学生在校园遇到过基督徒传教,其中2/3表示无所谓,1/4表示反感,表示喜欢的只有4%。因此,当基督徒真正接近时,大学生的态度不算积极。

表 20　了解基督宗教的途径

接触和了解基督宗教的主要途径	未加权百分比	加权百分比
阅读相关书籍	40.9	39.6
师友的介绍	16.3	15.8
家人的介绍	7.3	7.5
听受相关课程	9.2	8.2
基督徒的传授	10.8	10.3
受外来大众文化影响(如美剧、圣诞促销等)	60.6	61.0
网络	26.0	26.2
其他	4.5	4.5
人数	1864	1864

4. 基督宗教聚会活动的参与

前面的分析表明,基督宗教在校园的传教活动比较频繁,可及性较高,那么大学生是否实际参与到基督宗教的宗教活动如基督徒的聚会中去呢?问卷结果显示,9.7%的学生表示过去一年中参加过基督教堂或教徒组织的聚会,这些参加过的人中,超过一半(54%)参与次数在 2 次及以上。

表 21　logit 模型:是否参加过基督宗教聚会的影响因素

	变量	系数	标准误
控制变量	性别	−0.166	(0.199)
	民族	−0.169	(0.288)
	成绩好坏	−0.010	(0.120)
	成绩奖励	0.119	(0.212)
	其他奖励	0.178	(0.212)
	月消费额	−0.001	(0.107)
	宿舍内家庭经济相对地位	0.048	(0.129)
	城市	0.011	(0.078)
	父亲职业	−0.027	(0.037)

续表

	变量	系数	标准误
周边基督宗教环境	父母中有人是基督徒	1.566**	(0.320)
	亲朋中有基督徒	1.287**	(0.218)
	被基督徒传过教	0.451*	(0.207)
意义需求	生活满意度	0.142*	(0.063)
	命运控制度	−0.097	(0.059)
	对人生意义的反思频率	0.106	(0.162)
	我的生活与学习压力很大	−0.045	(0.115)
	一切都是由命运安排的	0.245**	(0.094)
社会支持	家庭不和睦度	−0.046	(0.116)
	马克思主义哲学与科学世界观	−0.403#	(0.205)
	党员	0.253	(0.229)
	在学校没有朋友	−0.028	(0.113)
	高校思想政治工作有用	−0.285**	(0.099)
	截距	−2.868*	(1.372)
	案例数	1795	
	对数似然比	−453.8	

注：**$p<0.01$，*$p<0.05$，#$p<0.1$

那么，什么特征的学生更有可能参加过基督宗教聚会呢？除了对基督宗教表示相信的学生更有可能参加外，从上面的多元回归模型也可以看到，周边基督宗教环境越浓厚的学生最近一年来参加过基督宗教聚会的可能性更高。例如父母中有基督徒的学生参加过基督宗教聚会的发生比是那些父母都不是基督徒的学生的 4.8（=exp(1.566)）倍左右。从此处我们也可以看到，校园的传教活动并非没有用处，被基督徒传过教的学生参加过基督宗教聚会的可能性更大，其参加过基督宗教聚会的发生比是那些未被传过教的学生的 1.57（=exp(0.451)）倍左右。除了周边的基督宗教环境外，个体的意义需求及周边的社会及意义支持系统也存在一定的影响：生活满意度高、相信命运的学生更有可能参加过基督宗教聚会，而认为高校思想政治教育对自己较有用处的学生参加过基督宗教聚会的可能性要小一些。此外，有意思的是，在控制其他变量的情况下，受访学生中党员参加基督宗教聚会的可能性更高,只是在统计上不显著,暂时无法推论到全体北京市大学生。党员学生对于基督宗教聚会的参与动机和目的值得研究。

因此,总体上而言,在北京市大学生中,确实有一部分学生对基督宗教有着一定的兴趣,甚至愿意成为基督徒、参与基督宗教的聚会活动;但是多数学生要么没有明确的宗教信仰,要么信仰非常繁杂多元,他们对于基督宗教知识并不了解,面对基督徒的传教采取无所谓甚至抵制的态度。只有那些对人生意义的反思比较频繁、周边基督宗教氛围比较浓厚、觉得高校思想政治教育没那么有用或较少求助于马克思主义哲学与科学世界观、比较相信命运的人才更容易对基督宗教感兴趣,或更有可能参与基督宗教聚会。

五、基督徒的信仰实践

这一节我们将专门分析宣称自己是基督徒(包括新教徒、天主教徒、东正教徒)的大学生在宗教实践方面的情况,包括教龄、宗教活动参与、宗教体验、对于教会及宗教活动的评价等等。

1. 教龄与入教

本次调查我们访问到 52 名自认的基督徒,约占全部 1876 名受访者的 2.78%。这些自认的基督徒中 36 人是新教徒,占基督徒的 69% 左右,12 人是天主教徒(约占 23%),有 1 人是东正教徒。这些基督徒中仅有 30% 受洗,其余并没有参加入教仪式。受洗基督徒中女生的比例是男生的 3 倍。这些基督徒中教龄在 3 年及以下的占 37%,教龄 4~8 年的占 29%,教龄 9 年及以上的 33%。

表 22 受访基督徒是否受洗

您是否已经受洗	新教徒	天主教徒	东正教徒	其他	合计
是	11	4	1	0	16
否	25	8	0	3	36
合计	36	12	1	3	52

注:由于基督徒人数较少,本部分表格提供的数据为频数。

根据大学生受洗年限及家庭宗教背景可以大致估计出大学生基督徒中

先赋基督徒与自致基督徒的比例。从入教时间来看,这些基督徒有一半是在 16 岁以前入的教,父母中有人是基督徒的学生中有 1/3 宣称自己也是基督徒,而且 36% 的基督徒认为自己走上信仰的道路受父母的影响最大,42% 的基督徒表示父母支持和赞同自己的信仰,父母反对的和还不知道自己的信仰的占 20% 左右。由此可见,家庭的基督宗教传统对于个体有着重大的影响,是基督宗教延续和发展的重要机制之一。

如果根据入教的年限与目前所在的年级来推测,将近 45% 的基督徒应该是在上大学之后才加入的基督宗教。同龄群体也是基督宗教传播的重要途径,将近 1/4 的基督徒表示自己走上信仰之路受朋友和同学的影响最大,而 30% 的基督徒表示自己有使人归信的经历。

2. 教会的选择

教会组织是基督徒维系其信仰的可信性之结构基础,随着新教的发展,教会组织的构成也趋于多元化。从教会选择来看,基督徒的教会忠诚度并不高,52 个基督徒中,38% 表示固定参加 1 个教会,30% 表示没有固定的团契,有 17% 左右同时参加 2~3 个教会组织的活动。

表 23 受访基督徒日常宗教活动参与情况

教会参与情况	新教徒	天主教徒	东正教徒	其他	合计
固定参加 1 个教会	17	3	0	0	20
同时参加 2~3 个教会	3	4	1	1	9
更改过教会,但是相对固定	4	1	0	0	5
没有固定团契	10	4	0	2	16
其他	2	0	0	0	2
合计	36	12	1	3	52

从参加的教会的类型来看,基督徒更喜欢家庭教会。全部基督徒中有 1/4 参加的是三自教会,半数参加的是家庭教会,其中参加未登记过的家庭教会的占 40% 左右。具体从新教徒来看,参加三自教会的比例将近 30%,参加家庭教会的基督徒比例超过三自教会,达到了 44%。还有部分基督徒三种教会都参加。

表 24 受访基督徒所参与教会的类型

参与教会的类型	新教徒	天主教徒	东正教徒	其他	合计
三自教会	10	3	0	0	13
未登记的家庭教会	12	7	1	1	21
登记过的家庭教会	4	1	0	0	5
都去	3	0	0	0	3
其他	7	1	0	2	10
合计	36	12	1	3	52

问卷分析表明,参加非三自教会的教徒之所以不参加三自教会,主要是因为三自教会太远或者不知道三自教会在什么地方(分别有超过两成的此类基督徒如此认为)。不认同三自教会理念或者认为三自教会人太多无法充分互动的分别占那些不参加三自教会的基督徒的15%左右。相对于三自教会,家庭教会更受欢迎,新教徒中有75%以上表示比较喜欢或非常喜欢家庭教会。参加家庭教会的教徒表示,他们参加的教会38%是由三自教会的神职人员领导的,分别有超过23%和28%的大学生教徒表示他们的教会是由外籍人士或非三自教会的神职人员领导的。这些参加家庭教会的基督徒有七成表示喜欢教会生活中的赞美诗与圣乐,有38%表示喜欢团契带来的归属感,另外有27%表示喜欢教会神职人员的讲道。不过,参加家庭团契的基督徒中也有27%表示教会生活还存在一些不足,如人生意义的疑问得不到解决;此外有22%的人表示教会对于个人生活的干预太多,另有22%的人认为教会与政府的关系过于紧张。

3. 宗教活动参与

宗教活动是信仰实践的重要组成部分,它不仅能够反映出教徒的虔诚度,同时也使得宗教信仰具有了实际的社会表现,成为宗教组织及社会文化生产的一部分。基督宗教有着不同的宗教活动形式,查经、祷告是最为日常的活动,除此之外,退休会与福音营也是重要的活动形式。问卷结果表明,86%的基督徒都参加过祷告活动,新教徒参加祷告活动的比例更高,并且有超过半数的新教徒参加过查经活动。

表 25　受访基督徒参与的宗教活动类型

参与的宗教活动类型	新教徒	天主教徒	东正教徒	其他	合计
查经	19	1	0	0	20
祷告	34	10	0	1	45
退修会	4	1	1	0	6
福音营	6	2	0	0	8
其他集体活动	7	4	0	2	13
合计	36	12	1	3	52

注：本题为多选题。

从参与宗教活动的频率来看，40%的基督徒每天都会读经或祷告（或者经常读经或祷告），另外，大约有1/3的基督徒只有在遇到困难时才读经和祷告或者很少读经、祷告。这说明基督徒中有相当一部分是非常虔诚的，坚持每天读经和祷告，同时也有一部分表现得不那么虔诚。

表 26　受访基督徒读经和祷告的频率

读经和祷告的频率	新教徒	天主教徒	东正教徒	其他	合计
每天或经常读经和祷告	16	5	0	0	21
只在礼拜或查经时读经和祷告	8	3	0	1	12
只在遇到困难时读经和祷告	8	2	0	0	10
很少读经和祷告	4	2	1	0	7
从不	0	0	0	2	2
合计	36	12	1	3	52

从聚会的频率来看，超过半数的基督徒每月的聚会次数少于4次，也即1周少于1次，每周聚会至少1次的基督徒占1/3左右。可见基督徒聚会的还是相对较高的。

表 27 受访基督徒的聚会频率

每月参加宗教聚会的频次	新教徒	天主教徒	东正教徒	其他	合计
1 次	4	1	0	1	6
2～3 次	9	3	0	1	13
4 次	5	2	1	0	8
5～8 次	5	1	0	0	6
8 次以上	2	1	0	0	3
仅特殊节日参加	6	3	0	0	9
其他	5	1	0	1	7
合计	36	12	1	3	52

奉献是教徒表达崇敬和感恩的重要方式，也是基督宗教及其组织发展壮大的重要原因。大学生教徒的奉献行为表现如何呢？问卷结果表明，将近一半的基督徒几乎没有给教会捐过献金，不过也有超过10%的教徒每月的奉献额度超过300元。从这一点来看，有部分教徒是相当虔诚和感恩的。这为教会组织活动提供了必要的经费支持，有利于教会组织的发展和壮大。此外，值得注意的是，农村及小城市出来的基督徒有过奉献的比例更高。

表 28 受访基督徒的奉献情况

每月奉献额度	新教徒	天主教徒	东正教徒	其他	合计
50 元以下	8	3	0	1	12
51～100 元	5	2	0	0	7
101～300 元	2	0	1	0	3
301～500 元	1	1	0	0	2
501 元以上	3	1	0	0	4
几乎没有	17	5	0	2	24
合计	36	12	1	3	52

除了捐钱外，贡献自己的时间做同工或者参加教会的活动也是支持教会发展、表达虔诚的重要方式。分析表明，1/3的基督徒除了礼拜外，每周还能在教会侍奉2小时以上，新教徒中这一比例达到了27%。有少数教徒，一周有超过6个小时在教会。这些人可能就是基督宗教中的"铁杆"骨干，为基督宗教活动的开展与发展提供了支持。分析表明，一些教龄特别长的人及

刚刚入教不久的人每周奉献的时间比教龄居中的人更多。

表29 受访基督徒侍奉教会的时间

除礼拜外，每周在教会侍奉的时间	新教徒	天主教徒	东正教徒	其他	合计
2 小时以下	26	6	0	1	33
2~5 小时	6	3	0	1	10
6~8 小时	2	2	1	0	5
9 小时以上	2	0	0	0	2
合计	36	11	1	2	50

注：有2人未回答该问题。

除了上述活动外，向他人表明自己的信仰、宣传基督宗教、使人归信也是反映基督徒宗教信仰程度、促进基督宗教发展的重要方式。分析表明，问卷调查的基督徒中有86％的新教徒愿意向人表明自己的宗教信仰，75％的天主教徒有这样的意愿。而且，那些对于人生意义思考越为频繁的教徒越愿意将自己的信仰告诉他人。另外，有5名教徒（约占10％）有到外校或外地宣教的经历，有30％左右的基督徒使人归信过。对比分析表明，受洗过的基督徒在传教方面更为积极，有过使人归信经历的更多。

表30 受访基督徒是否愿意向人表明自己的信仰

是否愿意向人表明自己的信仰	新教徒	天主教徒	东正教徒	其他	合计
愿意	31	9	1	1	42
不愿意	5	3	0	2	10
合计	36	12	1	3	52

4. 宗教虔诚

上面我们从入教、教会的选择以及教会活动的参与等方面对基督徒的信仰实践进行了描述，它们都能在一定程度上反映基督徒信仰的虔诚度。基督徒自身是怎样评价自己的虔诚度的呢？在调查中，我们询问了基督徒是否遇到过如果坚持信仰就会失去人生机会的情况，面对这样的抉择问题教徒会如何选择。此外，我们还询问了基督徒会在多大程度上将信仰应用到生活当中。我们试图以此来进一步衡量基督徒对于自己的信仰的虔诚度。

调查结果分析发现,有 7 名基督徒(含 6 个新教徒)曾经在生活中遇到过如果坚持信仰就会失去人生机会的情况。6 名新教徒中有 4 人坚持了信仰,有 2 人暂时屈从现实,并祷告求主饶恕。也就是说,面对现实的抉择,多数基督徒坚持了自己的信仰。那么基督徒在日常生活中对于信仰的应用情况如何呢?分析发现,60%的基督徒表示他们将信仰运用到生活的每一个部分的程度达到 70%及以上;而且这种应用程度似乎与基督徒自身的特征没有明显的关系。

六、北京市大学生对基督宗教的态度

上面我们已经分析了北京市大学生对于基督宗教的信仰与实践活动。这一节我们将从北京市大学生对基督宗教的评价、如何认识基督宗教与中国社会文化的关系、基督宗教与科学的关系、基督宗教与中国的现代化的关系、基督宗教与中国社会稳定与和谐的关系、对基督宗教信徒在中国总人口中的比例的主观估计、如何认识基督宗教发展的原因等 7 个方面来测量北京市大学生对于基督宗教的态度。此外,我们还试图探究北京市大学生对基督宗教的了解程度、本人的宗教背景、家庭的宗教背景等因素是否与大学生对基督宗教的态度相关、有何种相关。

1. 对基督宗教的总体看法

北京市大学生对基督宗教的总的态度如何呢?我们从两个方面进行了测量,一是基督宗教本身的好坏,另一个是个人对基督宗教的喜好程度。从下表可以看到,多数大学生对于基督宗教的态度中等偏上(30%认为不好不坏,40%打分在 6~7 分),态度极端的大学生非常少。不到 10%的学生打分在极端状态,其中认为基督宗教很好(打分在 9~10 分)的占 7.8%。

表 31 对基督宗教的总体评价(好坏和喜好程度)

评分	您觉得基督宗教本身的好坏		您个人对基督宗教的喜好程度	
	未加权百分比	加权百分比	未加权百分比	加权百分比
1	0.7	0.7	3.0	3.1
2	0.5	0.7	3.0	3.4

续表

评分	您觉得基督宗教本身的好坏		您个人对基督宗教的喜好程度	
	未加权百分比	加权百分比	未加权百分比	加权百分比
3	1.0	1.2	7.3	7.8
4	3.2	3.1	9.1	9.1
5	29.6	30.7	34.7	34.9
6	23.1	23.0	21.8	21.0
7	18.1	17.2	11.1	10.7
8	16.0	15.4	7.1	7.0
9	4.2	4.4	1.7	1.8
10	3.6	3.6	1.3	1.2
人数	1866	1866	1864	1864

注：10分表示非常好及非常喜好，1分表示极坏与极不喜欢。

从表31中右边两列数据可以看到，北京市大学生对于基督宗教的喜好程度不如对基督宗教本身好坏的评价情况，2/3的大学生认为自己对于基督宗教无所谓强烈喜好（打分4~6分），对基督宗教喜好在8~10分的学生约占10%左右，表示比较厌恶、打分在1~3分的也在10%左右。

那么，什么样的人对于基督宗教本身好坏的评价更高呢？综合分析表明，城市学生或父母及亲朋好友中有基督徒的学生对基督宗教的评价相对较高，而党员、朋友较少的人，或认为马克思主义哲学、科学世界观与高校思想政治教育对自己有帮助的学生认为基督宗教比较坏的更多。

表32 OLS模型：对基督宗教总体评价的多元分析

变量	基督宗教本身好坏		对基督宗教的喜好程度	
	系数	标准误	系数	标准误
性别：男＝1	−0.008	(0.078)	−0.174*	(0.084)
民族：汉＝1	0.210#	(0.121)	0.386**	(0.130)
成绩好坏	0.023	(0.047)	0.059	(0.050)
成绩奖励	−0.124	(0.083)	−0.256**	(0.090)
其他奖励	0.030	(0.081)	0.034	(0.088)
月消费额	−0.003	(0.043)	0.038	(0.046)

续表

变量	基督宗教本身好坏		对基督宗教的喜好程度	
	系数	标准误	系数	标准误
宿舍内家庭经济相对地位	−0.029	(0.052)	0.031	(0.056)
城市大小	0.134**	(0.030)	0.153**	(0.033)
父亲职业	−0.007	(0.015)	−0.005	(0.017)
父母中有人是基督徒	0.747**	(0.199)	1.011**	(0.214)
亲朋中有基督徒	0.327**	(0.073)	0.459**	(0.078)
被基督徒传过教	0.072	(0.081)	0.074	(0.087)
命运控制度	0.055*	(0.023)	0.061*	(0.025)
对人生意义的反思频率	0.086	(0.062)	0.107	(0.067)
我的生活与学习压力很大	0.051	(0.044)	0.013	(0.048)
一切都是由命运安排的	0.100**	(0.037)	0.183**	(0.040)
家庭不和睦度	0.004	(0.046)	−0.061	(0.049)
马克思主义哲学与科学世界观	−0.188*	(0.075)	−0.115	(0.081)
党员	−0.182	(0.090)	−0.154	(0.097)
在学校没有朋友	−0.136**	(0.045)	−0.098*	(0.048)
高校思想政治工作有用	−0.126**	(0.037)	−0.125**	(0.040)
截距	5.051**	(0.524)	3.668**	(0.563)
案例数	1787	0.115	1785	0.146
确定系数	0.115	0.115	0.146	0.146
调整后的确定系数	0.115		0.146	

注：模型控制了学校、年级和专业，系数未列出。

$**p<0.01, *p<0.05, ^\# p<0.1$

同样，在控制其他变量的情况下，城市学生、父母与亲朋好友中有基督徒或相信命运的人更喜欢基督宗教；而成绩较好、在学校没有什么朋友或认为高校思想政治教育对自己较有帮助的人喜欢基督宗教的比较少。

总体而言，在对于基督宗教的评价与喜好上，家庭经济水平、和睦度、目前的生活和工作压力都没有显著的作用。

2. 基督宗教与中国的关系

基督宗教作为代表西方文化的外来宗教，在北京市大学生心目中与中国及东西方文化、科学、民主等有着怎样的关系呢？从表33的结果可以看到，多数大学生不同意"基督宗教是与中国社会文化格格不入的'洋教'"的说法(2/3的大学生明确表示不赞同这种说法)，1/3的人甚至认为"基督宗教已经成为中国社会文化的一部分"。相对于"基督宗教是格格不入的'洋教'"的观点，大学生中赞同"基督宗教已经成为中国社会文化的一部分"的比例高很多。不过，极端赞成或反对上述观点的人只占少部分。整体而言，大学生对于基督宗教与中国文化的关系的态度整体上是正面的，且有部分坚定的拥护者，不过仍有一部分人认为基督宗教是外来的，甚至是海外对华渗透的工具。

那么，大学生对于基督宗教与中国文化的关系的态度受何种因素影响呢？我们首先想到了受访者是否为宗教徒对此的影响。单变量的回归显示，自认为是基督徒的大学生更不认同"基督宗教与中国文化格格不入"这一说法。控制了对于基督宗教的认识和相信后，是否为基督徒尽管还有正向的影响，但在统计上已经不再显著。也就是说，是否为基督徒，实质性的影响在于他们对于基督宗教的认识与认同。控制这些特征之后，基督徒与非基督徒在对基督宗教与中国文化的关系的认识上并无显著差异。而且在控制了周边的宗教环境(亲朋好友、父母中有基督徒)、性别、民族、党员身份、经济水平之后，对于基督宗教的认识与相信与否对于基督宗教与中国文化的关系的态度的影响仍然显著。在其他各方面的情况相同的情况下，相信基督宗教的人反对"基督宗教与中国文化格格不入"这一观点的发生比(odd ratios)是不相信基督宗教的人的1.76倍。

表33 基督宗教与中国的关系

表述	绝对不赞成	不赞成	一般	赞成	非常赞成	案例数
基督宗教是西方文明的根基	2.5	8.8	27.7	47.7	13.4	1870
基督宗教是海外对华渗透的工具	5.1	30.1	42.4	20.5	1.9	1870
基督宗教是与中国社会文化格格不入的"洋教"	7.3	56.9	29.7	5.4	0.8	1868
中国基督宗教已经成为中国社会文化的一部分	3.8	25.4	38.8	30.6	1.4	1870

续表

表述	绝对不赞成	不赞成	一般	赞成	非常赞成	案例数
基督宗教是迷信，只会阻碍科学的发展	16.1	56.1	23.9	3.3	0.7	1866
基督宗教与中国现代化的关系是水火不容的	16.9	60.8	20.0	1.9	0.5	1868
基督宗教的发展壮大不利于国家的稳定	8.2	45.0	37.3	7.5	1.9	1863
基督宗教可以促进中国民主化进程	6.1	23.8	53.5	14.4	2.3	1866

注：未加权百分比。

模型结果表明，控制变量中的亲朋好友中是否有基督徒、性别和民族属性，也会影响到受访者对基督宗教与中国文化的关系的认识。亲朋好友中有基督徒的大学生以及汉族大学生较多的认同基督宗教与中国文化之间的相容性。在控制其他变量的情况下，男性大学生认为基督宗教与中国文化相容的发生比仅为女性大学生的 2/3，也就是说，女生更有可能接受基督宗教文化。

表34 logit 模型：反对"基督宗教与中国文化'格格不入'"观点的影响因素

自变量	模型1	模型2	模型3
是否为基督徒	3.148**	1.474	1.292
自认对基督宗教有所了解		1.309*	1.311*
基督宗教知识测试全对		1.678*	1.660*
相信基督宗教		1.993***	1.757***
父母中有基督徒			1.612
亲朋好友中有基督徒			1.418**
在校园中遇到过基督徒传教			0.997
男性			0.658***
汉族			1.493*
党员			1.000
出过国			1.279

续表

自变量	模型1	模型2	模型3
月支出水平			1.025
样本数	1868	1843	1839
似然比	−1213.0	−1177.1	−1157.5
自由度	1	4	12
卡方值	11.07	52.62	87.15

注：绝对不赞同和不赞同基督宗教与中国文化格格不入＝1,其他选项被合并编码为0。指数化系数。

*** $p<0.0005$,** $p<0.01$,* $p<0.05$

如果以 D4 题（中国基督宗教已经成为中国社会文化的一部分）作为模型的因变量，所得的模型结果与表34类似。在未控制其他变量的情况下，是否为基督徒对基督宗教与中国文化的关系的认识有着显著的影响。但在控制其他变量之后始终显著的变量是对于基督宗教知识的了解程度及是否相信基督宗教。三道有关基督宗教知识的测试题全对的受访者或者对基督宗教表示相信受访者有更大比例会认为基督宗教已经是中国社会文化的一部分。在控制其他变量的前提下，亲朋好友中有基督徒的大学生也更容易认同这一观点。

在基督宗教与科学的关系方面，调查结果显示，只有极为少数的大学生认为"基督宗教是迷信，只会阻碍科学的发展"，这可能是因为西方科学技术比中国更为发达同时基督宗教更为普遍这一事实影响的缘故。多变量模型分析显示，男性仍然比女性更难破除这一观念；对于基督宗教的了解和认同有利于破除此种观念；此外，身边亲友中有基督徒同样有利于破除这一观念。

可能是由于中国的现代化是一种后发的、模仿西方的现代化，仅仅有2.5％的学生明确赞同"基督宗教与中国现代化的关系是水火不容的"，有77％以上的大学生明确反对这一观点，有16％以上的大学生表示绝对不赞成上述观点。也就是说，多数大学生认为基督宗教与中国的现代化之间存在着某种更"和谐"的关系。综合分析表明，在其他情况相同的情况下，男女生对基督宗教与中国现代化的关系的认识有所差异，女生的认识更为宽容，而男生更倾向于认为基督宗教与中国现代化之间的关系较为紧张。除此性别变量外，对于基督宗教本身的认识与态度、亲朋好友中有基督徒等变量有利于受访者看到基督宗教与中国现代化的正面关系。

对于基督宗教的发展对中国社会的稳定及民主化进程的影响,有将近10%的人对基督宗教的壮大对于国家稳定的影响存在顾虑。多数人并不确认基督宗教对中国民主进程有确定的促进或阻止作用,认为基督宗教可以促进中国民主化进程的大学生仅占17.2%左右。在这一问题上,大学生的态度主要受何种因素的影响呢?综合性的多元分析表明,对于基督宗教的了解、相信、喜欢程度显著地影响着受访者的回答。更了解基督宗教、相信基督宗教、认为基督宗教本身较好、更喜欢基督宗教的人更不会赞成"基督宗教的发展不利于国家的稳定"这一观点。

表35 logit 模型:反对"基督宗教的发展不利于中国的稳定"观点的影响因素

自变量	模型1	模型2	模型3
是否为基督徒	2.742**	1.077	0.812
自认对基督宗教有所了解		1.511***	1.423**
基督宗教知识测试全对		1.244	1.017
相信基督宗教		2.700***	1.728***
父母中有基督徒			1.005
亲朋好友中有基督徒			1.294
基督宗教本身的好坏			1.159***
对基督宗教的喜好程度			1.220***
参加过基督宗教聚会			1.113
在校园中遇到过基督徒传教			0.857
男性			0.885
汉族			1.072
党员			1.134
出过国			0.996
月支出水平			1.112*
样本数	1876	1851	1835
似然比	−1291.7	−1235.0	−1171.0
自由度	1	4	15
卡方值	11.07	90.04	194.9

注:指数化系数。
　　***p<0.0005,**p<0.01,*p<0.05

3. 希望基督徒占中国总人口的比例

基督徒在中国人口中的比例是政府相关部门及基督宗教团体特别关注的问题,它可以测量基督宗教在中国的发展速度与方向。基督徒的比例越高,说明改革开放后基督宗教的发展越迅速,满足了更多人民群众的宗教需要;在基督宗教团体看来需要大力保护和发展,在政府看来则应该注意恰当引导和管理。那么,北京市大学生认为基督宗教在中国人口中所占比例大概多大比较合适呢?调查结果显示,半数大学生希望中国的基督徒比例在3%以下,2/3希望在10%以下,有另外1/4表示并不关心这一比例,无论多大比例都无所谓。只有不到1%的学生认为全民信教比较好。因此,整体上而言,北京市大学生似乎并不愿意基督宗教在中国大规模发展,使中国变成基督宗教国家,仅有少数学生支持全面基督宗教化。

表36 基督徒在中国的合适比例

您觉得基督徒在中国总人口中适宜的比例最好是多少	未加权百分比	加权百分比
1%以下(1300万)	27.1	26.8
3%左右(3900万)	23.6	24.4
5%左右(6500万)	12.4	12.5
10%左右(1.3亿)	5.1	5.0
全民信教	0.9	1.0
占多大比例都无所谓	25.8	25.2
其他	5.1	5.1
人数	1866	1866

前面的分析表明,实际上基督徒占北京市大学生的比例并不算高。例如单纯相信基督宗教的学生占受访学生的2.5%左右,认定自己属于基督徒的占2.78%左右,参加过入教仪式的更少,占受访学生的1.3%左右。表示自己宿舍有基督徒的受访者占7%左右,如果平均每个宿舍有3~4个人,则高校住宿生中基督徒的比例也会超过3%。还有,表示自己的父母中至少有1人是基督徒的学生占受访学生的比例也仅为3.3%;过去一年参加过基督宗教组织的聚会的学生也仅占9.7%。放宽一点,仅相信基督宗教加上相信基督宗教同时还相信其他宗教的学生占18.3%左右;表示机缘合适愿意做

基督徒的学生占20%左右,而表示自己并非绝不可能信仰基督宗教的学生占25%左右。相对于当前高校中比较普遍的传教活动和较高的督宗教可及性,高校现有的基督徒比例并不太高,但考虑到学生对基督宗教的兴趣与倾向以及高校的思想及宗教供给情况,基督宗教似乎还有增长的可能。但是,前面的分析表明,面对基督徒的传教,大学生的回应积极性并不太高,被传过教的大学生更倾向于认为基督宗教是国外势力渗透的工具,加上思想政治教育有可能因质量的改善而更具吸引力,相信基督宗教在大学生中的增长会受到强有力的限制。

4. 基督宗教发展的原因

那么,在北京市大学生看来,基督宗教在中国发展的原因是什么呢?

从问卷调查的结果来看,大学生主要将基督宗教的发展归结为:社会转型发展带来的精神空虚与焦虑所呈现的客观环境、基督宗教的吸引力以及国外渗透和基督徒传教的主动性,此外,中国传统文化的吸引力下降、基层控制不力、人民愚昧落后等也有一定的影响,但重要性不大。

而且综合分析表明,女生、因成绩或其他原因获得过奖励的学生、认为高校思想政治工作对自己较有作用的学生更倾向于认为基督宗教的发展是国外渗透的结果,而其他宗教环境、个体的意义需求以及周边的社会支持环境变量都没有显著的影响。而亲朋中有基督徒或者被基督徒传过教的人更倾向于认为基督宗教在中国的发展是社会转型带来的精神空虚与焦虑造成的。

表37 基督宗教在中国发展的原因

	未加权百分比	加权百分比	回应数
国外的渗透	48.4	48.5	908
中国基督徒传教的主动性	39.8	38.9	747
中国基层组织控制不力	5.4	5.5	101
人们的愚昧落后	5.7	6.1	106
社会转型带来的精神空虚、焦虑	55.3	53.8	1038
基督宗教代表着西方文明,具有吸引力	39.9	39.7	749

续表

	未加权百分比	加权了百分比	回应数
儒教、道教、佛教不昌盛,吸引力下降	16.6	16.5	311
其他	6.1	5.8	115
人数	1876	1876	4075

注:本题为多选题。

上述认识与学者们关于转型时期中国基督宗教发展的原因和背景的认识是一致的。在当前的社会剧烈转型时期,在物质生活极大丰富、价值体系与意识形态的冲突激烈的情况下,人们对于精神生活的需求越来越大,如何在如此巨变的社会环境中重建稳固的精神与价值体系、保持内心世界的和谐与安宁,是很多个体都在努力寻求的。在正统的思想政治课堂逐渐被大学生所厌倦的大学校园中,各种亚文化逐渐发展和兴起,宗教文化和活动也有发展之势,其中又以基督宗教的传教活动最为普遍和频繁。这让学者和学生都"警觉"起来,在反思当前社会发展的同时,也将关注的目光投向了基督宗教及其发展。

七、宗教发展政策建议

最后这一部分,我们将探究大学生对基督宗教在中国发展的具体建议的认可程度及其对基督宗教发展的政策建议,探究宗教自由观念在大学生中的影响程度及大学生对既有的多种政教关系类型(如国教、神权政治、政教合一、政教分离)的认知与主观选择。大学生是未来国家与社会建设的主力军,也是国家与社会教育的产物。摸清大学生对中国基督宗教未来发展的态度,不仅具有重要的理论价值,也具有积极的现实意义。在此基础上,进一步探究影响大学生对基督宗教态度的因素以及这些因素在未来的互动则更为重要。

改革开放以来,我国经济取得了长足的发展,物质生活水平极大提高,与此同时人们的精神需求水平也得到提高。宗教作为一种满足人们精神需求的事物在近年来也取得了较大的发展。如何应对这种发展是摆在政府以及全体民众面前的一个具有深远影响的社会问题。从问卷调查的结果来看,将近四成的北京市大学生认为最终应该让各种宗教自由竞争,反对对基督宗教的发展进行遏制或控制,认为可以借鉴港台地区让宗教自由竞争的经验,或者先扶持中国传统宗教然后让各个宗教自由竞争。与此同时,有1/5~1/4的大学生认为应该对基督宗教保持警惕和控制,反对实行宗教自由竞争政策。此外,还有将近1/3的大学生对于基督宗教在中国的发展持比较模棱两可的中间态度。

综合分析表明,在控制其他变量的情况下,党员及认为高校思想政治工作对自己较有作用的大学生更倾向于认为需要对基督宗教在中国的发展保持警惕,并严格控制和遏制,不主张选择宗教自由竞争政策;而城市长大的大学生以及亲朋好友中有基督徒的大学生则主张宗教自由政策,不希望对基督宗教保持警惕和控制。此外,意义需求较大(表现为压力较大、对于人生意义的反思频率较高)的学生一方面支持宗教自由发展,同时倾向于主张在放松对基督宗教控制的同时扶持本土宗教发展。总起来说,是否同意给予基督宗教自由发展的空间主要受学生的政治及文化倾向的影响。那些认为基督宗教是海外对华渗透工具、基督宗教发展不利于国家稳定的学生更倾向于支持限制基督宗教的发展;而那些认为基督宗教发展可以促进中国民主化进程的学生更倾向于反对遏制基督宗教的发展。

表38 中国宗教发展的政策建议

	非常不赞成	不赞成	说不清	赞成	非常赞成	人数
港台地区让各种宗教自由竞争的经验值得大陆借鉴	2.9	20.6	34.2	35.9	6.3	1868
	3.2	20.6	34.0	36.3	5.9	1868
中国的传统宗教如佛教、道教和民间宗教生命力很弱,应加以保护,俟其成熟再逐步放开,任各宗教之间自由竞争	3.8	22.5	34.2	34.5	5.1	1868
	3.8	20.8	34.5	35.7	5.3	1868
对基督宗教在中国的发展,政府和社会应该保持警惕,并严格控制和遏制	6.0	38.4	37.0	17.3	1.4	1867
	5.9	37.7	36.9	18.1	1.5	1867
政府应该扶持儒释道等本土宗教,以控制基督宗教的发展	5.8	39.1	35.7	17.0	2.3	1866
	5.5	38.4	36.1	17.4	2.6	1866

注:第一行数据为未加权百分比,第二行数据为加权百分比。

那么对于宗教与政治之间的关系,大学生到底是如何认识的呢?从表39可以看到,半数以上学生主张政教互不干涉,另外有超过1/3的学生主张政治和宗教协调合作,主张政治支配宗教或者宗教凌驾于政治之上的人较少。综合分析表明,在控制其他条件的情况下,家庭经济条件较好的学生更倾向于主张政教互不干涉;而认为高校思想政治工作较有作用或认为基督宗教的发展不利于中国稳定的学生则不太支持政治和宗教互不干涉。

表39 理想的政教关系的预期

您认为理想的政教关系应该是	未加权百分比	加权百分比
政治支配宗教	6.2	6.5
宗教置于政治之上	1.4	1.6
政教互不干涉	54.6	53.4
宗教和政治协调合作	35.2	36.0
其他	2.6	2.5
人数	1869	1869

八、基本发现

通过上文的分析和描述,可以得到如下基本发现:

1. 多数大学生生活满意度较高,有部分大学生感受到较大的学习和生活压力,相当一部分大学生对于人生的意义有着非常频繁的反思。这种精神和思想状况为宗教在大学校园的发展提供了需求基础。

2. 相对于较好的人际关系,多数大学生对高校的思想政治课评价不高,只有少数大学生认为思想政治课上学习的东西对自己有益。精神支持的缺乏是宗教传播和发展的沃土。

3. 绝大多数大学生的父母及亲朋好友中有基督徒,并且半数大学生在校园中遇到过基督徒向其传教。基督宗教的传教活动在各种宗教中是最为积极的,在多元竞争的宗教市场上,基督宗教在供给方面具有先发优势。

4. 有相当部分的大学生相信存在神灵等超自然的事物,具有一定的灵性倾向,并且实际参与到敬拜神灵的活动当中。

5. 有接近20%的受访大学生对基督宗教表示感兴趣,但其中多数人不仅对基督宗教感兴趣,也对其他的宗教感兴趣。单独相信基督宗教的大学生所占比例并不高,初步估计不到3%。

6. 大学生对于基督宗教的了解并不多,缺乏关于基督宗教的常识,多数大学生对基督宗教所知甚少。对执政党及其主流意识形态的政治倾向较为鲜明的大学生更缺乏关于基督宗教的常识。

7. 从传播途径上看,不同的传播渠道传播效果不同。书籍、专门课程和他人的介绍对于把握多个方面的基督宗教常识都有帮助,而网络和大众文化仅仅对了解某些方面的基督宗教常识有所作用。

8. 将近10%的大学生参加过基督宗教组织的聚会,并且校园的传教活动对于教会活动的参与有着明显的促进作用。不过,相当部分的大学生在面对基督徒的传教时并不积极,并且容易形成"基督宗教是国外势力对华渗透工具"的印象。也即是说,校园传教活动对基督宗教本身具有"双刃剑"的作用。

9. 从调查访问的52名基督徒的信仰实践来看,不到1/3的基督徒接受过洗礼,他们半数是在进入大学之后才归信的基督宗教。

10. 在教会的选择上,大学生基督徒参加家庭教会的更多,主要是因为他们不知道三自教会的地址或者教堂太远而造成的,此外家庭教会更强的归属感与神职人员更亲近灵活的布道也是吸引教徒的重要原因。由此可见,合法的宗教活动场所与高质量的灵性产品的供给短缺是部分大学生走向灰市甚至黑市的重要原因。①

11. 在宗教活动参与与宗教虔诚方面,并非所有的基督徒都十分投入和虔诚。不过其中确实有10%~30%的基督徒频繁地参与宗教活动,为教会奉献时间和献金,支持了基督教会的发展和壮大。

12. 在对基督宗教的看法与态度上,多数大学生认为基督宗教无所谓好坏,对之也无所谓喜好。但这种态度受政治倾向的影响较大。

13. 整体而言,大学生对于基督宗教与中国文化的关系的态度是正面的,且有部分坚定的拥护者,不过仍有一部分人认为基督宗教是外来的"洋教",甚至是海外对华渗透的工具。

14. 多数大学生并不支持基督宗教在中国太过发展。2/3的大学生希望基督徒占中国人口的比例在10%以下,有另外1/4表示并不关心这一比

---

① 关于这一点,参见 Fenggang Yang, *Religion in China*, New York: Oxford University Press, 2012, pp. 85-158。

例,无论多大比例都无所谓。只有不到1%的大学生认为全民信教比较好。

15. 对于基督宗教在中国发展的原因,大学生普遍将之归结为社会转型带来的精神空虚与基督宗教的传教的主动性与渗透性。

16. 在宗教发展政策上,大致有两成左右大学生主张控制基督宗教的发展,与此同时有四成左右大学生主张实行宗教自由、任各种宗教自由竞争的政策。宗教政策倾向受大学生的政治身份与政治倾向影响非常大。鉴于主张实行宗教自由、任各种宗教自由竞争的政策的大学生是主张控制基督宗教发展的大学生的两倍左右,这表明一些现代性观念在当代大学生的心性结构中占主导地位。

九、结语

我们的调查表明,北京市大学生中不信任何宗教的大学生占总体的48.4%,明显低于2006、2008、2010年的全国平均水平(分别为86.1%、89.5%、87.0%)[1]。这或许说明,当今中国的大学并不只是社会结构及其心智结构再生产的机制,而是逐渐变成了知识与意义多元化的场域。

北京市大学生中基督徒的比例并不算高,将报告自己相信新教和天主教的大学生加在一起也不到3%,远远低于相信中国传统的儒释道等宗教的大学生所占的比例(45.8%)。这说明,本土传统宗教文化的吸引力在大学生中仍然强大。但这只是一个方面,问题的另一方面是,对基督宗教感兴趣的大学生比例不低(17.9%),加之基督徒传教热情甚高,基督宗教在大学生中还有增长扩张的可能性,但这种增长不会有很大的幅度。这或许应该引起相关方面的关注。

鉴于大学生大多勤于思考人生的意义等问题,而大学里又确实存在着意义的短缺现象,即很多大学生找不到令其满意的对人生的意义为何等终极性问题的答案,因此,任何一种意义系统,不论它是世俗的还是宗教性的,要想增加其在宗教市场上的份额,首先必须强化自身帮助信持者克服意义危机的能力,从而增强自身的说服力与吸引力。

---

[1] 同前引 CGSS 数据,http://www.cssod.org/search.php? key=CGSS。

附录二 定性研究案例：
论赵紫宸在秩序与意义之间的选择及其得失①

基督教对教徒有"处身于世界，又不属于世界"的训言。处身于世界，故不能不与社会秩序、社会文化系统发生互动，并对其履行某些功能——这些功能有时可能是有助于某一群体或社会适应其环境的正功能，有时则可能是不利于某一群体或社会适应其环境的负功能。不属于世界，故基督教又往往诉诸超越的终极实在，寻求超越尘世的终极目标，同时对基督徒处身于其中的生活世界，尤其是这个世界中的成问题的经验给予宗教性的解释。前者引导出基督教的功能取向，是其现世性的社会维度。后者则引导出基督教的意义取向，是其超现世的维度。因此，可以说基督教的上述训言中所包含的两层义理，与宗教社会学中的秩序和意义这两个主要论题有一种对应关系。这一点说明，宗教社会学所处理的论题，是以宗教生活中的种种经验现象为其实在基础的。

本文的主旨是，从宗教社会学的角度，讨论20世纪上半叶中国基督教神学家中的佼佼者赵紫宸在基督教的上述两种取向之间是如何作出选择的，其得失何在。需要说明的是，笔者并不认为，对基督教的功能取向和意义取向的选择存在着一种非此即彼的关系，很多宗教本身都同时兼具这两种取向。但历史事实却表明，20世纪上半叶的中国基督教神学家们在做出选择的时候，却是有鲜明的倾向性的。在他们的思想天平上，砝码更多地偏向于基督教的功能取向。这主要表现在，中国基督教的神学家们在思想和行动上更多地将精力集中在基督教与社会秩序的关系上，而涉及基督教意义理论的文字既不多见，在深度的开掘方面亦不尽如人意。

本文选取的讨论对象是赵紫宸，至于他是否像王明道、倪柝声等基要派

---

① 本文原载《基督宗教思想与21世纪》，中国社会科学出版社，2001年。

人士那样更能形塑或代表中国教会尤其是平信徒的声音,并不是我们关心的问题,因为我们更关注的是神学界的思想走向。

一、功能取向:基督教社会哲学视野中的社会重建论

1. 基督教社会哲学释义

我们之所以将赵紫宸的社会哲学或社会理论作为切入点,是因为从中可以窥见赵紫宸在彰显基督教的功能取向时,处理基督教与社会秩序之间的关系的路径和思想内核。而我们如此肯定地将赵紫宸的基督教的社会哲学设定为本文的探讨对象,则是因为赵紫宸曾将建构以基督教的基本信仰为基础的基督教社会哲学设定为教会的重要任务之一。在1938年举办于马德拉斯的世界基督教大会上,赵紫宸在其所宣读的论文中呼吁道:"教会最重要的任务之一就是教导人,此外,它还应该有一套建立在其基本信仰基础之上的社会哲学。"[1]鉴于赵紫宸对教会的任务有如此明确表述和敏锐的急迫感,我们便不难相信他会在相关的社会哲学或社会理论的论域里贡献一些值得今人认真总结和反思的观念或理念,即便其贡献尚未臻于完善的体系的境界。

这里,我们似有必要对基督教社会哲学这一概念本身的内涵与外延略加说明。完成这一任务并非易事,较为妥当的办法可能是求助于在这一领域里卓有成就的思想巨擘特洛尔奇。

人们可能会理所当然地认为,基督教本身从一开始就拥有一套社会哲学体系,用来解释社会生活的本质与目的,处理宗教建制与世俗制度之间的关系。例如,人们可能会认为,基督教的上帝国观念就包蕴了基督教原初的社会理论,实则不然。在特洛尔奇看来,"上帝国观念本身并非针对内在于尘世处境的社会理论,即便后来当上帝国变成教会时,它也没有成为社会理论"。上帝国观念中所包含的理念"完全是一般的未来乌托邦,绝不可能转化为适用于当代世界的社会哲学或者社会神学理论,充其量只能变成杂乱无章的千禧年幻想。而且,即使这种理想在当时社会中所产生的影响也无

---

[1] T. C. Chao, The Future of the Church in Social and Economic Thought and Action, *The Chinese Recorder*, Sept., 1938, p. 441.

法转化成这样一种社会理论"。① 基督教之能建构其社会哲学或社会理论，主要得益于它对希腊罗马哲学与文化的积极吸收。特洛尔奇发现，基督教"关于社会秩序的一般理论来自东方化了的柏拉图主义，关于基督教与世俗秩序的关系的理论则来自通俗化的晚期斯多亚派"。② 特氏特别注意到，正是由于基督教从斯多亚派那里借用了其自然法理论，它才得以阐发一套解释世俗生活并与之发生关系的社会理论。特氏不无夸张地断言："正式采纳自然法才使得基督教第一次拥有了一套一般的国家和社会学说。因为基督教自身对国家和社会完全采取冷漠的态度，无法从自身的力量中产生这样一种学说。基督教对自然法的采纳成为世界历史上至关重要的历史事件之一。"③

何谓基督教的自然法理论？对这个问题的回答不可一概言之，而应有分析的精神。实际上，斯多亚的自然法具有双重意义，即所谓绝对自然法与相对自然法。斯多亚派将"原始时代的特征描述为自由、平等和共产主义，那时既没有国家，也没有法律，人类唯一的纽带就是建立在理性自然法基础上的慈爱，但是，人类因权力欲、贪婪和自私而失去了这个黄金时代，随之便出现了国家、法律、私有财产和社会秩序，以作为人类对抗邪恶的保护性措施"。这样便出现了绝对自然法与相对自然法，前者充满了原始时代的自由、平等和财产共享，后者则代表了后来时代的国家和法律，以及用法律保护财产、战争、暴力、奴隶制、和统治等残酷秩序。基督教则将斯多亚派这些社会理论与其教义中的原初时代和堕落神话结合起来，发展出基督教的社会哲学。它认为，那种无国家和法律、暴力和自私的束缚并体现在爱的团契中的基督教道德只可能存在于原初状态。相对自然法，社会秩序乃是人类堕落以及其他原罪的结果，它既是对罪的惩罚，也是对罪的约束。相对自然法因其所发挥的双重社会功效而被认为应该得到保存，基督教内部便由此而形成了一种对社会极端保守的心态和政治理念；但是，激进派则时常告诫人们不要忘记绝对自然法和真正的基督教理想。后者视国家为罪性的产物，其价值无法与教会相提并论，只配充作教会的世俗奴仆。④

---

① 特洛尔奇：《基督教社会哲学》，见《基督教理论与现代》，292—293 页。
② 同上书，294 页。
③ 特洛尔奇：《基督教自然法》，见《基督教理论与现代》，278 页。
④ 同上书，280—281 页。

特洛尔奇对基督教的社会哲学与基督教自然法之间的密切关系,曾作如下断论:"基督教会的社会哲学就是在实践中有时保守有时激进的自然法。"①这两种态度本身就是基督教自然法的双重性的结果。当然,这两种态度在形态各异的教派中,尤其是在历史发展过程中获得了丰富的具体内涵,它们与现代世界中的世俗自然法乃至现代社会结构与制度的形塑之间的关系也各不相同。因其与本文之宗旨关联不大,兹不赘述。

鉴于基督教社会哲学与斯多亚派自然法之间的理论上的渊源关系,也鉴于基督教社会哲学的历史性,特洛尔奇认为:"基督教社会哲学……可以指教会在历史上建立的强大而有效的历史的社会哲学,也可以指一种从现代心理化的基督教出发提出的解决当前困难的社会理论。无论如何都根本不存在一种本身和本质上产生于基督教信仰的、标准的基督教社会理论。"②

很多关注社会问题、同时又被认为是虔诚的基督徒的神学家们往往对基督教的社会理论的效力抱持一些过高的期望,对此,特洛尔奇的态度相当冷静,富有辩证性。他认为,一方面,现代性中的诸多重大问题,如果没有道德的革新和深化,没有对善与正义的意识,没有自愿牺牲和团结一致的精神,没有基于宗教信仰的世界观和人性观,是不可能得到解决的。但是,另一方面,现代社会中的功能分化使得宗教性的东西与政治、经济、社会性的东西相互分离开来,要解决从后者产生的问题,有赖于一种完全世俗和独立的、无限复杂的建设和改革工作,不仅要求强烈的意志力量,而且要求具有专业知识和采取一种纯社会学的方法。换言之,宗教界人士的实践与理论似乎都不应该采取僭越的态度和行为。

那么,基督教在现代社会生活中究竟应该和能够扮演何种功能角色呢?特洛尔奇为之设定了如下的使命:"重要的是遏制那些肆无忌惮的自我神化,遏制那种伪装成主人意志、企业家冒险精神或者民族自豪感的毫无节制的自我实现欲,将自我节制、关心他人、各民族团结一致和注重人权的精神深深移注于人们的心灵之中,唤醒对超越人性的真理与正义的责任感。这本身便足以成为一项使命……这一使命可能唤醒的精神将完全自然地促进社会和政治的重建事业,这一事业自身更有理由呼唤这样一种精神。"③

---

① 特洛尔奇:《基督教自然法》,见《基督教理论与现代》,299 页。
② 同上书,298 页。
③ 同上书,316—317 页。

应该说,特洛尔奇对基督教社会哲学的理论渊源的探究,对基督教社会哲学之内涵的界定,乃至对基督教社会理论的功能之界限的划定,以及对基督教社会使命的论述,都是以西方历史、社会为其理论背景的。当他强调基督教社会哲学的独特性,并以比较的视野宣称"中国儒教体系主要是一种具有非常特殊的宗法主义与和谐性质的社会哲学,但不可用于欧洲的情况"①时,中国学人一定也有理由怀疑基督教社会哲学在中国现代境遇中的适切性及其功效的限度。

然而,这种并非毫无理由的怀疑,却不应该导向对现代境遇中的中国基督教社会哲学的意义与价值的盲目而又全盘的否定。固然,较之于其他种种宏大的社会理论而言,基督教的社会哲学在中国似乎始终处于边缘的地位,但其运思的维度对于主流性的社会哲学并非毫无参照价值。

此外,我们还有必要辨析一下赵紫宸对基督教社会哲学的理解。我们可能会不无惊讶地发现,在中国,很少有人明确地将基督教的自然法用作其基督教社会哲学或理论的资源。更多的时候,他们是与特洛尔奇在西方基督教历史上发现的传统反其道而行之,即不是自觉地运用自然法,而是纠缠于上帝国这一观念的含义,以此为基础来阐发他们的社会理论。值得注意的是,这种做法并非中国基督徒的独创,而是与西方神学思潮遥相呼应的。我们当然不必视特洛尔奇的发现为金科玉律,以之为衡量现代境遇中的中国基督教社会哲学之质素的准绳。但是,如果以特氏的相关论述为参照系,我们会发现,这样的比较视野会有助于我们辨析研究对象的特点。

另外需要指出的一点是,20世纪上半叶最明确地倡导建构中国的基督教社会哲学的神学重镇赵紫宸对基督教社会哲学的理解似乎另有意蕴。赵紫宸对汉语基督教神学的建构一直都是孜孜以求,当一些中国基督徒认为基督教更多的是一种生活方式,因而应该在生活中而不是在理论上表现其生命力时,赵紫宸一方面表示赞同,另一方面则又补充道,基督教是宣讲圣言的,这既需要用活生生的人格也需要用理论来予以表述,基督教作为生活方式需要得到解释。他认为,19、20世纪之交的在华传教士在思想领域作出了重要的贡献,一直到推翻满族统治的政治革命时期,他们对中国人的生活都产生过巨大影响。但是,自那以后,中国的教会几乎不再通过思想对中国社会产生影响。"它首先是受到各种民族主义者、共产主义者的攻击,然后

---

① 特洛尔奇:《基督教自然法》,见《基督教理论与现代》,290页。

又作为一个在思想领域里没什么可以传播的组织而被中国知识分子所轻视。"赵紫宸历数了1938年之前在中国思想界流行过的各种人本思潮：实用主义、实验主义、新实在论、人文主义、自然主义和存疑论，他认为这些思潮对中国所产生的影响是广泛而又深刻的。而基督教教会在这些思潮大行其道时却患了失语症（inarticulate），以致对中国人毫无价值可言。他呼吁道，当此中国处于抗战救国的生死攸关之际，基督教应该力图在思想领域产生影响，它应该宣讲自己的社会哲学，教会应想方设法发现和开发它自己的思想家和思想领袖。赵紫宸还尖锐地批评教会"不能保住和培养它最好的天才，直到他们与教会外的最有影响的知识分子拥有同样的思想力度、并与之平起平坐"。[①] 由此可见，赵紫宸所意欲建构的中国基督教社会哲学，不仅是基督教用来处理自身与社会生活之关系的社会理论，更是一种意欲在各种世俗的人本思潮大行其道的现代境遇中获得竞争力，因而有利于增进基督教自身的话语力量的基督教社会思想，而其旨趣也因此显得相当广泛，它几乎可以无所不论，只不过较之于各种人本思潮而言，它坚持要以基督教的基本信仰为根基——尽管赵紫宸对基督教的基本信仰与别人可能会有不同的理解。

2. 温和的重建论

由于受到社会福音的影响，赵紫宸的社会理论与时俱进地从服务社会转向社会重建论。关于社会福音的旨趣，论者已多有论述，笔者在此不拟赘述。这里只想指出一点：中国的社会福音派中主张社会重建、而态度与方法却显得不激不随的温和派当以赵紫宸为典型代表。笔者并不否认中国教会中还有其他思想精英可能持类似于赵紫宸的观点，但同时又不得不肯定赵紫宸在其中的影响最大。因此，本节集中讨论赵紫宸的相关社会理论。

早在20世纪20年代初，赵紫宸就曾从社会福音派的立场探讨过以基督教为基础重建中国社会这一问题。一直到30年代末，赵紫宸对此问题都还持一以贯之的立场。我们将主要探究赵紫宸在以下三个问题上的理论阐述：(1)社会福音的正当性，(2)从基督教角度对中国问题的诊断及所提出的救治方案，(3)论政教关系。

[①] T. C. Chao, The Future of the Church in Social and Economic Thought and Action, *The Chinese Recorder*, Sept., 1938, pp. 441-442.

我们首先应该注意到的是,尽管社会福音在中国曾经因西教士与新派的中国教会思想精英的大力提倡而在教会思想界风行一时,但是,由于个人福音传统在基层教会的基础非常坚实,因而代表这一传统的宣道家较之于社会福音派的理论家们更具影响上的强势(这种态势在华人教会里似乎一直持续到今天),社会福音派因此反而往往要为自己的立场进行理论上的辩护,以说明社会福音的诉求在理论上的正当性。

较之于那些以个人救赎为唯一终极目标的基要派对于社会福音的全盘拒斥而言,温和的社会福音派人士对于个人福音的旨趣并不持极端否定的态度,辩护者的立场以及维护教会统一的初衷往往使得他们显得比较辩证。当然,这并不意味着他们会因此而遮蔽其立场的鲜明性。赵紫宸在这方面的相关表述就颇具代表性。

1922年,在一篇题为《基督教能够成为中国社会重建的基础吗?》的英文论文中,赵紫宸从上帝国观念出发,论证社会福音与个人福音的不可偏废。他写道:"越来越多的基督徒相信……道德上极不可能的事情是,只拯救按照上帝的形象创造的人类中的一小部分,而将其余的人悉数打入永恒的地狱。对于这些基督徒来说,基督教的任务在于,不仅要拯救个人,还要拯救个人生活于其中的社会。对他们来说,社会重建与个人救赎同样是必要的,这种必要性既是因为急迫的需要,也是因为基督徒们的上帝国的观念。"换言之,尘世的现实需要与上帝国观念使得社会福音派主张的社会重建成为当务之急,后者尤其可以为社会重建提供坚实的神学基础。在赵紫宸看来:"上帝国的观念不过就是一个扩大的家庭的观念,在这个大家庭中,上帝是众人之父,在上帝的父母般的慈爱关怀之下,众人都是兄弟姐妹。"[①]在更多的地方,赵紫宸所说的这样一个以上帝为天父、众人皆为兄弟姐妹的上帝国,实际上就是理想的新社会,基督教的使命就是要在世界上建设这样的人间天国,这样的理想的达成才能使个体救赎得到保证。这是因为,"个体不能与社会分离","即便基督教不以社会整体的重建为目的,它也必须通过使信徒的环境更令人满意的方式来完成其个体救赎的任务"。[②] 现代社会科学对人性与环境之关系的关注,也同样成为赵紫宸论证社会福音之正当性的

---

① T. C. Chao, Can Christianity be the Basis of Social Reconstruction in China? *The Chinese Recorder*, May, 1922, pp. 312-313.

② Ibid., pp. 312, 315.

基础。

20世纪30年代末,赵紫宸对社会福音的正当性的论证转向基督教的社会性,并以道成肉身的教会观作为其神学基础。在赵紫宸看来,人的得救固然必须有切实的个体性的宗教经验,也就是说,必须"注重个人独自处于悟彻的经验",但是,基督徒却不能因此"遗忘一切经验是具社会性的,必须起于社会,成于社会"。因此,个人的得救,要依靠良好的社会环境。当然,现实社会给人的印象是已经坏透了。"但是基督教却有社会之内的社会,大团体之内的小团体——教会。"奥古斯丁"教会之外无救法"的主张,因此而更见其正确性。但是,是否可以由此得出这样的结论:基督徒只需龟缩在良好的教会里,就可以成为良善的与重生之人呢?赵紫宸的想法显然与此不同。

在赵紫宸看来,基督教的历史性和社会性决定了其诉求不能局限于有限的团契内的个体救赎。基督教的社会性自有其神学基础,"基督教的根本教义是道成肉身,基督教的社会性也就存在于这道成肉身一端"。"基督教的社会性是在于上帝的运行于宇宙之内,历史之中。道成肉身乃是这一个真理的启示。"质言之,基督教的社会性之根本要义乃在于,"上帝亲身进入人群,使人在时间空间,万殊流变之中得见上帝,得到丰盛的生命"。①

"教会乃是社会中的社会",这是赵紫宸经常强调的一点。抗战爆发后的1938年,赵紫宸再次重申教会乃是道在社会中的肉身。"基督之灵乃教会之主,其灵长驻于教会。耶稣基督乃成身之言,教会则是社会中的成身之言。在这种意义上,教会必须在自身中彰显一个良好而且令人满意的社会之本质。其任务也因而是双重的:对内要强化基督临在于团体的意识,对外则要通过它所培养的基督徒改造教会存在于其中的社会。"②也就是说,基督教不能局限于个人福音,若然,个体的救赎也难以因此获得,因为,"教会自身的成立,便将个人福音与社会福音之间的不两立不并存的性质完全打破。事实是:除却个人灵魂被救赎,社会是不能被救赎的;除却社会本身是良善的,重生的,男女个人皆不能成为良善的与重生的。个人福音中包含一个深刻的确念,以为个人若是要得救的话,他必须亲自对越上帝,因他的救主耶稣基督而与一切世界的真本原发生正当的关系。在这一件事上,他不能派

---

① 《基督教的社会性》,《真理与生命》,11卷1期,1937年3月,1—4页。
② T. C. Chao, The Future of the Church in Social and Economic Thought and Action, *The Chinese Recorder*, July-August, 1938, pp.346-347.

遣代表,也不能交卸自己必须担负的责任。可是同时呢,基督教又另有一个确念,以为宗教若不供给个人一个合适的环境,个人便不能实际的得救"。①尽管赵紫宸在此对个人福音有所褒扬,但其落脚点明显地在于说明以社会重生或社会重建为诉求的社会福音的绝对必要性。事实上,赵紫宸在倡导社会福音的同时,对于那些执著于个人福音的基督徒并非没有明确的批评,他曾经尖锐地指出:"信众之中因为有人不明白,所以还在孜孜矻矻地讲出世的个人福音,而对于社会国家世界各种问题漠不关心。殊不知这种办法是违反了基督教的宗旨,埋没了基督教的本质,毁坏了基督教的精神。"②赵紫宸对出世的个人福音的尖锐批评更反衬出他对社会福音的旨趣的鲜明立场。他曾明言,"社会福音就是社会改造的福音","救人必须救社会,救自己必须救他人,岂不就是社会福音"。③

我们之所以将赵紫宸划为温和的社会福音派,不仅因为他所提出的社会重建或改造方案是温和的,而且因为他虽然对个人福音有尖锐的批评,其社会福音的立场也相当鲜明,但实际上,他还是想努力地处于中道的。赵紫宸曾这样写道:"社会福音的根基,还是在于因福音而得解放的男女个人。其实哪里有什么个人福音与社会福音的区别?"④

论证了社会福音的正当性之后,首要的任务恐怕就是针对具体的境遇,诊断中国问题之症结,然后提出可行的社会重建方案,不论这样的方案具有何种特性,是否真的切实可行。

赵紫宸对中国社会问题的诊断采取的是中医式的望闻问切,这便决定他不可能像西医一样通过先进仪器的扫描对病人得出结构性的诊断意见。"九·一八事变"后,"国难方殷,强盗国破坏了世界和平,侵占了中华国土,使国人受着至深至切的创痛"。赵紫宸既对日帝表达了强烈的道德义愤,又同时像大多数同胞一样感到了迫在眉睫的亡国危机。他看到的是一种极凶的警告,"中国,你若不快快设法,医治你的重病,你就有死亡的危险啊!"而赵紫宸眼中的中国病乃是一种心病,"中国的问题是人心的问题",国家的危亡,民生的凋敝,都是政党与大人先生们的自私自利所导致的。他告诫青

---

① 《基督教的社会性》(续),《真理与生命》,11卷2期,1937年4月,67—68页。
② 同上书,74页。
③ 《一个导师随意为一个青年作社会福音的注解》,《真理与生命》,8卷8期,1935年1月,418、417页。
④ 同上书,421页。

年,"决不看轻物质的建设,物质的文明。不过,在过渡的时代中,一切要改革,一切都要依靠那革命者的公心;所以在一切轰轰烈烈的革命中,必须要扶植公心的人们,和这些人的工作"。①

将人心问题置于优先考虑的位置,并不是赵紫宸的独创(五四时期的思想精英就已有此种思想倾向),也不是他一时的想法。实际上,早在20年代,赵紫宸就已经抱持类似的看法。那时的赵紫宸就相信,中国社会的"重建问题的核心无疑是创造人的新的精神,而只有基督教才能做到这一点"。② 在1935年出版的《耶稣传》一书中,赵紫宸以所谓科学的史学方法,辅之以大胆的想象,塑造了一位与众不同、但显然是针对中国问题的耶稣形象。这位耶稣摒弃了他生活时代在犹太人中极为流行的末世论,他以"天国已临,且将发展"为新理想,对奴役着犹太人的罗马政府并没有革命的思想。"他的国不是普通世界上的国,他的国是经过艰难而更新的精神世界。"他发动的天国运动"是心理建设的运动,不是物质革命的运动"。质言之,"他所注意的是人的思想意念的转变"。这便是耶稣为完成其拯救犹太民族、拯救全人类这一伟大使命所制定并且极力予以实施的策略,当他未能如愿达到自己的目的,他意识到只有以自己的死才能唤醒民众,于是,他便毅然决然地走上了十字架。③

赵紫宸所说的人心是与文化联系在一起的,他认为,耶稣清醒地意识到,如果犹太人不肯放弃政治血腥的复国运动,其结果只能是在以弱对强的反叛中自取灭亡,因此,"耶稣所要挽救的是灭亡后的灭亡,是人心文化的灭亡"。④ 文化之所以如此重要,乃是因为"文化的发展,就是天国的实现"。⑤

我们看到,赵紫宸的社会思想里着实充溢着传统的中国文化主义因素,以及受此种传统之影响而流行一时的所谓"借思想文化解决一切问题"的思想要素。如果真的将赵紫宸的耶稣形象予以逻辑推展,运用于国难境遇中的中国问题,那么,只需保障中国的人心文化于不坠,国难似乎就可以迎刃而解了。其结果自然不难想象,也许国人又得回到为异族奴役、却陶醉于文

---

① 《我们的十字架就是我们的希望》,《真理与生命》,卷6期5,1932年3月,10,4—5页。
② Can Christianity be the Basis of Social Reconstruction in China? *The Chinese Recorder*, May,1922,p.315.
③ 分别见《耶稣传》,导言,13—14页,正文部分,52、59页,青年协会书局,1935年。
④ 参林荣洪:《曲高和寡:赵紫宸的生平及神学》,196页。
⑤ 赵紫宸:《基督教哲学》,336页。

化或天下未亡的境地。当然，赵紫宸实际上是不会接受以上的所谓逻辑推论的，换言之，那可能不是他的初衷。

既然将中国问题诊断为人心秩序、精神文化问题，赵紫宸当然会对症开列出自己的药方，他对塑造人格、对心理建设的强调或许都可以纳入其药方之列。

严格来说，赵紫宸与社会福音派中的激进人士的重大差别也许在于，他充分意识到了社会重建，尤其是大敌当前时期救国工程的社会学性质，也就是说，他意识到了基督教作为宗教在兹事体大的社会工程中的功能之有限性，他宁愿像上述特洛尔奇所说的那样将这样的工程委托给运用世俗的社会学方法的、"一种完全世俗和独立的、无限复杂的建设和改革工作"，这也许就是他一再拒绝开列所谓基督教的社会重建方案的原因之所在。他曾这样质问道："你说耶稣有什么社会福音么？有，却没有策略，没有计划，没有方案；只有一个爱人爱上帝的赤心。有了那东西，其余的人得去找寻，发见，探取，创造。"①赵紫宸之拒绝所谓宏大的方案和计划，另外还有有两个原因，其一在于他主张点滴的改革和重建。他曾这样提醒好大的青年，"因为好大所以必须要加入党，弄那通盘改造的计划。其实这是最大的错讹。中国的救法，只可以一部分、一部分，一小段、一小段做去的；一涉笼统就只有私斗争权……"②；其二则在于他担心基督教在与解决世俗的社会工程的某些宏大方案过于认同时，会导致基督教对俗世的投降。他认为，当教外人士以及教内那些对宗教之本质与使命不够了解的教徒指责基督教在国难时期没有具体的经济与社会重建方案、或不够革命、没有变为政党或机构时，他们或许不仅希望基督教与当下的实际境遇调适，而且希望基督教完全与某种经济和社会方案认同。赵紫宸认为，实际上，他们所要求的不是基督教的调适，而是它的妥协与投降。③ 质言之，赵紫宸在提倡旨在改造社会或社会重生的社会福音时，并未忘记基督教乃是一种既居于世界又超越世界的宗教，宗教与俗世的张力感使他拒绝像俗世的改革家那样开列所谓宏大的政治性的社会重建方案。

---

① 《一个导师随意为一个青年作社会福音的注解》，《真理与生命》，8卷8期，1935年1月，419页。
② 见前引《我们的十字架就是我们的希望》，8页。
③ T. C. Chao, Christianity and the National Crisis, *The Chinese Recorder*, January, 1937, p. 10.

赵紫宸所开列的乃是宗教性的救治药方，其目的既在于消极的补偏救弊，亦在于积极的为国运民生奠立获得救赎的精神基础。如上所述，早在20年代，作为基督徒的赵紫宸就曾虔诚地相信，只有基督教能完成为中国创造人的新精神的使命，也正是而且只是在这种意义上，他才相信耶稣的救法（心理运动）是中国的唯一救法，也就是说，"只有基督教才能救中国"。这并不意味着赵紫宸对基督教在中国的社会政治使命与功能抱有不切实际的幻想，毋宁说，他对基督教的拯救人心、"为中国保全灵魂"的宗教功能充满了信心。

赵紫宸并不否认改革社会、政治、经济、教育等制度的重要性，但他认为，这一切皆需由人来完成，只有在人有了相当的心理后，才会有相当的创作。这是他对此问题的一般看法，至于中国的具体现实，赵紫宸还是坚持，"中国的患难，固然是因为制度的败坏，但亦是因为人心的堕落"。在他看来，一度为"万首仰瞻的国民党"，不仅未能乘万世一时的机运，造千秋永固的新国，反而因人心的自私，使"国民党罪恶鲜红如民众所流的血"。赵紫宸眼中的党政只有罪恶，或者说它们本身就是因为人心的自私而以罪为性的。在他看来，这一切，"就是因为无宗教，无信仰"使然。基督徒处在这样一个轻视宗教而又危如累卵、人心溃如烂瓜的国度里，应该使人认识到"宗教是维系社会人心的精神运动与信仰生活；基督教是基督住在人心中，由心而发的社会意识，由此而维系个人内部生活及人群精神联结的努力"。基督教正是国难中的"中国所需要的命根"，它的使命就是"为中国建设新的心理，""是传福音，救灵魂，换一句新的话说，是为人群建设新的、有力量、有根基的健全的心理"。赵紫宸相信，由基督教形塑的健全心理，可以承担整合中国社会的功能角色。

赵紫宸对于心理建设的具体方法也作过详细的描述，其中在谈到转化教育时，他仍部分地沿袭了早在20年代就已经提出的人格主义，他认为："基督教的能否为中国创造新心理、新精神，全视乎基督教教育的能否感化人格、栽培人格、联络学校与社会的实际生活为断"。①此则因为赵紫宸"深信人

---

① 以上引语见赵紫宸《基督教与中国的心理建设》，载《真理与生命》，6卷8期，1932年6月，9、7、8、10、14页。关于赵紫宸的人格救国论，参林荣洪：《中华神学五十年》，中国神学研究院，1998年，136页。

格可以救国",①而且相信"基督教对付一切政治社会,有一个总钥匙。一切皆由人与上帝的道德心灵关系为出发点;一切皆依赖人格;一切皆以创造品格为根基"。②

赵紫宸如此倾心于人格塑造与心理建设,固然有多重原因,但其中重要的一点也许在于他对天国的理解与当时社会福音派中的其他人士有所不同。如上所述,他曾在《耶稣传》中写道:耶稣的"国不是普通世界上的国,他的国是经过艰难而更新的精神世界"。也就是说,虽然赵紫宸也曾将天国界定为理想的社会,但他并未将其理解为一个纯粹的物质世界,他更强调其属灵的性质。考之史实,社会福音的一个重要特点就是完成了对天国的理解中的灵与肉的整合,因而认为在基督教所要建立的地上天国中,人的灵与肉将得到全面的拯救。③ 而且,在社会福音派的宗教实践中,后者(物质环境的改造与重建)往往更受关注。赵紫宸虽然注意保持二者之间的平衡,但事实上,他是有所偏重的。他对所要建立的地上天国的属灵特性的凸显,自然决定了他开列的药方会注重所谓健全的人格与心理——我们似乎不应忘记他所讲的人格与心理是很具有宗教意味的,决非只有世俗的心理学意义,尽管像他自己在《基督教哲学》一书中的自序所坦承的那样,他曾受到美国人格主义哲学的影响。

赵紫宸当然也非常清醒地意识到,他所主张的耶稣的救法——心理运动是深刻而又迂缓的,在某些人看来,是缓不济急的。他之所以安于倡导心理革命,而未像吴雷川和吴耀宗那样走上提倡或拥护社会革命的道路,未尝不是在饱尝内心张力之后的自觉选择,"其实我心中有两件事,老在那里打架;一是彻底的社会革命,一是彻底的慈悲。我只好以革命为精神,以渐变为作为"。④ 换言之,赵紫宸自觉地选择了类似于特洛尔奇为基督教在现代社会中所设定的使命:"将自我节制、关心他人、各民族团结一致和注重人权的精神深深移注于人们的心灵之中,唤醒对超越人性的真理与正义的责任感。"赵紫宸可能也像特洛尔奇一样相信,"这一使命可能唤醒的精神将完全自然地促进社会和政治的重建事业"。

---

① 《一条窄而且长的路》,载《真理与生命》,8卷3期,1934年5月,109页。
② 《学运信仰与使命的我解》,载《真理与生命》,9卷8期,1936年1月,462页。
③ Charles Howard Hopkins, *The Rise of Social Gospel in American Protestantism*, 1865—1915, Yale University Press, 1942, p. 109.
④ 见前引《一个导师随意为一个青年作社会福音的小注解》,418页。

赵紫宸确实反对基督教在中国社会政治生活中的越俎代庖或僭越:"基督教不是政党,基督徒尽可以作政治工作;基督教不去直接改造社会制度,基督徒尽可以彼此联合去作改革家。"①这里,赵紫宸实际上是主张在建制性的教会与个体性的基督徒之间作一适当的区分。作为基督徒的个体尽可以公民的身份去在社会中担当各种角色,而教会是社会中的社会,但其本质与功能均不同于政党,因为它乃是社会中的言成肉身,其功能"就是在……信徒中创造小社会……而所谓社会福音,就是叫大社会同化于小社会,同化于以真诚公义为根基的小社会"。② 具体就所谓心理建设而言,赵紫宸则相信,基督教"作革命运动,乃在基本的心理革命上下手,将所造就的革命势力,由其所造就的人们,侵入社会的各种运动之中,而自身不为此种种的运动"。③也就是说,反对教会的越俎代庖并不意味着赵紫宸会主张教会要弃绝世界与政治,那与他的社会福音主张是格格不入的,他的目的是要以信徒的团契、以他们的人格与心理改造与胜过世界。

事实上,在处理政教关系方面,赵紫宸似乎与新文化运动时期的自由主义的政治理念保持着精神上的呼应关系。一方面,赵紫宸坚决捍卫宗教信仰的自由。他认为,教会有听从上帝之命而不是人的邪恶意向的不可让渡的权力,因此,无论何时,只要国家政府之命与教会的良心在道德问题上有冲突,教会就应该不计后果地表明它的此种权力,以捍卫其信仰的自由与权力,表现它对上帝的忠诚。"教会应该运用其掌握的一切手段和全部精力,抵制任何有权势的外界组织——不论是政治的、社会的或经济的组织——利用教会达到自己的目的,或使其不义的勾当得到合理化的企图……它不向任何组织宣誓效忠,在这教会看来乃是罪恶。"另一方面,赵紫宸又反对教会干预政治事务,主张政教分离,但对这一原则的贯彻必须建立在这样一个前提之上:教会在道德上不应保持中立,它必须表达人民的心声,发出先知的声音,④指陈是非。它应有施洗约翰指责希律王的勇气,那种"专讲个人宗教修习而不及社会政治上的是非","但自纳于安全妥协之中"的做法,在赵

---

① 《基督教与中国的心理建设》,10页。
② 《一个导师随意为一个青年作社会福音的小注解》,420页。
③ 《学运信仰与使命的我解》,载《真理与生命》,9卷8期,1936年1月,462页。
④ The Future of the Church in Social and Economic Thought and Action, *The Chinese Recorder*, July-August, 1938, p.350, September, p.445.

紫宸看来乃是"基督教末运的衰象"。① 这里应该指出的是,赵紫宸所谈的政教关系中的政,既是一般而论的,也是有具体所指的。如前所述,他像对对待其他政党一样,对国民党并无多大的好感。

质言之,赵紫宸对现代中国问题的症结之诊断(人心文化问题),使得他"对症下药"地开列出了心理建设的药方,这又使得他所宣讲的社会福音信息中的社会重建"方案"具有温和渐进的特点。以人格重塑和心理建设为职志、进而以良好的小社会同化大社会的社会福音自然拒绝委身于直接的政治社会制度改革,因而导向与政治保持分离的政教关系论。赵紫宸的这套基督教社会理论实质上是试图以基督教为更具体、宏大的社会改革提供一种宗教性的精神基础,自由主义的政治理念使得他似乎乐于见到基督教的社会功能仅止于此。此外,他对于自己开列的基督教社会重建方案之有效性的限度是具有高度的自觉的,但他却深信其彻底性:"我们信基督的人往往觉得基督教是一种心理改革的方法,没有改造社会的方案与实力,因此看见了各种社会政治的潮流的汹涌,有声有势,就感觉到自己的无用。却不知耶稣站在心理建设的确信上,乃是最彻底的办法。"②质言之,对于中国而言,耶稣昭示了最彻底的救法。这是赵紫宸社会福音理论中的一项最根本的确信。

赵紫宸的基督教社会理论似乎很少顾及如下的问题:他所孜孜以求的用来重建中国社会的心理基础是否还需要更为坚实的基础,或者,这样的心理基础是否具有终极性?也许正是对于这些问题的追问,为中国基督教内部的激进派人士的社会理论的登场提供了契机。此为题外话,只能另文专论。

二、意义取向:论恶的问题

对意义的追寻可以说是人性中的一种基本倾向,它表现为人类试图将自己生活于其中的世界解释为一种有意义的宇宙的种种努力。一般来说,意义指的是依据某种更为宏大的参照系对一些境遇与事件所作的解释(理

---

① 《基督教与中国的心理建设》,15页。
② 《今日的中国青年还该学耶稣么?》,《真理与生命》,8卷5期,1934年10月,232页。

解)。① 而宗教性的意义系统则指的是诉诸一种超自然的权威或终极性的实在,赋予各种自然和社会现象以意义。以宗教方式对各种世俗的社会安排所作的正当性或合法性论证都可以纳入宗教性的意义系统,而神义论(Theodicy)在宗教性的意义系统里可以说具有核心地位。

神义论一词最初是指针对世界上存在着的恶来论证上帝的纯善。但是,在宗教社会学中,尤其是在韦伯的著作中,神义论逐渐用来指称任何对不义与人类苦难提供一种宗教性的意义解释的普泛化的意识形态。韦伯发展了这一概念,从而为宗教对于社会分层与不平等的反应提供了一种比较性的理解。② 帕森斯认为,韦伯意义上的神义论乃是对意义问题的一种激进的解决方式。

在中国基督宗教的历史上,由西教士与中国教徒撰写的体现了基督宗教的意义取向的著述相当少见。明末来华的传教士利玛窦在《天主实义》一书中,粗略地涉及到了神义论的问题,中国教徒徐光启则在其《辨学疏稿》中以讨论中国人关心的传统的德福关系问题(为何颜回夭折,盗跖长寿)的方式涉及到了神义论的问题,但均未作深入的讨论。据笔者有限的见闻而言,现代中国基督教史上,当以本文的主角赵紫宸对神义论问题的讨论最具代表代表性。赵氏在《基督教哲学》一书中以五章多的篇幅对"恶的问题"作了较为深入的讨论,表述了他对基督教的神义论的阐发。

乍一看,赵紫宸心目中的神义论似乎仍限于传统的意义,因为他将神义论表述为如何针对恶的实存来证立上帝既是全能的,也是全爱(善)的:"上帝而全爱,当然即要救人出一切罪,一切恶;上帝而全能,当然即会救人出一切罪,一切恶。然而,我们眼前的事实是文明与幽暗并兴,人生的痛苦灾障,触目皆是,触手皆是。上帝并没有将人救出来。倘使上帝有心无力,事与愿违,那末上帝虽有全爱,就没有全能了;倘使上帝有力无心,理乱不闻,那末上帝虽有全能,就没有全爱了。"③实存的恶既包括地震等天然之恶,也包括凶杀、奸盗邪淫等人为之恶,更包括"善人日受屠宰,恶人日享荣华,善恶之报既不确,福善祸淫复不准"等不公正的社会现象。赵紫宸最初似乎乐于将

---

① Meredith B. McGuire, *Religion: The Social Context*, p. 27.
② 以上参 Turner, *Religion and Social Theory*, pp. 80—81。
③ 赵紫宸:《基督教哲学》,170 页。

其神义论的任务设定为针对普遍的恶来为上帝进行"分辨"。① 为此,他回顾了历史上的一些思想家如伏尔泰、卢梭、詹姆斯等人对恶的问题的讨论,鉴于这些人为了解决恶的问题而断定上帝不是全能的,赵紫宸并未对他们的思想作进一步的介绍和讨论。对莱布尼兹和黑格尔的相关论述,赵紫宸倒是略有绍述和评论。但他认为莱布尼兹的说法空洞玄虚,不过是一种轻描淡写的乐天观罢了。至于黑格尔和新黑格尔主义以恶为善之敌对,恶是将成未成的善,恶是善之始,善是恶之成的论调,赵紫宸认为其根本弊端是铲除了恶的实在性,最终也会铲除善的实在性,从而取消善恶苦乐的区别。人生如彼忍受各种由恶所造成的痛苦,玄学却如此高谈阔论地取消善恶苦乐之别。这当然也是赵紫宸所不能接受的。因此,赵紫宸得出了这样的结论,恶的问题在哲学上实难得到完美的解答。

那么,宗教是否能够对恶的问题给予完满的解答呢?在回答这一问题时,赵紫宸引入了比较宗教学的路径,对世界上几大宗教的神义论作了比较性的分析。正是在赵氏的这一分析中,我们看到了其拟建中的基督教神义论乃是试图以一种较为宏大的视野为出发点的。韦伯在其《宗教社会学》中将琐罗亚斯德教的神义论称作二元论,当其相信光明之神最终会取得胜利时,便偏离了严格的二元论。但其最后斗争的概念自然产生了一个非常强烈的末世学的感情动力。② 赵紫宸则认为:"波斯教里有光暗二神,永在战斗中;虽说是光必有一日胜过暗,也只是信仰而已。"③也就是说,在赵紫宸看来,波斯教只是以信仰中的希望来解决恶的问题。至于伊斯兰教,赵紫宸认为它的神比较威厉独断,神欲善斯为善,神欲恶斯为恶,而其意志又是深远隐奥,莫可测度的,因此,恶的问题在伊斯兰教中完全是神的问题,而不是人的问题。而赵紫宸却发现人为的恶触目皆是,故对于恶的问题,伊斯兰教也不能提供令赵氏满意的解决方式。至于佛教,赵紫宸认为它本来具有一种哀怜人类,度一切悲苦的精神,但它却要人人灭度证涅槃,这是走退后的路,使人生不能振作于今世。因此,佛教乃是以抛弃问题的方式来应对恶的问题,谈不上解决恶的问题。那么,在赵紫宸的心目中,他所信仰的基督教在恶的问题上是否有完满的解决之道呢?首先,赵紫宸几乎像韦伯一样认为

---

① 赵紫宸:《基督教哲学》,174—175 页。
② 韦伯:《宗教社会学》,209 页。
③ 赵紫宸:《基督教哲学》,177 页。

基督教是一种包容二元的宗教,①因为在他看来,"基督教的圣经上,虽独尊上帝,然而翻来覆去终觉得上帝受限制。即如耶稣也承认有恶魔,保罗更甚了,基督的军队几乎与魔鬼的军队成相对的阵势了"。尽管如此,赵紫宸却认为,基督教有一点最重要的效率,就是启人信仰,给人希望,使人努力奋进。在赵紫宸的论述中,似乎并未彰显基督教与波斯教的神义论究竟有何差别,因为二者都是在信仰中给人以战胜恶和由恶所带来的痛苦的希望。因此,赵紫宸的结论是,不但哲学难以对付恶的问题,宗教亦然。②

但是,当赵紫宸转而讨论中国人解决恶的问题的方法时,他却表现出另一种倾向,即,将恶的问题或传统意义上的神义论问题转化为韦伯式的意义问题,而且试图融会贯通基督教与中国文化中的意义系统。赵紫宸在理论视角上的转化在于,一方面,他将中国人解决恶的问题的方法视为试图"寻出人生的意义"的努力,如孔子之求助于易,目的即在于此。儒家之"知其不可为而为之",墨家之教人劳苦务实,顺天志,足才用,都是试图以人为之善补救天行之恶。中国的自然主义、命定论则是赵紫宸所不欲取者。另一方面,赵紫宸还试图赋予痛苦或苦难本身以意义。这尤其典型地代表了赵紫宸对神义论论题的一种现代拓展,意义问题由此而在其视域中得到自觉的凸显。笔者认为,在中国思想史上,并不缺乏这样的意义理论资源。如儒家的天命论就是一例。这种神义论并不认为天意不可猜度,而是将个体暂时的卑贱与遭受的颠连困苦视为他将秉承天命、行使社会秩序化之大任的前兆,或视为磨炼个体之意志、涵养其担当大任之能力的机遇。《孟子·告子下》中的一段话典型地表述了儒教的这种神义论:"天将降大任于斯人也,必先苦其心志,劳其筋骨,饿其体肤,空乏其身,行拂乱其所为,所以动心忍性,曾益其所不能。"如果我们对照一下这段话前面提到的舜、管仲、孙叔敖等圣贤崛起于卑贱之中的事实,我们便可以说这是一种圣贤的神义论,旨在从天命的角度对圣贤出道之前所遭受的无序与困苦提供意义。这种神义论追求的是此世的补偿,而且,尽管它的服务对象是英雄圣贤,却也同样激励了那些仍处于卑微和困苦之中的普通儒生或受此影响的平民百姓。这种神义论或天义论也容易遭受经验的反驳,因为一旦个体所遭受的颠连困苦并未给

---

① 韦伯认为,只有犹太教和伊斯兰教是严格的一神教,基督教的三位一体论具有一神论的趋势,但罗马天主教……与多神论相当接近。见其《宗教社会学》,203 页。
② 以上赵紫宸的论述见《基督教哲学》,177 页。

他带来大任,或者说,如果抱持这种天义论(也是一种神义论)的个体一直未能摆脱卑微与困苦,就有可能会招致个体的怨天尤人,这也是儒生中常见的现象。尽管赵紫宸并未注意到这一资源,他赋予人生苦难以意义的理论努力,却并非与此毫无相似之处。他的这一理论工作是与其文化观关联在一起的。虽然他拒斥恶为善因的说法,认为此说实际上是将善恶等同起来,但他又觉得"文化上一切陈迹,莫不由痛苦,莫不由人生的不满意而造成。可以说恶逼着人,人就去打破恶,在他奋斗之中,便成创造了自己的文化,使他今日的生活比昨日的生活更加丰美而完整。人的作为,没有一件不是因要超脱限制而发生的"。① 换言之,痛苦因着其所推进的文化之发展而获得意义,因而并不是没有意义可寻的。但是,这种常识层面的意义追寻——以恶为文明动因的做法——似乎并不令赵紫宸感到满意,因为恶虽能使人创新,也能使人无论如何努力,无论如何奋斗,而依旧归于失败,终于惨死。② 作为一名基督徒,赵紫宸寻求的仍是对恶的宗教性的意义阐释,具体而言,就是以全能全爱的上帝为终极参照,赋予恶以及由恶所造成的痛苦以意义。

赵紫宸针对恶提出的意义理论是以其上帝观为出发点的。或许是因为受人格主义哲学的影响,赵紫宸非常强调上帝是一位人格神。在赵紫宸看来,相信上帝全能、全在、全生、全知者,不一定会时时牢记上帝是人格神。他之所以凸显上帝的人格,乃是为了说明人与其创造者上帝有根本的相同之处。而所谓人格乃是"前进的涌起","是现在动荡中的自觉,直接了解的存在,自由向前的意志,自己创新的涌起"。很显然,赵紫宸将进化论纳入到他的人格论之中了。赵紫宸的上帝是一位"与我们努力同工"人格神,"上帝息息自新,直欲携带我们而前行,努力地拯拔我们"。在赵紫宸看来,只有这样的上帝才是宇宙动荡变化、息息创新和演进的原动力。③ 赵紫宸相信,在这样一位以积极的爱息息创新的上帝与人的共同努力下,"天然的恶,几无一事,不可由人的努力奋作而铲除的"。也就是说,上帝是能胜天然之恶的,"那末上帝对于天然的恶自无损其全能"。④ 赵紫宸的这种乐观主义是建立在对文化与科学的不断进化的信念的基础之上的。有了这一信念,甚至可

---

① 赵紫宸:《基督教哲学》,191 页。
② 同上。
③ 同上书,162、166、168 页。
④ 同上书,199、200 页。

以断言"天然的恶不为恶,人为的恶乃为恶"。① 也就是说,剩下的似乎只有人为的恶的问题尚未解决了。

解决人为的恶是否也可以求助于同样的信念,即相信全能的上帝也会帮助人战胜自己,从而消除之呢?赵紫宸似乎不欲如此解决问题,因为即使相信人格神上帝会与具有不断涌起、息息创新的人格的人同工努力,去害获利,最终消除人为之恶,那也只是想往中的事。而现实生活的每一息中,有痛苦,即有恶,"上帝不能使恶在那一息中消灭,即在那一息中,上帝非全能"。赵紫宸似乎不能接受这样的解释:上帝非不能也,而不为也,因而允许恶的存在,因为在这样的解释实际上否定了上帝的全善;至于以死后的永生作为对今世的痛苦的补偿,或"将永生的意义加于生命本身"的做法,似乎也不是赵紫宸所乐于接受的解释。因为"冥冥之界,非我们所知,亦非我们所当言"。②这是否意味着早年的赵紫宸在自由神学的引导下,甚至放弃了基督教信仰中的重要教义呢?对此问题,我们似乎可以暂不考虑。

赵紫宸对恶的问题的最终解决似乎是诉诸上帝的救法。他相信,"人为的恶、罪恶是人类痛苦失败的最大原因,上帝要自己和人合作,在永存的现在里救人类——整个人和全群出罪恶而入永生。基督教是实际的救人的宗教;在消极的方面说,是要救人出一切罪,在积极的方面说,是要人在永存的现在里涌起人的自我,创作文化,建立天国"。③ 从这一段论述中,我们可以看到,早期赵紫宸的救赎观更注重现世性,实际上不过是其社会福音的另一种表述形式。这也正好可以解释他为什么不乐于谈论来世的永生。但是,问题似乎仍然存在,尤其是死亡这样不可避免的结局,总是摆在人类的面前。对于这样的终极性问题,赵紫宸的态度显得尤为独特。尽管他以进化论赋予死亡以意义,承认"死是人世进化的必需品,不死不生;故死非可悲而生实可喜";但是,"不应死而死,或天杀,或自戕,或人屠戮之",又当作何解?如何赋予其意义?赵紫宸的答复是:"其中意义,宁能悉知?我们今日尽心努力,涌此生命,岂不足矣,悉为必欲专断固执而为宇宙人生做一个永不能有结论的结论呢?"④由此可见,赵紫宸对人格哲学的服膺最终导致他仅满足

---

① 以上见赵紫宸:《基督教哲学》,199页。
② 同上书,201、203页。
③ 同上,214页。
④ 同上,205页。

于今世或永存的现在里的人格的不断涌起和生命的自强不息,他在基督教景观中对意义的追寻竟然导向对终极问题的无可无不可的回答——因为在他看来,那是一个永不能有结论的问题。

三、反思赵紫宸的选择之得失

我们以不成比例的篇幅介绍了赵紫宸的基督教社会理论和意义理论,此其原因或许首先在于笔者对赵紫宸的意义理论的发掘尚不够深入,而更重要的原因则在于赵紫宸的思想中本来就存在着这样不成比例的事实,揆诸整个中国基督教史,这样不成比例的现象也许显得更为严重。这一事实本身可谓意味深长,值得今人认真反思。

基督教自其在唐代入华以来,就不得不为了自身在一种完全异质的社会文化环境中的适存而采取调适的策略,对于此种调适的过程和结果,论者已多有研究,成果可谓层出不穷。但是,这种调适的根本内涵与本质究竟何在?论者多以文化学的视域来回答这一问题,笔者并不否认采用这样的路径会取得相当有价值的成果;我们在此试图说明的是,如果我们转换一下研究的视角,例如采用宗教社会学的方法,也许可以烛照一些长期以来显得幽暗不明的历史事实。综观整个中国基督教史,再辅之以对赵紫宸这样主要的中国神学家的思想的个案研究,我们似乎可以得出如下的结论:基督教在中国的调适对象主要是中国的社会秩序。社会秩序的含义有狭义与广义之分,狭义指某种社会活动或活动场所中的规则与有规则的状态;广义则指社会共同体在运动和变化过程中,其内部的各个方面或者社会活动和社会关系的各个方面相对平衡、稳定、和谐的发展状况,也就是社会共同体存在的一般正常状况。社会秩序的具体内容包括两个方面:其一是社会行为秩序,人们在社会互动中要遵从和维护一定的社会规范,保持相对稳定的社会关系,以保证社会生活的正常进行;其二是社会结构秩序,包括经济结构、阶级结构、分层结构、组织结构、人口结构、家庭结构的相对稳定状态、社会子系统内部以及它们相互之间的相对平衡与和谐状态。社会秩序对于社会生活的重要性是不言而喻的,前者是后者的前提与保障。在传统中国这样一个超稳定的社会结构中,社会秩序显得尤其重要。在社会处于忙迫动荡、民族国家处于存亡续绝的危急关头,旧秩序的重建或新秩序的建构更会成为人们孜孜以求的理想。如果说清道光以前的中国基督教一直致力于与传统中国的三纲五常、政教关系等社会秩序进行有一定张力的调适,20世纪的中国基督教则主要致力于参与中国社会秩序的重建。这两种与中国社会秩序的互动方式都有一个根本的目的,那就是试图以对基督教的社会功能的彰显来获得基督教在中国社会结构中的实在性的位置,从而为基督教在中国的传播发展奠定牢靠的制度性基础。前一种互动方式的目的是凸显基督教对社会整合的正功能,向传统的中国社会结构表明基督教的同质性;后一种互动方式理应凸显基督教在中国社会变迁中促进社会进步的正功能,向寻求进步的人们表明基督教的现代性,而赵紫宸却仍然试图以基督教为一个并不高度整合的社会提供整合的心理基础,这本身就已经发生了一种时代错位。这一点姑且不论,此处应该强调的一点是,不论宗教与社会的互动方式如何,一旦宗教的社会功能被教内人士置于过高的地位,就必然会出现特洛尔奇曾经指出的以下情况:"如果一个宗教体系拥有关于世俗世界的社会学说,那么它必然在最大的程度上是受这个世界所规定的,尤其是为这个世界的历史更替和变迁所规定。这种学说本质上是一种妥协,作为妥协又依赖于宗教与历史两方面因素的变化。"① 换言之,在特洛尔奇看来,由于基督教社会哲学所关切的问题具有世俗性与时代性,它便不得不与历史理性纠结交织在国家与社会生活的巨网上,随着它与之互动的对象的变迁而形塑自身的形象。

  笔者并非任何意义上的宗教原教旨主义者或基要主义者,换言之,笔者不必为基督教在中国与社会秩序的互动中所造成的任何对基督教的所谓纯洁性的负面影响而担忧,相反,从宗教社会学的角度来看,笔者认为这种互动对基督教在任何社会的适存都是非常必要的,而且是不可避免的。从功能论的观点来看,具有社会性的宗教若不在社会中履行某些功能,它就会丧失存在的理由和正当性。换言之,如果基督教在中国随着它与之互动的对象的变迁而形塑自身的形象,或使得自身发生某种结构性的变化,那或多或少都具有必然性。因此,笔者认为,中国基督教史上彰显基督教的社会功能的种种努力都应该从社会学的角度予以理解。但是,笔者认为,基督教在中国与社会秩序之间的互动处理的还只是一种内外关系,即基督教与外在世界之间的关系,尽管这是一种非常重要的关系。如果教内思想精英将主要精力都集注在处理这种关系上,那是很不够的。例如,我们上面谈到的意义

---

① 特洛尔奇:《基督教与社会理论》,299页。

系统的建构与阐发就关涉到基督教能否彰显其在社会生活中的超验维度①，尤其关涉到宗教在现代社会秩序中丧失了其中心地位或法权之后，能否通过为社会秩序提供正当性或合法化资源、为个体与社会生活提供意义共契而证明自身存在与发展的正当性。

具体就赵紫宸在其意义理论中所涉及到的问题而言，像苦难、不公正、死亡这样在社会生活中具有终极性的问题，其令人满意的答案是很难在宗教之外得到的。非宗教的解释大多是常识层面上的，或者摆脱不掉人本意识的色彩，而宗教中的意义理论则具有一种更大的优势，即诉诸超自然或超人间的力量，使人们对这些成问题的经验的理解获得神圣化的维度。一般而言，宗教的意义理论并不直接为信徒提供幸福，但是，它却使信徒从这些负面的经验中获得意义，从而使得恶和苦难无时不有、无处不在的生活被感知为是可以而且值得过下去的。也就是说，没有这样的意义理论，生活的可能性甚至也会成为问题。当然，人们会争辩道，这样的意义理论难道不只是为了使得生活变得可以忍受吗？换言之，这样的意义理论难道不是过于保守吗？确实，意义理论尤其是神义论一般并不以反抗生存境遇的方式向社会挑战，也不以这种反抗的方式直接为信徒提供幸福，甚至不帮助信徒逃避不幸与苦难，不包含"救助"的诺言，但它使一些边缘性的经验变得可以忍受，正是在这种意义上，可以说宗教的功能在于将无序的事件整合到社会的既定法则中，借助于对社会权力与权益的普遍不平等以及苦难的解释，帮助个体与群体度过意义危机。② 一个时时生活在意义危机中的宗教群体，不用说追求该宗教的传播与发展，就连其自身的适存、凝聚与整合都会大打折扣；而一个时时生活在意义危机中的社会，则必然会遭受由冲突所的导致的压力，其正常生活的可能性同样也会大成问题。因此，宗教的意义理论实际上关涉到一种宗教自身的适存问题。

中国基督教在意义理论上缺乏建树似乎是不争的事实，尽管赵紫宸是这方面一个不多的例外，其贡献不容忽视，但这也不足以改变中国基督教在处理秩序与意义两大问题时，所表现出的畸轻畸重的偏向。此种现象是否直接影响了基督教内部的凝聚，我们不敢贸然论断，但有一点是可以肯

---

① 这里的超验并非如哲学所说的那样，只是指涉彼岸或经验世界之外的意义理念设定，而是指社会经验中的意义超验。关于这一点，可参考刘小枫：《现代性社会理论绪论》，495页。

② 以上参见贝格尔：《神圣的帷幕》，69—71页。

定的,那就是,意义理论的质素直接影响了基督教对那些追寻意义的教外人士和普通民众的吸引力,也影响了基督教话语在思想界的竞争力。当基督教人士经常以羡慕乃至嫉妒之情谈及佛教在中国的发展情况时,他们也许应该考虑一下佛教中各种层面的意义理论在历史上对中国各阶层的影响。

附录三
随机数表

10 09 73 25 33	76 52 01 35 86	34 67 35 48 76	80 95 90 91 17	39 29 27 49 45
37 54 20 48 05	64 89 47 42 96	24 80 52 40 37	20 63 61 04 02	00 82 29 16 65
08 42 26 89 53	19 64 50 93 03	23 20 90 25 60	15 95 33 47 64	35 08 03 36 06
99 01 90 25 29	09 37 67 07 15	38 31 13 11 65	88 67 67 43 97	04 43 62 76 59
12 80 79 99 70	80 15 73 61 47	64 03 23 66 53	98 95 11 68 77	12 17 17 68 33
66 06 57 47 17	34 07 27 68 50	36 69 73 61 70	65 81 33 98 85	11 19 92 91 70
31 06 01 08 05	45 57 18 24 06	35 30 34 26 14	86 79 99 74 39	23 40 30 97 32
85 26 97 76 02	02 05 16 56 92	68 66 57 48 18	73 05 38 52 47	18 62 38 85 79
63 57 33 21 35	05 32 54 70 48	90 55 35 75 48	28 46 82 87 09	83 49 12 56 24
73 79 64 57 53	03 52 96 47 78	35 80 83 42 82	60 93 52 03 44	35 27 38 84 35
98 52 01 77 67	14 90 56 86 07	22 10 94 05 58	60 97 09 34 33	50 50 07 39 98
11 80 50 54 31	39 80 82 77 32	50 72 56 32 48	29 40 52 42 01	52 77 56 78 51
83 45 29 96 34	06 28 89 80 83	13 74 67 00 78	18 47 54 06 10	68 71 17 78 17
88 68 54 02 00	86 50 75 34 01	36 76 66 79 51	90 36 47 64 93	29 60 91 10 62
99 59 46 73 48	37 51 76 49 69	91 82 60 89 28	93 78 56 13 68	23 47 83 41 13
65 48 11 76 74	17 46 85 09 50	58 04 77 69 74	73 03 95 71 86	40 21 81 65 44
80 12 43 56 35	17 72 70 80 15	45 31 32 23 74	21 11 57 82 53	14 38 55 37 63
74 35 09 98 17	77 40 27 72 14	43 23 60 02 10	45 52 16 42 37	96 28 60 26 55
69 91 62 68 03	66 25 22 91 48	36 93 68 72 03	76 62 11 39 90	94 40 05 64 18
09 89 32 05 05	14 22 56 85 14	46 42 75 67 88	96 29 77 88 22	54 38 21 45 98
91 49 91 45 23	68 47 92 76 86	46 16 23 35 54	94 75 08 99 23	37 03 92 00 48
80 33 69 45 98	26 94 03 63 58	70 29 73 41 35	53 14 03 33 40	42 05 08 23 41
44 10 48 19 49	85 15 74 79 54	32 97 92 65 75	57 60 04 08 81	22 22 20 64 13

12 55 07 37 42	11 10 00 20 40	12 86 07 46 97	96 64 48 94 39	28 70 72 58 15
63 60 64 93 29	16 50 53 44 84	40 21 95 25 63	43 65 17 70 82	07 20 73 17 90
07 63 87 79 29	03 06 11 80 72	96 20 74 41 56	23 32 19 95 38	04 71 36 69 94
60 52 88 34 41	07 95 41 98 14	59 17 52 06 95	05 53 35 21 39	61 21 20 64 55
83 59 63 56 55	06 95 89 29 83	05 12 80 97 19	77 43 35 37 83	92 30 15 04 98
10 85 06 27 46	99 59 91 05 07	13 49 90 63 19	53 07 57 18 39	06 41 01 93 62
39 82 09 89 52	43 62 26 31 47	64 42 18 08 14	43 80 00 93 51	31 02 47 31 67
59 58 00 64 78	75 56 97 88 00	88 83 55 44 86	23 76 80 61 56	04 11 10 84 08
38 50 80 73 41	23 79 34 87 63	90 82 29 70 22	17 71 90 42 07	95 95 44 99 53
30 69 27 06 68	94 68 81 61 27	56 19 68 00 91	82 06 76 34 00	05 46 26 92 00
65 44 39 56 59	18 28 82 74 37	49 63 22 40 41	08 33 76 56 76	96 29 99 08 36
27 26 75 02 64	13 19 27 22 94	07 47 74 45 06	17 98 54 89 11	97 34 13 03 58
91 30 70 69 91	19 07 22 42 10	36 69 95 37 28	28 82 53 57 93	28 97 66 62 52
68 43 49 46 88	84 47 31 36 22	62 12 69 84 08	12 84 38 25 90	09 81 59 31 46
48 90 81 58 77	54 74 52 45 91	35 70 00 47 54	83 82 45 26 92	54 13 05 51 60
06 91 34 51 97	42 67 27 86 01	11 88 30 95 28	63 01 19 89 01	14 97 44 03 44
10 45 51 60 19	14 21 03 37 12	91 34 23 78 21	88 32 58 08 51	43 66 77 08 83
12 88 39 73 43	65 02 76 11 84	04 28 50 13 92	17 97 41 50 77	90 71 22 67 69
21 77 83 09 76	38 80 73 69 61	31 64 94 20 96	63 28 10 20 23	08 81 64 74 49
19 52 35 95 15	65 12 25 96 59	86 28 36 82 58	69 57 21 37 98	16 43 59 15 29
67 24 55 26 70	35 58 31 65 63	79 24 68 66 86	76 46 33 42 22	26 65 59 08 02
60 58 44 73 77	07 50 03 79 92	45 13 42 65 29	26 76 08 36 37	41 32 64 43 44
53 85 34 13 77	36 06 69 48 50	58 83 87 38 59	49 36 47 33 31	96 24 04 36 42
24 63 73 87 36	74 38 48 93 42	52 62 30 79 92	12 36 91 86 01	03 74 28 38 73
83 08 01 24 51	38 99 22 28 15	07 75 95 17 77	97 37 72 75 85	51 97 23 78 67
16 44 42 43 34	36 15 19 90 73	27 49 37 09 39	85 13 03 25 52	54 84 65 47 59
60 79 01 81 57	57 17 86 57 62	11 16 17 85 76	45 81 95 29 79	65 13 00 48 60
03 99 11 04 61	93 71 61 68 94	66 08 32 46 53	84 60 95 82 32	88 61 81 91 61
38 55 59 55 54	32 88 65 97 80	08 35 56 08 60	29 73 54 77 62	71 29 92 38 53
17 54 67 37 04	92 05 24 62 15	55 12 12 92 81	59 07 60 79 36	27 95 45 89 09
32 64 35 28 61	95 81 90 68 31	00 91 19 89 36	76 35 59 37 79	80 86 30 05 14
69 57 26 87 77	39 51 03 59 05	14 06 04 06 19	29 54 96 96 16	33 56 46 07 80

24 12 26 65 91	27 69 90 64 94	14 84 54 66 72	61 95 87 71 00	90 89 97 57 54
61 19 63 02 31	92 96 26 17 73	41 83 95 53 82	17 26 77 09 43	78 03 87 02 67
30 53 22 17 04	10 27 41 22 02	39 68 52 3 09	10 06 16 88 29	55 98 66 64 85
03 78 89 75 99	75 86 72 07 17	74 41 65 31 66	35 20 83 33 74	87 53 90 88 23
48 22 86 33 79	85 78 34 76 19	53 15 26 74 33	35 66 35 29 72	16 81 86 03 11
60 36 59 46 53	35 07 53 39 49	42 61 42 92 97	01 91 82 83 16	98 95 37 32 31
83 79 94 24 02	56 62 33 44 42	34 99 44 13 74	70 07 11 47 36	09 95 81 80 65
32 96 00 74 05	36 40 98 32 32	99 38 54 16 00	11 13 30 75 86	15 91 70 62 53
19 32 25 38 45	57 62 05 26 06	66 49 76 86 46	78 13 86 65 59	19 64 09 94 13
11 22 09 47 47	07 39 93 74 08	48 50 92 39 29	27 48 24 54 76	85 24 43 51 59
31 75 15 72 60	68 98 00 53 39	15 47 04 83 55	88 65 12 25 96	03 15 21 92 21
88 49 29 93 82	14 45 40 45 04	20 09 49 89 77	74 84 39 34 13	22 10 97 85 08
30 93 44 77 44	07 48 18 38 28	73 78 80 65 33	28 59 72 04 05	94 20 52 03 80
22 88 84 88 93	27 49 99 87 48	60 53 04 51 28	74 02 28 46 17	82 03 71 02 68
78 21 21 69 93	35 90 29 13 86	44 37 21 54 86	65 74 11 40 14	87 48 13 72 20
41 84 98 45 47	46 85 05 23 26	34 67 75 83 00	74 91 06 43 45	19 32 58 15 49
46 35 23 30 49	69 24 89 34 60	45 30 50 75 21	61 31 83 18 55	14 41 34 09 51
11 08 79 62 94	14 01 33 17 92	59 74 76 72 77	76 50 33 45 13	39 66 37 75 44
52 70 10 83 37	56 30 38 73 15	16 52 06 96 76	11 65 49 98 93	02 18 16 81 61
57 27 53 68 98	81 30 44 85 85	68 65 22 73 76	92 85 25 58 66	88 44 80 35 84
20 85 77 31 56	70 28 42 43 26	79 37 59 52 20	01 15 96 32 67	10 62 24 83 91
15 63 38 49 24	90 41 59 36 14	33 52 12 66 65	55 82 34 76 41	86 22 53 17 04
92 69 44 82 97	39 90 40 21 15	59 58 94 90 67	66 82 14 15 75	49 76 70 40 37
77 61 31 90 19	88 15 20 00 80	20 55 49 14 09	96 27 74 82 57	50 81 69 76 16
38 68 83 24 86	45 13 46 35 45	59 40 47 20 59	43 94 75 16 80	43 85 25 96 93
25 16 30 18 89	70 01 41 50 21	41 29 06 73 12	71 85 71 59 57	68 97 11 14 03
65 25 10 76 29	37 23 93 32 95	05 87 00 11 19	92 78 42 63 40	18 47 76 56 22
36 81 54 36 25	18 63 73 75 09	82 44 49 90 05	04 92 17 37 01	14 70 79 39 97
64 39 71 16 92	05 32 78 21 62	20 24 78 17 59	45 19 72 53 32	83 74 52 25 67
04 51 52 56 24	95 09 66 79 46	48 46 08 55 58	15 19 11 87 82	16 93 03 33 61
83 76 16 08 73	43 25 38 41 45	60 83 32 59 83	01 29 14 13 49	20 36 80 71 26
14 38 70 63 45	80 85 40 92 79	43 52 90 63 18	38 38 47 47 61	41 19 63 74 80

宗教社会学 | 334

51 32 19 22 46	80 08 87 70 74	88 72 25 67 36	66 16 44 94 31	66 91 93 16 78
72 47 20 00 08	80 89 01 80 02	94 81 33 19 00	54 15 58 34 36	35 35 25 41 31
05 46 65 53 06	93 12 81 84 64	74 45 79 05 61	72 84 81 18 34	79 98 26 84 16
39 52 87 24 84	82 47 42 55 93	48 54 53 52 47	18 61 91 36 74	18 61 11 92 41
81 61 61 87 11	53 34 24 42 76	75 12 21 17 24	74 62 77 37 07	58 31 91 59 97
07 58 61 61 20	82 64 12 28 20	92 90 41 31 41	32 39 21 97 63	61 19 96 79 40
90 76 70 42 35	13 57 41 72 00	69 90 26 37 42	78 26 42 25 01	18 62 79 08 72
40 18 82 81 93	29 59 38 86 27	94 97 21 15 98	62 09 53 67 87	00 44 15 89 97
34 41 48 21 57	86 88 75 50 87	19 15 20 00 23	12 30 28 07 83	32 62 46 86 91
63 43 97 53 63	44 98 91 68 22	36 02 40 09 67	76 37 84 16 05	65 96 17 34 88
67 04 90 90 70	93 39 94 55 47	94 45 87 42 84	05 04 14 98 07	20 28 83 40 60
79 49 50 41 46	52 16 29 02 86	54 15 83 42 43	46 97 83 54 82	59 36 29 59 38
91 70 43 05 52	04 73 72 10 31	75 05 19 30 29	47 66 56 43 82	99 78 29 34 78

取自 The RAND Corporation，*A Million Random Digits*，Glencoe：Free Press，1955。

参考文献

英文

1. Malcolm B. Hamilton, *The Sociology of Religion: Theoretical and Comparative Perspective*, Routledge, 1995.
2. Meredith B. McGuire, *Religion: The Social Context*, Wadsworth Company, 1992.
3. Emile Durkheim, *The Elementary Forms of the Religious Life, A Study in Religious Sociology*, Trans. by Joseph Ward Swain, The Macoillan Company, 1915.
4. Max Weber, *The Sociology of Religion*, trans. by Ephraim Fischoff, Beacon Press, 1993.
5. Gerth and Mills, *From Max Weber: Essays in Sociology*, London: Kegan Paul, Trench, Trubner & Co. Ltd, 1947.
6. Max Weber, *The Theory of Social and Economic Organization*, London: Oxford University Press, 1947.
7. J. Milton Yinger, *The Scientific Study of Religion*, The Macmillan Company, 1970.
8. J. Milton Yinger, *Religion, Society and The Individual: An Introduction of the Sociology of Religion*, The Macmillan Company, 1957.
9. Bryn S. Turner, *Religion and Social Theory*, SAGE Publications, 1991.
10. Talcott Parsons, *Essays in Sociological Theory*, The Free Press, 1949.
11. Rodney Stark and William Sims Bainbridge, *The Future of Religion*, University of California Press, 1985.
12. Robert N. Bellah, *Beyond Belief*, Harper & Row, 1976.
13. Merton, *Social Theory and Social Structure*, The Free Press, 1968.
14. Frank N. Magill, *International Encyclopedia of Sociology*, Salem Press Inc., 1995.
15. C. K. Yang, *Religion in Chinese Society: A Study of Contemporary Social Function of Religion and some of Their Historical Factors*, The Regents of the University of Califonia, 1961.
16. Susan Budd, *Sociologists and Religion*, Collier-Macmillan Publishers, 1973.
17. Harvey Cox, *The Secular City*, The Macmillan Company, 1965.
18. Gerard Dekker, Donald Luidens, Rodger Rice, *Rethinking Secularization: Reformed*

Reactions to Modernity, University Press of America, 1997.
19. Rodney Stark and William Sims Bainbridge, *A Theory of Religion*, Peter Lang Publishing, Inc., 1987.
20. Bryan Wilson, *The Social Dimensions of Sectarianism: Sects and New Religious Movements in Contemporary Society*, Clarendon Press, Oxford, 1990.
21. Geoffrey Nelson, *Cults, New Religions & Religious Creativity*, Routledge & Kegan Paul Ltd., 1987.
22. James Beckford, *Cult Controversies: The Social Response to New Religious Movements*, Tavistock Publications Ltd., 1985.
23. Robert Wuthnow, *The Struggle for America's Soul: Evangelicals, Liberals, and Secularism*, Wm. B. Eerdmans Publishing Co., 1989.
24. Irving Hexham and Karla Poewe, *New Religions as Global Cultures*, Westview Press, 1997.
25. Joseph Runzo and Nancy M. Martin ed., *The Meaning of Life in the World Religions*, Oneworld Publications, Oxford, 2000.
26. Fenggang Yang, *Religion in China*, Oxford University Press, 2012.
27. Robert N. Bellah, *Religion in Human Evolution*, The Belknap Press of Harvard University Press, 2011.
28. Russell E. Richey and Donald G. Jones ed., *American Civil Religion*, Harper & Row, Publisher, 1974.

中文

1. 贝格尔:《神圣的帷幕:宗教社会学理论之要素》,高师宁译,上海:上海人民出版社,1991年。
2. 贝格尔:《天使的传言》,高师宁译,香港:汉语基督教文化研究所,1996年。
3. 韦伯:《宗教社会学》,刘援、王予文译,台北:桂冠图书股份有限公司,1994年。
4. 韦伯:《新教伦理与资本主义精神》,于晓、陈维纲等译,北京:三联书店,1996年。
5. 韦伯:《儒教与道教》,王荣芬译,北京:商务印书馆,1997年。
6. 涂尔干:《宗教生活的基本形式》,渠东、汲喆译,上海:上海人民出版社,1999年。
7. 迪尔凯姆:《社会学方法的准则》,狄玉明译,北京:商务印书馆,1995年。
8. 迪尔凯姆:《自杀论》,冯韵文译,北京:商务印书馆,1996年。
9. 涂尔干:《社会分工论》,渠东译,北京:三联书店,2000年。
10. 特洛尔奇:《基督教理论与现代》,朱雁冰、刘宗坤等译,香港:汉语基督教文化研究所,1998年。

11. 特洛尔奇:《基督教社会思想史》,戴盛虞、赵振嵩编译,香港:基督教文艺出版社,1988年。
12. 托马斯·奥戴:《宗教社会学》,刘润中等译,北京:中国社会科学出版社,1990年。
13. 西美尔:《现代人与宗教》,曹卫东等译,香港:汉语基督教文化研究所,1997年。
14. 卢曼:《宗教教义与社会演化》,刘锋、李秋零译,香港:汉语基督教文化研究所,1998年。
15. 罗纳德·约翰斯通:《社会中的宗教》,尹今黎、张蕾译,成都:四川人民出版社,1991年。
16. 陈麟书、袁亚愚主编:《宗教社会学通论》,成都:四川大学出版社,1992年。
17. 戴康生、彭耀主编:《宗教社会学》,北京:社会科学文献出版社,2000年。
18. D. P. 约翰逊:《社会学理论》,南开大学社会学系译,北京:国际文化出版公司,1988年。
19. 詹姆斯·S. 科尔曼:《社会理论的基础》,邓方译,北京:社会科学文献出版社,1999年。
20. 吕大吉:《宗教学通论新编》,北京:中国社会科学出版社,1998年。
21. 贝拉:《宗教与美利坚共和国的正当性》,孙尚扬译,《道风汉语神学学刊》第7期,1997年秋。
22. 杰弗里·亚历山大:《社会学二十讲》,贾春增、董天民等译,北京:华夏出版社,2000年。
23. M. E. 斯皮罗:《文化与人性》,徐俊等译,北京:社会科学文献出版社,1999年。
24. 刘小枫:《现代性社会理论绪论》,上海:上海三联书店,1998年。
25. 牟钟鉴、张践:《中国宗教通史》(上下卷),北京:中国社会科学文献出版社,2000年。
26. 卢梭:《社会契约论》,何兆武译,北京:商务印书馆,1987年。
27. 艾森斯塔得:《帝国的政治体系》,阎步克译,贵阳:贵州人民出版社,1992年。
28. 托克维尔:《论美国的民主》,董果良译,北京:商务印书馆,1996年。
29. 克勒格、米勒:《多数共识即公民宗教?》,李秋零译,《道风汉语神学学刊》第7期,1997年秋。
30. 施船升:《马克思主义宗教观及其相关动向》,成都:四川人民出版社,1998年。
31. 艾尔·巴比:《社会研究方法基础》,邱泽奇译,北京:华夏出版社,2002年。
32. 风笑天:《社会学研究方法》,北京:中国人民大学出版社,2001年。
33. 程继隆:《社会学大辞典》,北京:中国人事出版社,1995年。
34. 于可主编:《当代基督新教》,北京:东方出版社,1996年。
35. 傅乐安主编:《当代天主教》,北京:东方出版社,1996年。
36. 于长洪、张义敏:《世纪末的疯狂——西方邪教透视》,北京:世界知识出版社,1996年。

37. 戴康生主编:《当代新兴宗教》,北京:东方出版社,1999年。
38. 史华兹、杨庆堃等:《中国思想与制度论集》,段国昌等译,台北:联经出版事业公司,1985年。
39. 蓝吉富:《20世纪的中日佛教》,台北:新文丰出版公司,1991年。
40. 帕深思、莫顿等:《现代社会学结构功能论选读》,黄瑞祺编译,台北:巨流图书公司,1981年。
41. 帕森斯:《现代社会的结构与过程》,梁向阳译,北京:光明日报出版社,1988年。
42. 李申:《中国儒教史》(上卷),上海:上海人民出版社,1999年。
43. R·沃斯诺尔:《文化分析》,李卫民、闻则思译,上海:上海人民出版社,1990年。
44. 尼布尔利查:《基督与文化》,谢扶雅译,香港:东南亚神学院协会,1979年。
45. 陈寅恪:《陈寅恪史学论文集》,上海:上海古籍出版社,1992年。
46. 吴学昭:《吴宓与陈寅恪》,北京:清华大学出版社,1992年。
47. 赵紫宸:《基督教进解》,上海:青年协会书局,1950年。
48. 李善荣:《文化学引论》,西安:西北大学出版社,1996年。
49. 孙希旦:《礼记集解》,北京:中华书局,1989年。
50. 朱熹:《四书集注》,长沙:岳麓书社,1985年。
51. 沈之奇:《大清律辑注》,北京:法律出版社,2000年。
52. 陈梦家:《殷墟卜辞综述》,北京:中华书局,1988年。
53. 陈来:《古代宗教与伦理》,北京:三联书店,1996年。
54. 汤用彤:《汉魏两晋南北朝佛教史》,北京:中华书局,1983年。
55. 汤用彤:《隋唐佛教史稿》,北京:中华书局,1982年。
56. 任继愈主编:《儒教问题争论集》,北京:宗教文化出版社,2000年。
57. 林荣洪:《近代华人神学文献》,香港:中国神学研究院,1986年。
58. 韩森:《变迁之神:南宋时期的民间信仰》,包伟民译,杭州:浙江人民出版社,1999年。
59. 罗素:《西方哲学史》上卷,何兆武、李约瑟译,北京:商务印书馆,1986年。
60. 赵紫宸:《基督教哲学》,上海:中华基督教文社,1926年。
61. 尚新建:《美国世俗化的宗教与威廉·詹姆斯的彻底经验主义》,上海:上海人民出版社,2002年。
62. 孔飞力:《叫魂:1768年中国妖术大恐慌》,陈兼、刘昶译,上海:上海三联书店,1999年。
63. 普理查德:《原始宗教理论》,孙尚扬译,北京:商务印书馆,2001年。
64. 吴飞:《麦芒上的圣言:一个乡村天主教群体中的信仰与生活》,香港:道风书社,2001年。
65. 哈罗德·伊罗生:《群氓之族:群体认同与政治变迁》,邓伯宸译,桂林:广西师范大学出版社,2008年。

66. 斯蒂芬·亨特:《宗教与日常生活》,王修晓、林宏译,北京:中央编译出版社,2010年。
67. 刘澎主编:《国家·宗教·法律》,北京:中国社会科学出版社,2006年。
68. 徐以骅主编:《宗教与美国社会》第一辑,北京:时事出版社,2004年。
69. 柏拉图:《法篇》,见《柏拉图全集》第三卷,王晓朝译,北京:人民出版社,2003年。
70. 贝格:《与社会学同游:人文主义的视角》,何道宽译,北京:北京大学出版社,2014年。

第四版后记

《宗教社会学》这部教材初版于2001年，2003年增订后再版，后来又出过第三版。2014年，本教材的修订列入北京大学教材建设立项项目，借此机会，我再次对本教材进行修改和增益。这些工作主要包括：在第一章中，增加了全球宗教分布的最新数据，增加了对宗教经济模型或宗教市场论的介绍与品评，并补入了对宗教进化论的最新进展的介绍；在第四章中，在较广泛阅读相关文献的基础上，对公民宗教问题做了专文式的探讨；修改了第六章，以较大的篇幅介绍了去世俗化理论，并阐发了一种世俗化与去世俗化势力将长期对立共存的共存论；在附录中增加了一个定量研究的案例，即《北京市大学生对基督宗教态度的调查报告》，该调查报告篇幅较长，有近3万字。增加的部分多已经以论文的形式发表过。可见，这部教材虽然未追求系统性，却可能是研究色彩较为浓厚的专题性教材。

十余年来，我在北京大学宗教学系多次讲授过宗教社会学，于教学相长之乐颇有体会。因此，愿意借此机会向所有听受过这门课程同学谨致谢忱，不少同学在课堂上积极提问，或在期中论文中阐发真知灼见，这些都令我受益匪浅，我尤其要感谢这些同学。我也要感谢所有参加过"北京市大学生对基督宗教态度的调查"这一项目的师友和同学，感谢他们的辛勤付出和积极合作。感谢本书的责任编辑田炜女士，她对本书的文字做了非常精当的调整和修改。我还要感谢拙荆姜迎女士在生活上对我无微不至的照顾，感谢犬子翰如（他非常反感犬子之说，要求改为虎子）经常以叛逆挑战的方式质疑学术研究的意义与价值，从而令我经常陷入对学术研究的反思之中。

本书还得到了国家社科基金重点项目"二战以后美国宗教社会学的关键论题研究"（批准号15AZJ001）的资助，特此致谢！

令愚拙如我者欣慰的是,该教材出版后,被大陆和港台多所大学列为教学参考书。又据谷歌学术搜索,拙著在大陆和港台被引用过 100 余次,虽然不值一哂,却也不敢不敝帚自珍。学无止境,才疏学浅如我者,自当笨鸟先飞,锲而不舍。是为后记。

2015 年 2 月 5 日
于京郊林栖堂